中国社会工作联合会心理健康工作委员会培训指定用书

团体心理服务技能

（本会团体方向）
培训教材 实务技能

（下）

韦志中◎主编

台海出版社

下册目录

CONTENTS

第三部分

个体心理服务

第十章　婚恋关系咨询

爱情，这个人类古老而又新鲜的话题，仿佛是一个人类永远都无法解开的谜。说到爱情几乎每一个人都有自己的看法，它是人类最高级的一种情感。谈到爱情，自然延伸到男人、女人、婚姻三个方面。一半是海水，一半是火焰，水与火的缠绵是爱情神话的起源。

第一节　恋爱咨询案例

一、个案描述

求助者，女，32 岁，名叫小茵。在高中毕业时也就是 14 年前，小茵考到了一个还算可以的大学，暑期找了一个地方打工，想用两个月的时间把上大学的学费挣来。上班后的第三天她开始谈恋爱。男孩长得不好，但据说家里很有钱，父亲是外地的一家大公司的老板。听女孩描述，和他谈恋爱纯属是因为他们家有钱。因为她的家庭条件不好，有五个兄弟姐妹，她是最大的姐姐，下面的弟弟妹妹还要靠她来帮助上学。妈妈告诉过她，以后结婚必须找一个有钱人，千万不要像她一样受苦一辈子。

可是恋爱谈了半个月左右，突然一个大肚子女孩找到她，说自己是男孩的女朋友，已经有了他的孩子。在男孩的一再解释下，小茵并没有离开他，最后是男孩和大肚子女孩分手。小茵那时才 18 岁，花样的年华。万万没想到的是，又一个晴天霹雳，那个男孩说家里有钱居然是骗她。

在此之后她又碰到了第二个男朋友，这个男孩还算比较上进，后来考取了名校的硕士研究生，就跟小茵提出了分手。小茵从此一蹶不振，在学校里每天旷课。就在这时她遇上第三个男孩，这个男孩很一般，同学们都暗地里说，这么漂亮的小茵怎么会和这样的男孩在一起？不过这个男孩对家庭情况的描述对于小茵来说，也算符合要求。但几个月过去小菌又发现，这又是一个骗局。就在这样的三次恋爱之后，女孩再也没有谈过恋爱，也不想结婚。

二、求助诉求

不想恋爱，家里人催婚，前来求助。

三、原因分析

求助者不想恋爱，不想结婚，与过去的三次恋爱经历有关。

分析 1：这三次恋爱对她有了打击，让她不相信男人，觉得男人都是骗子，都是坏蛋。

分析 2：三次恋爱，对她的自信心有了打击，在别人眼中那个漂亮优秀的小茵，因为这三次恋爱经历，觉得自己不配遇到优秀的男人，不可能遇到优秀的男人。

四、咨询目标方向讨论

家里人催婚，到底是协调家人和女孩一致，还是只帮助女孩做心理咨询？可以先帮助女孩做咨询，如果有需要，再让其家人前来一起咨询。但目的也不是协调，只是让他们把需要表达出来，让对方看到自己的需要。

五、咨询过程

（一）第 1 步：评估

从来访者的诉说中，发现来访者总体情况还可以，能够正常工作，也愿意和朋友来往，只是当父母逼迫其恋爱结婚时，感觉到很烦躁。基于以上评估，该来访者适合心理咨询服务。

建议来访者做六次的咨询。初步咨询目标为，前三次走出三次被骗阴影，后三次重建信心。但咨询目标一定是跟着来访者的变化而变化的，不是一蹴而就的。先设定咨询目标只是初步设定。

（二）第 2 步：建立关系

要建立关系，先倾听，对来访者进行语言共情。共情就是对来访者表达的内容和情感进行回应。共情回应之后，再开始运用心理技术。在此案例中运用到的共情语言如下：“你的第一次恋爱，被骗，你的心中有愤怒失望，你觉得你应该遇上一个好男孩，可是没有想到这个男孩居然是在骗你？”“你的第二次恋爱，他居然因为考到了好的学校，就和你分手，这让你开始对自己产生了更多的怀疑，让你越来越觉得自己并不优秀，自己只配和差男孩在一起？”“当你第三次恋爱时，找了一个看上去比较差的男孩，可是没有想到，这个男孩又在骗你，这让你对恋爱这件事彻底失望，你觉得谈恋爱要么被甩，要么被骗，自己真的不敢恋爱了。”

共情有两层境界。第一层只对表层情感和内容进行回应。第二层，看到来访者深层需要，并进行回应。在共情之后进行技术操作。（共情本身也是技术，在这里只对以下技术进行区分。）

第三步即运用具体心理咨询技术。

六、技术使用

（一）核心技术 1：“石头的故事”

考虑到来访者因恋爱屡受挫折，心中压抑着许多难以向别人述说的情绪情感，用“石头的故事”技术，让其情绪情感自然流动，助其安全地宣泄压在心中的情绪：

1. 找到一块石头，代表 14 年前的自己，给“她”取一个名字，写一封信给“她”。写的同时播一首《亲爱的小孩》。

2. 写完之后，读出来。读的过程中，咨询师要全神贯注、全情投入地注视着来访者。

3. 咨询师在心中记下读出来内容的要点，也可以用笔记录。

4. 进行告别仪式。对着石头说：“小茵，你是 14 年前的我，我现在已经长大，我知道你还有一些……”（告别内容与记录要点有关，看其没有跨越过去的原因，和一些感受。）

5. 表达完之后，喝点水休息一下。有的来访者在表达的过程中，有可能会非常痛苦，咨询师要让来访者感觉到自己一直在陪伴着她。

三次恋爱经历，可以都用“石头的故事”技术，也可以用其他技术。用同一个技术的好处是三次创伤经历修复，三块石头，可以做一个对比，可以强化不一样的地方，对自己的成长进行强化。不过有的来访者不想用相同的技术，就可以用其他技术替代。

（二）核心技术 2：冥想放松技术

用冥想放松技术，容易使来访者走进过去的感受里，更容易在这样的感受下看见自己的需要，有利于修复过去的创伤。

1. 现在把眼睛闭起来，我们来想象一下，回到 14 年前，那个叫小茵的女孩，慢慢地回忆一下，她当时的样子，她穿了什么样的衣服，衣服是什么颜色的，是什么发型，她当时是什么样的表情，什么样的动作，越清晰越好。（可以重复两三遍，让其进入，在说的过程中可以增加一些语言，比如“对，就是这样的”。这句话也可以重复说。）

2. 现在你可以站起来，做 14 年前小茵的动作。去感受她的感受。感受一两分钟。

3. 好的，现在如果让你对她说一段话，你会说什么？

4. 从说话内容中找到要点，进行告别仪式。

有的来访者在第三步就会释怀。当她看到过去的自己，那个弱小的自己，就会产生深深的同情。这种看见，就让 14 年前的小茵多了一分力量。

如果来访者在这一过程中深深感受到当年的创伤和情绪，或者从一个创伤情境又走进另一个创伤情境，陷入其中不能转化，咨询师一方面要多理解来访者的状态，同时使用引导语言助其从现在的自己的角度再对当年的自己说出理解性、支持性的语言，助其从当年的情景中走出来，最后再进行告别仪式。

（三）核心技术 3：“石头的故事”的另一种用法

来访者因为三次受骗，心中有很多对自己的不确定，她一直被卡在被骗的情境中。用石头的故事，让她面对未来的自己，在放眼未来时看见希望。“石头的故事”可以有多种用法，前两种技术都是回到过去，也可以走进未来，不过力量实在不够，还是要先对过去的自己进行修复，才有力量走向未来。这就像建楼房，不能建成空中楼阁，地基不牢有可能会坍塌。这个女孩有三次恋爱失败经历，如果创伤感已经经过处理，就可以让其走向未来。

1. 找一块石头，代表未来的你，写一封信给未来的自己。播放音乐《勇敢的心》。

2. 写完之后，读出来。

3. 如果对未来有焦虑，来访者可以提出求助，也可以做适当处理。对焦虑的处理可以用叙事中的外化技术。

（四）核心技术4：焦点解决短期治疗技术

焦点咨询技术特别擅长看见来访者的优势，从一开始就能澄清目标，不把来访者的问题当作问题，而是去看来访者拥有什么，为什么能够拥有。焦点解决短期治疗对重建信心非常适用。在这里我们就是要让来访者重建信心，所以用此技术比较适合。

1. 澄清目标

今天你来到这里，你希望在离开这里的时候与此刻有什么不一样？

2. 找资源，进行重构

当你第一次恋爱经历了那样一场被骗的痛苦之后，你居然还能相信男孩，还能有第二场恋爱，你觉得是你身上的一种怎样的品质让你愿意去谈第二场恋爱？

3. 关系问句

假如你的母亲发现你有这样的品质，你觉得她会怎么看你，她会和你说什么？

假如你未来的男朋友发现你有这样的品质，他会怎么看你，他会和你说什么呢？

4. 奇迹问句

假如明天早上起床，你突然愿意去谈恋爱了，你觉得是发生了什么会让你有如此的变化，在那个当下，你会做什么？

5. 例外问句

在三次恋爱之后，有没有过其他男孩也让你心动？那样的心动是怎么发生的？

（五）核心技术5：叙事疗法

1. 外化

求助者：我最近特别烦，做什么事都静不下心来。

咨询师：这种烦是什么时候来到你身边的，给你的生活带来了什么影响？

求助者：我觉得可能还是不自信吧，觉得自己越来越自卑了。

咨询师：这种不自信、这种自卑什么时候走进你的？你可以怎么称呼自卑呢？（让求助者觉得与自卑是分开的。）

求助者：那就叫它北北吧！

咨询师：现在邀请你和北北对话怎么样？（让求助者以珍惜自卑的思维和自卑对话。）

求助者：我从小就很懂事，为家庭负责，为父母分忧，照顾弟弟妹妹。现在发现这个责任压得我喘不过气来。

咨询师：责任是怎么压得你喘不过气来（责任是正向词汇，也可以外化，通过外化来强化这个特质，贴近这个特质，珍惜这个特质），这种焦虑是在什么时候来到你这里的？

2. 解构

叙事的背后隐藏着特定文化和习惯，这些我们习以为常的观念也许是来访者问题的建构者，探索特定文化就是让来访者看到自己的问题是如何被特定文化建构的。先看主流文化是怎么看待自己的问题的，再看看这样的看法对自己的影响是什么。解构不是革命，不是告诉来访者应该怎样，而是让来访者看到经验中的文化是怎样影响她的观念和问题的，要和这样的主流文化保持怎样的关系。这样的想法是怎么来的？这样的想法是怎么影响到你的？最近有没有什么变化？（这种问题关注问题、想法的来历、历史以及最近的发展。）

求助者：你看我这么胖，我总觉得即使我有了男朋友，男朋友也会离开我的。

咨询师：男人不喜欢胖的女孩，这样的想法是怎么来的？（特定文化的影响问话。）

求助者：社会上都是这么看的。

咨询师：社会上的人是怎么看胖女孩的？

求助者：社会上的人都觉得女孩瘦一点、苗条一点好看。

咨询师：社会上对于胖女孩的看法是怎样影响你的看法的？你希望自己怎样被看到？

求助者：其实呀，有的时候觉得自己蛮可爱的，因为没有外在的优势，所以特别特别努力。

问题是有生命的，有它的策略。这种焦虑是如何进入你的生活的？你说的焦虑具体指什么？这种焦虑在什么情况下比较容易出现？这种焦虑通常在什么时候来麻烦你？和什么人在一起的时候，这种焦虑容易来找你？这种焦虑近来有没有什么变化？这种焦虑和你是怎样的关系，它是趴在你的背上还是骑在你的头上？你喜欢这样的关系吗？你希望和焦虑有怎样的关系？

邀请来访者探索问题，感受想法的来历与历史，以及它们的影响力和结果，邀请来访者看自己是如何被建构的，提供从不同的观点和角度来看自己故事的体会以引出其他可能的叙事，所以这个过程还有个名称叫“打开包装”。

解构的目的：（1）探索问题，感受想法的来历与历史。（2）探索问题，感受想法对人的环境、人际关系的影响力。（3）探索主流文化对于人的问题、感受、想法的影响。（4）探索问题本身有哪些策略及问题在什么时候对人的影响比较大，什么时候影响小，想要和问题保持怎样的关系。（5）最终目的是发现特殊意义事件，让不被人知道的支线故事浮现出来。

3. 重写

求助者：其实呀，有的时候觉得自己蛮可爱的，因为没有外在的优势，所以特别特别努力。

咨询师：你能说一说你的努力的故事吗？

求助者：嗯……

咨询师：你的这么多努力的故事里面，最难得的地方在哪里？（发现资源，提出问题，让求助者看到自己的闪光点。挖掘特殊意义事件的问话，是为了找到来访者的闪亮时刻和力量，丰厚特殊意义事件是为了建构行动蓝图。）

咨询师：如果让你跟10年后的自己说一段话，你会和她说什么？如果10年后的自己对你说一段话，她会说什么？（描述清楚自己10年后的样子，对她的衣着、表情、环境进行清晰描述。）

七、咨询效果

个案中这位女士现在已经开始恋爱。在恋爱的过程中，她也因为亲密关系做过咨询，也把自己的母亲带来一起咨询过。

八、启示与思考

这个案例的六次咨询可以全部用“石头的故事”技术，石头的故事可以有很多种用法，比如石头也可以代替求助者心中的白马王子，也可以替代她曾经的男朋友，这些都可以用石头进行疗愈。当然其他心理咨询技术也可以只用其中一种，具体要看我们擅长什么技术，也要看求助者和咨询技术的匹配程度。

本案例咨询技术理论：

1.“石头的故事”。

2. 焦点解决。

3. 叙事咨询。

4. 放松冥想。

第二节　他方出轨咨询

一、个案描述

求助者，女，35 岁，目前没有工作，是家庭主妇，因丈夫出轨前来咨询。根据求助者的描述，他们的婚姻关系一直很好，拥有较好的经济条件。育有两个孩子，一个七岁，一个两岁，都培养得很好。孩子教育方面很成功，求助者自己开了一个亲子学习的微信群，经常在群里进行分享，偶然之间发现丈夫的微信上有一条女人的暧昧信息，觉得好像是丈夫出轨了，心中很痛苦于是前来咨询。经了解，女方在生完孩子后，和丈夫性关系不和谐。因为带孩子的疲惫，在丈夫多次要求发生性关系时，女方不同意。现在她感觉很懊悔。

二、求助诉求

希望能建立好家庭关系，还能回到以前那样。

三、原因分析

求助者与丈夫发生问题，与沟通方法有关。

四、咨询流程

（一）第 1 次与第 2 次咨询

求助者在第一次的咨询中，就表现出较高的道德水平，其中包括对家庭的付出，对公公婆婆的孝顺等优秀品质。求助者本人善于思考，也学习过心理学知识，领悟能力较强。求助者好像在生活中挑不出什么毛病，但也恰恰是这样的“没有毛病”，自己对自己的高要求，使其经常把痛苦压抑在内心之中。在和求助者的交流过程中，咨询师发现她的表达方式较为强势，所以在对求助者压抑的痛苦进行共情之后，重点放在了沟通的方法上。

核心技术 1：学习共情

1. 澄清

共情的第一步需要澄清，为准确而倾听。有时我们听到别人的话，所认为的意思，很可能不是对方的意思，所以需要澄清。没有澄清就去回答，很可能答非所问，特别是夫妻之间的表达，更需要澄清核实对方的意思再进行回应。

2. 对情感和内容进行回应

共情除了要澄清之外，还要对对方表达的内容和情感进行回应，如果是高级共情，也要对对方的深层需要进行共情。只有在共情的基础之上，对方感受到了被尊重、被温暖，才会选择聆听他人说话。如果对方本身就在情绪里，不对他进行共情，就做一些理性回应，对方会因为不理解而失望，有可能也会因为失望而愤怒，这时，夫妻就有可能吵架了。

3. 准确的表达

在共情之后再进行准确的表达，这样对方就愿意倾听我们在说什么，不过在说之前，首先要觉察到自己的需要。有的时候，我们会不知道自己的需要是什么，我们的需要都穿着防御的外衣，这使得我们自己都不能看见自己的需要，所以在表达之前，先觉察，先要问问这是我真正的需要吗？确定之后，再进行表达。

核心技术 2：非暴力沟通

1. 观察

观察重在观察到的现象，而不是评价。比如说：“你最近总是这么晚回来，总那么忙，我觉得你肯定是不爱我了。我希望你多在乎我的感受，没事早点回来。”这里的最近总是这么晚回来的“总是”就不是客观现象。观察不客观不准确，以偏概全。如果改成“老公，这周有三个晚上你是 12 点过后回家的”，这就是客观的现象了。不过在表达的时候语气需要平稳，如果表达的语气带有指责，一样会沟通不畅。

2. 感受

把自己的真实感受表达出来，比如上面的例子中，我觉得你肯定是不爱我了，我希望你多在乎我的感受。这里看上去有感受两个字，其实并不是感受。如果改成“你不在家我感到很孤独，心中很恐惧，担心你不爱我了”，这就表达出了真实的感受。

需要没有被满足时的感受词语：

害怕、担心、焦虑、忧虑、着急、紧张、心神不宁、心烦意乱、忧伤、沮丧、灰心、气馁、泄气、绝望、伤感、凄凉、悲伤、恼怒、愤怒、烦恼、苦恼、生气、厌烦、不满、不快、不耐烦、不高兴、震惊、失望、困惑、茫然、寂寞、孤独、郁闷、难过、悲观、沉重、麻木、筋疲力尽、萎靡不振、疲惫不堪、昏昏欲睡、无精打采、尴尬、惭愧、内疚、妒忌、遗憾、不舒服。

需要得到满足时的感受词语：

兴奋、喜悦、欣喜、甜蜜、精力充沛、兴高采烈、感激、感动、乐观、自信、振作、振奋、开心、高兴、快乐、愉快、幸福、陶醉、满足、欣慰、心旷神怡、喜出望外、平静、自在、舒适、放松、踏实、安全、温暖、放心、无忧无虑。

3. 需要

“我希望你多在乎我的感受”，其实并没有真正的提出需要。求助者在这里的需要是“我需要你的陪伴”。只有这样表达出来，别人才知道她的需要是什么。

4. 请求

“没事早点回来”，这不是请求，这是命令。夫妻之间，如果下达命令，很可能会挑起战火。而且“早点”这个词不具体，没有具体说明是几点，如果不具体，对方就不能接收到。如果改成“我希望你多陪陪我，也不希望你太累。所以以后能不能尽量在 10 点之前把事情做完回家，当然如果每周晚回家的次数不超过两次，那就更好啦，老公，你看可以吗？”这样的表达既具体，又真诚，又是请求，不是命令。

咨询效果

因求助者是网上咨询，并没有在第一次确定做多少次咨询，所以，每一次的咨询目标基本都是根据其求助方向决定的。两次咨询过后，求助者在沟通方法上大幅度提升，当他先去共情先生之后再去表达，两个人吵架的次数越来越少。但是因为第三者的问题，求助者心中还是不快，经常会想起，不自觉地会有一些失望与愤怒。沟通方法只能表层解决，要想更深入问题的本质，还需要做其他方面的更深入的了解。

（二）第 3 次咨询

对求助者小时候的成长环境做进一步了解。求助者从小被抱养，和养父母生活在一起，从来没有感觉到温暖。养母经常会说把你养这么大，到时也不知道你会不会回报我们。求助者一开始成绩不好，得不到父母的爱，就想早点离开农村。三年级的时候开始发奋努力，从原来的倒数第三名，变成了全校第一。校长也在学校里面表扬了她，老师、同学、村里人，都赞扬她，但唯独养母没有赞扬她。后来求助者一直努力学习，终于考上了心目中的大学。

核心技术 1：九宫格

1. 九宫格用法

在 A4 的画纸上用水彩笔手画出边框，再把画面分割为 3×3 格。从右下角按逆时针顺序画到中心，或者从中心开始按顺时针顺序画到右下角，这两种顺序都可以，请依顺序一格一格地把脑海中浮现的事物自由地画出来。实在不能用图表达时，用文字、图形、符号也可以。 画完 9 个格子之后，请求助者再给每幅画配上简单的文字说明，最后用彩色铅笔或蜡笔上色。时间不够时，上色这一步常常省略。

2. 请求助者闭上眼睛，听着小时候的音乐，慢慢回忆小时候到结婚前的历程

咨询师：现在是你刚出生的时候（稍作停顿）你一岁啦……两岁啦……三岁……四岁，在这个时候，有没有特别的事呢？如果有的话，就想一想，那时的你是什么样，爸爸妈妈又是什么样子，哥哥是什么样子，或者邻居是什么样子，老师同学都是什么样子。如果没有的话就继续，就这样每长大一岁，你就回忆一下，有什么特别的事情，特别的人，他们都是穿了什么颜色的衣服，他们的表情是什么样子，你又是怎样的。一直到你上大学，你工作了，你结婚了。

3. 画下故事

咨询师：现在开始，把你想到的场景在这张纸上画下来。（画的时候，要注意求助者的表情，如果有很痛苦的时候，一定要注意陪伴，让她感觉到你和她在一起。她非常痛苦时，也可以抱着她，轻拍背部。不过这里要注意，身体的接触最好是同性，如果是异性，有身体的接触有可能会节外生枝。）

4. 表达

咨询师：现在开始，我们来说一说这里面的每个故事。（1）表达有治愈的作用。（2）从表达中更多地了解来访者，经历的故事有哪些是影响到其现在的状态的。

5. 重塑故事

咨询师再说一遍求助者刚刚说的故事，但不能用求助者的名字，要让求助者感觉到在听别人的故事。咨询师要把刚刚总结的重点放入故事中，在故事里面加入一些求助者为难的地方，不容易的部分，努力的部分（注意，一定是先表达求助者为难的地

方，不容易的地方，这样求助者才有力量去听他人不容易的地方），以及求助者的生父母、养父母不容易的地方，努力的部分。目的是让求助者看到每个人的不容易，每个人都有付出，每个人都可以被谅解。但是要注意，不能说教，我们只是在说故事。

咨询师：听完你的故事，我仿佛看到一个妈妈拖着沉重的身体，在干农活。突然肚子一阵剧痛，感觉就快要生了。村里人帮着去叫了接生婆，孩子生下来了，是一个女孩，这位母亲看到又是女孩，心中有点失望。她想着家里没有儿子传宗接代，心里非常痛苦，再加上家里很贫穷，已经有了六个女儿，负担不了，就想着把这孩子送人吧。她心中既觉得舍不得，又好像觉得很没办法。

一百天后，孩子被抱养到另外一个家庭，这个家庭中只有一个儿子，于是收养了这个女孩，可是虽然他们觉得想要一个女孩，却并没有好好待这个女儿。等到女孩慢慢长大，到了三年级时，女孩的养父母告诉了她，她是抱养来的。其实父母一开始也不想告诉女孩，但是他们总觉得这样瞒着孩子，有点对不住孩子，他们也担心一旦村里人和孩子说了，孩子会更难受，他们不想让孩子这么难受。听到养父母说自己是抱养来的，女孩感觉终于找到了答案，怪不得母亲对她不好，原来自己不是亲生的，她在那个时候，觉得自己一下子长大了。

女孩从那时开始意识到，只有靠自己才能有好的生活。于是她开始拼命学习，就在那年考了全校第一，她的老师、同学、校长纷纷对她投来赞扬的目光，她非常开心，在心里默默地对自己说：只要靠自己努力，一定可以赢来美好的生活……最后经过努力她终于考上了大学。

这个故事说完之后，可以问问求助者有没有需要修改的地方。修改故事的过程，就是求助者成长的过程。

核心技术 2：家庭文化建设

1. 介绍什么是家庭文化，以及原生家庭对人的影响。

2. 家庭文化包含衣食住行等生活习惯，沟通的方式和风格，家训，育儿理念与方法，父母之间的关系，父母与爷爷奶奶外公外婆的关系等一系列的内容。

3. 把这些家庭文化写下来，可以画图，可以用文字。

4. 让求助者讲给咨询师听。

5. 咨询师听完后提出一些问题，提问目的是让求助者看到自己的一些积极的部分与原生家庭文化有关，进而更多地接纳原生家庭。

6. 作业。回去之后把这些与原生家庭文化有关的故事讲给丈夫听，如果丈夫愿意，也让丈夫画一个家庭文化图，说给妻子听。双方互相了解对方的家庭文化，就更能理解对方为何会有某些语言和行为。

本次咨询效果

以前不能理解丈夫的行为，现在明白了为什么。觉得更能理解丈夫，丈夫也知道了妻子的强势与原生家庭有关。两人争吵次数已经由一天吵几次到后来学习沟通方法后几天吵一次，渐渐地现在已经有两周没有吵架了。所以求助者的第四次咨询是在两周后。

启示与思考

求助者在原生家庭中学习到的应对模式会用于新的家庭中，她在原生家庭中一直没有获得认可，这让她成为一个对自己高要求的人。因为只有对自己高要求，把自己变得很高尚，才能获得认可。而恰恰是这样的高尚，让丈夫有一种被压下去的感觉，感觉到妻子的强势，产生了自卑感。

（三）第 4 次咨询

来访者萌生自强自立的想法，想出去工作。她不想再为这个家过多地付出，觉得不值得，对于出去工作心中又有一些不自信，毕竟八年没有上班了，害怕自己做不好。她在生孩子之前是和先生一起工作的，而且做得也很好。先生在工作方面总是和自己探讨，自己也能经常得到先生的赞赏。

求助诉求

树立信心。

原因分析

在求助者心里，是有自信的种子的。小学三年级从倒数第三名到全校第一，这个经历让她相信她是可以通过自己的努力完成自己的理想的。如果没有这个相信，她就不会萌生这个念头。但由于很久没有工作，先生又总是否定自己，她的信心就不是很足。她想要出来工作不仅仅是为了理想，也是想证明自己。就像小学三年级努力学习，是想让父母看见，那么现在去工作，也是想获得先生的认可，这是一个原生家庭应对模式的再现。所以，这里要做一个澄清，到底是工作重要，还是和先生处理好关系重要。找到最本质的需求，再去改变。求助者最后觉得，只要自己能在工作方面做得很出色，那么问题就可以得到进一步的解决。

核心技术 1：焦点解决——寻找例外

咨询师：回忆一下你曾经无力的时候，有哪些情景，记录下来。这一个个无力的故事，最后是怎么解决的？

核心技术 2：叙事疗法

咨询师：如果让你帮这个无力起一个名字，它叫什么（外化）？它现在和你是什么关系？它是趴在你的背上还是压在你的头顶？你现在觉得舒服吗？你希望和它是一种怎样的关系（解构）？

咨询效果

来访者在工作中已经有一些信心，而且又回到当初的状态，丈夫有工作上的问题会来求助来访者。来访者在这个部分也很满意。

启示与思考

一个问题有多种解决方式。夫妻关系不好，不一定要解决夫妻关系，此案例中的求助者因为工作重放异彩，夫妻关系就得到了改善。当我们面对一个问题时，如果觉得不好解决，就换一个思路。相信所有的事情都能替代性解决。而且，每个人对自己的需要并不是很清楚。对于这对夫妻，男方更需要女方能够在工作中有所引领，女方更希望自己获得男方的认可。从这样的需要中，我们可以帮助他们寻找另外一条解决之道。

五、咨询总结

从沟通的方法到对原生家庭的了解、家庭文化的建设，再到获得自信心，最后夫妻相互欣赏。咨询目标一层层从外到里。沟通方法是处理夫妻关系，家庭文化建设是处理与过去父母的关系。在了解原生家庭文化之后，更深层次地处理夫妻关系，最后到树立信心，真正寻找自己的需要。当自己的需要被满足之后，丈夫的需要也被满足，夫妻双方便可以和谐相处。

本案例咨询技术理论参考：

1. 共情咨询技术，请参见《共情的力量》，亚瑟·乔拉米卡利等著。
2. 非暴力沟通，请参见《非暴力沟通》，马歇尔·卢森堡著。
3. 九宫格，请参见《画心》，韦志中、余晓洁著。
4. 积极婚姻家庭治疗——家庭文化建设，请参见韦志中网校婚姻家庭系列必修课程《积极婚姻家庭治疗》。

第三节　离异咨询

一、个案描述

求助者，女性，51岁，离异半年后来做咨询，睡眠质量不是很好，想到离婚这件事就很痛苦，甚至有时会精神恍惚，觉得自己没有离婚。求助者一直想不通为什么在她工作受挫时，前夫不顾念长达23年的感情提出离婚。她想到曾经为前夫的付出，心里就觉得不平衡。而且前夫离婚后心情好了很多，这点让求助者更是不能理解和接受。

在过去的婚姻生活中，求助者觉得前夫对钱太认真和计较，总想在理财方面证明自己，结果浪费了更多的钱。求助者一直认为自己的婚姻很稳定，因为从社会地位和经济收入来说，求助者的条件都超出前夫好多。现在求助者的前夫有地位了，经济也有保障了，就跟她提出离婚，求助者感觉自己被利用了一辈子，想到这个就很憋屈。

求助者从小就有一个钢琴梦，一直没有实现，现在家里经济条件好一些了，又开始弹钢琴，还开始学习唱歌，前夫认为这是不好好过日子的表现，认为她还是一个小女孩，不成熟。求助者担心孩子会因为父母离婚受打击，也担心孩子以后结婚会受到影响。

二、求助诉求

尽快放下这件事，不要让自己的情绪再受牵连。

三、原因分析

求助者痛苦的原因是对前夫提出离婚的行为不能释怀，并且受到了离婚后前夫情绪变化的刺激。

分析1：求助者感觉到自己被利用和被否定，觉得自己二十多年的付出没有得到一点认可，觉得非常失望。求助者原先认为自己在家庭里，是非常有优越感的，觉得自己是非常重要的，是不可或缺的，可是对方却提出离婚，让她觉得非常意外。求助者由于他人对自己的不认可导致自己对自己的怀疑，自我价值感一下子被对方拉低了，她的负面情绪最主要来自这里。

分析 2：求助者对于离婚这件事不能接受，在别人的心目中，她一直很完美，工作能力出色，家庭也算和谐。她不想把自己归入离婚人群，她觉得这个社会对离婚者有歧视，因而她觉得自己无法面对社会。这种社会的主流价值观也影响着求助者的情绪，让她在离婚之后不知道如何与社会人群有积极的交往。

分析 3：求助者心中还抱有复婚念头，这先不作为咨询目标，因为这个复婚念头很可能与现在的负面情绪有关。先帮助求助者走出负面情绪，到时看情况确定是否有复婚必要。

分析 4：求助者觉得离婚可能会影响孩子，因为担心孩子会接受不了，所以没有告诉孩子，孩子已经在上大学。这里可以和孩子进行真诚表达，但要注意一些方法。

四、咨询流程

（一）第 1 次咨询

第 1 步：个案评估

求助者离异半年，出现这些状况是正常的。离婚是一种丧失，对人的影响一般要持续三年时间，现在求助者离婚只有半年，出现这些情况属于非正常状态下的正常反应，可以接受心理咨询。

第 2 步：建立关系

对来访者的不容易进行共情，也可以用另一种方式替代共情，就是让来访者讲述自己曾经帮助过的人，这个人接受了帮助，而且对她的帮助表达过感谢。可以让求助者描述得非常清晰，她当初是怎么帮助别人的，别人是如何表达感谢的，她在帮别人的时候，心里是怎样的感受，别人感谢她的时候她是怎样的感受。这种方式是为了帮助她建立自信，觉得自己是可以的。

核心技术 1：九宫格

因为求助者在讲述助人故事的时候，好像有很多助人故事，就让她在九宫格中画下来。

1. 出示九宫格图，让求助者画下曾经助人并得到赞扬的故事，助人为乐包含家人。

2. 在画到第七幅图时，她表示想不起来助人的故事了，就让她停下来。

3. 在六幅画中，其中有三幅是她帮助同事的，有两幅是帮助孩子的，有一幅是帮助自己的兄弟姐妹的，还有一幅是帮助前夫的。在描述的过程中，她发现前夫也是可以看见她的帮助的，并且也表达了感谢。求助者在这里觉得自己是有力量去助人的，七个故事越说越开心，能感受到她的力量感越来越强。

4. 对剩下的两幅画，问求助者还希望去帮助哪些人，她说想去帮助前夫，并且是不计回报地付出。我对她的这份表达用表情表达出赞赏，并且问了她一个问题。

咨询师：是一种什么样的力量让你此刻心甘情愿地为他付出？

求助者：当他提出离婚的时候，我感受到了我的付出都是白费，我感受到了被否定，我感受到了自己好像一无是处，但又觉得不甘心，又觉得自己是好的，自己是优秀的。通过刚刚画画，我重新找回了自信，我觉得我的前五十年没有白活，我觉得为家庭付出是值得的。虽然我们现在离婚了，但我不想把和他的关系搞得更糟，我希望我们离婚之后，不要互相纠结，我想给他提供一些帮助来做一个了结。

咨询师：好，很好，做一个了结，对你来说，意味着什么？

求助者：意味着我可以真正地放下，我可以真正地从这份情感中走出来。

（二）第 2 次咨询

求助者说了最近一周的情况，其他方面还可以，就是和同事见面时，感觉别人都在背后笑话她，觉得自己是一个离婚者，很没有面子，害怕别人会看不起。现在听到别人说有关离婚的事情，就觉得好像是在说自己。

核心技术 1：焦点解决——寻找例外

求助者认为别人会因为她离婚这件事看不起她，所以需要从寻找例外中来让她发现，并不是这样的。

咨询师：在你的生活中，有没有离婚的人？（问这个问题的目的是一般化）

求助者：有，而且还挺多的。

咨询师：在这些离婚的人中，有没有被他人很尊重的人？（寻找例外）

求助者：有。

咨询师：能不能具体谈谈这个人为什么会被他人尊重？（具体化，发现被人尊重有很多原因）

求助者：我的一个朋友，她就离婚了，不过她和同事关系都很好，她很愿意去帮助别人。

咨询师：你的意思是说，这个朋友有一些助人的积极品质，所以她虽然离婚了，也能得到别人的尊重，是吗？

求助者：是的。（来访者迟疑了一会）老师，我明白了，也就是说，别人喜不喜欢我们，尊不尊重我们，其实与离婚关系并不是很大，关键自己要有一些积极的品质，这样别人也一样会喜欢我们。

咨询师：（微笑）你觉得你有哪些积极品质？

求助者：我喜欢助人，我在工作中很有责任感……

核心技术 2：叙事治疗——外化

外化是把问题外化出来，这里可以有几个部分的外化。第一个可以对离婚这件事情做外化。第二可以对求助者的感受做外化，比如求助者对于别人的猜疑，对于别人说她是一个离婚者的担心。对猜疑和担心做一个外化，或者对离婚这件事导致的羞耻感做一个外化。

咨询师：如果让你帮这个“离婚”起一个名字，你会起什么名字？

求助者：（有些茫然）这个不知道怎么起。

咨询师：好，没事。如果让你对离婚这件事引起的羞耻感起一个名字，你会把这个羞耻感叫作什么？（当求助者不能起名字时，就换一个，换到求助者有感觉为止。不要执意让求助者为某个事或某种感觉起名字。）

求助者：（思考了一会）那就叫羞羞吧。

咨询师：那你现在和这个羞羞是什么样的关系？它是走在你的旁边，还是压在你的身上，或者是其他什么样子的，你想一下。

求助者：（停顿了 5 秒钟）它是骑在我的肩上的。

咨询师：你喜欢这样的关系吗？

求助者：不喜欢。

咨询师：你希望和它是怎样的关系？

求助者：我希望它能够下来，然后远离我。压着我挺累的。

咨询师：那你觉得怎么做，能够让它下来？

求助者：（停顿一两分钟）或者我可以和它好好商量，让它不要骑在我脖子上了，这么调皮。

咨询师：那它会怎么说呢？

求助者：它可能会说“好的”，会从我的肩上跑下来离我很远，有时在想我的时候又会回到我的肩膀上。

咨询师：它想你？它想你时，你是什么样的感觉？

求助者：我感觉也挺美好的。

（求助者接纳了这种关系，问句到此为止。）

五、咨询效果

求助者现在每周有三个晚上去上课，钢琴和唱歌还有国画班。周末和朋友一起出去旅游。她觉得自己过得很充实，大多数情况都挺好，虽然没有想到这辈子会离婚，但离婚并不是很可怕。孩子每周也会回来看她，她觉得也挺幸福的。她还说：“只要把自己的生活规划好，不管怎样的状态都可以幸福。”

六、启示与思考

核心技术 1 和 2 不需要一起使用，如果用焦点疗法达到了咨询目标，就不需要用叙事疗法了。复婚这件事，不要多提，咨询师不去解决具体的事情，但如果求助者求助如何才能复婚，复婚有没有一些方法的时候，咨询师也可以从建立关系的角度给求助者提供一些具体的方法。比如沟通方法，比如从原生家庭文化看对方的不容易，找到两种文化不能融合的原因，就能更理解对方的感受。这样更有利于建立双方关系。

第四节　新婚夫妇婆媳关系咨询

一、个案描述

求助者，女性，28 岁，结婚一年，现在和公公婆婆住在一起，每天都很痛苦，和丈夫关系也不好。谈恋爱的时候关系挺好的，就是因为现在婆婆总是在丈夫面前说她的不是，每天家里鸡犬不宁。她不想回到那个家，已经在娘家住了一周。现在娘家也住不下去了，妈妈每天都和她说，要孝顺公婆，不能因为一点点小事就耍性子，不能像以前在家里一样。她听了很烦，觉得自己孤立无助。本以为婆家对自己这样，妈妈还可以安慰安慰她，没想到妈妈竟要赶她回去。实在没办法前来咨询，妈妈一同前来。

二、求助诉求

让自己开心起来。

三、原因分析

求助者的家庭支持系统出现了问题。她的重要关系让她很挫败，和丈夫、公公婆婆，甚至和自己的母亲之间都出现了问题。这里面只要有一方能理解她，就可以缓解很多。

分析 1：求助者与母亲的关系。母亲对女儿的不理解，让女儿觉得最后一个应该支持她的人，也没有了。首先要建立母亲和女儿的关系。母亲和女儿的关系本来就还可以，只是母亲的教育方法出现了一些问题，纠正母亲的教育方法，就可以改善母亲和女儿的关系。当女儿觉得母亲理解她，她才能开始去处理新家庭的关系。现在这样，母亲强迫女儿回去，只会火上浇油，不但解决不了问题，反而让问题变得更严重。

分析 2：新婚夫妻最需要做家庭文化建设。如果双方不了解对方的家庭文化，很可能因为文化的不一样而导致冲突。并不是不爱对方，而是不了解对方。作为妻子，加入一个新的家庭，是要对丈夫和公婆的相处情况和家庭文化有深入的了解的。丈夫为何这样对待婆婆，为何丈夫会帮婆婆说话，找到其中的原因，妻子就可能多一分理解。

丈夫和婆婆是在一起生活了很多年的，他们之间有着深厚的感情。而每个家庭的母亲和孩子都组成了他们特有的母子关系，如果我们对这样的关系不了解，那么加入这种关系中，就会不知道怎么做才有利于家庭和谐。所以，妻子要去倾听丈夫和婆婆的故事，从而了解他们深厚的感情，才能理解丈夫为什么会偏袒婆婆，最终找到合适的相处方法。

四、咨询过程

（一）第 1 次咨询

第 1 步：评估

求助者由于家庭支持系统出现问题，比较无助，但并没有发生其他不正常的症状，所以可以做心理咨询。

第 2 步：建立关系

在这里，因为是妈妈和孩子一起来的，需要对两个人做共情，这个难度稍微有点大。因为如果共情了孩子，妈妈可能就会感觉到不被理解；如果共情了妈妈，孩子就可能会觉得没有被理解。所以在这里可以用另外一种咨询技术代替共情。

1. 让妈妈想一想，孩子曾经帮助过自己，自己忘记感谢的事件。

2. 让孩子想一想，妈妈曾经帮助过自己，自己忘记感谢的事件。

3. 想完之后，分别描述事件，并且向对方表示感谢。

核心技术：绘画治疗技术——九宫格

1. 出示九宫格图纸两张，一张给孩子，一张给妈妈。

2. 让她们回忆一下自己和对方在一起时印象深刻的故事，画在这两张九宫格上。播放音乐《妈妈的吻》《烛光里的妈妈》《孩子》。《孩子》这首歌是付笛生和任静合唱。一般三首歌之后，就能画好。

3. 分别讲故事。

4. 在讲故事的过程中，如果妈妈和孩子有一些未完成事件，可以把这些事件完成。

5. 讲完故事之后分别做总结，咨询师可以问孩子：“今天这样画画讲故事之后，你现在怎样看待自己，你又怎样看待和母亲的关系？”咨询师也同样问母亲：“今天这样和孩子一起画画讲故事，你现在怎样看待自己，你又怎样看待和孩子的关系？”

6. 结束咨询，并且让求助者考虑下次是否把自己的丈夫和婆婆一起带来咨询。

（二）第二次咨询

夫妻一同前来，婆婆没有来。

1. 因为考虑到求助者的丈夫是第一次来，而且现在和妻子的矛盾还没有解决，所以考虑需要先建立关系。

咨询师：今天你能够来到这里，说明你对你们的夫妻关系是很重视的，你愿意通过努力改变目前的状况。我想，这是你作为丈夫的一种有责任感的体现。

2. 让妻子表达丈夫曾经对自己的帮助，让丈夫表达妻子曾经对自己的帮助。两个人分别表达感谢。

核心技术：绘画治疗技术

1. 取出 B2 纸一张，在纸上画下一个大房子，在房子内分为左右两个部分。

2. 对家庭文化做介绍。

表层文化。（物质文化，有形文化，衣食住行）

中层文化。（家训，家庭礼仪，风俗，道德规范，行为准则，理财原则，规范家庭行为的法规与制度）

深层文化是精神文化，包括道德、科技、教育、文艺、文学、宗教、家风、世界观、价值观。

3. 家庭文化整理分类。

生活习惯：衣、食、住、行。（物质）

精神价值（父母的）：家训、沟通（方式和风格）、兴趣爱好、主要品质、社会层次、育儿理念与方法。

人际关系：父母之间的关系、父母和爷爷奶奶外公外婆的关系、父母和他人的人际关系。

4. 让求助者及其丈夫一起在纸上画下自己的家庭文化，左边是女方的家庭文化，右边是男方的家庭文化。

5. 画完之后开始讲述自己的家庭文化故事。

6. 讲述完之后总结。咨询师问求助者丈夫："通过今天的家庭文化介绍，你对自己有什么新的认识？你对你的妻子有什么新的认识？你对你们的夫妻关系有没有新的认识？"咨询师再问求助者："通过今天的家庭文化介绍，你对你自己有什么新的认识？你对你的丈夫有什么新的认识？你对婆婆有什么新的认识？你对婆婆和丈夫的关系有什么新的认识？你对你们的夫妻关系有什么新的认识？"

7. 两人手握手听一首《牵手》，结束咨询。

五、咨询结果

做了两次咨询，两个月后婆媳关系缓解很多，夫妻关系更好。

六、启发与思考

新婚夫妻在感情方面没有太大的问题，一般都是不了解对方家庭文化的问题，可以说每对新婚夫妻都要做家庭文化建设。我们说门当户对，其实就是在说这两家人有相同的经历，相同的经历让他们能够更理解对方。而我们现在做的家庭文化建设，让双方了解对方的原生家庭，也是为了增加互相之间的了解，进而达到理解的状态，让彼此心理上更默契，让家庭更和谐。

第五节　女人也有用

一、个案描述

求助者，女性，29岁，因为不想再生孩子前来咨询。她结婚四年，目前有两个孩子，都是女儿。丈夫认为要生男孩。有的时候，求助者向丈夫那边请求，丈夫也同意可以不再生孩子，但是架不住家里强势的婆婆，总是和丈夫说要传宗接代，要生男孩，必须生男孩。在这样的强压下，求助者一气之下跑到外地去上班，把两个孩子丢在家里，准备离婚，但又想想，说不定还有挽回的余地，所以前来咨询。

二、求助诉求

因为不想再生孩子，寻求解决方法（包括离婚）。

三、原因分析

因为生男孩的问题，感觉到自己没有得到尊重。

分析1：不同时代的文化冲突导致了一些问题。每个时代有每个时代的文化，上一代人与这一代人，本身接收到的文化是不一样的，现当代，女性半边天的文化渗透到我们这代人身上，女人越来越追求独立自由，要获得尊重。而对于上一代人，大多还是认为女人就是应该照顾男人，女人就应该为这个家庭担负起生儿子的职责。这最后导致了家庭关系分裂的问题。

分析2：这个家庭中，丈夫是听婆婆的话的。丈夫有的时候摇摆不定，一方面是体会到妻子的不容易，另一方面又不能违背母亲的意愿。而且在外面和朋友在一起，他们都会比谁有儿子，觉得没有儿子很没有面子。

分析3：这个家庭的经济情况比较好，有钱的人更需要有个男孩来继承家业，这个情况放在现在的社会，好像又是能够理解的普遍现象。

分析 4：求助者认为如果不说必须生男孩，还可以接受一些，一旦说必须生男孩，心里就特别难受。弄清为何求助者对于生男孩这件事这么抗拒，需要了解求助者的生长环境，了解她的原生家庭是如何影响到她现在的行为的。

四、咨询过程

第 1 步：评估

求助者从家庭出来，也能正常工作，在交流过程中没有发现其他异常，可以做咨询。

第 2 步：建立关系

倾听来访者话语，适当进行共情，对于她对这个家庭的付出进行共情，表示出对她的每一分努力的理解。

核心技术 1：与内在小孩对话

咨询师：对于“重男轻女”这个词你怎么看？

求助者：听到这个词我就想哭（有想哭的表情）。我想到了很多。想起了我的妈妈。

咨询师：嗯，在那个时候发生了什么事？

求助者：从小我爷爷奶奶就对我不好，说我是个女孩，没有用，以后是别人家的人。在我七岁时，妈妈生了一个弟弟。从此，我就被不公平对待。爷爷奶奶爸爸妈妈都喜欢弟弟，只要我和弟弟发生冲突，都是我的错。有好吃的都给他吃。我记得有一个夏天，我和弟弟跟妈妈一起进城，天气非常热，弟弟说要吃雪糕，妈妈就买了一支雪糕给弟弟。我说我也要吃，妈妈没有买，而且不说话，很生气的样子。我在那个时候，又失望又害怕，心里痛苦极了。到现在回想起这一幕，我都觉得很难受。后来我结婚了，嫁了一个经济条件还可以的老公，弟弟还没结婚，我就要想办法帮他置办结婚用品，他买房子，我也花了二十万。

咨询师：那如果让那个没有吃到雪糕的小女孩说点什么，她会说什么呢？

求助者：（痛哭了一会）我为什么没有雪糕吃，这太不公平了，难道我是一个女孩是我的错吗？我这么努力地学习，这么努力地干家务，想让你们对我好一点，就这么不容易吗？

咨询师：此时此刻如果让买房子给弟弟的现在的你对这个小女孩说话，你会说什么呢？

求助者：我现在已经长大了，我已经有能力帮助弟弟了，当我能帮助弟弟的时候，我心里也是很骄傲的。爷爷奶奶都说女孩没用，妈妈也偏心，只对弟弟好，但其实我是有用的，我是能帮助我们这个家庭的。

核心技术 2：空椅子技术

咨询师：现在你的爷爷奶奶还健在吗？父母都在的吧？

求助者：爷爷是两年前去世的，奶奶是半年前去世的，父母都在。

咨询师：现在这边有四张椅子，分别是他们四个人坐的椅子，你可以面对这四张空椅子，仿佛他们就坐在了椅子上，和他们说话。你可以先选择一个人来表达。

（求助者分别对四个人进行表达，第一个表达的是爷爷，第二个表达的是奶奶，第三个表达的是父亲，第四个表达的是母亲。和每个人表达时，她都痛哭流涕。每当来访者哭得很伤心时，咨询师都进行拥抱、擦眼泪等一些肢体的陪伴。休息了一会，喝了一点水。）

求助者：这样表达之后舒服多了，感觉好像是给我的心灵洗了一个澡。这些事情在我的心里积压太久了，今天全部说出来了。

咨询师：那你现在还想和过去的自己、小时候没有被公平对待的自己说点什么吗？

求助者：其实都过去了（沉默了 3 分钟）。

咨询师：我们来一起听一首歌吧。

（咨询师和来访者一起听音乐《致自己》结束。）

五、咨询结果

因为这是一个外地咨询，所以咨询时间有两个多小时。这一次咨询之后，求助者再也没有去求助过，这个咨询已经过了一年，对求助者进行过两次回访，求助者第一次回复说仍有一些小问题，不过不影响现在的生活，说要带着问题前行。第二次回复说现在夫妻关系良好，和婆婆关系也很好。现在是，求助者在工作，婆婆也不提三胎的事，因为帮着带两个孩子也挺累的，丈夫现在也不想生三胎了，夫妻生活美满。

六、启发与思考

这个咨询，先和内在小孩对话，让那个受伤的小孩先有些力量，然后再和爷爷、奶奶、父母对话，把一些曾经积淀的消极情绪排出来，心里面空了，才能放进去爱。在这个咨询中，也进行了一些教育活动。比如家庭是一个系统，家庭关系与每个人都有关。每个人都是一个动力点，每个人都有可能促进家庭关系，每个人也可以破坏家庭关系。假设孩子在奶奶面前说一句“妈妈说奶奶好”，那么这个家庭中的奶奶和妈妈就会有良性循环的关系；假如孩子在妈妈面前说一句“奶奶说妈妈不好”，这个家庭中的妈妈和奶奶就会有恶性循环的关系。每个人，每句话，都在改变着家庭系统，都在使家庭关系发生着改变。带着问题前行，这是一个应对困难的方法。每个人都有问题，很多人不能解决问题，但有带着问题前行的能力，所以问题就不是问题。因为在外地，不方便来咨询室，多教求助者一些具体的方法在发生问题的当下进行运用，也很重要。

另外，这里也可以用替代性的咨询技术“石头的故事”。与内在小孩对话时选一块石头对话，爷爷奶奶爸爸妈妈都可以选一块石头来代替，之后让其把石头放在一个桌上，把五块石头分别按自己心中的样子摆好。摆好之后再找一块石头代表现在的自己，把代表现在自己的石头也放入其中，让她再来分别讲一讲现在这六块石头分别会说什么，并且说出来。

第十一章　亲子关系咨询

毋庸置疑，在我国虽然家庭教育受到空前的重视，家长对子女的期望值普遍提高，但是却面临着许多新的问题和挑战。例如，亲子间沟通不畅问题、亲子间依恋关系不健康问题、独生子女教育问题、儿童对环境适应不良问题等。相当多的家长，面对以上种种问题，面对教育观念多元化、人才标准的多样性、教育经验的缺乏，感到束手无策。儿童青少年的问题，与家长本身和其不当的家庭教养方式密切相关，其实这些问题的核心主要是亲子关系不良问题。

为此，本章结合本会团体技术，有针对性地设置了“家长教育咨询”和“亲子沟通咨询”两节，共几个方面的具体案例分析、咨询建议及操作方法。

第一节　亲子关系的理论及研究

一、亲子关系的发展历程理论

（一）幼儿亲子关系理论

儿童的亲子关系是从早期的亲子依恋发展起来的，它是幼儿与父母（早期主要是母亲）之间建立起来的、双方互有的亲密感受以及相互给予温暖和支持的关系。

加拿大心理学家安渥斯等人经研究得出了三种典型的母子依恋关系：

1. 安全型

具有这类依恋特征的孩子，当母亲在身边时，会表现得比较自在，会以母亲作为探索外界的中心。当母亲离开时会感到焦虑紧张，有的还会哭闹，而母亲回来之后，就会比较高兴。他们对陌生人往往比较友善。

2. 逃避型

这类孩子在母亲离开时较少哭闹，但是当母亲回来之后他们不会主动寻求安慰，甚至会有逃避行为，通常会伴随愤怒的情绪，对陌生人比较冷漠。

3. 矛盾型

矛盾型的孩子会表现出比较习惯性的焦虑，即使母亲在身边，也会时不时地找寻她的身影，在母亲离开后，会显得更加不安。但他们也很矛盾，一旦母亲回来，他们会表现为既想要亲近又会抗拒母亲的亲近。这类孩子往往会比较保守，较难安抚，对陌生人也不太友好。

后来，有研究者发现，一些幼儿在实验中的表现不同于上述三类，进而提出了第四种依恋类型——混乱型依恋。这类孩子的特征是：行为缺乏一致性，他们在与母亲分离或重聚时会表现出混乱无序、缺少组织性和目的性的情绪和行为。

（二）青春期亲子关系理论

父母是儿童发展的建议者、指导者和咨询者，是儿童社会交往机会的提供者。然而，进入所谓“暴风骤雨”的青春期，这种亲子关系面临巨大的挑战。对于青少年亲子关系的发展变化，各学派存在着不同的理论观点，在这里做一简单介绍。

1. 古典精神分析模型

弗洛伊德从生物学的角度对青少年期的亲子关系发展变化做出了解释。他认为，青春期的亲子冲突主要是由青少年在青春期的生理变化及性冲动引起的，青少年情绪易激动、多变，并最终导致青少年与父母经常性的冲突。这种冲突是重构亲子关系并降低青少年焦虑的正常途径，当青少年找到新的爱的对象时，冲突会逐渐缓解。

2. 社会生物适应模型

美国著名心理学家斯滕伯格从社会生物学角度提出，青春期个体与父母冲突的增加是为了确保青少年能与同伴一起度过更多的时间，并与家庭之外的成员发展亲密关系。由于亲子之间的冲突是以亲密的情感连接为前提的，所以它虽然促使少年向家庭外部寻求亲密关系，但并不会对亲子关系形成实质性损害。与家庭的分离一旦成功，冲突就会缓解。

3. 认知发展模型

在认知发展模型中，亲子冲突被看作是青少年认知发展成熟的结果。认知的成熟改变了青少年对自我及其人际关系的理解，继而改变了他们对待父母的行为方式，最终导致冲突产生。对于认知发展如何导致亲子关系改变的解释上，一种观点认为认知发展促使青少年用朋友的标准来衡量父母，而如果父母无法适应这种平等式的关系，冲突就会产生。另一种观点则认为，随着青少年认知的成熟，他们会将原来看作父母权限范围内的事，视作应该由自己做主。如果父母仍试图保持权威，就会引起冲突。

4. 依恋关系模型

这个理论模型与前文提到的儿童亲子关系相呼应。该理论认为早期的亲子依恋决定了个体以后的人际关系模式，会直接对青春期家庭关系的转变产生影响。其中，安全依恋更可能导致积极的亲子关系和家庭关系。

5. 社会学习模型

该理论认为，青少年的亲子冲突，对青少年的社会技能有积极影响。青少年可以通过亲子冲突，从父母和事件中观察、学习到处理冲突的策略，并迁移到其他社会情境中。

6. 家庭系统模型

这一模型的核心观点是：亲子冲突的来源是家庭成员系统功能的缺失、不恰当的人际关系界限或封闭性的沟通风格等。它认为亲子冲突并非父母和子女单方面的问题，而应从家庭系统考虑。

二、亲子沟通的作用机制

亲子沟通的作用机制理论主要有家庭沟通图式理论和资源交换理论。

（一）家庭沟通图式理论

该理论认为家庭成员有一个关于家庭关系和成员之间沟通的内在工作模式，即家庭沟通图式，该图式是相对稳定的，并对个体的信息加工起指导作用。亲子沟通是其中的一个组成，有关系定向沟通和观念定向沟通。前者强调家庭的和谐和依赖性，如高关系定向的父母认为儿童不应该与成人争论，不应该表达不一致的意见。后者则强调自由平等不受约束的交往环境，高观念定向的父母会鼓励儿童从不同的角度看待问题，并自由表达自己的见解。

（二）资源交换理论

假设沟通是一种资源交换，亲子沟通就是父母与亲子之间的资源交换，比如情感、思想等。该理论强调互动性，例如，专制型的父母用惩罚的方式教育子女，反过来，子女也就倾向于用如此的消极方式对父母做出反应，你来我往，就形成了消极的亲子互动，并最终导致子女问题行为和不健康心理的产生。

三、亲子沟通的功能理论

亲子沟通的功能理论从家庭系统观的角度出发，强调家庭的结构规则和运作方式，认为沟通是维护良好家庭功能的重要因素。比较典型的有奥尔森曲线理论和麦克马斯特的家庭功能理论。

（一）奥尔森曲线理论

该理论认为家庭功能是家庭成员之间情感联系、沟通以及应对外部事件有效性的反映。它包括亲密度、适应性和沟通，其中，沟通是对前两者起促进作用的重要因素，美国心理学家奥尔森从开放性和问题性两方面探讨沟通的作用。他认为良好的沟通是开放性较强、问题性较少的沟通，而亲密性和适应性与家庭功能呈曲线相关。

（二）麦克马斯特的家庭功能理论

该理论把家庭功能看作是为家庭成员生理、心理、社会性等发展提供一定的环境，包括问题解决、沟通、角色分工、情感介入和行为控制。沟通是家庭成员间问题解决的最重要的途径。尤其是子女进入“暴风骤雨”的青春期后，强烈的亲子冲突尤其需要充分、开放的亲子沟通，才能加以合理疏导和缓解。

四、亲子关系的影响因素

影响亲子关系的因素众多，此处仅从家庭、父母、子女三个角度加以说明。

（一）家庭

1. 家庭生活中的日常事件。如家务、对朋友的选择、参加家庭活动等，往往会对亲子关系产生最直接和重要的影响。

2. 家庭结构与婚姻状况。单亲家庭和再婚家庭中更容易出现紧张的亲子关系。而与儿童相比，青少年更容易接受父母的离婚，但对于父母再婚则更难适应，女孩子表现得尤其明显。另有研究表明，与完整家庭的青少年相比，离异和收养家庭的孩子与其父母沟通比与其同伴沟通更困难，尤其是孩子与父亲的沟通，显得更为困难。

（二）父母

1. 父母的受教育程度。父母的文化水平是影响父母教养方式的重要因素之一。受教育程度高者，往往会更多地给予子女尊重和理解，他们与子女的沟通更融洽；反之，则多出现专制或溺爱的方式，容易采取简单、粗暴、强迫、高压、封闭等传统家长制做法。

2. 父母性别。父母与不同性别的子女之间的关系也存在较大的差异，而且可能发生不同的转变。一般说来，母亲与女儿的关系，具有较高水平的亲密性和不和谐性，而母子之间也同样兼备高冲突和高和性，但较少共同从事活动。而父亲与子女之间的关系通常更趋于平等，但较少和女儿一起参与活动。

（三）子女

1. 年龄。总的说来，亲子冲突的频率与情绪强度在子女的各个年龄阶段表现不同。两者都更多出现在子女青春期，而前者在整个青春期呈现逐渐下降的趋势，而后者从青春期早期到中期都呈现上升趋势。

2. 孩子的人格和气质。儿童气质与其依恋行为间存在一定的关系。有人研究了婴儿气质、母亲人格特点和母婴亲子关系三者之间的关系。结果发现，婴儿气质类型与母亲的行为和人格相关，而安全型亲子关系又可以由母亲人格和婴儿气质之间的相互作用来预测。气质可能直接影响陌生情境中婴儿的行为，从而影响依恋类型。

五、父母教养方式的影响

父母教养方式是亲子关系中影响最广、研究最多的重要因素。

（一）父母教养方式的类型

父母教养方式是父母教养态度、行为和非语言表达的集合，是父母在抚养子女的日常活动中所表现出来的一种对待孩子的固定的行为模式和行为倾向，它反映了亲子互动的性质，具有跨情境的稳定性。

美国心理学家鲍姆林德在其早期的研究中，将父母教养方式划分为权威型、专制型和放任型三种类型。此后，有研究者在其基础上进一步做了扩展，他们把放任型父母教养方式按要求和反应性两个维度进一步划分为溺爱型和忽视型，从而确定了四种父母教养方式类型：权威型、专制型、溺爱型和忽视型。

1. 权威型

父母对子女温暖而严厉。他们往往对子女有明确的规定和要求，并严格执行、树立权威。同时，他们也注意子女的自主性发展，鼓励亲子间的沟通和交流，能用一种合理、平等的方式来对待子女。

2. 专制型

父母喜欢以惩罚的方式教育子女，他们讲究纪律和服从，认为子女应该无条件服从父母的规定和标准，会限制儿童的自主性。

3. 溺爱型

父母的态度是最和蔼的。他们很少对子女提出要求和标准，反而赋予他们高度的自由和自主。他们认为控制和要求会对子女的发展造成影响，把自己看作资源，竭尽所能地为子女提供支持和帮助。

4. 忽视型

父母在与孩子一起参与的活动上花费的时间和精力最少。更有甚者，可能忽视子女的需求，对他们置之不理。他们不关心子女的兴趣爱好、经历和交际，很少与子女谈心。他们往往以自我为中心，围绕自己的需求和兴趣点来发展亲子关系和家庭生活。

（二）父母教养方式对子女的影响

1. 父母教养方式对子女社会化和人格的影响

权威型父母教养方式下的孩子会表现出更好的社会化发展，他们兴趣广泛、情绪稳定，能较好地融入社会生活；专制型父母教养方式下的孩子则比较被动顺从，在社会交往中缺乏自信和独立性；溺爱型父母教养方式下的孩子，则更为强势，他们会比较有攻击性，会要求别人顺从；忽视型父母教养方式下的孩子，会表现得冷漠倔强，情绪状态不稳定。总的说来，对待子女的教养态度比较民主合理的父母，其子女的社会化发展更为成熟，其性格多比较自信、独立，具有外向和好奇的特点。反之，滥用家长权威的父母，其子女的社会化发展可能会有所缺失，性格中内向、被动、怀疑、忧郁的成分比较多。

2. 父母教养方式对子女心理健康的影响

子女的心理健康水平与其父母教养方式之间存在着不同程度的正相关。父母的消极教养方式容易使子女形成强迫、敏感、抑郁、焦虑等不良心理品质。而父母过分的保护、干涉、溺爱等，也会阻碍子女心理健康的发展。只有温暖和慈爱的教养方式，才会对子女的健康心理状态有显著的积极作用。

3. 父母教养方式对子女应对方式的影响

父母的情感温暖与理解有助于子女采用成熟的应对方式，而父母的严厉、过分干涉、过度保护和溺爱等则会让子女产生不成熟的应对方式。

第二节 常见亲子关系问题

一、焦虑症

这里的焦虑症指孩子因担心达不到目标或无法克服困难而产生的过度焦虑表现。过度焦虑儿童往往老实温顺，自尊心强，是家长眼中的“乖孩子”。他们通常会很在意老师、家长的批评、说法及同伴的看法，因为相对敏感，多虑，自信心缺乏，他们常常有无根据的烦恼，出现焦虑和恐慌。特别是在陌生的环境里，处理陌生事情时，他们会很担心和紧张，过分焦虑，害怕不能把问题处理好。

长期过度焦虑会影响儿童正常的人格、智力和身体发展。容易引发儿童退缩、过度顺从、暴怒、恐惧等行为的发生。患有焦虑症的儿童往往过分敏感、自我评价低、做事优柔寡断、谨慎等。

儿童焦虑症的发病原因一方面可能有遗传因素影响，但是家庭环境、父母老师的教育方式都会诱发儿童焦虑情绪的产生。例如，如果老师和家长给予孩子过多的苛责、禁令、嘲笑、过高要求及负面言语等信息，都会使孩子处于焦虑状态中。还有一部分家长对孩子过分溺爱，满足孩子的一切愿望，使孩子养成自我中心的性格特点，一旦当他们独自面对新的环境，遇到挫折时，易引发焦虑情绪。另外，在学校中一切向分数看齐的教育方式，当孩子面临学习的不如意时，也会使孩子产生焦虑。

二、多动症

现在越来越多的多动症儿童出现在我们生活中，让家长很是担心，并且多动症的孩子，让老师头疼、无奈，孩子也不可避免地受气、受罪。对于多动症儿童的治疗，除了根据医生的要求服药外，病童的心理治疗也是很有必要的。心理治疗一是可以帮助家长正确地理解多动症儿童，缓解家长的焦虑，为家长提供更有效的办法帮助孩子；二是帮助孩子面对自身问题，给予孩子有效的行为训练和信心支持，减轻多动症状，使他们能更好地适应周围的一切，生活变得轻松愉快！

对于多动症儿童的心理治疗可采取的方式有：

1. 一般心理治疗：是通过向多动症儿童和家长解释、解答、鼓励、安慰等，提供一般的心理帮助和支持。

2. 个别心理治疗：是对多动症儿童进行深入系统的心理治疗，通过了解病史、日常学习和生活细节、亲子关系等，和家长共同分析问题所在，确定解决办法。在个别心理治疗中，可以通过奖励法、鼓励法、契约法、塑造法、榜样法来强化儿童的正确行为，同时也用取消奖励、批评和劝告、消退、处罚等方法消除或减少儿童不正确的行为。还可以进一步地通过自制力训练、社会能力训练、注意力的培养等，来帮助孩子提升自己的自控能力和社会技能，以减轻其多动、冲动等行为。

3. 集体心理治疗：通过举办讲座、组织讨论、团体活动，帮助孩子制订计划，安排好他们的学习、生活、娱乐和休息，解决他们学习上的困难，消除家长的紧张、焦虑，建立和谐的亲子关系，提升孩子的学习、生活能力和品质。

三、抑郁症

这里的抑郁症发生在儿童时期，以持续性的心境不愉快、情绪抑郁为主要特征。通常分为“急性抑郁”“慢性抑郁”“人格抑郁”“季节性抑郁”“隐匿性抑郁”等等。主要介绍以下三种：

（一）急性抑郁

有突发性的、明显的精神诱因，例如父母的突然死亡，遭受意外打击或者重大的突发性灾难。发病前行为和精神均正常，发病后表现为经常流泪、声音低、食欲不振、失眠、做噩梦、不与其他人交往等。

（二）慢性抑郁

无突发性的、明显的精神诱因，抑郁症状由轻到重。有与父母经常分离，或者其他精神创伤的经历。表现为适应能力差、胆小、羞怯、易受惊吓、不合群、行为退缩、表情淡漠、有厌世和自杀想法。

（三）隐匿性抑郁

症状不明显，但是表现为其他方面的问题，例如多动、反抗、攻击、学习困难、爱捣乱、不听话等不良行为，也可能出现厌食、头痛、腹泻等身体问题。

引发儿童抑郁症的原因有很多，家长的过高期望，单调的学习生活，家庭不幸，学习成绩不好等，都会造成孩子沉重的心理负担而最终导致抑郁症的发生。

四、任性自我

任性是幼儿普遍存在的问题。如果我们放任幼儿的任性，将会影响他们的人际交往，因为任性的幼儿很难与同伴友好合作、分享、协商，他们往往随心所欲，很难做出利他（如关心、谦让、助人、同情等）的行为。幼儿任性还会影响成人、同伴对他们的评价，并由此影响他们自我意识的发展。任性的孩子通常借助在地上打滚、不停地哭闹、乱扔东西等行为来表现他们的情绪、要求与脾气。如果这些消极行为经常发生，就会强化他们的不良个性品质。同时，幼儿任性时通常会伴随着烦躁、愤怒的情绪。一次情绪失控对身心影响不大，经常性的情绪失控，就会对健康产生较大的不利影响了。

（一）造成幼儿任性的原因

1. 家长的教养方式不当

孩子任性时家长的态度如何，家长是否注意孩子日常行为规范的养成等，这是关系到孩子是否任性的重要原因。随着生活条件的改善和独生子女比例的增加，不少孩子成为家庭的中心，孩子想怎么着就怎么着，缺乏行为规范和自我约束意识。还有的家长对孩子在知识方面要求严格，而在个性品质、行为习惯、社会适应性等方面没有要求，孩子想干什么就干什么。这样的教养方式必然会造成幼儿的消极创造性行为。

2. 同伴交往机会缺乏

随着人们居住条件的改善，出现了不少“高楼儿童”，这些孩子很少有机会与其他孩子一起玩。同伴的缺乏，导致幼儿的玩伴由成人来替代。由于亲子交往常常不是一种平等的交往，因此往往是成人造就孩子。在这种不平等的交往情景里，如不是有意识地对孩子进行教育培养，孩子就会缺少互助、合作的意识，缺乏谦让、自制的行为。

（二）对幼儿任性的教育

了解了孩子任性的原因，我们就可以运用以下方法来进行教育：

1. 明确要求，预防在先

家长平时对幼儿的行为要有明确的要求，如制定一些简单、明确的规则。规则一旦制定，就要坚决执行，以此来规范孩子的行为，如待人接物的礼貌要求，作息时间的安排等。这些规则可以使孩子明白自己的行为并不是随心所欲的，而应该受到一定的约束。

2. 家长教育孩子的要求、观点应保持一致

尤其在孩子任性时，家长应统一要求。如果一个严，一个宠，那么孩子的任性会愈演愈烈，很难得到改正。

3. 采用“负强化”的方法

当孩子任性时，有的家长大声训斥、恐吓，甚至打骂，这不仅无益于问题的解决，还有可能造成孩子的逆反心理，使幼儿进一步用任性的行为来与家长抗争，从而使他们更任性。家长可以用“负强化”的方法，即以不予理睬的方法来对待孩子的任性。例如，孩子吵着要买玩具，甚至在地上打滚，父母可采取不劝说、不解释、不争吵的方法，让孩子感到父母并不在意他的这些行为。当孩子闹够了，从地上爬起来时，父母可以说：“我们知道你不开心，但你现在不闹了，真是一个好孩子。”同时表现出高兴、满意和关心，跟他讲道理，分析他刚才的行为的不当之处。这种“负强化”的方法往往比较有效。

五、说谎成瘾

孩子说谎是许多做家长做父母的一个很头疼的问题，而孩子撒谎的原因则更为复杂，并且根据皮亚杰的理论，孩子可能要到 11 岁左右才开始以动机作为道德判断的依据，也就是说，他们可能要到 11 岁左右才能区分什么样的谎言可以得到宽容，什么样的谎言会得到惩罚。而这就将一个难题交给了我们的家长，孩子谎言背后的原因和动机究竟是什么呢？只有搞清楚了动机，才可能对症下药，真正帮助孩子改掉说谎的坏习惯。

（一）说谎的原因

1. 孩子记忆有误

三岁前的记忆是不完整的，很容易出现记忆错误却以为自己记得很准确的现象，例如他可能明明刚吃完零食却再问家长要，并且说自己没有吃，这时家长切勿急切地给孩子冠上“撒谎”的罪名。

2. 逃避惩罚

有时候孩子撒谎并不是故意说谎话，而是找借口来逃避父母的惩罚。如：孩子不

小心碰坏了东西，诚实地把经过告诉了妈妈，但得到的是妈妈的惩罚、训斥，这使得孩子以后就学会以撒谎来躲避惩罚以保护自己。

3. 父母不当的行为模式诱发孩子的说谎动机

如：当孩子相互间打架的时候，父母一般会问："是不是他先打你的？"或孩子不去幼儿园时，妈妈往往焦急地问："是不是肚子疼？"这些带倾向性的问话往往使孩子为了某种理由或达到自己的目的而刺激说谎的行为发生。

4. 孩子很容易被影响

父母无意识的行为也很容易造成孩子说谎，当孩子不听话或者父母想让孩子达到自己的要求，经常做出一些承诺而不做兑现。如：孩子打针时，父母往往会骗他说打针不疼；父母承诺孩子不闹就买玩具、买礼物，却不付诸行动。这些都在不经意间降低了孩子对父母的信任程度，促使撒谎行为产生。

5. 寻求关注

我们经常看到一些爱吹牛的孩子，他们会在同学面前炫耀"我爸爸是 ××，他天下第一"。对事实夸大一番，孩子的小虚荣心就得到满足了，这也帮助他们在团体中获得认可。

6. 制造幻想

孩子的想象力十分丰富，有时候甚至分不清现实和想象的区别，因此很容易混为一谈。例如你问一个刚从动物园出来的孩子，看到了什么，他可能会告诉你，他看到了喜羊羊和灰太狼，并深信不疑。

7. 心理学上有一种被称为"说谎癖"的心理疾病

有说谎癖的人无缘无故的即使在不需要说谎的情况下仍然有意或习惯或自然地说谎，有时候是为了欺骗或中伤别人，当看到有人相信谎言时便沾沾自喜，获得心理快感，说谎成了生活中不可或缺的一部分，仿佛不说谎就缺少了什么似的。有的说谎者则仅仅是用撒谎，来获得变态心理的满足，虽然屡屡被揭穿仍然乐此不疲。这种人有一种从小长期形成的或天才的表演特征，捏造事实，制造谎言。这样的说谎就是一种病态了。说谎者可以骗人一次两次，但如果长久骗人，不可能不受到惩罚，最终必须为自己的行为付出惨痛的代价。

（二）孩子说谎时采取的措施

父母对自己的言行、态度应加以注意，留心孩子用谎言为自己辩护的心理动机，同时家长要时时注意做孩子诚实的榜样。一旦发现孩子有说谎行为，应给予及时分析，避免严厉责罚，鼓励孩子说出内心真实想法，了解孩子的内心感受和愿望，帮助他们认清现实和内心希望，让孩子明白没必要向父母撒谎。对于有疑似“说谎癖”的孩子，家长一定要加倍留意，切不可掉以轻心，应尽早带孩子去看看心理咨询师，尽快矫正孩子的心态，以免害人害己。

六、逃学或离家出走行为

逃学是指儿童在没有正当理由的前提下，就无故不去学校。离家出走与逃学是相类似的行为问题，困扰着许多家长。

这两类行为有着相似的原因，分别源自家庭、居住环境、学校和孩子的自身性格特点或人格成长中的应激反应。首先，家长对于孩子有过于严格的要求，不切合孩子的实际发展，或者对于孩子过于放纵和苛责，忽略孩子的感受，父母关系紧张，使孩子压力增大，使他们感受不到家庭的温暖。在学校中，老师过于严厉，使孩子觉得自己不受重视和遭受不公平待遇，或者受到同伴的排斥，或者老师的授课枯燥乏味，都会引起孩子逃学或者离家出走行为的发生。

其次，学校老师的教育方式也可能引起孩子逃学的问题。如果老师对未能按要求完成学习任务或是比较调皮的孩子进行训斥、罚站等，很可能挫伤孩子的自尊心，使孩子产生反抗和对学校学习的恐惧心理，而使逃学成为一种躲避伤害的选择。

再次，有些性格上比较软弱的孩子受到高年级孩子的欺侮，却不敢告诉老师或者父母，而是采取逃学的方式来回避在学校受到的攻击。另外，性格上自制力较差，容易受外界影响的孩子，如果再遇到一些社会上或者是年龄大些的孩子的诱惑，极易被学校外缤纷的世界所引诱，而导致孩子逃学或者离家出走。

最后，小孩子在发展阶段，很容易因为贪玩而影响在校的学习。他们很可能因为要痛快地玩一下而出现逃学行为。所以作为家长，一定要注意辨别诱发孩子逃学或者离家出走的原因。需要特别指出的是，逃学和离家出走无论是由何种原因引起，都在一定程度上说明孩子本身存在着心理问题，所以需要家长提前注意，使孩子能够得到及早的心理疏导。

第三节　家庭教育咨询

一、家庭教育的重要性

家庭教育是孩子接受的最早的教育，奠定个体一生发展的基础。家长是决定家庭教育质量的关键。目前，我国的家庭教育受到空前的重视，广大家长普遍重视家庭教育在儿童发展中的价值，凸显了家庭教育的地位和作用。但作为教育者的家长，面对教育观念的多元化、人才标准的多样性、教育经验的缺乏，在教育中面临许多新的挑战和问题。特别是由于经济发展、教育发展的不平衡，家长素质的参差不齐已成为制约家庭教育质量提高的重要因素。提高家长的素质是提高家庭教育质量的关键。明确家长在儿童发展和教育中的角色，了解称职的家长应具备的素质，是亲子关系咨询的基础。

二、父母在家庭教育中的角色

大量的研究和教育实践证明，在影响儿童发展的众多家庭因素中，家长是最重要的、最具决定性的因素。这是由家庭教育的性质以及家长在家庭教育中的角色和发挥的作用决定的。

（一）家庭教育的性质

1. 家庭教育是一种非正规的教育

与正规的机构教育不同，家庭教育的执行者——父母，大多没有经过专门的教育培训，没有教育者资格的认定，家长素质参差不齐，教育内容、方式有很大的随意性，教育目标、教育内容、教育方式主要取决于家长的意志。家庭教育的非正规性，决定了家庭教育受教育者素质影响明显。

2. 家庭教育是终身教育

自出生便开始的家庭教育，寓于日常生活中，寓于亲子互动中，家长对孩子潜移默化的影响，不仅体现在家长说了什么，更重要的是家长做了什么。苏联教育家马卡连柯说过：“不要以为只有你们同儿童谈话、教训他、命令他的时候，才是进行教育。你们在生活中的每时每刻，甚至你们不在场的时候，也在教育儿童。你们怎样穿戴，怎样同别人讲话，怎样谈论别人，怎样欢乐和发愁，怎样对待朋友和敌人，怎样笑，怎样读报——这一切对儿童都有着重要的意义。”因此，家庭教育中，身教重于言教决定了家长素质的重要性。

3. 家庭教育是私人教育

与学校教育不同，家庭教育建立在亲子的血缘关系和感情基础之上，教育的目的、内容、方法在很大程度上受教育者意志的影响。对自己孩子的教育，家长容易感情用事，表现为教育态度和行为方式的不理智，如溺爱、放任、简单粗暴。由于社会和他人不能对家庭教育进行直接的干预，因此家长素质对家庭教育的影响更为突出。

（二）家长在家庭教育中的角色

家长（主要指父母），在家庭生活中的职能是多方面的，他们既要负责家长扮演的角色，主持家庭事务、协调家庭关系，又要负责抚养、保护、教育家庭中的儿童和青少年。从家庭教育的角度看，家长扮演的角色和发挥的作用主要体现在以下几方面：

1. 父母是孩子的第一任导师

孩子出生后，父母自然而然、不可选择地成为孩子的第一任导师。可以说，家长对孩子的影响和教育从孩子出生之前就开始了。

2. 父母是孩子长期、全方位的导师

父母是孩子的终身导师。家长作为孩子不可选择的导师，也是不可替换的。即使在离异家庭中，父母也不可因离异而放弃对孩子教育、抚养的义务。父母作为孩子的导师，在儿童发展中扮演着很多角色，他们不仅要照顾儿童的生活，而且要承担起对子女进行德、智、体、美全面发展教育的重任。因此，作为父母，他们的职能是多元化和全面性的。

3. 家长是家庭教育的责任人、执行者

家庭教育作为私人教育，有较大的独立性和随意性，家长作为教育的责任人和执行者，在很大程度上决定着家庭教育的培养目标、教育内容和教育方式，在家庭教育中起主导作用。可以说，父母（和其他养育者）在最大意义上塑造了幼儿的经验，父母通过他们的教育观念和行为直接影响孩子的发展。

4. 家长是孩子的行为榜样

父母对子女的教育是在日常生活中，通过言传身教潜移默化地进行的。家长特别

是父母，作为孩子经常、直接的模仿对象，和孩子的每一次交往都是在教育孩子，其言谈举止无时无刻不在影响着子女。可以说，家庭教育中言教固然重要，但身教的影响更大，因为家长的言谈举止不仅是子女的行为榜样，而且关系到言教的效果。家庭教育潜移默化的特点决定了家庭教育中身教重于言教。

三、家庭教育咨询的重点

（一）咨询要点

1. 家庭教育的重要性已经得到家长的普遍认同，但家长特别是父母对自己在家庭教育中的角色和作用认识不全面，表现为：片面关注孩子的生活、学习，而忽视孩子的品德、性格塑造；重视有形的教育，而忽视家长对孩子潜移化的影响。咨询中重点在于使家长明确家长角色和责任。

2. 在有关家长素质的咨询中，首先应了解家长自身对家长素质的理解，针对家长的认识误区进行有针对性的帮助。家长在遇到教育问题时，常常关注如何找到快速有效的教育方法，而忽视自身教育观念和行为中存在的问题。在有关家长素质的咨询中，应将重点放在家长教育观念和行为的转变上。考虑到家长自身素质的差异，提供的建议应符合家长实际，从而增强家长完善自我的自信心。

（二）重视家长素质的提高

家长素质是决定家庭教育质量的关键，目前，家长素质的参差不齐，已成为制约家庭教育质量的重要原因。熟悉称职家长应具备的素质，掌握提高家长素质的途径和手段，是开展亲子家庭教育咨询和指导的基础。

1. 家长素质的分类

家长素质，一般可分为两个方面，即家长的一般素质和特殊素质。

家长的一般素质是指家长本质，如文化水平、品德修养、身体健康状况。家长的一般素质对子女起着潜移默化的作用，同时又是家长进行家庭教育所必备的特殊素质的基础。

家长的特殊素质指的是作为家长对子女进行教育应具备的素质，包括正确的教育观念、丰富的教育知识、科学的教育方法和一定的教育能力等，它直接影响着家庭教育的实施和质量。

2. 合格家长应具备的素质

（1）有高度的教育义务感和责任感。

（2）树立正确的教育观念。

（3）掌握科学的教育知识。

（4）掌握正确的教养方式。

（5）具备教育子女的能力。

（6）具备高尚的品德和良好的心理素质。

3. 提高家长素质的途径

为了提高家长的素质，政府和社会、各级教育机构要根据家庭（家长）多样化的需求，通过家长培训、咨询服务、家访、社区宣传、网络、建立支持性网络等形式，为家长提供帮助和支持，为家庭教育提供信息，及时帮助家长们解决教育过程中遇到的困难和问题，为家庭教育提供理论与实践上的指导，提高家庭教育的质量。采取何种方式给家长以支持，取决于他们的需求和水平、获得信息的有效途径、现有的资源等。

需要强调的是，外部的支持只是家长提高素质的外在条件，真正想要提高家长的教育素质，最主要是取决于家长是否愿意改变、提高自己。家长完善自我的愿望是提高家长素质的基础。

（三）注意事项

1. 即使打孩子会给孩子身心发展带来极大伤害，但由于受传统家长制观念的影响，在现代社会，我国仍有很多人在教育孩子时抱着“不打不成才”“棍棒底下出贤才”的思想，家长中认同可以打孩子的想法的人比较多。咨询中，转变家长的观念，让家长认识到打孩子的危言是纠正家长行为的关键。

2. 没有时间既是年轻父母面临的主要困难，也是很多父母没有尽到教育责任的借口。无论何时，父母都应认识到，抚养和教育孩子是父母不可推卸的首要责任。

3. 家人之间教育的不一致，原因是多方面的，增强教育的一致性，不是靠某一个人的努力可以实现的。咨询中要了解所有成人的想法、做法，并需要所有成人的共同努力。

第四节　亲子沟通咨询

家长和孩子的沟通问题，是家庭教育中遇到的普遍问题。随着青春期的到来，青少年与父母的冲突会不断增加。亲子沟通问题也较多地出现在这个时期。

一、亲子沟通的基本要求

面对不同年龄、不同发展水平、特点的孩子，家长沟通的具体方法不同，但沟通的基本要求是有效亲子沟通的保证，也是所有的家长应该理解和掌握的。

沟通的基本要求有三个：1. 关爱、理解、尊重孩子。2. 学会倾听，实现双向沟通。3. 沟通要适合孩子的发展水平。

二、亲子沟通的技巧

有效的沟通是教育孩子最有效的工具。父母应该掌握并经常而又理智地使用这一工具。

亲子沟通的技巧有：1. 把握和孩子谈话的时机。2. 选择恰当的话题。3. 清楚即将谈话的内容。4. 使用适合儿童发展水平的语言。5. 倾听并尊重孩子的想法。

在倾听并尊重孩子的想法这一技巧中，父母要注意以下几点：（1）与孩子沟通时，眼睛和耳朵同等重要。（2）善于运用身体语言。（3）倾听语言背后的情感，回应感受。（4）核实听到的内容，反馈理解。

三、亲子沟通咨询的要点

（一）亲子关系咨询过程中经常出现的问题

亲子关系咨询过程中常遇到的问题有：亲子间沟通不畅，亲子间依恋关系不健康，独生子女教育问题，儿童对环境适应不良，儿童学习困难，儿童厌学问题，儿童考试焦虑心理问题，独生子女的自我中心问题，夫妻沟通不良，家庭教养方式与儿童发展问题，儿童轻生问题，儿童的学习习惯培养，儿童挫折应对能力培养，青少年早恋问题，青少年性别认同问题等。

有很多儿童的心理及行为问题从表面看都不会与亲子关系联系在一起，但是这些问题的核心却是亲子关系不良。

（二）亲子关系咨询的注意事项

1. 亲子沟通问题的出现不是家长、孩子某一方面的原因，改善亲子沟通，需要家长和孩子共同的努力。

2. 亲子沟通的问题较多出现在青春期儿童与家长之间，但沟通模式是在孩子成长过程中逐渐形成的，是长久以来不良亲子互动的结果。因此，改善亲子沟通，需要家长、孩子持续地努力。

第五节 儿童青少年行为矫正

儿童青少年的行为问题是许多家庭中存在的现实问题，也是令许多家长非常头疼的主要问题。中国 22 个城市协作调查组使用儿童行为量表对 24013 名中小学生进行调查的结果表明，4 ～ 16 岁的儿童行为问题的检出率为 12.97%，全国各地在 6.32%～ 16.0%之间不等。可见儿童青少年行为问题发生率高，对个体、家庭及社会均造成了负性影响，不仅影响儿童青少年的生长发育和社会化进程，还可能导致其成年时期发生适应不良、精神疾病和违法犯罪。本节的学习，就是帮助咨询师了解一些常用行为矫正的理论，掌握行为矫正的一般方法，能够帮助家长进行儿童行为矫正训练。

一、行为矫正的概述

（一）行为的定义

要科学地理解行为矫正，首先必须了解行为的含义。行为是心理学中最重要的一个名词，也是很难界定的名词之一。传统的行为主义者如华生、斯金纳等，将行为界定为可以被观察和测量的外显反应或活动，像跑步、游泳等。新行为主义者如班杜拉等，将行为的定义扩大，除外显行为外，还包括内隐的心理过程，如认知、观念等。而认知行为主义者如贝克、艾里斯等，则强调内隐的心理过程，对外显的行为反而不太重视。总之，行为在心理学中含义广泛，它既包含了外显的行为变化，也包含了内隐的心理过程。外显行为变化是主要的方面，内隐的心理过程处于从属地位。

（二）行为问题的分类

行为受到遗传和环境的影响，可以通过学习而改变。显而易见，不是所有的行为都需要矫正，心理学家将需要矫正的行为统称为问题行为，它可分为三类：

1. 行为不足

指人们所期望的行为（良性行为）很少发生或从不发生。例如，5 岁的儿童很少和同伴讲话；7 岁的儿童自己不会穿衣吃饭；12 岁的儿童经常不写作业，考试成绩很差等，都是行为不足的表现。

2. 行为过度

人们不期望的行为（不良行为）发生太多，如儿童上课时经常不遵守纪律或侵犯他人。

3. 行为不当

指人们所期望的行为在不适宜的情境下产生，但在适宜的条件下却不发生。如 5 岁的儿童将玩具放入垃圾桶，10 岁的儿童在电影院里大声说话等。

（三）行为矫正的基本假设

就像对行为的定义一样，不同理论取向的学者对行为矫正的定义也各不相同。但大体上认为，行为矫正主要是依据学习原理（行为学习理论或认知学习理论）处理问题行为，从而引起行为改变（矫治不良行为和增强良性行为）的一种客观而系统的有效方法。其基本假设如下：

1. 问题行为是后天习得的

根据行为主义的观点，人类的行为都是个体在后天环境中通过学习而获得的，不论这种学习是一种操作性的条件反射过程，还是一种观察学习的过程，作为人类行为的一种，问题行为也是在后天环境中形成的。

2. 各种问题行为是相互独立的

各种问题行为是相互独立的，它们彼此之间互不影响，换而言之，每一种问题行为的形成，都有与之对应的特定环境，都是特定环境的产物。

3. 问题行为与特定的不良环境存在着一一对应的关系

任何问题行为都是个体在特定的不良环境中所进行的不恰当学习的结果。因此，要确定儿童的问题行为，就必须对产生问题行为的不良环境进行深入的剖析，仔细了解情境中的时间、地点、人物、事件等因素，把握问题的来龙去脉。

4. 改变不良的环境

改变不良的环境，重新学习可以使问题行为得到矫正，发展出相应的恰当行为。既然问题行为是习得的，那么就可以通过改变不良的环境条件，采取一定的措施，进行系统地重新学习，使得相应问题行为发生改变，使行为得以矫正。

因此，行为矫正的根本目的就在于帮助人们增加期望的良性行为，减少不期望的过度行为，并改变不适当行为，从而提高个体的社会适应能力。

二、行为矫正的基本技术

（一）强化

强化指个体做出某一行为反应的结果提高了该行为以后发生概率的过程。强化物就是指能起到强化作用的事件或刺激，也就是说，它的呈现可以提高行为反应发生的概率。强化的运用在日常生活中随处可见，可分为正强化和负强化。

所谓正强化（也叫作积极强化、阳性强化）是当个体做出某一行为反应后，导致了刺激的出现或刺激强度的增加，并且提高了该行为在今后的发生概率的过程。而负强化（也叫作消极强化、阴性强化）则是当个体做出某一行为反应后，导致了刺激物的消失或刺激强度的降低，并且结果也提高了该行为在今后的发生概率的过程。

【例】杨杨晚上上床睡觉时出现哭闹行为，妈妈听到后跑过来安慰他，但以后一段时间里，杨杨上床睡觉时哭得就更厉害了。

在这个例子中，杨杨哭闹行为的增加是妈妈安慰（积极刺激的出现）的结果，是正强化的作用使然，妈妈的安慰是强化物。而妈妈安慰杨杨的行为是杨杨停止哭闹（消极刺激的消失）的结果，是负强化的作用使然。

（二）惩罚

日常生活中可以看到，一些儿童有意无意地表现出一些令父母或老师头疼的行为：打架、骂人、乱扔玩具，破坏公物等。对于家长或老师而言，他们当然希望这些不良行为出现得越少越好，要达到这样的效果，就需要运用惩罚的技术。

所谓惩罚，就是指个体在一定刺激情境中做出某一行为后，若即时使之承受厌恶刺激、从事厌恶活动（惩罚物）或撤出正在享用的强化物（积极刺激或积极活动），那么个体在今后类似的刺激情境中，该行为的发生概率将会下降。由惩罚的定义可知，惩罚包括了两种情况：

一种是在某种情况下，当事人做出某一行为后，立刻使之承受惩罚物，那么当事人在今后相似的情境中，发生同样行为的可能性就降低了。这种厌恶刺激的呈现或厌恶活动的实施，也称为惩罚。例如，某学生经常不做作业，今天两道数学题的答案又是抄同学的。老师发现后，罚他放学后独立做完五道题才能回家。罚做五道题，对该同学来说就是惩罚物，这是由他的不良行为（抄袭作业）所导致的结果。他要想摆脱惩罚物，就只能改正不良行为。因此，以后他抄袭作业的行为就可能会减少。

第二种情况是撤除当事人正在享用的强化物，也称为负惩罚。例如，一群孩子正在幼儿园里做游戏，忽然一个孩子咬了别人的手，幼儿园老师为了消除其咬人的不良行为，便不让他再做游戏，让他站出来。对于该幼儿而言，不让做游戏意味着剥夺了其正在享用的强化物（因为做游戏对幼儿具有很强的积极价值），对他也就有惩罚作用，以后他咬人的行为就可能减少。

（三）消退

惩罚可以作为降低或消除不良行为的一种行为矫正方法，特别是当它与强化积极行为结合使用时，效果更佳。但事实上，不用呈现惩罚物，也可以使不良行为的频率降低，这种方法就是消退。消退就是指在特定情境中，个体产生了以前被强化的行为，但此时这个反应之后并不跟随着通常的强化，那么当他下一次遇到相似情境时，该行为的发生概率就会降低。

【例】朱华是个热情有礼貌的中学生，并任班长，但是在班上，同学们却将他的名字颠倒成“华朱”，谐音就成了“花猪”，朱华对于这个绰号很气愤，但又不好和别人吵架。因此每当同学叫他“花猪”时，他就当作没听见；而当同学叫他“朱华”时，他就热情地答应别人。久而久之，同学们感到喊“花猪”没趣了，渐渐地也就不叫这个绰号了。

在这里，对于绰号的不予理睬，就是对同学们叫绰号行为的消退，而对名字的热情回应，则是对叫名字行为的强化。

三、行为矫正的扩展技术

（一）差别强化

所谓差别强化就是具体的期望行为后面出现强化物而其他行为后面没有强化物的程序，即对良性行为予以强化而对不良行为不予强化，以提高良性目标行为的出现率，降低不良目标行为的出现率。运用差别强化需要满足以下条件：（1）要提高某一行为频率。（2）该行为偶尔出现过。（3）该行为出现后，能够提供一种强化刺激。

【例】课堂上小明发言很积极，但大多数时候他总是随意回答，影响课堂纪律，只有少数几次举手后认真发言。为了使小明遵守纪律，老师在小明举手发言时提出表扬，并予以小红花鼓励，而在其随意回答时不予理睬，最终小明举手发言的次数增多，随意发言的次数减少甚至消失了。

由此可以看出，老师运用差别强化的技术，对举手发言的良性行为予以强化，对随意回答行为予以消退，最终使良性行为增加，不良行为减少或消失。

（二）塑造、渐隐与连锁

差别强化是加强或减少个体已经存在的某一行为。如果期待的某一良性行为至今也没有出现过，有什么办法促使个体获得这一行为呢？显然，一味地等待行为出现再予以强化是不现实的，而塑造、渐隐和连锁等方法则可以培养和发展个体的新的行为。如果环境所要求的良性行为在个体已有的行为库中尚不存在，可用塑造法和连锁法，如果个体不能在特定情境中表现出符合要求的行为，则可用渐隐法。

1. 塑造

塑造即建立个体在当时还不会完成的新的目标行为的过程，即个体从不能做出某一行为到一步步学会这一行为的过程。也就是说，如果要个体学会某一新行为，须找出一个目前个体有可能做的且与目标行为有关或相似的初始行为并对之进行强化。当初始行为出现的频率增大时停止强化它，转而开始强化另一个更接近目标行为的反应。通过这样持续地逐一强化更为接近目标行为的反应，同时消退先前的较为接近目标行为的反应，使目标行为最终得以形成。因此，塑造法也被称为“渐次接近法”，其实质是个体行为不断接近目标行为并最终做出目标行为的差别强化过程。

【例】儿童早期的说话行为是通过塑造形成的，宝宝含混不清地发声时，父母很兴奋，关注宝宝，对他微笑，和他说话，强化了宝宝牙牙学语的行为，结果宝宝发出了诸如“爸”“妈”等与常用单词类似的音，父母对这些可辨识的读音给予关注和强化，对原来无意义的音节不予关注了。此后该过程一步步推进，最后宝宝学会了说话，父母就完成了对宝宝说话行为的塑造。

2. 渐隐

渐隐指逐渐改变控制反应的刺激，最终使个体对部分变化了的刺激或完全更新了的刺激仍能做出同样反应的现象。

【例】通过渐隐教会弱智儿童命名物体。在教弱智儿童命名一个物体，如“桌子”时：首先，指着桌子，一次次地重复说“桌子”，直到弱智儿童能一致地模仿说“桌子”，并每次对正确反应给予及时强化。然后，当教师开始指着桌子说“这是什么？桌子！”时，弱智儿童通常只是模仿说“桌子”，以后教师渐渐将“桌子”这一刺激的响度降到零。这样，当别人指着桌子问“这是什么”时，弱智儿童就能对这个刺激做出反应，即主动回答“桌子”了。

3. 连锁

连锁即把要求习得的整体行为分解成一个个紧密联系的环节，即刺激—反应链，然后对当事人的行为链条逐一进行训练，并最后使之习得整体行为的方法。

【例】通过连锁来训练儿童洗脸的生活技能。首先将儿重洗脸的动作分为 10 个步骤：第 1 步，把挂着的毛巾取下放在空脸盆里；第 2 步，把脸盆放在水槽里；第 3 步，拧开水龙头放水；第 4 步，放半脸盆的水；第 5 步，关紧水龙头；第 6 步，洗毛巾并拧干毛巾；第 7 步，用毛巾擦洗脸部；第 8 步，再次洗毛巾并拧干；第 9 步，挂好毛巾；第 10 步，倒掉洗脸水，并放好脸盆。开始训练时，先教第 1 步，其他步骤由教师或父母完成。如不能完成则给予示范；如能完成，就予以强化，并教第 2 步，将 1、2 步连接起来一同完成，其他步骤同样由教师或父母完成；如果儿童能正确完成，就及时强化，并教第 3 步，并将 1、2、3 步连接起来一起完成，完成后给予强化……如此下去，直至儿童完成这 10 步，学会自己洗脸为止。

（三）代币系统与行为契约

1. 代币系统

代币系统与行为契约是通过强化与惩罚相结合的方式使多种问题行为同时得以矫正的方法。代币系统往往更适合于年龄较小、能力较低的人，而行为契约则主要是用于年龄较大、能力较强的人的行为矫正。

凡是能够累积并用来交换其他强化物的条件性强化物称为代币，凡是使用代币作为强化物来进行的行为矫正计划就叫作代币系统。个体因为良好的行为表现而获得代币，他可以用代币换取那些已经被确认为具有强化作用的物品或活动，这些物品或活动成为后援强化物。当个体在代币和后援强化物之间建立了联系之后，代币也就变得有价值和令人喜欢了。因此，代币系统实质上是一种符号性的强化系统，是对代币的系统化和制度化的应用。

【例】利用代币系统矫正青少年的不良行为。在家庭中规定青少年可以通过看新闻报道、阅读报纸、保持整洁、做家庭杂务、完成家庭作业来赢得点数，但如果有攻击性言语、不遵守纪律、说谎、偷盗、迟到、打架等不良行为表现，则失去点数。点数可以换取权利，如出去玩、看电视、上网等。通过这一代币系统，青少年不良行为可以得到显著改善。

2. 行为契约

行为契约的基本形式为，如果当事人完成了目标行为，矫正者就给予相应的强化物。行为契约的结构包括：确定目标行为、确定目标行为的测量方法、确定目标行为必须执行的时间、确定惩罚与强化的发生、确定由谁来实施强化或惩罚。行为契约有两种基本形式：单方契约和双方契约。单方契约指由寻求改变某一目标行为的当事人一方，与实施强化的契约管理者（即矫正者）一起，实施强化或惩罚计划，单方契约通常用于当事人想要增加或减少某一行为，例如，增加认真学习、锻炼身体、积极工作、合理进食等行为，减少暴饮暴食、过度上网、上学迟到、写作业拖拉等行为。契约管理者通常是心理咨询师或社会工作者，也可以是愿意执行契约条款的朋友或家人。实施过程中，契约管理者必须按双方签署的行为契约严格执行，否则会导致行为契约的失败。

所谓双方契约，就是契约双方都有想要改变的目标行为，由双方共同来商定要改变的目标行为以及将对目标行为实施的强化。双方契约经常在夫妻、亲子、师生、同事、朋友之间签订，通常是其中的一方对另一方的行为感到不悦，契约确定的行为改变，将使双方都得益。

【例】在亲子间儿子抱怨妈妈总是唠叨他，要他写作业，此时双方制定如下协议：对于写作业这个行为，妈妈可以重复 5 遍，如果超过这个限额，儿子指出妈妈的失误，并可以获得周末上网两小时的权利；反过来，如果妈妈提醒了 3 遍，儿子还不写作业，妈妈可以惩罚儿子做家务。

四、注意事项

1. 注意正性强化、负性强化、正性惩罚、负性惩罚的区别。

表 11.1　行为与结果对照

行为	刺激物	
	刺激物出现	刺激物移除
行为被加强	正性强化	负性强化
行为被削弱	正性惩罚	负性惩罚

2. 代币治疗已经以多种形式，广泛应用于各种行为矫正中，代币治疗应注意：行为的难易程度必须与获得或付出的代币数相一致，如容易完成的事情对应奖励的代币要少，较困难的代币要多。行为与对应代币数的确定必须与儿童协商。行为最终执行者是儿童，与儿童协商可以保证所设定的行为是儿童认可的，从而保证其主动性。

3. 儿童青少年的行为问题与有问题行为的家长、不当的家庭教养方式密切相关，整个矫正过程不仅仅是针对有行为问题的儿童青少年，对家长也是一次再教育。因此，咨询的焦点应放在家庭互动上，而不是仅仅关注行为问题，咨询过程中应将行为矫正和家庭配合训练相结合，不仅教给家长一些有效的教育管理方式，更重要的是在矫正过程中帮助家长树立一种正确的教养观，为孩子的健康发展创造良好的教养条件。咨询师在咨询过程中要注意保持中立，重视与家庭成员咨询关系的建立，避免成为和家长一起指责孩子的“帮凶”，或是和孩子一起对抗家长的战友。行为矫正过程中效果可能会有反复，咨询师应保持冷静和耐心，并与求助者充分讨论可能出现的情况及应对策略。

对于儿童青少年的行为问题，首先应详细评估行为问题出现的经过、家庭各成员的反应，这是进行干预的重要基础。详细的评估可以帮助咨询师更好地理解行为的发生、发展及功能，为了解行为出现的原因提供线索。评估后分析行为产生的原因，依据行为特点制订相应的行为矫正计划，并应以家庭为出发点，建议各家庭成员做出相应调整。

第六节　亲子关系咨询案例实操

一、面对越来越暴力的孩子，我们该怎么办?

（一）案例描述

小雪是一名初二女生。最近一年来，她频繁地顶撞父母，与同学打架，甚至被学校要求退学，家长为此前来寻求帮助，用小雪妈妈的话说就是“一点儿办法都没有了”。小雪的爸爸是出租车司机，妈妈没有工作在家。爸爸对她的要求一向严厉。孩子不听话时，经常斥责甚至动手打孩子。小的时候，挨打后小雪会道歉，承认错误，但最近家长发现，小雪的行为越来越出格，经常和妈妈顶嘴，甚至和妈妈动手，在最近的一次冲突中，将妈妈的手臂都打青了，整天在外的父亲非常担心妻子和孩子。更让家长忧心的是，最近学校总请家长到校，原因是小雪几次因为小事动手打了同班同学，虽然批评、教育了多次，但都没有什么效果，学校提出如果小雪还是不改，将建议转学。得知孩子的所作所为后，小雪的父母又急又恨，父亲又狠狠地打了孩子一顿，但与以往不同，小雪挨打时既不认错也不求饶，还坚持说：“我惹你们生气时，爸爸可以打我，为什么我不能打惹我的同学？”让父母感到担心的是，小雪不仅不听他们的话，还常常在发生冲突后很长时间内不和他们说话。另外，父母更担心孩子在学校闯祸会被学校开除。当问到打孩子是否正确时，他们说道：“知道打孩子不对，可是也没有更好的办法。”

被问及是否后悔打孩子时，小雪的父母说：“每次打完都很后悔，也曾经向孩子承诺，今后不再打孩子，但遇到问题时还是经常控制不住自己，仍然会动手打孩子。”

在与小雪的交谈中，小雪说道：“从小到大只要自己犯了错误，有时甚至都不知道自己哪里错了，爸爸妈妈就非打即骂。以前爸爸妈妈打过后，还会道歉，说以后不会再打了，但他们说话不算数，过不了多久就会和以前一样，因此我不相信父母了。我之所以还手，是为了保护自己。因为现在爸爸打我也打得越来越厉害了，有时还用棍子打。而我之所以打同学，是因为‘他们惹我生气了，说了也不听’。”

（二）案例分析

正如案例中的小雪一样，有暴力行为倾向的孩子往往有遭受暴力的经历。人们常说，有问题的孩子是由有问题的父母造就的。出现这样的问题后，家长一味指责孩子，这对解决问题毫无作用。而首先应从家长自身找原因，要认识到，小雪的暴力行为与父母经常打骂她有密切的联系，但家长对此还缺乏认识。

关于是否可以打孩子，不同的家长有不同的看法，有的认为打孩子是对孩子负责的表现，都是为了孩子好；有的认为打孩子是有效的教育方法，往往有立竿见影的效果；有的则认为，打孩子是无奈之举，是没有办法的办法。不管家长的动机如何，不可否认的是，打骂孩子不仅给孩子带来了身心伤害，也教会了孩子用暴力解决问题的方式，但在中国，家庭中针对儿童的暴力没有被定义为一种犯罪和对儿童权利的侵犯，遭受暴力的儿童也没有被看作是需要治疗的受害者。很多人认为父母打孩子是一种正常现象，这也被看作是一种可选择的教育方式。

家长打骂孩子的原因可能有很多，但正如案例中小雪的父母，所有原因都可以归结为家长不能正确认识自己的角色和缺乏正确的教育方法。

1. 家长缺乏教育者角色意识和儿童权利意识，家庭教育容易感情用事

家庭教育中，家长承担着双重角色，即教育者和父母，但很多时候家长更多地强调自己作为监护人的父母的角色，而忽略了作为平等伙伴的教育者的角色，教育中缺乏平等意识和儿童权利意识。表现为感情用事，不尊重儿童的人格、权利，教育方式简单、粗暴。不可否认，案例中小雪的父母是爱她的，即使是打她也是为了她好，但缺少的是对孩子的尊重，不能平等对待孩子。对孩子有足够的爱，但缺乏对孩子的尊重，这也是目前家庭教育的主要问题之一。由于没有考虑孩子的感受和需求，这种简单、粗暴的教育方式，不仅伤害了孩子的自尊心，伤害了亲子间亲密的情感，而且也无法达到家长预期的教育目的。

2. 家长忽视了自己的榜样作用

家庭教育潜移默化的特点决定了身教重于言教，家长重视孩子的教育不该仅仅是对孩子有形的教育，家长的言谈举止更是孩子的榜样。小雪的父母在用打骂等手段教育孩子的过程中，不知不觉地用自己的行为教会了小雪用暴力手段解决问题。

3. 家长缺乏正确的教育方法

与小雪的父母一样，有很多的家长虽然有良好的愿望，但由于缺乏正确、恰当的

教育方法，往往好心办坏事。当过去行之有效的方法不能达到预期的效果时，家长就无计可施了。而且这种不尊重孩子的教育方法，往往会伤害孩子的情感，削弱教育的影响力，甚至由于严重的情感对立和冲突导致教育的失败，正如案例中小雪的父母，当他们发现连打孩子都没有效果时，就无计可施了。

4. 家长滥用权威

教育者的威信是教育效果的保证。家庭教育中，作为教育者的家长，在子女心目中树立威信，是有效教育和影响子女的重要条件。但家长的威信并非是自然而然建立在天然的血缘关系之上的，它与家长的素质、教育行为密切相关。家长威信的树立必须建立在亲子平等、相互尊重的基础之上。小雪的父亲以为，只要严厉就能让孩子听话，强调父母的绝对权威，而没有考虑和尊重孩子的需求，长此以往，不仅难以树立真正的威信，而且会导致亲子冲突。

（三）咨询建议

有问题的孩子是由有问题的父母造就的，要纠正小雪顶撞父母、和同学打架的行为，首先要从改变父母的观念和行为开始。

1. 家长以身作则，不能以暴制暴

以身作则指的是教育者能以自身的言行作为榜样，去影响和教育受教育者，这是家庭教育的基本原则。作为父母要明确，父母的思想、言行价值观、生活作风，对孩子有着强大而持久的渗透力，无时无刻不在潜移默化地影响着孩子的思想、言行和个性的发展，可以说“子女是父母的一面镜子”，孩子身上的问题恰恰是父母行为的投射。

父母作为与孩子接触时间最长、最可信赖的人，也是孩子最经常模仿的对象，父母的言谈举止往往是孩子的行为准则和楷模。要纠正小雪打人的行为，首先要从改变父母的行为开始。因此，父母应遵循的一个基本原则是：今后无论发生什么事情，都不能再打骂孩子。

2. 树立儿童权利意识，尊重孩子的人格尊严

关于为什么会打骂孩子，不同的家长有不同的解释，但根本的原因是缺乏儿童权利意识，缺乏对孩子人格尊严的尊重。与成人相比，正处于成长发展阶段的儿童是不成熟的，他们的成长发展有赖于成人社会为他们创造的成长环境。但作为独立的个体，儿童具有独立的人格，与成人是平等的，不是家庭和父母的附属品。

所有儿童都平等享有生存、发展、受保护和参与的权利。无论是男童还是女童、

正常儿童还是残疾儿童，都应享有平等发展的机会，都应受到平等对待。但作为发展的个体，儿童毕竟是弱小的，他们需要成人的支持才能全面地享有他们的权利。为保障儿童权利的实现，成人社会特别是作为孩子法定的监护人和第一任教师的父母更应尊重和保护儿童的各项权利，依法履行对未成年人的监护职责和抚养义务。

二、为什么孩子不懂我们的心

（一）案例描述

小琳是某重点中学高一的学生。妈妈觉得她最近和自己无话可说，而且经常和自己吵架，于是前来咨询。在介绍基本情况时，小琳的妈妈谈到由于自己和小琳爸爸的文化程度不高，对小琳的将来有很高的期望。希望她将来能上好大学、找好工作。对小琳的学习方面要求较高，除了在校的学习外，周末还给她安排了多个兴趣班的学习。小琳也很努力，从小到大，在父母、邻居眼中都是个听话的好孩子，学习成绩一直不错。但是在去年的中考中，由于发挥不正常，没有达到预期的成绩，小琳没能进入重点中学。在家长的努力下，交了一笔赞助费后，小琳如家长所思，进入了一所区重点中学。但与家长的喜悦不同，小琳入学后，一切都变了。

爸爸妈妈发现，孩子回到家常常是一头扎进自己的屋里，和家长的话越来越少了。大人只要一张嘴，孩子就说知道了。孩子在学校一天了，家长想问问孩子在学校的情况，孩子也多半以“没什么”拒绝家长。更让家长苦恼的是，乖巧的孩子表现出较强的逆反心理，那个爸爸妈妈眼中的乖女儿成了一个处处与家长对着干的孩子。妈妈举例说，最近带她去买衣服，妈妈看中的和小琳看中的不同，双方各执己见，最后妈妈还是买了自己看中的那件。当时小琳虽然不高兴，但没有多说什么，但自从买回来后，小琳从来也没有穿过那件衣服。妈妈劝说了几次，无果而终。为了了解孩子，妈妈甚至采用了偷看孩子日记、偷看孩子手机短信等自己也认为不当的方式。小琳的妈妈困惑地说：“我们全心全意为了她，一直希望她出人头地，我们为她花了那么多钱，为她付出了那么多精力，结果为什么是这样呢？”

和小琳的交谈中，她说：“从小到大，大大小小的事，学什么、玩什么都是爸爸妈妈说了算，一点儿商量的余地都没有。爸爸妈妈老是把自己的一套硬安到我的身上。我知道爸爸妈妈是爱我的，对我的期望很高。我喜欢吃什么，他们都会尽量给我买，也花了很多钱给我请家教，我也挺感动的，可关于我的事情他们从来不听我的想法。比如这次考试，我的成绩本可以上一个普通学校的重点班，我希望在一个适合自己的学校学习，虽然现在的学校是重点学校，可在现在的班级里，我的成绩很一般，学习压力非常大。而且就连买衣服这种事情都是他们说了算。他们根本不了解我，也很少听我的想法，一见面就是喋喋不休地讲道理。心烦！有时听他们说话就烦了，根本就听不进去他们讲道理！到了新学校后，我交了几个朋友，妈妈不是问我对新朋友的看法，首先问的是这几个人的学习成绩如何、家庭情况如何，并说不要和成绩不好的同学交往。特别是最近的一次考试，我的几个朋友成绩也不好，妈妈非让我和他们少来往，根本不关心我的感受。我觉得我都这么大了，希望对于我自己的事情，他们也听听我的想法。”

（二）案例分析

正如小琳的父母一样，目前令大多数父母感到头痛的是：父母苦口婆心地教育孩子，孩子却总不以为然，还常常会视父母的谆谆教诲为没有意义的唠叨，甚至拒绝与父母交谈。这到底是怎么回事呢？是孩子出了问题，还是父母的谈话方式有问题呢？

许多父母认为是孩子出了问题。其实，很多时候问题出在父母身上。父母与孩子谈话，只是一厢情愿地教育、指导孩子是不够的，还需要遵循沟通的原则，掌握沟通的技巧。案例中，小琳的父母与孩子沟通出现问题主要有以下原因：

1. 没有了解和尊重孩子的感受、想法，对孩子不信任

在传统的亲子关系中，父母把孩子看作是自己的附属品，凡事替孩子做决定。父母总认为自己有经验，由于害怕孩子犯错误，父母总是依照自己的经验去约束孩子，导致孩子产生逆反心理。每个人都需要被尊重，孩子也一样。家长不能光讲道理，而是要相信孩子、认可孩子，了解和尊重孩子的感受、想法。

2. 父母不了解孩子的发展特点

在孩子不同的发展阶段，发展的需求和水平不同，而家长不了解孩子的发展特点，不能跟随孩子的发展调整自己的行为是造成沟通不畅的原因之一。进入青春期后，儿童的独立意识和自我意识都在增强，是“第二次反抗，第二次以自我为中心”的时期，表现为独立意识增强，心理封闭性增强，更加愿意与同龄人沟通，不愿处处听从父母的指示，坚持自己认为的就是对的。当他们遇到困难时通常会找自己最信得过的人沟通，而父母经常的指责、训斥和简单的命令、批评，使孩子对父母的信任度下降。孩子有什么想法宁可闷在心里，也不愿与父母讲。特别是当孩子知道父母偷看

自己的日记、手机短信时，对父母的反感心更强，自然谈不上交流。

3. 对子女期望过高，过度关注

对孩子的过高期望、过度关注是目前普遍存在于独生子女家长中的教育误区。高期望导致对孩子的高要求，很少看到孩子的进步，对孩子的批评、指责多。过度关注源于对孩子的不信任，表现为凡事替孩子做主，忽视孩子的自主性和独立性，这很容易引起孩子的逆反心理。等习做一个会鼓励的家长，多发现孩子的优点，多给予孩子鼓励和欣赏，只有过样，孩子才愿意打开自己的心扉。

4. 家长缺乏沟通的技巧

在与孩子的沟通中，家长常常先入为主，往往从成人的角度单方面要求孩子听父母的话，而没有意识去倾听孩子的心声，结果适得其反，造成矛盾。

（三）咨询建议

1. 建议家长对日常与孩子的沟通情况做评估

请家长回顾与孩子沟通的情况，包括：一天之内进行的沟通主要在什么时候，每次多长时间；与孩子进行沟通的主要内容和方式；在什么样的情况下与孩子沟通的效果好一些，什么样的情况与孩子沟通的效果差一些。通过对上述几方面的回顾，分析家长和孩子每天有多少时间在一起，在一起的时候都做了些什么，和孩子主要是通过什么方式来沟通的，沟通的效果怎样。通过这些分析，可以对家长与孩子之间的沟通情况有个大概的了解。同时可以使家长反省一下自己与孩子的沟通情况，找出与孩子之间的良好沟通是建立在什么样的情境下，不良的沟通是建立在什么样的情境下。

2. 针对沟通中存在的不尊重孩子感受、不了解孩子内心想法的问题提出建议

（1）尊重孩子的人格、想法和感受

正如案例中小琳的父母，很多时候，父母与孩子沟通的失败，往往不是因为缺少对孩子的爱，而是缺乏对孩子的尊重。一方面，大多数父母认为，孩子甚至比自己更重要，愿意为孩子付出一切；另一方面，在与孩子交谈时，他们习惯于命令、要求、指责甚至辱骂，完全不考虑孩子的想法和感受。成功、有效的沟通建立在对孩子尊重的基础之上，尊重孩子意味着把孩子看作是有独立人格的个体，尊重孩子的人格，有关孩子的事情尊重孩子的想法，尊重孩子的感受，平时聊天时要注重孩子的感受和想法，少批评、少否定，多听孩子怎么想、怎么说，发现孩子思想闪光之处并表示支持赞同，使孩子感觉到被父母接纳和认同，这样孩子才会不排斥家长的观点和建议。

（2）用体贴入微的理解代替教育指导

孩子有孩子的世界，如果能站在孩子的立场上去体察孩子、理解孩子，就会发现，孩子的许多想法和感受是合乎情理的。站在孩子的立场上，父母非但不比孩子更英明，甚至常常会发现自己还比不上孩子。当觉得孩子在什么地方出了问题、犯了错误时，家长暂且不要劝告、不要教诲、不要训斥。首先需要做的事情是设身处地、体贴入微地去理解孩子。正如案例中的小琳，之所以和某些同学成为朋友，一定有她自己的标准，不了解孩子的想法就一味否定孩子的朋友，不仅是对孩子朋友的否定，更是对孩子判断能力的否定。只有在理解的基础上，与孩子之间有意义的交谈才会自然地发生；只有在理解的基础上，孩子才能接受谈话，并在无形中受到家长的影响。

（3）全面沟通

平时父母和孩子交流时间很少，而交流的话题基本不离学习，造成许多孩子感觉和父母没什么共同话题，对家长敬而远之，有的甚至封闭起来，拒绝和父母交流。全面沟通意味着不仅要沟通家长关注的问题，更要关注孩子的兴趣，这样孩子才可能愿意向家长敞开心扉。

第七节　亲子关系心理游戏与案例分析

一、0～3岁心理游戏

（一）游戏主题

美丽的色彩（色彩创造力）。

（二）适合年龄

5个月以内。

（三）游戏理念

色彩感知觉（色觉）在人的视觉活动中的作用非常重要，鲜艳的色彩可以引起宝宝愉快的体验，对色彩有敏锐感觉的宝宝，往往对色彩辨认的知觉度也较强。这类宝宝在性格上会表现得更为热情、开朗，有较强的表达能力和观察能力，对周围世界感受丰富，心理健康。建议家长根据宝宝不同成长阶段的心理特点，有针对性地开展色彩游戏，通过家庭游戏有意识地培养宝宝的色彩感知能力，这一方面会提高宝宝的审美能力，另一方面会促进宝宝良好性格的形成。

（四）游戏目的

主目标：使宝宝对色彩感兴趣，培养审美欣赏力。

次目标：初步感知三原色（即红色、黄色、蓝色）

（五）游戏准备

儿童小伞，红色、黄色、蓝色的小球（柔软材质的气球、弹力球等），红、黄、蓝颜料与装颜料的塑料盒，白纸若干张，湿纸巾。

（六）游戏流程

1. 预热游戏“彩球伞”

（1）游戏方式

让婴儿在大床上，妈妈陪在婴儿身边，爸爸则手拿系满红色、黄色、蓝色小球的儿童伞（彩球伞），并把彩球伞倒着悬挂在婴儿的上方，高度在婴儿手能触到的位置。爸爸慢慢转动彩球伞，妈妈引导婴儿视觉追踪彩色的小球，鼓励婴儿用手摸一摸、抓一抓彩球。

（2）家长引导

爸爸转动彩球伞时，要注意控制旋转的速度，不要过快，同时掌握好小球与婴儿之间的距离（与婴儿胳膊相同长度的距离）。

（3）游戏指导

儿童小伞顶部必须是平滑的，不能选择有伞尖的儿童伞进行游戏，家长注意保护宝宝的安全。彩球伞要选择色彩淡雅或单一颜色的伞面，尽量不要用颜色花哨的伞面。

2. 游戏彩印“大手和小手”

（1）游戏方式

爸爸准备好红、黄、蓝颜料与装颜料的塑料盒和白纸。婴儿背靠妈妈，妈妈用手托抱着婴儿站在爸爸旁边，爸爸右手掌涂满红色的颜料，印在白纸上，边印边说“红色的大手”；妈妈拿着婴儿的右手掌涂满红色的颜料，在爸爸大手印的旁边印上婴儿的小手印，边印边说“红色的小手”。爸爸左手掌涂满黄色的颜料，印在白纸上，边印边说“黄色的大手”；妈妈拿着婴儿的左手掌涂满黄色的颜料，在爸爸大手印的旁边印上婴儿的小手印，边印边说“黄色的小手”。爸爸用湿纸巾将双手擦干净，妈妈用湿纸巾将婴儿的双手擦干净。爸爸再将右手掌涂满蓝色的颜料，印在白纸上，边印边说“蓝色的大手”；妈妈将婴儿的右手掌涂满蓝色的颜料，在爸爸大手印的旁边印上婴儿的小手印，边印边说“蓝色的小手”。

（2）家长引导

爸爸、妈妈与宝宝的手相互拉在一起，说儿歌：“大手，小手，手牵手，我们是快乐的一家人。”

（3）游戏指导

涂颜料时，妈妈可以给婴儿穿上小罩衣，以免弄脏衣物。当爸爸印完彩色大手印时，婴儿可以多印几个彩色小手印，使婴儿充分感受色彩带来的快乐。

此家庭游戏，家长可以根据婴儿月份的大小进行调整，大一点的婴儿会自己去涂颜色印手印。还可以印宝宝的脚印，增加游戏的乐趣。

（七）经典案例

在一个画《海底世界》的活动中，有一名幼儿很快完成了绘画，老师走过去一看，才三三两两地画了几条鱼，而且鱼的颜色很单一。面对这样的情况老师说：给鱼儿穿上好看的衣服吧。可是到了活动结束，老师发现那个孩子的画还是没有改变。

（八）案例分析

看到这个案例，首先应该想到的问题是，这个孩子为什么只画了几条颜色单一的鱼。而且在老师的提示后，还是没有发生改变？这个问题除了老师所提供的绘画铺垫，以及孩子绘画的技能与经验是否丰富之外，还有一点需要考虑，就是孩子色彩的敏感度是否足够。

从老师的角度来说，要注意在孩子进行绘画之前，是否有足够的引导，或者所提供的范围是否恰当，有没有限制孩子的思维，以及是否能引起孩子的创作兴趣。如果以上几个方面都做好了的话，孩子的积极性和兴趣都会被调动起来，有发挥想象力和创造力的欲望。

针对以上的案例，活动前的铺垫活动还要准备得更加充分，导师可以将多样的范例形式呈现在孩子的面前，比如：引导孩子去看一些其他作品，或借鉴一下别人的表现方式，来实现自己的创造意图。这种方式中也存在着模仿，但没有削弱孩子的思维过程，只是在表现方式上拓宽了幼儿的思路，使其想象更加生动，色彩更加和谐，构图更加合理。有时可以有针对性地引导孩子模仿哥哥姐姐的画，积累这方面的经验，提高他们的表现能力。

而从家长的角度来说，在平时与孩子也应该多进行一点与色彩有关的游戏或是在家庭布置和孩子房间的布置上多添加一点色彩的元素，让孩子从小就对各种各样的色彩有大致的了解。对色彩了解后，能提高孩子对色彩的敏感度，让孩子能更好地运用色彩去表达自己，发挥自己的创造力。科学测试结果显示，4个月大的宝宝已能在光谱上辨认各种颜色，也就是说4个月大的宝宝的色彩视觉发展已接近成人的水平了。同时宝宝是通过颜色、形状、大小来区分周围的物品的，颜色是三种属性中最容易辨认的一种，宝宝很容易就能学会利用颜色来对物体进行分类。在早期教育中，颜色的教育非常有利于发展宝宝的辨别力、欣赏力、美的感受力，以及想象力、绘画能力。另外，通过认色可以让宝宝更容易养成好的观察的能力和习惯。

二、3～6岁心理游戏

（一）游戏主题

我是小交警（自我控制）。

（二）游戏理念

随着年龄的增长，孩子的自我意识越发清晰和膨胀。有些自主意识强的孩子已经迫不及待地要把自己的技能和思想展现在其他人面前。尽管孩子当时自身具备的本领还不足以应付所有的挑战，但是他们的自主和冲动却是空前的高涨。作为家长，既要承担起父母的责任，给孩子足够的自由去做自己喜欢的事情，但同时也要恰当巧妙地将孩子的冲动引导到积极的方向，不能让孩子习惯于一有冲动就要马上释放的状态，要引导孩子学会管理和控制自己的冲动，学会收放自如。所以家长要与孩子进行一些游戏活动，帮助孩子控制好自己的冲动，在合乎既定规矩的情况下积极参与活动，获得快乐的体验。

（三）游戏目的

主目标：让孩子学会控制自己的冲动，在合乎规则的情况下积极主动地参与活动。

次目标：让孩子懂得基本的交通规则，对交警这种工作有初步的认识。

（四）游戏准备

玩具车或自制纸箱汽车，制作硬纸，彩色笔。

（五）游戏流程

1. 预热游戏

（1）游戏方式

准备一辆可以操作的模拟交通工具，帮助孩子学会如何驾驶“小汽车”。

（2）家长引导

父母在教授宝宝如何驾驶的过程中注意保持宝宝对于驾驶车的兴趣点，让宝宝感受到游戏的快乐，增强孩子的好奇心。

（3）游戏指导

在游戏进行之前，爸爸可以先带宝宝去观察一下交警指挥车辆的情景，增强宝宝对交通警察的身份认同，懂得交通信号灯的含义，让宝宝了解基本的交通规则。

2. 游戏“红绿灯眨眼”

（1）游戏方式

在三张纸上各画上一个圆，并且让宝宝分别涂上红、黄、绿三种颜色。

（2）家长引导

在制作过程中，家长教孩子看红绿灯，遵守交通规则。解释红、黄、绿三种颜色的灯亮的时候应该做出怎样的反应。

3. 游戏“小车快快跑”

（1）游戏方式

妈妈和孩子扮演司机，宝宝和妈妈开着小玩具车，在设置的马路上行驶，爸爸手持红绿灯，时而出示红灯时而出示绿灯。妈妈引导宝宝观察，红灯时停下绿灯时向前行驶。角色可互换。

（2）家长引导

在游戏刚开始的时候，妈妈通过提醒孩子来使其进行反应，随着游戏进程的推进，逐渐减少干预，让孩子自己进行判断。

（3）游戏指导

宝宝开始驾驶“小汽车”时，随意性会很大，很可能出现不遵守游戏规则的情况，这时候家长不要批评或斥责孩子，可以设置一些小奖励或小障碍（例如小车上坡，小车钻山洞），宝宝自控能力好时，家长给予鼓励，帮助宝宝控制冲动。

（六）经典案例

瑞典国内曾有一场激烈的争论，这场争论起源于一部叫《孩子们如何夺了权》的书，作者戴维·埃伯哈德是瑞典一位精神病学家，也是六个孩子的父亲，他在书中指出，瑞典式家庭教育对孩子过于放任，家长们疏于给孩子“立规矩”，以至于现如今的瑞典年轻人中净是“熊孩子”：不懂礼貌，不说“谢谢你”，不会给别人开门，在地铁上不会给老人和孕妇让座。

“对孩子们这些做法，对孩子和全社会而言实际上弊大于利。”埃伯哈德在接受媒体采访时说。

他在书中举例：孩子在课堂上用智能手机发短信或玩游戏，如果老师没收了手机，过后十有八九会接到家长的电话，控诉老师侵犯孩子权利。一些老师因此不敢采取“制裁”手段，只能苦口婆心劝说孩子们上课时把手机收起来。

埃伯哈德不认同瑞典的孩子们经常代替父母，成为某些家庭事务的决策者，譬如晚餐吃什么、看什么电视节目、去哪度假等。“你宴请宾客时，他们从来不老实坐着，而是不停打断（大人）。他们总是主角，问题在于他们变成青年后，会理所当然地以为世界就该以自己为中心运转，但现实会让他们感到非常失望。”

埃伯哈德是斯德哥尔摩北部一家医院的精神病科室主任，但他在《孩子们如何夺了权》中的论点依据主要来自他自己在生活中的观察和“常识”，而非科学研究。据他观察，越来越多的瑞典孩子们长大后出现焦虑症和自残问题，并且缺乏处理成人生活问题的能力。他也指出，近年来瑞典学生旷课率攀升，在国际教育水准评比中表现越来越差，这和过于放任自流的家庭教育模式有关。不少瑞典人赞同埃伯哈德的观点：当代父母对孩子言听计从，全无家长权威，导致孩子们出了家门也不尊重任何权威。

“如今的父母们自己没有受过太多约束，他们养出的孩子也变得非常执拗、自我。”31岁的伊达·玛丽亚·林德罗斯在美国《华尔街日报》上说。她在斯德哥尔摩附近任教，经常遭遇以下情形：“我让一个孩子把他弄乱的东西整理好，他会回答，‘不，你不是我的老板，你不能决定我该做什么。’他们都很反权威。”

林德罗斯自己有两个孩子，她和丈夫尽力给孩子们立规矩。“我们让他们每天固定时间上床睡觉，必须说‘不’时就得说‘不’。我们希望我们的孩子有教养。”

“如果孩子总是随心所欲，就不会培养出同情心，不会尊重别人的愿望。”瑞典发展心理学家贝亚特丽斯·尼斯特伦说。

（七）案例分析

在案例当中我们能看到很多自我控制能力差的孩子的事例：不懂礼貌、不说“谢谢你”、不会给别人开门、在地铁上不会给老人和孕妇让座、在课堂上用手机发短信或玩游戏等。瑞典的幼儿教育一直以来都是其他国家学习的榜样，可现在瑞典正在接受过分强调“尊重孩子”的教育的结果。家长对幼儿进行教育的时候，既要尊重孩子的意见，但也不能一味地宠爱孩子，什么都依着孩子的意愿来进行。所有的一切都尊重孩子的意愿的话，长久下去会导致孩子形成以自我为中心的性格，并且自我控制能力极差，一旦产生什么客观条件无法满足的问题就可能会造成严重的后果。家长除了要尊重孩子的意见之外，还需在幼儿时期就对孩子进行适当的引导。让孩子在幼儿时期就学会控制，控制自我的欲望和意愿，在不适当的时候学会克制，慢慢等待。让孩子明白我们要在规则下生活，要守规矩。

三、6 ～ 12 岁心理游戏

（一）游戏主题

心理成长游戏：我爱学习。

（二）游戏理念

6 ～ 12 岁的孩子已逐渐远离家庭进入学校，开始了在校受教育的生活，这意味着孩子进入了学龄期。著名心理学家埃里克森认为，6 ～ 12 岁属于人格发展的第四阶段，这时孩子的发展任务主要是建立勤奋感，避免自卑感，目标是具备各种能力。这些大都在孩子完成学业的过程中表现出来。假如孩子顺利完成学习任务和课程，那么他们就将树立勤奋感，感受到自己是有能力的；反之，则形成自卑感，大大降低孩子的自我效能感（所谓自我效能感是指人对自己能否成功地进行某一成就行为的主观判断，是个体对自己是否有能力完成某一行为所进行的推测与判断），对以后完成任何任务或目标将产生消极的影响，这种影响甚至可能伴随一生。可见，处理好孩子在这个阶段的发展任务是多么重要。

这个阶段的孩子在不同方面表现出不同的特点，在语言方面，孩子的口头语言较为丰富，可以说出成年人一样的复杂句，比如“我不得不去履行自己的约定”。在时间和空间知觉方面，孩子有了进一步的发展，比如，孩子能知道“一天”的含义，明确辨认三角形、正方形等几何图形和蓝绿等各种颜色，也大致可以目测楼房的高度。

在认知方面，孩子感知事物的特点比较笼统，不够精确，也常把可能有关的现象孤立起来，比如做数学题时无法举一反三。在实际生活中遇到困难时也很难利用相似经验知识去解决，常常表现得手足无措。在注意力方面，孩子的注意力不稳定，不持久，注意范围小，容易被新奇刺激吸引。比如前一秒还在认真上课，忽然有个人从窗边经过，就会引起全班同学的注意，大家开始叽叽喳喳地议论起来，甚至破坏课堂纪律。这是因为他们获得的知识经验少，不善于分配注意力，一旦有新奇刺激出现，便会很快转移注意对象。在记忆方面，孩子记忆能力有所发展，但不能很好地组织自己的记忆活动，记忆范围不大，也不善于运用识记方法，在实际任务中常常会出现“顾此失彼”的现象。比如背古诗，常常是死记硬背，很难从意义层面去记忆，背了上句忘了下句，也常常把背过的诗句记混。

这些心理特点，决定了这个阶段的孩子独特的学习方式，对于我们教育孩子而言，是一种莫大的启迪。我们应该抓住孩子的心理特点，用心去理解他们，包容他们，也要鼓励孩子学会学习，帮助孩子更好地学习。

（三）游戏目的

主目标：帮助学龄期儿童学会学习，矫正他们的不良学习习惯，使其产生浓厚的学习兴趣。

次目标：培养孩子乐于探索的精神，形成良好的行为习惯。

（四）游戏准备

椅子，一把扫帚或拖把（那种手柄拧进拖布或者扫帚头的样式），一串钥匙（挂在一个直径约 2.5 厘米的圆环上），一根长 16 米的绳子，一个花瓶，杯子，饼干盒，剪刀，胶带，书和报纸。

（五）游戏流程

1. 游戏“聪明钥匙”

（1）游戏方式

首先，让孩子马上离开游戏场地，不能听到其他人说话，也不能看到其他人在干什么。接着，布置道具。把椅子放在场地的中心位置，同时把那串带有钥匙环的钥匙放在椅子上。把绳子放在地上，距椅子约两米远，然后以椅子为圆心把绳子围成圆形。圆的直径约 4.5 米。让孩子过来参加游戏。他的任务是从椅子上取走钥匙串。要求不能跨入绳子围成的圆圈中，只能利用扫帚或拖把取走钥匙，并且钥匙不能掉在地上。

（2）家长引导

孩子采用的方法明显不妥时，例如试图把扫帚或者拖布的把手插进钥匙环，父母必须鼓励他寻找其他的解决办法。或许他会用扫帚头或者拖布钩住椅子，把椅子拉到绳子边缘，取下钥匙，这时可以跟孩子说明那种方法不是你们所期望的，然后把椅子和钥匙放回原处，让他用其他方法再试一次。一直鼓励他不断尝试下去，直到他采用了你们期望的方法，即把拖把或者扫帚的把手拧下来，用较细的一端把钥匙环挑出来。孩子切实做到后，给予他肯定和赞赏。

（3）游戏指导

这个游戏可以激发孩子的创造性和多角度思考问题的意识，以及不断挑战自己的觉悟。

2. 游戏“我为你点赞”

（1）游戏方式

在日常生活中，对孩子的行为进行不同层级的肯定，即现在网络上流行的“点赞”。这一“点赞”技术包括三个级别：小赞，向对方竖起大拇指；中赞，竖起大拇指并贴向对方的额头2秒左右；大赞，用额头贴对方的额头2秒左右。

（2）家长引导

在没有父母的提示下，孩子自觉做作业，爸爸妈妈可以为他们点个小赞；孩子在做作业的过程中专注认真，小动作不多，父母可点中赞；检查孩子的作业，得到良好以上成绩的时候奖励大赞。记录下点赞次数，合计并兑换相应的奖励，比如三次小赞等于一次中赞，六次中赞等于一次大赞，集满三次大赞可满足孩子一个小小的愿望。

（3）游戏指导

爸爸妈妈可以跟孩子签订一个小小的约定书，耐心跟孩子讲明游戏规则，并如实兑现奖励。进行为期三个月的训练，对孩子不良学习习惯的纠正应该会起到显著的效果。

3. 游戏“开火车”

（1）游戏方式

爸爸妈妈和孩子三人围坐一圈，每人报上一个站名，通过几句对话来开动“火车”。如，父亲当北京站，母亲当上海站，孩子当广州站。父亲拍手喊：“北京的火车就要开。”大家一齐拍手喊：“往哪开？”父亲拍手喊：“广州开。”于是，当广州站的儿子要马上接口：“广州的火车就要开。”大家又齐拍手喊：“往哪开？”儿子拍手喊：“上海开。”这样“火车”开到谁那儿，谁就得马上接话。“火车”开得越快越好，中间不要有间歇。

（2）家长引导

家长可以先假装失误，接受一定的惩罚，比如唱歌、背诗、讲笑话、讲故事或者做仰卧起坐、俯卧撑等，增强游戏的刺激性和趣味性，也提高孩子参与的积极性。

（3）游戏指导

语速可以逐渐加快，这样就要求每个参与人员注意力必须高度集中。这种游戏由于要做到口、耳、心并用，因此可以培养孩子的注意力，同时也锻炼了思维快速反应能力。

（六）经典案例

刚上第一节课，亮亮的妈妈又给他送语文书了。这是他妈妈不知第几次来给他送书了。亮亮的妈妈总是对老师抱怨：亮亮回到家里后总是玩够了才想起写作业，而且一边写一边“开小差儿”，一会儿上厕所，一会儿喝水，一会儿找铅笔，一会儿找橡皮，学习用品乱丢乱放，经常找不到自己需要的文具；不记得提前整理书包，总是到了出门前才乱翻一通。结果不是丢三就是忘四，亮亮的这些不良学习习惯令妈妈很头痛。

（七）案例分析

亮亮的行为其实代表了学龄期儿童非常典型的心理特点。受制于身心发展规律，学龄期儿童对某件事的注意力不稳定，不持久，容易被新奇刺激的事物吸引，所以亮亮才不能长时间专注于写作业，总爱开小差。另外，由于缺乏知识经验，孩子的注意范围较小，不善于分配自己的注意力，在记忆力上常常出现做完某件事后转眼就忘、丢三落四的现象。家长老师们面对这样的孩子，首先要给予理解，并进行适当的批评，但要注意应对事不对人。比如妈妈可以对孩子说：“宝贝，你的行为是不对的知道吗？但是妈妈爱你，如果你能做个好孩子，妈妈就更高兴了。”

法国生物学家乔治·居维叶说过：“天才，首先是注意力。”孩子若没有足够的注意力，会影响学习的品质和效果；相反，若能专心、投入地学习，不仅学习品质佳，学习成果也会高人一等。由此可见注意力对于孩子成长的重要性。作为家长，应该如何培养孩子的注意力，使其养成良好的学习习惯呢？

首先，充分利用孩子的好奇心，让他们在疑问中求知。强烈、新奇、富于运动变化的物体最能吸引小学低年级学生的注意力，如会唱歌、舞蹈的卡通玩具就能调动孩子的好奇心，让孩子集中注意力去观察、摆弄。家长可以买些类似的玩具，用来培养他们集中注意力。另外，还可以带他们到新的环境中去玩。例如周末带孩子逛公园，让他们看一些以前未曾看见过的花草、造型各异的建筑及其他引人入胜的景观，或者去动物园看一些有趣的动物，等等。利用孩子对事物的好奇心去培养注意力，并可以借此使其练习写日记，写作文。

其次，把培养孩子的注意力与兴趣结合起来，让他们在快乐中求知。兴趣是最好的老师，只要是在做自己感兴趣的事情，谁都会很投入，很专心，小学生更是如此。在生活中常常会看到那些喜欢做小动作、东张西望的孩子在做某些事情的时候，总是心不在焉或应付了事，而他在做感兴趣的事情时，却能全神贯注、专心致志。对小学生来说，他的注意力在一定程度上直接受其兴趣和情绪控制，因此，我们应该注意将培养孩子的广泛兴趣与培养其注意力结合起来。

再次，要营造和谐温馨的家庭氛围，为孩子提供一个安静的学习环境。家长需努力给孩子创造一个幸福和谐的家庭氛围，与孩子在一起看书、看电视、玩电脑、逛街、做游戏、外出旅游、一起讨论问题。尊重孩子的意见，给他配上适宜的桌椅、台灯、书架，书架上整齐地摆放着他喜欢看的书籍，使他每天放学后能够在安静适宜的环境里专心做作业和复习。

另外，正面教育孩子，帮助孩子形成积极的自我评价。在教育孩子时，家长注意正面引导，以表扬、鼓励为主。孩子考试成绩不理想，不要简单地责备，而要不断给孩子鼓励、打气，告诉孩子面对困难不能丧失信心，讲一些名人刻苦学习的故事给他听，让孩子认识到做任何事情都不可能一帆风顺，都要付出努力。家长要经常对孩子令人满意的表现和成长中的微小进步及时地进行口头表扬。例如："我们对你这个星期的作业感到满意""听到老师夸奖你，我们感到自豪和骄傲""你的字比以前有进步"。在家长不断的表扬和鼓励声中，孩子良好的学习习惯不断形成和巩固，久而久之，这种习惯就能成为一种自觉的行为。这样孩子才能保持旺盛的学习积极性。

通过上述的游戏，也可以培养孩子的注意力，促使其增强学习的兴趣，体验到不断挑战自己的快感。

参考文献

[1] 韦志中．家庭心理游戏指导手册．中国轻工业出版社，2016.

[2] 韦志中．向《西游记》取育儿经．清华大学出版社，2013.

[3] 樊爱国．婚姻家庭咨询师．中国劳动社会保障出版社，2009.

第十二章　人际冲突咨询

人际冲突是一种十分普遍的现象，可以说，只要有人群的地方，就必然存在人际冲突。人际冲突发生于个体与个体之间，是群际冲突和组织冲突的基础。在对人际冲突的原因进行准确分析的基础上对其进行有效的管理，对于建立和谐的人际关系，提高团队与组织的凝聚力，具有十分重要的意义。

第一节　人际关系

一、人际关系的含义

人际冲突来自人际关系。人际关系是指社会人群中因交往而构成的相互联系，是人与人交往关系的总称，也被称为“人际交往”。每个个体均生活在各种各样的人际关系中，因而人际关系对每个人的情绪、生活、工作有很大的影响。人际关系和谐如今也被看作是心理健康的一个标志，甚至人的成功与否，与人际关系也有密切关系。

二、人际关系的一般原则

人在关系中生活，从心理上讲，不管身份高低，每个人都希望受人欢迎，因为受人欢迎意味着对自我价值的肯定。老师希望受学生的欢迎，学生同样希望老师喜欢自己。一个人可能一时不在乎别人是否喜欢他，但是他不可能所有的时候都不在乎。人们之所以要追求受人欢迎，是在我们一出生时就注定了的，因为我们总是不能离开他人而独立地生存。处理好人际关系的关键是要意识到他人的存在，理解他人的感受，既满足自己，又尊重别人。

以下是几个重要的人际关系原则：

1. 真诚原则。真诚是打开别人心灵的金钥匙，因为真诚的人使人产生安全感，减少自我防卫。越是好的人际关系越需要关系的双方暴露一部分自我，也就是把自己的真实想法与人交流。当然，这样做也会冒一定的风险，但是完全把自我包装起来是无法获得别人的信任的。

2. 主动原则。主动对人友好，主动表达善意能够使人产生受重视的感觉。主动的人往往令人产生好感。

3. 交互原则。人们之间的善意和恶意都是相互的，一般情况下，真诚换来真诚，敌意招致敌意。因此，与人交往应以良好的动机出发。

4. 平等原则。任何好的人际关系都让人体验到自由、无拘无束的感觉。如果一方受到另一方的限制，或者一方需要看另一方的脸色行事，就无法建立起高质量的心理关系。

然而，并非有了原则就能处理好人际关系，例如，对上司，提倡先尊重后磨合；对同事，多理解慎支持；对朋友，要真诚勤联络；对下属，多帮助细聆听。人际关系的多样性和个体人格复杂性的交互作用常令人们不自觉地就卷入人际矛盾中，形成人际冲突。

第二节　人际冲突

人际冲突是一个十分普遍的现象，可以说，只要有人群的地方，就必然存在人际冲突。人际冲突指两个或更多个体之间，由于反应或希望的互不相容性而产生的紧张状态。人际冲突发生于个体与个体之间，是群际冲突和组织冲突的基础。在对人际冲突的原因进行准确分析的基础上对其进行有效的管理，对于建立和谐的人际关系，提高团队与组织的凝聚力，具有十分重要的意义。

一、人际冲突产生的原因是什么

1. 权利与责任归属的冲突

职场是一个团队，但是工作难免有模糊地带，每个人都希望自己有更大的决定权，同时又希望自己所需要承担的责任越少越好。在这种心态下就特别容易产生冲突。

2. 层级所产生的冲突

不同层级之间的沟通，要清楚地表达自己的意见又要让对方接受是件不容易的事，每个层级的人在面对工作任务时思考的方式都是存在差异的。

3. 利益的冲突

绩效的考核、升迁是衡量工作表现的重要指标，每个人都希望能够有最好的绩效，但很可能会不小心或无意识地侵害他人的利益导致产生冲突。

4. 沟通技巧不佳

只在意讲出自己的话，不管别人要不要听，有时在沟通的时候缺乏聆听和同理心，缺乏清晰的表达，在误解信息时又归咎于对方。

5. 个人特质

情绪控制不好、工作能力不佳、不尊重别人权益、不懂得换位思考。

6. 外在的因素

家庭因素或是个人竞技因素引发的压力，导致情绪失控。

二、如何解决人际冲突

冲突可能会给彼此带来紧张和压力，从而破坏一段关系。有效解决彼此的冲突，除可宣泄不满，还可使关系更加亲密，促进个人成长和需求的满足。所以，面对冲突，应该学习如何处理。陈皎眉在《人际关系与沟通》中指出，有效解决冲突有以下步骤：

第一步，澄清并界定问题：了解双方冲突的焦点是什么。先学习“对焦”，倾听了解双方对问题的看法，才知道该如何处理。

第二步，找出彼此的需求和愿望，这样才能找到令双方满意的解决方法。

第三步，评量可能的解决办法：可以讨论有哪些可能的解决方法——讨论其可行性与彼此的接受度。

第四步，达成共识：将所有解决方法列出之后，讨论各种方法的优缺点，找到一种两个人都同意的方法后，再加以实行。

第五步，回顾与重新切磋：实行之后的结果有可能不如预期，此时两人便需要依这几个原则重新切磋。只有面对冲突、接纳冲突、处理冲突、放下冲突，才能享受人际关系，而沟通是营造温馨、和谐、优质人际关系的不二法则。最好的沟通，在于符合人性的需要和规律，促进彼此的成长和提升。

第三节　人际冲突的咨询

人际冲突的咨询是咨询中常见的咨询内容。依据来访者不同的具体咨询诉求，咨询师可采用擅长的不同的咨询技巧，帮助来访者从困扰中成长起来。

一、同学冲突案例

（一）个案描述

求助者：女，23 岁，大三，和室友关系紧张。说话特别激动，称快要崩溃了。

诉说：不知道为什么，自己一说话，就得罪了同学，无论自己怎么小心翼翼，无论怎么去讨好巴结同学，总得不到对方的温暖。曾经还有过自杀的念头。4 位室友都是来自不同地区的外地求学者。求助者基本一学期回家一次，平时和父母只是电话联系，但次数并不多。因为一不小心就得罪了同学，怕同学不理她，不想在寝室待了，想一个人住。家族有重男轻女的思想，爸爸妈妈关系一般，爸爸情感不丰富，妈妈长期敏感，因为生的是女儿，受家族妯娌及公婆的气，从小看着妈妈受气，不开心的样子，而且常常要听妈妈的抱怨，听多了就很烦，反感，但又很心疼妈妈。

（二）求助诉求

希望和同学们建立良好的关系。

（三）原因分析

1. 求助者与同学的关系发生问题，与沟通方法有关。

2. 她这么在乎同学的态度，背后的原因是孤单、敏感。

3. 身上的压力太大。

4. 渴望得到关注、认可、接纳。

（四）咨询流程

第一步：评估

来访者的状态：情绪激动，无法自制，虽然说的是同学关系紧张，其实是自己太敏感，与成长经历有关。建议来访者做四次咨询。初步咨询目标为：前三次平复情绪，走出阴影，后一次重建信心，规划未来。

第二步：建立关系

要建立关系，先倾听，对来访者的语言进行共情，共情就是对来访者表达的内容和情感进行回应。共情回应之后，再开始运用技术。

第三步：运用具体心理咨询技术

（五）技术应用

核心技术 1：画安全岛

画安全岛，可以帮助画者释放紧张情绪，缓解压力，起到很好的放松效果，也可以通过她的绘画分析了解其压力源。

指导语：请体验者放松心情，想象一个可以让自己感到安全的地方，将这个地方的场景画出来，然后可以身处其中，体验放松的感觉。

核心技术 2：时间家族线

时间家族线是用绘画的方式来做家庭治疗。具体流程如下：

1. 选定“现在的家”的颜色，并用这个颜色的蜡笔画上画框。用最适合自己的方式表达“现在你的家族”。完成了以后，请画者介绍他的家人，最后看图作文。

2. 选定“未来的家”的颜色，并用这个颜色的蜡笔画上画框，用最适合自己的方式表达“未来你的家族”。完成了以后，请画者介绍他的家人。最后看图作文。

3. 选定“过去的家”的颜色，并用这个颜色的蜡笔画上画框，用最适合自己的方式表达“过去你的家族”。完成了以后，请画者介绍他的家人，最后看图作文。

4. 请来访者思考“如果在过去发生了什么不同的事情”，使得“过去”不是现在的“过去”……选定这个假设的“理想的过去的家”的颜色，并用这个颜色的蜡笔画上画框。用最适合自己的方式表达理想的“过去你的家族”。完成了以后，请画者介绍他的家人，最后看图作文。

5. 思考以这个假设为前提的理想的“现在”，请来访者选定这个假设的“现在的家”的颜色，并用这个颜色的蜡笔画上画框，用最适合自己的方式表达“现在你的家族”。完成了以后，请画者介绍他的家人，最后看图作文。

6. 思考以这个假设为前提的理想的“未来”，请来访者选定这个假设的“未来的家”的颜色，并用这个颜色的蜡笔画上画框，用最适合自己的方式表达“未来你的家族”。完成了以后，请画者介绍他的家人，最后看图作文。

7. 和画者一起分享这六幅画和文章，一起讨论来访者的过去、现在、未来。

核心技术 3：心理魔法壶

魔法壶的主题是系列图画。跟着指导语，作画者会依次呈现六幅图画，这些图画有机地联系在一起，作画者会把自己深层次的、应对变化的行为模式投射在图画中。图画完成后，作画者需要编一个故事，用语言再次把自己内心的潜意识投射出来。双重的投射和刺激，让作画者更有可能看清自己的行为模式，更好地了解自己，接受图画中所给出的信息，决定自己接下来的行为。具体流程如下：

1. 第一幅画

请先画边框，边框离纸的边缘一厘米。想怎么画就怎么画。

指导语：现在请想象出这个场景，你走在一条路上，突然出现一个魔法师，把你抓住放进了一个有魔力的壶里，请画出这个场景。

2. 第二幅画

请先画边框，边框离纸的边缘一厘米。想怎么画就怎么画。

指导语：现在请想象出这个场景，你在这个壶中待了一天一夜，你不觉得渴，也不觉得饿，你有怎样的感受？你在做什么？请画出这个场景。

3. 第三幅画

请先画边框，边框离纸的边缘一厘米。想怎么画就怎么画。

指导语：现在请想象出这个场景，不知过了多久，阳光照了进来，这时你有怎样的感受？你在做什么？请画出这个场景。

4. 第四幅画

请先画边框，边框离纸的边缘一厘米。想怎么画就怎么画。

指导语：现在请想象出这个场景，一年过去了，这时你有怎样的感受？你在做什么？请画出这个场景。

5. 请从里向外画圈，直到你感觉舒服为止。想怎么画就怎么画。

6. 请从外向里画圈，直到你感觉舒服为止。想怎么画就怎么画。

核心技术 4：生命线

1. 理念

利用适当的技术，让讲故事者在叙述自己生命故事的时候，通过他人来帮助自己找出遗漏片段，以唤起自己改变内在力量的过程。在讲述自身故事时，讲述者会通过建构故事重新检视生活，重新定义生活的意义，进而回到正常的生活中。通过讲故事，使问题外化，将问题与人分开；由薄到厚，形成积极的心理品质。

2. 目标

（1）通过讲述自己成长的故事，放下过去的情结。

（2）从时间的角度，认识个人的成长历程中的积极因素。

（3）从空间的角度，澄清过去事件对当下的影响。

3. 技术体验：我的生命线

（1）发一张 A4 纸，引导来访者用彩笔在纸上画一条代表自己生命长度的曲线。起始部分标注为出生（0 岁），结尾部分标注为死亡的时间（来访者认为自己能活到多少岁就写多少岁）。中间这一段就是个人的生命线。在自己的生命线上标注 9 个不同的点，在每一个点的附近画一个正方形。然后，根据自己的情绪，伴随着轻音乐，回想自己走过的生命历程，将此过程中对自己有深刻意义的事件标注出来，并将图画在对应的框里。

（2）分享自己的成长故事。

（3）整合：在音乐背景下，来访者为自己的生命故事写一首诗。

（4）分享自己为生命所作的诗歌。

（5）伴随音乐《春暖花开》结束本次分享。

一个月后，来访者发来短信："后来我主动和闹矛盾的室友交流，现在关系和睦、友好，每天都很开心，非常感谢您！"

二、"问题"孩子咨询

（一）个案描述

一熟人打电话，说她一亲戚的孩子不上学了，11 岁，女孩。曾经被当地三所学校开除，这刚开学，又被开除了。原因是打架、早恋、化妆、不上学、玩手机……要求辅导，说已经到楼下了。我当时想着，这样一个“问题”孩子，究竟是一个什么样的女孩呢？刚想着，妈妈带着女孩走进了咨询室。

女孩叫田甜（化名），五官清秀，穿着时尚，化着浓妆，打扮与这个年龄极不相符，很是一副目中无人的样子。

（二）咨询流程

1. 第 1 次咨询

使用心理技术

绘画分析。

任务

来访者在竖着的 A4 纸上画一幅人物像。

用时

7 ～ 12 分钟。

绘画分析

咨询师通过田甜的画，对她的性格和当下的状态做了一个分析，然后说：“你应该是受了很多委屈！受了些什么委屈呢？”这一句，让之前那个目中无人的女孩泪如泉涌，坚硬的外壳下露出了她柔弱的内心。

女孩：我特别恨爸爸妈妈，讨厌这个家，不想待在家里。

原因

爸爸妈妈喜欢吵架，甚至打架；爸爸妈妈脾气都暴躁，爸爸曾经用椅子砸过自己，还用刀威胁过，而妈妈也没有保护过她。

小时候在外地上学，被同学欺负，告诉妈妈，反倒被妈妈训斥。

六年级，父母把自己送回老家，在学校旁边租了一间房子，白天上学，下午去补习班，晚上和同龄的表哥住在出租屋，两人关系一般，还打过架。这一年的经历，是她人生变化的关键。

女孩诉说着，眼泪湿了半包纸巾。看得出，女孩不是真的想辍学，也是个非常有思想的人，而且字写得特别好。

2. 第 2 次咨询

使用心理技术

九宫格关系图。

咨询过程

咨询师：请你闭上眼睛，脑海中出现第一个关系的画面是什么？什么人？什么时间？你们之间如何互动，发生了什么？把它们画下来。

（等待女孩作画完成。）

咨询师：好，现在冥想第二幅画……现在冥想第三幅画，你的心情、你们彼此之间的相互态度都是什么？……第四幅，内心体会、对对方的态度、发生的时间……不要在乎画的好坏，只是如实完成。

咨询师：画完后，自己欣赏一下。有何体会？有什么新的发现和感悟？内心走过什么样的情绪情感？分享出来。

女孩分享感受：

我有很多朋友，真心的只有几个。

和他们在一起，很有安全感。被人欺负，他们会帮我。

爸爸妈妈不在我的生活中。在家里，他们也只是空气。我想离开这个家。

不想做自己，找不到自己的位置。

……

咨询师点评：最中间的那幅代表自己。

咨询师布置作业：每天与这幅画相处 10 分钟，下次带来发现和感受。

3. 第 3 次咨询（主题是父亲）

使用心理技术

石头的故事。

咨询过程

咨询师：我们的关系中有个很重要的人，这个人就在这堆石头里面，他早就在那里了。请你选一块石头。

（放一首歌《父亲》。）

咨询师：太阳代表父亲，让我们找到方向，月亮代表母亲，月亮温柔善良，一个是天，一个是地。不是每个人都那么幸运，有好的太阳和月亮。有些人的太阳被遮住，但是依然在。我们无法想象这个世界上没有太阳会怎样。太阳是暗淡的或月亮充当了太阳，这都将使一个人和他的关系遭遇灾难。一个人很重要的关系之一是和他的太阳的关系，这是我们文化的根本。今天我们用一块石头代替太阳。有些人很伟大，是很多人心中的太阳，但这个世界上只有一个太阳专门为你而存在，其他都是临时值班，这个太阳就是父亲。

（挑出石头后，把代表父亲的这块石头放在手上，体会父亲。同时请播放一首歌。）

4. 第 4 次咨询：（主题是母亲）

使用心理技术

表达性艺术。

咨询过程

咨询师：今天我们谈母亲。现在，请思考“妈妈”一分钟，接着我们来进行创作，现在有几种形式，诗歌、绘画、舞蹈、音乐、故事，其他形式也可以，所有作品都可以写实与创意结合，允许有艺术加工的成分。

（很久，女孩说想不出什么，不想提妈妈。感受不出什么。）

咨询师：那么妈妈有什么优点？

女孩：不知道，好像没有。

咨询师：那妈妈有什么缺点？

女孩：爱唠叨、爱翻我的东西、爱管我……

（在咨询师的引导下，女孩再次画了一幅“房、树、人”的画。）

女孩分享画面内容：妈妈在房子里。我和妈妈有一点距离，我走过去有障碍。

咨询师：为什么画栅栏？

女孩：不知道。

咨询师：很难直接沟通吗？

女孩：是吧！

咨询师：房子为什么比其他东西高一点？

女孩：其实是在平地上。

咨询师：想过有什么办法突破障碍吗？

女孩：没有想太多……

咨询师：栅栏并不高，如果小孩长大了，就可以跨过栅栏。这画有意思，小孩没有跨过栅栏，说明小孩还没长大，还在过去，是曾经的自己，没有感觉到妈妈喜欢。这是个矛盾体，虽然相信母亲有爱，但是过程困难重重，这是一个要回家的孩子。一路想要妈妈爱我，丰富的色彩里面有童真，自己要长大，把栅栏拆了。时间加空间才是治疗创伤的大师。

5. 第 5 次咨询

使用心理技术

心理刮痧。

咨询过程

咨询师：我们今天仍用画的方式。先在纸上面画一棵大树，大树上结了很多果子。每个果子代表一个人、一件事，或者一个地点。可以是幸福的，也可以是苦涩的。看哪些事情对你有影响，画 30 个果子。

（40 分钟。）

咨询师：树上面的果子中隐含着很多关系，我们和某些人、某些事、某些地点的关系。这棵树代表我们的生命。你画的时候心中也走过一些东西，画不同果子的时候会有不同的心情。

女孩：画的时候我发现我还记得小时候的事情，很喜悦，只是不愿意回忆。后面的果子画得有些勉强。

咨询师：如果选三个最重要的果子来讲，你选哪三个？

女孩：小学时候选入游泳队。

（展示给咨询师看。）

女孩：这个是初中上学时发现没拿书包，很有意思。还有一件，和爸爸妈妈去西湖。

女孩：我画的时候更多地想到小时候，先画人，然后想什么事。后面就没有想了。

女孩：我在家庭的方面的果子都是比较深的颜色，可能有些阴影，很少有温暖。

咨询师：这些果子都不可能拿掉，关键是我们怎样来看待，怎样转换、蒸发、升华一部分。

女孩：果子和我的思维一样乱。我的家人都用苹果表示，朋友都是圆圈表示。好像有个果子掉下来，我还没想到是什么。有一件事，我小时候摔了一个小孩子被责备，到现在都不敢碰小孩。

……

6. 第 6 次咨询

使用心理技术

生命中的贵人。

咨询师：人们有容易相处和不容易相处之分，请你就容易相处的程度，给你生活中周围的人从 0 ～ 100 打分，在每个人旁边写下分数，然后再写上别人对你的感受分数。

（女孩写完分数后开始分享。）

女孩：我对别人打分高，被别人认可程度低些。

女孩：80% 差不多，我在有权威的人面前有压抑。

女孩：别人给我打分会低一些。别人的反馈是我不太好相处，但我觉得别人好相处。

咨询师：思考一分钟。

女孩：感觉应该将更多人拉进生命（里）。亲密的、陌生的，现在全部都被自己排除在外。反馈给别人的很少，以后要改善一下。

咨询师：给你加 5 分。其他人呢，能改善吗？

女孩：有利益关系的就有距离。

咨询师：结构性的问题和人的问题是两回事。两个人没变，角色变了，一个人的身份变成村长、老师，或者等你发财了，都会改变原先的关系。这是结构性的问题，不是人与人相遇，而是角色和角色相遇，结构性的问题和人没有关系。

咨询师：说说你的 30 分、70 分是怎样的？

女孩：30 分的这个人很不好相处，不咋样，是我的亲密关系中的特例。这个人很自私，但吸引我，若即若离反而有吸引力。其他的亲密关系都是我评价别人高，别人评价我低。

咨询师：亲密关系里就一个字，“贱”，人爱人“贱”。这个人和你在一起，不取决于别人，而是取决于是否满足你的需要。这个人可以为了你“贱”，你会为了另外一个人“贱”。为什么会“贱”呢？因为满足了我们内心的需要。我们理想当中想要某一类人，这是潜意识的需要。你的亲密关系一定被潜意识的需要所牵引。

女孩：我想找个让我崇拜的。

咨询师：一旦别人让你崇拜，你就会“贱”。有些人一生都没有机会“贱”一回，才会遗憾。女为悦己者容就是“贱”，有时士为知己者死也是。

咨询师：再大的森林里也不可能有相同的树叶。有领悟吗？找一个你可以为他做些事的人，为他“贱”一点的人有没有？哪个人是你要改善的？硬伤就是你难以应付的一种人。

女孩：我不喜欢很强势的人。

咨询师：你要做人格层面个人创伤的处理，看看你心中有没有不喜欢的人。

女孩：我会用经验去判断别人。

女孩：我会先处理和妈妈的关系，有主次。希望有能力但正面不控制，自私的人处理不好关系，但善良的人没能力。和父亲的关系在生活中和工作中处理。现在只希望提升和母亲有关的部分。

女孩：和妈妈分数最低，可以对妈妈再“贱”一点，寻求关系的突破。

咨询师：我们都倾向于向外看，总能找到不喜欢你的人，这就是自卑，是自我不够强大的表现。很难找到的则是平衡的。要自我澄清一下有没有雷区，例如，和自己的关系，你和你的关系好吗?

女孩：我好像有三个我，一部分（是）我自己，一个是受我爸影响，一个（是受）我妈（影响）。

咨询师：你能看到你自己需要往哪方面努力了吗？下次过来分享。

7. 第 7 次咨询

使用心理技术

感恩拜访。

咨询过程

咨询师：今天我们来做感恩拜访，感恩拜访爸爸妈妈，给爸爸妈妈写一封 300 字以上的信，当面把信读给爸爸妈妈。现在开始写。

（20 分钟写信。）

咨询师：当一个人可以向别人感恩、寻求别人的帮助时，关系就会转变。

咨询师：请你站起来，走到爸爸妈妈跟前，站在他们面前开始念你的信。

（念完。）

咨询师：谈谈拜访感受吧。

女孩：我一开始觉得会别扭，后来念着念着就不觉得了。

女孩：接下来我不知道要说什么。

女孩：这对我来说太直接，平时不会这么表达。以后也要用这种直接表达的方式。

咨询师：现在给你机会，对爸爸妈妈说一句话，说对他们的感受。

女孩：亲爱的爸爸妈妈，以前我误解了你们，其实你们挺爱我的，我现在才感受到，我也爱你们，我以后好好上学，做个有用的人，让你们享福……

咨询师：我看到了你的进步，我们都看在眼里，为你开心。再次为你的改变点赞！

咨询师：是的，行动更有效，学习很多还不如一个行动。人一生当中的各种相处，行动都是最重要的。

咨询师：是的，我们心理上的紊乱一定是关系的紊乱，是环境的紊乱。不在于社会、物理环境，在于综合起来人的内部、生理的小宇宙，我将它们叫作心理生态。现在爸爸妈妈加入你的生态，一定会慢慢变好。

女孩：感谢老师用这种方法让我们感情加深。

（一家三口，紧紧拥抱后，牵着手回家了！）

参考资料

[1] 如何经营你的人际关系？. 问渠心理网.

[2] 韦志中. 团体心理学：本会团体心理咨询模式理论与实践. 清华大学出版社，2014.

第十三章　自我成长咨询

每个人在成长的过程中都会遇到一些发展性问题，这些问题如果处理得好便能促进自我的成长，如果处理不好，或是受到外部不良环境的影响，就会导致心理问题的产生。自我成长咨询就是，咨询师运用心理学原理和方法帮助不同年龄阶段的青少年度过成长困境，从而适应生活和学习。

第一节　小学生自我成长咨询

一、情绪困扰案例咨询

（一）个案描述

小强，男，9岁，三年级时不愿继续读书，称老师打骂他，常在家看电视、玩游戏，作息不规律，有时晚上不睡、白天睡觉，脾气暴躁，要求稍不满足便发脾气，有打父母、摔东西的行为。劝其上学时发脾气，并威胁要跳楼，后不愿出门，在商场等人多的地方常躲在母亲身后，家里来客人时则躲进房间。表示只喜欢玩游戏，打游戏时被人干扰会很生气，控制不住自己的脾气。不想学习，也跟不上课，跟同学关系也不好，父母常以粗暴的方式进行教育，特别是妈妈爱向小强发脾气或是打骂他。曾接受药物治疗但效果不明显。

（二）求助诉求

厌学、易怒，前来求助。

（三）原因分析

1. 家庭不良教育方式导致孩子模仿以同样的方式反抗父母的教育。父母情绪不稳定，易发火，且在教育孩子时将气发在孩子身上，孩子则模仿学习，认为这是有效的应对问题的方式，于是也以同样的方式面对父母，在生活中遇到挫折时只会发脾气，不能采取其他合理方式表达需要。

2. 学习中遇到困难没有得到父母的帮助和指导，加上游戏的吸引作用让小强逃避现实问题，在游戏中寻求快乐。

（四）咨询目标

1. 关于父母方面，改变父母教育观念，让其认识到他们的行为对孩子的影响，从而改变教育方式和方法，指导父母帮助孩子应对学习上的困难。

2. 关于孩子方面，帮助他掌握管理情绪的方法，以正确的方式表达自己的需要，培养孩子应对挫折的能力，帮助孩子掌握具体的学习方法从而跟上学习进度，进而有效管理游戏的使用。

（五）咨询过程

1. 第 1 次咨询

了解来访者的基本情况，生活中是否受到重大挫折，父母教养方式如何，对孩子可能有哪些影响，评估是否属于心理咨询范畴，初步确定咨询目标。

经过评估，来访者的问题属于心理咨询范畴，初步确定父母与孩子分开咨询，各咨询 3 次后再进行家庭咨询，家庭关系得到改善后再对孩子进行学习问题咨询，最终让孩子有能力适应学校生活。

2. 第 2 ～ 4 次咨询

父母咨询：深入了解父母教育方式，运用“生命线技术”让父母写出 10 个对孩子产生积极影响的家庭教育事件，10 个对孩子产生消极影响的家庭教育事件，然后分别让父母进行表达，逐步澄清家庭教育中好的方式和不好的方式，最终确定出有利于孩子积极发展的教育方法。

咨询师：现在你已经写出了对孩子有影响的教育事件，你认为对他影响最大的是哪些？

来访者：对孩子影响最大的应该是打他，对于他的教育我经常是采用粗暴的方式，一见他做错了就下狠手打，我印象中有两次他的尿都被打出来了。那是他上一年级的时候，我工作压力大，心情也不好，看他写不好作业就打，现在想想真的挺后悔的，我太没耐心了。

咨询师：你对自己打孩子的行为感到后悔，只是我们需要澄清一下在打孩子的过程中，你认为自己发泄情绪的比重有多大？

来访者：大多时候是在发泄情绪吧，反正心情不好看见孩子就想发火。

咨询师：如果用 10 分表示，情绪占几分？

来访者：7 分，那段时间心情真的不好，工作压力大，和他爸爸常争吵。

咨询师：孩子无形中会成为我们的情绪宣泄器，因为他们不敢反抗，我们就肆无忌惮地发泄在他们身上，可是这样的方式孩子会学习模仿，用到父母身上，如果想真的帮助孩子成长，父母先得学会管理自己的情绪，改变打的方式。

孩子咨询：重在咨询关系建立，让孩子对咨询师产生信任感，愿意与咨询师交流。孩子看见沙盘比较喜欢，让来访者创造自己的世界，然后进行交流。以沙盘中人物的心情为契机，让来访者表达人物心情怎么样，遇到了什么事情，他是怎样应对的，有什么影响等，然后联系来访者生活实际进行交流，讨论怎样更好地表达情绪。

咨询师：在你的作品中我看见了一些人，能跟我讲讲他们吗？

来访者：他们在打架，这个小的男孩很可怜，总是被欺负。

咨询师：他被哪些人欺负？被欺负的时候他是怎么做的呢？

来访者：他的同学，还有大人都欺负他。他会骂别人，可是他太小了，其他人不怕他，他只能生气，乱发火。

咨询师：面对欺负，他好像没有更好的办法，你有什么办法帮助他吗？

来访者：我也不知道，我也帮不了他。

咨询师：平时你遇到过这种情况吗？你是怎么做的？

来访者：遇到过，我会很凶让别人怕我，可是对大人就不太管用，越是这样越会被打。

咨询师：看来凶不是最好的方法，我们可以尝试将自己的想法说出来，比如：你这样做我很受伤，我希望你好好跟我说。

来访者：我有时候会这样做，他们也会跟我说。

3. 第 5 ～ 10 次咨询

从第 5 次咨询开始进行家庭咨询，主要借助沙盘进行家庭咨询，首先让父母和孩子分别制造自己的世界，然后彼此欣赏对方的世界并分享，表达自己的感受。然后再让家庭共同制造世界，欣赏共同制造的世界并分享，表达自己的感受。经过几次制造世界的互动以后家庭成员之间的互动方式向积极方面发展，在第10次咨询的时候家庭关系得到很大改善。

咨询师：你最近觉得爸爸妈妈有什么变化？

来访者：妈妈不怎么发脾气了，他们愿意陪我玩了，感觉开心了许多。

咨询师：有父母的陪伴你感觉开心了。

来访者：是的，每次来这里，他们都会陪我玩沙盘，而且会跟我说他们做了什么，我也愿意跟他们说我做了什么，这样挺好的。

咨询师：能感受到你与父母之间亲近了不少，这是你们共同努力的结果。

4. 第11～15次咨询

从第11次开始，与来访者探讨学习上的问题，具体探讨他在学习上的困难，以及需要得到老师、家长和同学怎样的帮助。通过学习问题澄清，来访者逐渐战胜自己，基本适应学习生活。

咨询师：今天我想和你聊一聊学习的话题可以吗？

来访者：好吧，但是我真的不太想谈学习。

咨询师：你说你不太想谈学习，为什么呢？

来访者：我学习不好，作业很多，每次都做不完，以前做得慢被妈妈骂，做不好被老师罚。我不喜欢学习，我只喜欢游戏。

咨询师：看起来学习带给你的都是不好的体验，你能用一幅画来表达这种感觉吗？

来访者：嗯。

来访者作画后分享自己的故事，让厌学情绪得到了充分表达。

第12次转向积极方面引导，探讨学习带给他的美好回忆，写出5件学习上取得的成绩，然后进行分享，分享时给予肯定，强化取得成绩的积极行为。

咨询师：请你说一下考得90分的故事。

来访者：那是我上一年级的时候，数学期末考试，我考了90分，那个时候我还是很喜欢数学的，因为数学老师不骂人，总是很耐心地给我讲题目，我很喜欢她。

咨询师：因为你积极向老师提问所以数学成绩考了90分，看来你是能学好数学的。

来访者：是啊，我可以学好的，只是现在不行了，我只考四五十分。

咨询师：没关系，我们一起想办法，看看怎样能让数学慢慢提高起来。

来访者：嗯。

经过以上咨询初步让孩子的家庭关系和学习困难得到改善，后续不定期地进行跟踪。

二、注意力困扰案例咨询

（一）个案描述

小丽，女，11 岁，五年级学生。自幼好动，喜欢上蹿下跳，注意力不集中，爱哭，手脚抽动，情绪不稳定。上小学注意力仍不集中，学习成绩差，经常忘记老师布置的作业，上课会忘记带书、带作业本，文具、书包很乱，不收拾，经常丢东西，如笔、作业本、试卷等。课堂上喜欢扭动，还喜欢说话，影响其他同学，被安排在特殊座位。情绪波动大，开始是早上去上学之间哭泣，后发展至晚上回家也哭泣，好发脾气。被诊断为"注意缺陷与多动障碍，童年情绪障碍"，不规律服药，基本每次服药半个月左右即停药，服药后情绪稍有改善，但波动大，后出现头痛、心慌等症状。治疗期间多次复诊，服药不规律，疗效欠佳，仍情绪不稳，注意力不集中。

（二）求助诉求

多动、注意力不集中，情绪不稳定，控制不住自己的行为，故来咨询。

（三）原因分析

1. 注意缺陷与遗传、神经系统发育、脑损伤等有关。

2. 不良的家庭环境，如父母的关系、教育方式可能加重来访者的病情。

（四）咨询目标

1. 从家庭入手为孩子建立良好的家庭生态环境，减少家庭冲突，阻断诱发因素。

2. 从教育方式入手，接纳来访者现状，通过亲子游戏进行行为训练，帮助来访者处理情绪。

3. 进行生活、学习情境模拟训练，以游戏的形式帮助来访者掌握生活、学习技能，逐步控制自己的行为，使注意力得到改善。

（五）咨询过程

1. 第 1 次咨询

了解来访者基本情况、家庭环境及家庭教育情况，进行注意力评估，建议家长进一步带来访者到医院做脑部及神经系统检查，了解遗传因素或生理因素对来访者病症的影响。

详细沟通家庭情况及父母教育情况，初步评估家庭及教养方式对来访者的影响。与来访者探讨咨询目标和咨询计划，争取父母配合，主要采用家庭游戏治疗。

2. 第 2 ～ 5 次咨询

指导父母建立家庭游戏区，并每天有 15 ～ 30 分钟与孩子进行家庭游戏互动。此过程要求父母全程陪伴，接纳孩子的行为，孩子自主选择玩具进行游戏，父母配合参与。咨询师为父母进行示范，咨询时分享互动感受，根据互动分享给予肯定和指导。

3. 第 6 ～ 15 次咨询

咨询师详细制订主题活动，每次一个问题。父母选择主题式游戏进行互动，从情绪、学习、生活等大的主题中选择小的主题，让孩子围绕主题进行游戏建构，父母可引导孩子讲故事，表达心情，学习怎样整理书包等，帮助孩子逐渐能面对每一个问题，适应生活和学习，能有效处理情绪。

咨询师：今天我们玩一个“整理书包”的游戏，你看这里有一个书包，还有一些书、本子、文具等，你能将他们分类整理好并放在书包里面吗？

来访者：好，我试试。

刚开始来访者将所有东西全部放进书包，但在咨询师的鼓励下尝试将书和本子分开放，文具也能放在文具盒里后再放进书包。经过三次尝试，书包整理得有序多了。每次将东西放进书包时，咨询师都让来访者取一样东西给自己，最后一次来访者能很快找到橡皮擦。

咨询师：我三次请你从书包中拿东西，你觉得怎么样？

来访者：第一次拿语文书我翻了老半天才将它找到，感觉好麻烦；第二次拿数学本，我就直接到本子那去找，感觉容易多了；最后一次拿橡皮擦我打开文具盒就找到了。以前我都要到处找，而且很久才能找到，看来书包还是要整理好才方便。

咨询师：是的，经过你整理的书包很容易就能找到你想要的东西。

4. 第 15 ～ 20 次咨询

评估孩子家庭生态环境变化及来访者注意力改变的情况，继续进行游戏指导促进家庭游戏互动，强化形成的良好家庭模式，观察并指导孩子在现实生活、学习中的情况，根据遇到的困难确定主题进行游戏互动，最终让来访者适应。后期进行跟踪。

第二节 初中生自我成长困扰

一、异性交往困扰案例咨询

（一）个案描述

小可，女，14岁，初二学生，经同学介绍与小陈在网上相识，小陈的关心与爱护让小可十分暖心，后确定恋爱关系。两人恋爱不久被小可父母发现，父母采取极端手段阻止二人交往，最后小陈主动提出分手。小可难以接受，内心十分痛苦，用刀片割伤手腕后被父母发现送医院抢救，恢复后仍对小陈念念不忘，情绪低落，无心学习，几次有想去找小陈的冲动。每当听见同学提到小陈，内心便久久不能平静，感觉小陈对自己太好，生病时的问候、买药，很贴心，难以割舍这段感情。

（二）求助诉求

失恋、自杀、与父母关系紧张、心情低落，故来咨询。

（三）原因分析

1. 随着生理的成熟，心理也开始发展，初中生容易对异性产生好奇，渴望与异性交往，在交往中由于把握不好尺度容易产生恋爱困扰，同时因为现代信息的发展让学生模仿恋爱，渴望拥有美好的爱情，因而出现家长口中的“早恋”。

2. 面对孩子的恋爱，父母采取极端的方式，因而产生了“罗密欧朱丽叶效应”，越是阻止越是让孩子坚守感情。由于强制阻止，小可内心受到强大冲击，因而采取自杀行为。

3. 亲子关系不和谐，孩子在父母身上没有得到想要的关爱，容易让孩子渴望恋爱，寻求温暖。

（四）咨询目标

1. 对失恋情绪进行处理，以适当的方式表达自己的情绪。

2. 梳理恋爱关系，以成熟的态度面对失恋问题，正确认识爱情。

3. 了解亲子沟通模式，促进与父母的沟通，理解父母的行为，建立良好的亲子关系。

（五）咨询过程

1. 第 1 次咨询

建立咨询关系，以倾听为主，进行共情，让来访者充分表达自己的感受和情绪。以接纳的态度面对来访者的恋爱事件。运用与情绪对话技术，让来访者将内心的情绪用不同的石头表示，并给它们写信，让其看到自己的情绪，进行表达、接纳和升华。交流排解内心痛苦的方法，对于积极的行为给予肯定并触动来访者采取相应的行为方式。

咨询师：请你感受自己此时此刻的心情，选择一个石头代表你的心情，放在手心，静静感受它，然后给它取一个名字。

来访者：我想叫它悠悠，就像《头脑特工队》里面的悠悠，它很伤心。

咨询师：悠悠，这个名字很好，请闭上眼睛，想象悠悠就在你面前，你有一些话想对它说，你会对它说什么？

来访者：悠悠，我知道你很伤心，很难过，你很想见他，但是你还小，你需要好好学习，等你长大了你才有资格恋爱。我允许你再伤心一段时间，但是过了这段时间你就要好起来，我相信你，你能行的，不能再让爸妈伤心了，好不好？

咨询师：悠悠听见了你的表达，相信它会和你一样坚强起来。

2. 第 2 次咨询

运用九宫格技术让来访者描述她的爱情故事，然后分析在故事中她需要的是什么。帮助她澄清恋爱关系，总结恋爱中的成长，重新认识爱情。

咨询师：在恋爱中，你觉得对方做过的让你最感动的事是什么？

来访者：应该是有一次我生病吧，他发信息问我“老婆，好点没？要买药吃呀。”虽然只是几句关心的话语，但是我感觉很温暖、很甜美。

咨询师：生病时有人关怀的确很幸福，你生病时父母会做什么呢？

来访者：我妈会唠叨我说我不穿衣服所以才生病的，我爸也会说我那么大个人了怎么还照顾不好自己之类的。他们只知道说我，也不关心我。

咨询师：看起来是这样，我们可以再看看父母唠叨和责备背后还有什么呢？

来访者：其实也是担心我。

咨询师：是啊，同样是关心，只是方式不同，我们的感受就不同，你要的是关心，男友用了关心的话语满足了你的需求，父母用了唠叨的语言伤了你的心。也许你从男友身上期望得到的不过是父母没有给你的东西。

来访者：（低头沉思）也许是这样，我有时感觉父母真的不爱我。

3. 第 3 次咨询

重新看待父母阻止自己恋爱的行为，重建亲子关系。

咨询师：对于父母阻止你们恋爱，你此时此刻是怎么想的？

来访者：我知道他们是为我好，但是爸爸直接去骂对方我觉得不应该，他们应该好好跟我说，让我自己去处理。

咨询师：是的，你爸爸的行为是有一些极端，如果你是你爸爸，你会怎么处理？

来访者：可能也会像爸爸那样着急上火，找对方说，但是不会骂对方。

咨询师：所以你不接纳的是爸爸骂人的行为，爸爸怎么能骂人呢？他可是你的爸爸啊！

来访者：是啊，其实爸爸骂人也是为了我，唉……

咨询师：这声叹息背后好像有一些东西。

来访者：我爸爸是一个知书达礼的人，从不轻易发火，对人很好，可是一遇到我的问题，他就这样，也怪我不该让他们操心。

咨询师：这可能就是“关心则乱”，现在的父母对于孩子恋爱过于焦虑又没有好的方法去处理，所以表现极端了些，但是初心是好的。

来访者：嗯，现在我也慢慢能理解他们了。

4. 第 4 次咨询

总结咨询后的变化，强化积极方面，鼓励重新起航，指导来访者如何更好地投入学习和生活，对于失恋情绪的反复给予接纳。

咨询师：你的心情怎么样？

来访者：心情好了许多，只是到了晚上会想起过去，心里难免难过。

咨询师：回想过去心里难过是很正常的，这就是失恋让我们成长的地方，让我们懂得坚强。我们不可能一下子忘记过去，像没事人一样。

来访者：是啊，那就让它存在吧，让自己的心中有那么一个小小的空间也挺好。

咨询师：你已经懂得接纳了，看来你真的长大了，能更理智地处理问题了，我真为你高兴。

来访者：谢谢你的帮助，也谢谢这段感情让我成长了。

二、沉迷游戏案例咨询

（一）个案描述

小路，男，13 岁，初一学生，喜欢玩手机游戏，小时候在父母监督下还能控制时间，初中父母有些放松，会趁晚上父母睡着后拿手机玩，常到凌晨两三点才睡。由于睡眠不足，第二天上课经常打瞌睡，也听不进去，学习成绩急剧下降。父母因此与他发生冲突，将其手机摔碎，于是他开始到网吧玩游戏，经常让父母找寻。他也意识到自己的问题，但控制不了自己，就是想玩，不玩心里难受，情绪也很不好，只有玩了游戏，内心才痛快。也尝试过用各种方法不玩游戏，但都只有短暂的效果，几天后又故态复萌，难以坚持。

（二）求助诉求

沉迷游戏，与父母冲突。

（三）原因分析

1. 孩子沉迷游戏原因很多，比如父母没有时间陪伴，自身也沉迷手机，不能带领孩子去体验生活，孩子无聊只能选择游戏。

2. 游戏本身就具有吸引作用，孩子在游戏中体验到成就感和快乐感，因而沉迷游戏，逃避现实生活中学习的压力和生活的压力。

3. 初中生自我控制能力较差，在面对游戏的诱惑时，不能很好地控制自己的行为，因而沉迷其中不能自拔。

（四）咨询目标

1. 指导父母与孩子科学使用网络，将游戏时间进行转化，做有利于生活学习的事情，延伸网络的广度，制订网络使用计划，克服游戏成瘾。

2. 构建家庭互动计划，让父母带领孩子走出家门，体验生活，减少无聊时间，重拾对自然的兴趣。

3. 对来访者进行学习指导，勇敢面对学习中的困难，适应当下的学习。

（五）咨询过程

1. 第 1 次咨询

收集基本资料，评估网络使用情况，确定网络游戏成瘾，与来访者探讨咨询目的和计划。初步确定为 15 次咨询，主要围绕网络使用、家庭文化建设和学习指导三个方面展开工作。

2. 第 2～10 次咨询

根据孩子的网络使用情况，与孩子、家长一起探讨网络使用计划，指导家长进行计划实施，反馈实施情况，根据实施情况对网络使用计划进行适当修改。

咨询师：为了帮助孩子更好地管理网络游戏，我们需要制订一个手机使用计划，所以接下来我们将围绕这个方面进行讨论。

来访者（母）：我以前也给他限定时间，但是他根本控制不了。每次说好玩一个小时，可是一玩就是 3 个多小时。

咨询师：你与孩子在手机游戏时间管理上遇到了困难，在什么时候孩子会管理得比较好呢？

来访者（母）：我会一而再再而三的地提醒他，有时他会听。

咨询师：提醒很重要，所以我们的网络使用计划一定要父母给予监督，这样才能帮助孩子管理好自己。小路，你一般在什么时候能控制自己呢？

小路：这对我来说真的很难，每次玩着玩着时间就到了，可是那时候正好玩到很精彩的地方，真的很想玩，我真的很难控制。

咨询师：在最精彩的时候结束的确很难，但你如果想要改变自己的现状，你就要相信自己能战胜它。你一般玩多久才意识到想要停下来？

小路：3 个多小时吧，感觉累了会想休息一下，然后又继续玩。

咨询师：我们以 3 个小时为限，在 3 个小时内你需要抽出 30 分钟来与父母一起运用手机进行学习或生活问题的处理，例如查阅一个你感兴趣的问题然后向父母分享。

小路：这个我可以做到，但是我爸妈没时间陪我。

咨询师：小路妈妈，对于孩子的这个问题，你的回答呢？

来访者（母）：我工作很忙，真的很少有时间陪孩子玩，但是您既然这么说，我愿意尝试和孩子一起努力去完成。

咨询师：只要你愿意，我相信你会做得很好的。小路一般什么时候会比较想玩手机呢？

小路：没什么事情可以做，感觉无聊的时候，或者作业很难就想拿手机找答案，一拿就开始玩起来了。

咨询师：你对什么事情比较感兴趣？在无聊的时候可以做一些你感兴趣的事情。

小路：我对其他的事情都不感兴趣，偶尔会踢足球，其他的就没有了。

咨询师：你觉得踢足球时开心吗？

小路：还可以吧，跟同学在一起踢还是很好玩的。

咨询师：我们可以把踢足球作为你的一个兴趣来培养，或者报一个兴趣班，做喜欢的事情才能让我们生活得有意思。

小路：这个好，这样我也可以做点别的事情分散一下玩游戏的注意力。

咨询师：根据以上交流，我们初步计划你每天手机使用时间约3个小时，其中有30分钟用于与父母一起完成一项任务，参与足球兴趣班，写作业时手机交给母亲管理。执行过程由父母监督，如果没有做到，取消第二天玩手机时间，如果完成很好或者少用手机玩游戏10分钟以上，则奖励一个小贴花，10个小贴花可以换一个你喜欢的小东西。你觉得以上约定怎么样？

小路：可以。

咨询师：那我们将它草拟成文字，彼此签订协议。

3. 第11～15次咨询

巩固网络使用效果，指导家长运用网络对孩子进行学习指导。

进行学习过程中的问题探讨，制订学习计划，逐步推动学习，适应学校生活。

第三节　高中生自我成长困扰

一、考试焦虑案例咨询

（一）个案描述

小梦，女，18岁，高三学生。每当遇到重大考试就很紧张，中考时还拉肚子了。高中适应性考试前睡不着，老是担心考不好，考前一晚反复想各种问题，凌晨4点左右才迷迷糊糊睡着。考场上心慌，冒冷汗，四肢冰凉，大脑一片空白，看不懂题目，熟悉的题也不会做。以前考试也很紧张，这次症状很明显，焦虑不安，静不下心来，成绩下来后就觉得自己考不上大学了。情绪波动大，与同学关系紧张，无法投入复习备考中。小梦家在农村，父母对她的要求很高，希望她能考上大学，分担家庭重担。她对自己要求很严，一定要考出好成绩，因此每天都学习到很晚，可是学习效果并不好，每次考试都不像自己想象的那么好。

（二）求助诉求

考试焦虑、失眠。

（三）原因分析

1. 面对重要考试，紧张焦虑是正常现象，但是小梦过分看重考试结果，加上父母的压力、自我要求严格和对考试的不恰当归因导致问题产生，面对考试时不能以平常心态对待。

2. 对考试焦虑缺乏正确的认识，同时没有用适当的方法进行处理，因此形成恶性循环，让自己陷入考试痛苦的怪圈。

（三）咨询目标

1. 正确认识高考，运用“心情画”技术处理考试焦虑，运用正向冥想重新树立考试的信心，长期进行放松训练，学习一些应对考场上突发事件的心态调整方法。

2. 进行复习备考指导，根据当下情况重新制订复习方案，投入复习中来。

（四）咨询过程

1. 第 1 次咨询

了解来访者基本情况，评估考试焦虑程度，制订咨询方案，运用“心情画”技术初步处理焦虑情绪。

咨询师：每当听到要考试时你内心感觉怎么样？

来访者：很紧张，老是担心考不好，像上次考试就是这样。老师一公布考试时间我就开始着急，告诉自己一定要好好复习考出好成绩，可是越是这样想越担心考不好，老师说适应性考试结果出来几乎就能评估能不能考上大学，我的分数离本科分数线差一大截，我考不上了。

咨询师：我感受到你的紧张和对考试成绩的失落，但是此时就给自己下结论我觉得为时尚早。我们可以试着处理一下你的心情，然后再探讨复习备考的方法。只要将自己投入复习备考中，我相信到高考时你会有不一样的收获。

来访者：真的吗？那好，我该怎么做呢？

咨询师：请你微微闭上眼睛想象一次考试，感受自己的心情，如果用一幅画来表达自己的心情，这个画面是什么样子？有哪些颜色？让这个画面在头脑中清晰起来，当画面清晰的时候将它画在纸上，然后再给画起个名字，在画的旁边写一个与考试有关的心情故事。

来访者按要求进行操作，然后分享自己的故事，重新评估自己的焦虑，分数低了 2 分。

2. 第 2 ～ 3 次咨询

进行放松训练指导，通过身体放松缓解考试焦虑，探讨考试过程中各种状况的应对方法，在近期的考试中有意识地运用技巧应对考试焦虑。探讨复习备考的方法与策略，指导最后的冲刺。

咨询师：今天我教你一个冥想放松训练，你需要回去每天练习，这样在你考试时紧张就会减少。

来访者：好的。

咨询师：首先我需要评估你在考试时不同时间段的紧张度，如果用 0 ～ 100 分评估，0 分表示不紧张，100 分表示很紧张，你最紧张是什么时候？大概多少分？

来访者：拿到卷子看见题目不会时心很慌，可以给 90 分以上。

咨询师：那么 80 分呢？以此类推。

来访者：80 分可能是坐在考场等着发试卷，70 分的话是来考试的路上，60 分是考试前一晚准备考试用具，50 分是考试前一晚胡思乱想，40 分是听见考试的通知，30 分是复习备考的前三天，20 分是考试前一周，10 分是课堂上平时老师说抽查。

咨询师：那么现在我们进行放松训练，首先请你选择舒适的坐姿，微微闭上眼睛，用意念做到眼观鼻鼻观心，深深地吸一口气，憋住数五下，然后慢慢地呼气，做三次。想象有一束阳光照射下来，你感到很温暖、很放松，阳光照在你的头顶，你感到非常放松……（此部分省略）

现在你感到非常放松，在放松的状态下请你想象你此时在上课，老师说要请同学进行即时课堂练习，此时你的心情怎么样？如果你感到紧张请深深地吸一口气然后慢慢地呼气，体验放松的感觉，多做几次，直到感觉放松为止。当感觉到放松的时候请竖起你右手的大拇指。请你想象现在距离考试还有一周，此时你的心情怎么样？如果你感到紧张请深深地吸一口气……（此部分省略）

依次按紧张焦虑指数进行想象放松训练，每次训练 3 ～ 5 个等级，每天坚持。

3. 第 4 次咨询

运用正向冥想进行积极暗示，让来访者形成考试一切顺利的心理，调整心态，有一个良好的状态投入高考中。

二、性心理困扰案例咨询

（一）个案描述

小兵，男，17 岁，高二学生。初二时因为洗热水澡产生性冲动，后刺激性器官出现射精，这种身体的快感让他难以忘怀，之后频繁自慰。后来在网上看到自慰对身体有危害，开始担心自己的发育，想要控制自己的行为，可是越想控制越控制不了，常看黄色视频让自己达到性高潮。高一时喜欢一个女生，希望与其发生性关系，后被拒绝，之后见到异性就有想与对方发生性关系的冲动，特别是性感的异性会让其产生生理反应。无法控制性冲动，更加频繁地发生自慰，导致晚上睡眠差，精神不振，有一次不小心在班上碰到了头，经检查无太大影响，但其坚信自己脑子变笨了，不能思考了，成绩受到影响。他不敢正视同学的眼睛，害怕同学知道自己肮脏的想法，不敢与同学交往。

（二）求助诉求

自慰、性心理困扰。

（三）原因分析

随着生理的成熟，性意识也开始觉醒，性冲动随之出现，但是性知识的缺乏让小兵沉迷于生理满足，从而频繁自慰，加上对自慰的错误认识，没有以健康的方式宣泄性冲动从而产生性心理困扰。

（四）咨询目标

掌握必要的性知识，正确认识自慰，以正当的方式发泄过剩的精力，缓解性冲动，克服自卑心理，主动与同学交往，建立良好的人际关系。

（五）咨询过程

1. 第 1 次咨询

与来访者建立信任关系，帮助来访者表达自己的困扰，接纳来访者性方面的困惑，评估属于心理咨询范畴，制订咨询方案，确定咨询目的。

咨询师：你想跟我交流什么呢？

来访者：我可以和你交流性方面的话题吗？

咨询师：可以。心理咨询有一条原则是保密原则，如果来访者没有伤害自己或他人的行为，我们都会给予保密，那你想说些什么呢？

来访者：我会自慰，但很担心自己的身体，特别是最近我觉得自己记不住东西了，好像脑子变笨了，我在想是不是因为自慰引起的？

咨询师：自慰是缓解性冲动的一种方式，70～80%的男性都会有这种行为，只要不过度，其本身是没有危害的。

来访者：如果过度呢？

咨询师：如果过度可能造成生殖器官感染，或导致睡眠不足，精神不振，进而影响学习生活。你有这些方面的表现吗？

来访者：生殖器感染倒是没有，只是睡眠的确不是很好，这可能是学习受到影响的原因。

咨询师：嗯，可能有一定影响，但也可能是学习上遇到了困扰。关于学习问题我们在后期的咨询中会深入进行探讨。

2. 第 2～5 次咨询

让来访者书写关于性的一些观点，与其探讨这些观点，帮助其走出性知识的误区，探讨以其他健康的方式发泄性冲动。

咨询师：对于性你是怎样的看法？

来访者：性我觉得不应该是我们这个年龄阶段该发生的事情，但是我又控制不了，有时我觉得自己道德败坏，害怕其他人知道我是这样的人，所以我都不敢看其他人的眼睛，更不敢跟他们说话，害怕他们知道我对女生有肮脏的想法，会让女生瞧不起我。

咨询师：随着个体生理的发展，性意识就会产生，在你们这个年龄阶段产生性冲动这是正常的生理反应，这不是道德问题。只是在你们这个年龄阶段需要以其他的渠道发泄性冲动，如通过运动发泄过剩的精力，而不仅仅是自慰或是对女性产生想法。

来访者：我也知道，但是就会产生不好的想法，我该怎么办？

咨询师：性冲动一般源于性的刺激，减少这些刺激可以减少性冲动。晚上睡觉被子不要过重或过热，穿的内裤尽量宽松些，如果产生性的联想要立即对自己说：“停下来！”然后去做其他事情转移注意力。

来访者：嗯，我尽量去做。

3. 第 6 ～ 10 次咨询

围绕学习问题和人际交往展开咨询，探讨来访者学习上的问题和应对策略，交流与人交往的方式，使来访者提升自信，从而适应学习和生活。

第四节　大学生自我成长困扰

一、学业不适应案例咨询

（一）个案描述

某大学二年级男生，因感觉自己读不下去并与家人发生冲突，于是前来咨询室求助。

该男生在中学因理科学习成绩较好，在学校分科学习时选择了学习理科。考上大学后听从家长意见，选择了将来比较容易就业的工科专业“电气工程”专业学习。但读了两年后发现自己有六门理工课程都考不及格（另外六门为文科类通识课），自己又喜欢成天抱着哲学类书籍看，因此认为自己不适合读理工科专业，应该读文科。但现在已经错过转专业的时机，不能再转专业了。家长要求他必须坚持学习直到毕业。他感觉很绝望，很痛苦，想过自杀，想过退学，但一想到家长就处在纠结中。

该生父亲是一家国营单位普通职工，母亲务农。该生是父亲这方三代单传，又是家族唯一考上大学的孩子。因此家族对其寄予厚望，不仅要求他学业毕业，而且希望能找个好工作，帮助家里解决一些经济困难。所以，一方面他从小就只被要求好好读书，不需做任何家务；一方面在选择专业时家人共同帮其选择了现在的专业，认为这个专业才能找到好工作。该生从小读书就很顺利，成绩较好，除了不断关注学习成绩，也不敢有任何其他想法和爱好。但一进大学校门，没有家长管了，该生好像进入了青春期，对校园的一切活动都好奇，参加了不同的社团活动，喜欢上阅读大量文学、哲学书籍，开始思考自己和社会的种种可能，有了新的憧憬，开始怀疑家长为自己选择的专业和职业是否适合自己。课堂学习不能用心，作业也做不了，考试经常失败，开始认为自己不是学理工科的材料，但与家长交流不能说服家长同意自己的想法，感到悲观绝望。

（二）求助诉求

自己是否不适合学理工科？如何说服家长同意自己退学重考文科？

（三）基本评估

该生在咨询室里不太正面看人，常低头说话。平时能正常上课，休息，有时会逃课，与同班同学交谈很少，几乎独往独来。但参加过许多社团活动，可看出该生社会功能尚好。也没有幻觉、妄想，思维正常，语言表达通顺，情绪没有大起大落，因此，没有明显精神疾病。但该生内心充满矛盾冲突，知道自己过去学习成绩很好，但也明确表示现在就喜欢文科，喜欢哲学，认为自己已经无力继续学习理工课程，但深知自己身上担负着家族的重大责任，家长不会同意自己休学重考，因此内心充满多种冲突，感觉痛苦，属于成长发展中自己该如何找到自己的真实力量和需要，如何选择、发力的成长冲突心理问题，属于心理咨询的对象。

（四）原因分析

该生成长基本顺利，没有明显创伤。过去一直听家长的话好好学习，考上大学。几乎没有任何自己的兴趣爱好和主观要求。考上大学离开家长管制后，在大学校园里可以自由阅读任何书籍，参加任何社团活动，萌生许多兴趣和思考。因此疯狂喜欢上阅读文学和哲学作品，陷入对人生、对世界的各种追问、深思，感受到无比的新鲜和丰富的罗曼蒂克的精彩，转而对本专业理工课程感到枯燥、难以理解，失去学习兴趣和耐心，成绩一落千丈。从而对自己是否还能学完本专业课程，自己是否适合学习理工科产生巨大怀疑，深感冲突和痛苦，内心感到对学习理工课程的巨大恐惧。这属于对自我的第一次追问：我是谁？我真正的力量在哪里？我能做什么？我该去向何方？因此，如果能协助其重新认识自己，找出自己的真实心愿，找到自己的力量，明确自己的前进方向，就能消除内心冲突，减少痛苦，增加力量去发展好自己。因此，假定的咨询方向是助其看明白自己的真正需要和能力，从而调整努力方向，找到适合当下学习所需方法，把力量用在自己的现实可行的发展上。

（五）咨询过程

该咨询共进行了 20 次。

1. 第 1 次咨询

第一次以倾听为主，了解基本情况，评估问题，适度共情，建立信任关系。部分咨询对话：

来访者：我完全听不进去课，成天只想看哲学书，但家里不答应我退学重考，痛苦死了。

咨询师：你看哲学书时感觉怎么样？

来访者：很有意思，越看越想看。

咨询师：似乎你想遵从自己的感觉去学习，不想再按照家长的要求去学习？

来访者：嗯，是，好多年都没有这样的感觉了。

咨询师：是的，能跟着自己的需要走，感觉真的很好。（共情）

2. 第 2～5 次咨询

第二次到第五次，共同探讨为什么理工课程学不好，问题出在哪里？阅读文学书籍、哲学书籍的乐趣是什么？能否发展成为未来职业？通过中学、大学学习理科课程的对比，发现问题不是出在自己不能学好理科课程上，而是兴趣和注意力转移的结果。而兴趣之所以会转移，是因为到大学后接触太多新鲜事，思维放开，开始自己独立思考问题。

来访者：我真的学不好理工课程，以前学的所有理工课程全部不及格。

咨询师：我很好奇，你当初为何会选择你学不好的理工专业？

来访者：都是家里人帮忙选择的。

咨询师：家里人帮你选择这门专业的理由是什么呢？

来访者：有技术，好就业，工资高。

咨询师：你对这些都不感兴趣？

来访者：不是不感兴趣，但学习起来太枯燥，学不进去，学不动了。

咨询师：怎么又突然喜欢上阅读文学、哲学书籍？

来访者：来到大学后，参加一些社团活动，发觉自己啥也不懂，话也说不好，知道的东西太少了，在学长面前简直无地自容。我想像他们那样，有思想、有口才，于是就开始疯狂看书。感觉来到一个广阔的新天地，以前只知道听课，做作业，其他都不过问，只想把学习成绩抓住。现在发现自己太落后，太傻了，只能通过大量阅读来提高自己、丰富自己。

咨询师：那是不是就是因为你把时间、兴趣、注意力全都转移到、投入阅读文学和哲学书籍里，才使你的理工课程学不动了？

来访者：不知道，也许？总之我就是学不动了，只想看哲学书。

（松动其想法，促使其认识到自己的问题可能是注意力转移的结果，而非自己不适合；而且他并没思考过是否发展哲学为职业，帮助他学会全面看问题。）

3. 第 6 ～ 10 次咨询

第六次到第十次，开始面对当下的现实问题，要不要继续以及如何学好课程。在前面几次咨询弄明白了自己不是不能学理工科，自己有能力学好理工科的问题的基础上，现在就需要弄明白家长为什么要自己学电气工程专业，而自己的真正需要又是什么。通过回溯过去的理想以及积极想象，探索出该生的生活理想是有一份好工作，能够满足自己的生活所需，还能帮助一下母亲。因此，毕业后有一份稳定、收入还不低的工作是其第一需要。这与家长的希望不谋而合。扫除了又一个矛盾冲突。但同时，该生依然不舍阅读哲学书籍的乐趣，不知如何安放这一乐趣。从这里可看出，该生的思维还处在非黑即白的极端化思维模式中，于是，又在咨询中讨论了如何安排哲学阅读的问题，同时提升其辩证思维和时间管理能力。

来访者：我还是学不进去课程，虽然情绪好一点，但还是听不懂。

咨询师：嗯，你以前在中学学习数学物理化学时，能听懂老师讲课吗？

来访者：以前能听懂。

咨询师：以前你是怎么听懂的呢？

来访者：认真听，多做点练习。（叙事疗法的寻找资源）

咨询师：现在的高等数学、大学物理应该是与中学数学、物理一脉相承，是一个类型的学科吧。怎么突然间就听不懂了呢？

来访者：……（沉默）

咨询师：是不是老师都讲得不好？

来访者：不是。主要还是没认真听。加上落下课程进度后，就再也跟不上了，越来越听不懂。

咨询师：也就是说，主要是掉链子，落下太多课程的原因？

来访者：嗯。

咨询师：如果什么都有可能，你希望过上一种什么样的生活？

（用积极想象转换话题，探索该生心中的真正愿景。）

来访者：有一份稳定的工作和收入，不用操心生活费，还能有点钱给家里一点，帮帮妈妈。自己可以想看什么书就看什么书。

咨询师：也就是说，为了能够想看什么书就看什么书，先得有一份稳定的工作和收入？

来访者：是的。

咨询师：这似乎与你家人希望你毕业后能过上的生活差不多？

（连接该生与家人的关系，消除他与家人的对立情绪。）

来访者：是。

咨询师：那么，为了过上这样的生活，你觉得学习现在的专业更可能实现你这样的生活呢，还是退学重考学习哲学更容易实现愿景？

来访者：好像听我们学院的老师讲，本专业很容易找到工作，而且工资和专业发展还不错。比文科强很多。

咨询师：那你愿意为这样的工作条件努点力吗？

来访者：也想过，但害怕学不好，跟不上。

咨询师：或许我们可以讨论一下如何才能学进去，跟上进度，如何应对每学期的考试。愿意吗？

来访者：愿意。

4. 第 11 ～ 15 次咨询

第十一次到第十五次咨询共同研讨如何应对已明显滞后的课程学习和考试策略的选择问题。在前面弄清了方向和自己的需要后，如何面对已经明显落后，本学期时间只有一个月的理科课程的学习和即将到来的期末考试，成为继续引发其内心恐惧，使其停步不前的拦路虎。针对这个状况，咨询的重点转向引导其进一步认识自己的心智特点和学习力资源，逐步讨论出集中精力、各个突破的学习策略，即选择自己感觉原来基础较好的科目先发力学习，然后争取本学期所学科目都能过关，争取其中个别科目有较好成绩的考试策略。从而推动其继续前行。

来访者：虽然我也感觉是应该努力了，但总是害怕。

咨询师：害怕？

来访者：害怕学不进，跟不上，成绩差，还是总想看哲学书。

咨询师：你觉得学不进是因为自己智力差，还是方法不合适？（具体化）

来访者：不知道。

咨询师：你的高考成绩好像还不错？

来访者：是我们年级前十名。

咨询师：这样看来，你的智力很好啊。（再次引导其看到自己的资源和力量，强化信心。）

来访者：还行吧。

咨询师：那就是方法问题影响了你的学习。

来访者：我也不知道该用什么方法。

（咨询师与来访者详细讨论了该生的学习方法和策略，针对目前局面，讨论具体到当下该怎么操作才能取得学习进展。）

咨询师：你感觉一下，你在哪些科目上有可能学起来较快？

来访者：可能还是数学。

咨询师：这学期有数学吗？

来访者：有，重修的。

咨询师：另外还有几科理工类课程？

来访者：还有五科。

咨询师：假如先抓两三科来突破，你觉得怎么样？

来访者：不知道。

咨询师：假如集中一些时间在数学上用点力，先达到能跟上课程进度的目标行吗？

来访者：可以试试。

咨询师：那我们先试一周。将业余时间集中用来突击数学。如果碰上问题你可以做点什么来帮助自己？

来访者：我可以找同学或老师问问。

咨询师：好的，下次咨询我们来讨论效果和进一步的学习策略。

（就这样，一周一次的咨询成为讨论学习方法与效果并给予总结调整的支持性咨询。最终，经过一个月左右的时间，他的理工类课程基本补上落下的部分，顺利进入考试。）

5. 第 16 ~ 20 次咨询

第十六次到二十次，继续支持其发展，处理反复，巩固其自我调控能力。自从理顺了该生的心理冲突和纠结，使其找回了自己的心智力量，该生上学期只有一门课不及格，这让其看到了自己可以努力的方向和成就。又一个学期开始后，该生又有想多看一些文科书籍、想找个女朋友的想法，对本专业课程的学习又有些放松，但实际上加上以前落下而现在必须重修的课程，新学期专业学习任务很重。内心又出现冲突、恐惧，想逃到哲学书籍里休息。所以，这几次咨询继续分析他的需求冲突，加强他对自己真实需要的管理能力，使其能够区分重要与次要、急迫与可延后的需求的管理，再次强化他遵从内心真正需要，直面困难，设法应对的自我力量。这样支持性咨询多次后，该生基本形成自我管理能力，结束了咨询。

一年后，该生再次来到咨询室报告一个好消息，他已经修完所有课程，正式签约一家大型企业，实现了自己的愿望，也能报答家人了。他说："我完全没想到像我这样的后进生也能签约大型国企从事自己的专业工作。"

二、就业与考研冲突案例咨询

（一）个案描述

小风，女，21岁，大四学生。大三时看见班上同学都在考研，于是自己也加入考研队伍，对就业没有任何的思考和准备，可是没想到考研失败。现面临就业困难，发现自己没有特长，面试好几家企业都以失败告终，因而觉得自己一无是处，看见同学都签了单位，自己更是焦虑不安。她一方面想继续考研，另一方面又想直接就业，内心冲突，失眠，情绪不稳定，常自言自语，同学觉得她怪异陪她到咨询室咨询。

（二）求助诉求

就业压力，考研与就业冲突。

（三）原因分析

1. 大四学生面临就业问题这本是成长过程中必经的阶段，但是在压力下否定自己、出现特殊行为这与个人特质有关。

2. 许多大学生无法面对就业压力，选择考研进行逃避，而不是以在专业上继续深造为目的，研究生毕业后依然会遇到就业问题。

（四）咨询目标

1. 进行情绪调整，缓解就业压力。

2. 进行人生规划，评估就业与考研各自的优势从而进行就业与考研的规划指导。

（五）咨询过程

1. 第1次咨询

建立咨询关系，了解来访者基本情况，根据来访者情况制订咨询计划和咨询目标，初步进行情绪处理，澄清找工作和考研的动机。

咨询师：听同学们介绍你遇到了一些困扰，愿意跟我交流一下吗？

来访者：我最近感觉压力很大，不知道怎么办才好？

咨询师：你感觉压力很大，能详细描述一下是哪些方面的压力吗？

来访者：我现在大四了，本来打算考研的，可是没考上，现在要找工作，去了很多公司面试可是都失败了。现在马上就要离校了，我工作没有着落，爸妈也催我，我真的很着急。其实我想这一年就暂时不找工作继续考研得了，可是万一又没考上怎么办？我真的很纠结。

咨询师：你在找工作的过程中遇到了困扰，同时你有意继续考研可是又担心考不上，你不知道现在是找工作还是继续考研？

来访者：嗯，现在本科生都不好找工作，如果我研究生毕业就比别人起点高。其实我还是想考研的，但是怕考不上。

咨询师：如果从学历上讲，研究生的确占有一定的优势，但是本科生也能找到工作，所以我们不能把找不到工作跟学历低等同起来。我想你需要思考一下你为什么要考研。

来访者：考研的话现在就不用费心找工作了，我再努力一年，安心在家复习就好。

咨询师：从你的描述中我感到考研是否是你在逃避找工作？

来访者：你这样一说，我感觉好像也有点在逃避。

咨询师：面对就业困难，很多人会选择考研。如果是追求学术上的深造这是一个很好的选择，如果仅仅为了逃避就业就需要谨慎选择。

来访者：嗯。

2. 第 2 ～ 4 次咨询

列出考研和就业的优势和困难，探讨可能遇到的困难及面对困难的办法，最终决定先就业。评估职业兴趣，根据兴趣进行就业指导，预演面试。

咨询师：上次谈到就业和考研你很难抉择，今天我们一起来探讨它们各自的优势和你可能遇到的问题。我们先看一下考研有哪些优势和你要面对的困难。

来访者：考研可以让自己的学历提升，目前不用面对就业的压力，将来可以找更好的工作，在起点上比一般人高。但是考研要全身心投入当下的学习中，我英语比较差可能考不上太好的学校，而且还要依靠父母生活，可能会产生很多矛盾；也有可能考不上，如果没考上肯定就要就业了，到时候压力还会更大。

咨询师：听起来考研要面对的困难很多，它的优势似乎不能说服你继续下去，如果是就业呢？

来访者：好像有点。就业的话可以找到一份工作，自己经济独立，爸妈也不用担心我了，如果找到一个好的公司说不定对将来发展有利，虽然没有高学历但和大多数人一样，只要肯努力还是能做出成绩的。其实我也可以一边工作一边考研，或者生活稳定了再考也很好，但是目前就是找不到工作，唉……

咨询师：就业是否对你更为有利，只是要面对找工作的压力让你有些胆怯？

来访者：嗯，其实我也想找工作，但是真的不知道怎么做才能找到工作。

咨询师：怎么找工作我们可以相互探讨，只是当下你觉得是先就业还是先考研呢？

来访者：我决定还是先就业吧，尽管困难我还是要去面对，你说是吧？

咨询师：你能有勇气去面对自己我为你高兴，接下来我们会一起探讨找工作有关的话题。

3. 第 5 次咨询

这次咨询来访者很高兴地告诉咨询师自己已经找到了工作，尽管不是大公司但是公司发展前景还可以，之后对职业发展进行了深入探讨，结束了本次咨询。

参考书目

[1] 梁培勇．游戏治疗的理论与实务．广东世界图书出版公司，2003.

[2] R.Sommers–Flanagan. 心理咨询面谈技术．中国轻工业出版社，2014.

[3] 高岚，申荷永．沙盘游戏疗法．中国人民大学出版社，2012.

第十四章　情绪管理

“喜怒哀乐未发谓之中，发而皆中节谓之和。”《中庸》里面的这句话道出了情绪管理的真谛。我们首先要认识到情绪是客观存在的，接纳自己的情绪；其次要适度地管理好自己的情绪，既不过分压抑，也不过度发泄。让自己的情绪保持在一个适度的平衡状态。

第一节　理解情绪

一、情绪从哪里来

根据脑神经科学的研究，大脑工作有相对分区。人脑通常分为大脑、小脑和脑干。大脑是人体的最高级神经中枢，掌管一切活动，包括思维和运动。小脑是人体内与运动协调有关的调节中枢，接受大脑的管理。脑干内有基本生命中枢存在，除了接受大脑的管理外，同时也是大脑与全身所有部位的运动和感觉信息传导通路的必经之地。发育最早、最古老、最接近脊柱神经丛的脑干掌管着生命的原始机能，如呼吸、心跳、消化食物等。位于脑干与大脑之间的、紧贴着脑干的边缘系统也是发育最早的脑功能区，身体收集到的感知觉先被汇集到这里，经过初步筛选处理后再分配给大脑进一步处理。边缘系统中的杏仁核、下丘脑等直接处理个体的情绪，见下图：

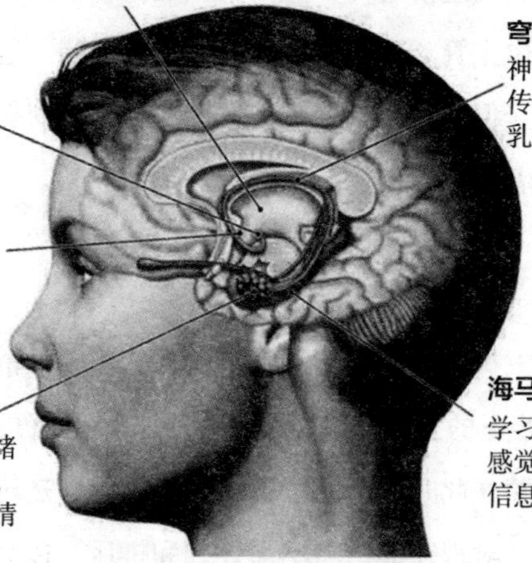

图 14.1 大脑结构及功能

由于贴近直接与脊柱神经相连的脑干，因此最先感受到各种内外刺激并迅速做出初步判断。判断的依据一部分来自进化遗传下来的记忆，一部分来自个体经验的记忆材料。因为主管记忆的海马体与下丘脑、杏仁核同在一个边缘系统中，所以，杏仁核对刺激做出判断几乎不经过大脑皮质。所以，其做出判断后产生的情绪体验比大脑对情绪的觉察快很多，这也就是大家经常说的“我（大脑意识）还没反应过来，脾气已经发出去了”的原因。由此我们可知，情绪的产生是由于：1. 个体接触到的内外刺激的性质（积极或消极以及强弱）。2. 遗传记忆。3. 个体经验记忆。4. 杏仁核等边缘神经系统对刺激的性质做出判断，并将处理结果以神经系统的化学物质输送到大脑和身体引发情绪体验。这时，大脑在接收到边缘系统传上来的情绪信息后会再次进行信息识别和判断处理，以决定是否对刺激做出行为反应。但在大脑意识功能尚不发达的幼童那里，或大脑功能因为某些原因（如疾病或心理障碍）而受到抑制时，往往是在身体感受到某种情绪后直接就做出了行为反应，如哭叫或攻击。这种反应速度大大快于大脑做出判断后的行为反应。

人类的脑神经是长期进化演变而来。由边缘系统最先处理刺激信息产生情绪而不是由大脑直接处理情绪，这是有生存进化原因的。其一，边缘系统的形成早于大脑皮质。其二，人们在生活中有时需要对可能危及自身的刺激快速做出反应，以保护自身生命安全。这种需要促使边缘系统早于大脑皮质在脑内形成、处理情绪，且在需要时快速对危险做出行为反应。但是随着人类生活的复杂化促使大脑皮质形成，我们分明又感觉到由边缘系统接受处理情绪时，因其反应太快常常给我们带来不想要的行为后果，因此人们希望最好由主管意识理性的大脑来管理情绪。这在先天进化所形成的神经生理分工上很难做到，但经过后天训练，发挥大脑的主观能动性却是可以做到的。于是人们提出了调节情绪或管理情绪的要求。

二、关注当下，察觉情绪

关注当下是指人们发挥大脑意识功能去直接感知当下的情绪、感觉和想法，并进行深入的探索，同时对当下的主观体验采取一种非评价的觉知态度。

我们需要高度集中关注此时此刻的情感和体验，而不是让自己陷入对过去的纠缠或是对未来的担心。只有对现在的情绪不加评判和排斥，接受当下发生的一切，关注当下的感受才能做到认知自我情绪。

例如，当我们生气时，就留意观察生气对身体造成的影响，观察自己内心情绪的变化、出现与消失，只是单纯地去关注这种体验，不带任何的分析、归类和评判，也不要试图进行回应。

三、全盘接纳自己的情绪

全盘接纳是指我们通过关注当下，体察到当下的情绪。无论这种情绪是我们喜欢的还是我们不喜欢的，我们都要全盘接纳，不排斥，不否认。

因为情绪是我们长期进化而来的一种本能，它不会凭空消失，存在就是存在，它不可能因为你的否定而消失。相反，一味地否定和排斥只能让情绪被压抑，潜藏到你的潜意识里面，可能会带来长期的更坏的影响。所以说我们要全盘接纳，体察自身的当下的情绪，不排斥，不迎不拒，全盘接纳。

全盘接纳当下的情绪，并不代表我们不做任何的干预，因为有些消极情绪，如果我们不管不问任其发展很可能会带来心理问题，甚至影响到我们正常的工作生活和学习。所以我们还需要对情绪进行调节，将其控制在适当的范围内。

四、不和情绪讲道理

我在 2019 年在台海出版社出版的《谁在掌控你的人生》这本心理治疗小说里，

第一编就是《要和情绪讲道理》。我举的例子是一个孩子因为饥饿而哭泣，妈妈跟他说："别哭了，没看见我正在忙吗？"妈妈说了一番很有道理的话，但却是没有用的，这个宝宝还会继续哭。宝宝根据身体和心理感受表达自己的情绪，这个时候他听不懂你的道理。

心理学家早就做出了这方面的研究，我们的两个大脑——理智的脑和情绪的脑运转速度是不一样的，情绪脑运转速度是理智脑的50倍。50倍是什么概念呢？两个人比赛跑步的话，这个人刚跑一步，那个人已经在50步开外了。所以我们很多时候用理智控制情绪和管理情绪是做不到的。

比如说一个人手里拿一把菜刀想要砍人，情绪控制不住了，我们用理智跟他讲，让他不要砍人，告诉他砍人解决不了问题，你可能话音还没落，他的刀就已经落下去了。很多人打完架、摔完东西、做完错事才可能跪下来道歉。很多边缘性人格、受情绪控制的人，他们人格不健全，要让他们用理智去控制自己是很难的。因此，我们对待情绪，不要和它讲道理。

面对情绪，我们应该怎么做？要接纳，要共情，要让它得到表达。

比如我们对待小孩子。小孩子在外边受了委屈，被人家欺负了，回到家跟爸爸妈妈哭诉。爸妈可能有两种行为，一种是先给他讲一番道理："为什么打你，为什么不打我？打你一定有打你的道理，下一次不要让别人打。"第二种是："宝贝，来，到妈妈这边来，抱抱，是不是受委屈了？那你心里肯定很难受，来，趴妈妈怀里哭一会儿吧！"哭完之后，这个宝宝会跟妈妈说："我知道我错了，我不该跟他玩的，你以前告诉过我的。"当他的情绪被你安抚过之后，淋漓尽致表达完之后，他可以做出合理的认知，你就不需要再教育他了。

第一种处理方法，小孩的情绪被压抑了，他的委屈、他的愤怒、他的恐惧都没有得到释放。父母只是试图告诉他一些道理，没有做到动之以情，就想晓之以理去解决。第二种处理方法比较恰当，妈妈做到了接纳、共情和体贴孩子当下的情绪。

所以，对待情绪的第一点是不要和情绪讲道理。

五、合理态度

对待情绪要有合理的态度，情绪从中医角度来说有喜、怒、哀、乐、悲、恐、惊等，从现代心理学来讲有消极情绪和积极情绪两种说法。爱、喜悦、兴奋、欢乐等向上的一些情绪，我们把它理解为积极情绪；我们把压抑的、往下走的情绪，比如悲伤、愤怒、焦虑、烦恼这些情绪理解为消极情绪。这是在专业上进行的分类，那么情绪有没有好坏？

从进化心理学的角度来说，情绪是没有好坏之分的。人类发展到现在，我们进化了几十万年，更长的是几百万年、几亿年的生物进化，已经形成了优胜劣汰的过程，一些不好的器官给淘汰掉了。我们的进化有外部发展的进化，还有内部基因的进化，我们基因的进化能力是非常强大的。从进化心理学来说，我们身上没有一个器官是多余的。我们进化出来的情绪也同样没有多余的。

比如，恐惧可以让我们随时产生对外部的一种敏感和防御，如果我们不知道害怕，那是非常可怕的事情。小孩子不知道害怕有可能就会掉进水井里，我们的祖先不知道害怕，有可能就会被老虎吃掉。所以，恐惧是人的一种本能，就像在下雨之前要打雷、要闪电，首先闪电然后打雷，最后暴雨才会落下。

一个人愤怒的时候就是打雷的状态，之前他一定经历过闪电的状态。很多女人在婚姻关系里挨打，是因为她没有看到她的丈夫闪电阶段的表现，没看见丈夫低着头走开，还在继续抱怨。闪电时不注意，丈夫就要打雷、摔东西了，这个时候如果女人不依不饶，那丈夫就要打人了。有些凶杀案的发生就是因为被害者不了解对方情绪反应的过程。

所以，恐惧、愤怒等并非是不好的情绪。所有情绪都有它存在的功能，只是为了我们的健康和生存，积极情绪和消极情绪要保持平衡。如果一个人总是笑，那就可能是傻子了，因为他没有悲伤，没有向下走的情绪。

六、善待情绪

当我们一提到情绪，常常会听到有人说，我没有好好地控制自己的情绪。其实用“控制”这个词来描述情绪与自己的关系是不太恰当的。为什么呢？因为在用“控制”这个词时，就已经表明你把情绪分为三六九等了。你不接纳某些情绪，甚至还排斥它、敌视它。

人类进化到今天，身体的各个器官都有相应功能。人类作为生物的本能有两种，一种是生存，一种是繁衍，伴随着人类进化而存在的相应情绪，也是适应自身的生存和繁衍需要的。比如说一个人有抑郁的情绪，那么它在适当的时候就会柔软下来，如果我们辩证地看问题就会发现，有时候表现柔软，反而会使我们更好地生存和发展。

情绪没有好坏之分，我们需要善待我们的情绪，平等地看待喜、怒、哀、乐、悲、恐、惊的价值和用处，只要能和各种情绪和谐相处就会达到最好的状态。所以对于个人情绪不提倡用“控制”这个词，应该用相对比较中性的词，比如“管理”，如果要更柔和一点，还可以用“调节”。

在心理学上有个方法叫作焦点疗法，当一个人的情绪外露的时候，什么都不要说，马上盯着自己的情绪。如果你想控制它，你越强，它也会越强，到最后就会两败俱伤，甚至最后自己会被自己的情绪打败。如果是去管理情绪的话，你依然是主，情绪是客。首先应学会和它和平相处，看看它要怎么样，然后去顺应它。比如你感受到悲伤，那我首先接纳我的悲伤，然后我要问我的悲从何来，同时允许我的眼泪流下来，允许我抽泣，允许我在别人面前示弱，学会在这样的过程中接纳自己，在接纳了这样的自己之后，最终可以实现与情绪和谐相处，从而管理好自己的情绪。

我们知道情绪是不遵循逻辑的，我们今天管理情绪更多的是用大脑的认知，用大脑的逻辑去和没有逻辑的情绪互动，这有点像大人与小孩子对话，大人用的是理智，小孩子更多用的是感官。

比如一个婴儿在妈妈的旁边哭，而妈妈在做家务，如果妈妈这个时候用认知和逻辑去和情绪讲道理，来对待婴儿的情绪，说宝宝不要哭，哭会伤害身体，这个婴儿会不会不哭呢？不会的，婴儿没有办法理解你的逻辑和道理，也许婴儿感到害怕，需要妈妈的怀抱来获得安全感，因此抱着他他就不哭了，或者你根据他的某一种需要来满足他，如果饿了就喂他，恐惧了就离他近一点或者抱抱他，冷了热了就给他加减衣服，这样他就会满足。所以对待情绪不要讲道理，你讲再多的道理也满足不了他的需要。

另外现代社会表现较为突出的问题就是用脑太多了，同时又要顾及所谓的自尊、面子等，比如不接受自己的文化程度，不接受自己的柔弱，尤其是我们中国人。我们对下一代的教育，尤其是对男孩子的教育，往往是“男儿有泪不轻弹，打落牙齿和血吞，要坚强”，虽然理性逻辑上要求如此，但是在情感上免不了会产生一种弱的情绪，悲伤的情绪，而我们常常会觉得这种情绪是不应该存在的，这种情绪是可耻的，这就是被理性逻辑所把控的社会道德文化对人情绪的制约。

又比如我们有亲人离世，我们就是哭也是抽泣，不能尽情地哭，向亲人做个告别，这有不太恰当的一面，这样其实违背了人内心里真正的表达意图。一个伤心的人有淋漓尽致表达的需要，甚至有号啕大哭就地打滚的需要，这些原始的表现符合人心理表达的本能，当我们这些天然的需要表达的情绪得不到正当的表达，久而久之就会出现其他的表达方式或者用不正常的隐秘的方式去替代，比如酗酒、抽烟、吸毒、性成瘾。另外我们的情绪也会外在表现化、躯体化，可能会使我们的身体患病，其实这都是正常的表达方式被压抑了而引起的。

再比如，今天很多白领在职场中压力大，压力积压过多时，自然就需要表达，需要发泄的渠道。而随着社会的不断发展，原来自然的表达方式都很少用了。比如想通过唱歌去表达，发现不是那么容易随时去唱 KTV；想通过写东西、运动、跳舞等方式去表达，发现不一定有这个时间。总之，健康的表达方式在逐渐减少，久而久之就导致了如上所说的症状。不良的情绪不断地累积，就会在外界环境作用下引起情绪的爆发。如有时因为小事，如意见未被采纳或遭到驳斥，而勃然大怒，暴跳如雷，甚至伤人毁物，但很快又会表现得若无其事。

压抑情绪会导致情绪爆发，伤己害人，所以调节、管理好自己的情绪才是通向成功和快乐的最佳途径。

第二节　善待“抑郁”

抑郁是一种情绪疾病，是一个消极强化的恶性循环过程。第三代行为治疗方法——行为激活疗法的支持者认为，不够足量的环境正强化或过量的环境惩罚直接导致了抑郁情绪的产生，环境因素和情绪的改变抑制了个体的健康行为，同时产生回避退缩行为，这些行为的改变反之又成为强化因素而加重抑郁情绪，因此形成恶性循环，甚至导致抑郁症的发生。

也就是说，抑郁的发生是个体在从事某项活动或与人相处的过程中，愉悦感和掌控感逐渐减少的过程，甚至泛化到生活中的点点滴滴，形成抑郁。既然如此，下面我们通过一些实例来看抑郁如何形成以及如何善待抑郁。

一、鲁智深不会抑郁

《水浒传》里有一个人不会得抑郁症，那就是鲁智深，他的兄弟林冲就得了抑郁症。自从林冲的娘子被高衙内霸占，林冲就没再有什么作为。想杀高俅杀不了，后来高俅被抓到梁山，因为宋江阻拦，林冲也没敢杀高俅。他是真的杀不了吗？我想以林冲的功夫，在梁山他真的要杀高俅，还是能杀得了的。找鲁智深帮忙可以吧？告诉自己的兄弟，不杀高俅，我就不是个人，鲁智深肯定帮忙。可他没有这样做，他选择忍着，后来压抑成了抑郁。而鲁智深在酒馆喝酒，听到金家父女的故事，马上向一起喝酒的史大郎要来银子，安顿了金家父女。到外边找到郑屠，三拳打死。像这样性情耿直、内心通透的人怎么会得抑郁症？

二、张国荣为什么自杀

我们不是每个人都能像鲁智深那样有佛性。但我们可以规避掉一些让我们产生抑郁情绪的事情，使得我们的心灵不受浸染。遐想一下当年的香港歌星张国荣，最终选择放弃生命，其中可能有遗传特质的原因，也可能有人际关系矛盾和精神苦闷的因素，最终造成了抑郁症。社会上许多人都有着进退两难的矛盾，坏人不愿意当，好人做不成，就演化为抑郁。

三、从一个好人到抑郁症要几步

开始是无能为力，然后感到倦怠，想用力用不上。比如司机开车，前边堵车，然后红灯。然后一直堵堵堵。开始是等待，积极地等待。后来想骂人，最后也不骂了。哀莫大于心死，这就是倦怠，千百次的倦怠就形成了无力感，感觉没意思。倦怠往前走就是习得性无助，马丁·塞利格曼实验室的那只狗，被放在笼子里，门开了，想出去，结果被电击，痛苦地哀号，然后再出去，又被电击，反反复复，最后打开笼门放它出去，它也不动了，只是躺在地板上哀号。这就是习得性无助，被取胆的黑熊同样如此。它们最后都是自己坚定地相信“无论我怎么努力，命运都无法改变”。

农村妇女容易喝药自杀，生不出儿子，老公打，公公婆婆斜眼相看，回到娘家也没人理解，女儿们还不听话。抑郁了，死了算了。我们村就有一个，丈夫在山西打工，找了一个相好的，回来和她离婚。她把儿子留在丈夫这里，改嫁了，不幸福，离了，又改嫁，还是不好，后来她回来看了看儿子，回去就喝药了。当她知道儿子过得还好的时候，就走了。

抑郁的黑狗在哪里？在我们心里，习得性无助连续性发展到抑郁有几步？无能为力——倦怠——无助——抑郁情绪——抑郁症——自杀。把一个好人变成抑郁症，就是这样五步。娶个婆姨不好，老挨骂，又不能离婚，离婚她就会寻死，干脆我死算了。抑郁症有遗传的原因，也有心理和社会的原因。三个支点只要有一个扛得住，比如遇到了生命中的贵人，和他谈谈，或许就会有转机。

四、抑郁拐杖，救命法宝

抑郁是一种我们的祖先在进化过程中留给我们救命的情绪，抑郁是祖传的宝贝，是祖上传下来的“拐杖”。遇到生活中巨大的危险，我们不能对付，又不能后退的时候，才拿起这根抑郁拐杖。

从进化心理学的角度来看，所有保留下来的情绪都是有用的，积极情绪，像快乐、满足等让我们感到幸福。所谓的消极情绪，像恐惧、抑郁、愤怒等让我们规避危险，让我们保命。

远古的时候，我们的祖先生活在丛林里。一天弟兄两个出去打猎，遇到一只剑齿虎。他们跑啊跑啊，一个兄弟爬到树上，剑齿虎等在树下，老虎知道，人在树上是待不久的，后来他掉下来被吃掉了。另外一个跑进一个山洞，老虎也有家传的本领，它爸爸告诉它，猎人在山洞里最多五天就会饿得受不了，跑出来，于是老虎就在洞口等。猎人于是装死，假性装死，启动抑郁程序。身体分泌一种物质让生命消耗降到了最低，挺到了第七天。老虎第五天就走了，于是猎人走出了山洞，阳光照到了猎人心里。风一吹猎人满血复活。抑郁是我们的祖先在进化过程中保留下来的一种情绪，可以让我们活命，恐惧、愤怒同样如此。

五、请您善待抑郁症

今天我们不用打猎，也没有了剑齿虎，为什么还有那么多的抑郁？不光我们中国有，美国、欧洲的抑郁人口占比也很高，比我们还多，被称为“心理感冒”。为什么呢？我们生活中存在着各种无法逾越的障碍，各种让我们感到无能为力的压迫，让我们启动了保命的机制。比如一个学生，你想在校园里享受飞奔的快乐，老师马上会叫住你，要你注意安全。到了夜晚，老公不回家，孩子不听话，老婆无能为力。抑郁是保护我们活下去的权宜之病。

随着全球化和信息化的发展，社会上让我们感到无能为力的事情太多了。打乱了我们人类正常的进化程序。

我们规避不掉让我们无能为力的情景和事情，我们改变不了自己的遗传基因。但是我们可以改变我们的观念，一旦有了抑郁情绪，一定要明白，它是保护我们的。

这个时代为什么有那么多的人抑郁？这反映了我们人类面临着一个问题，整个人类在面对生命主题的时候，找不到意义。解决这个问题必须从孩子抓起，让他们生活在自由的可以尝试犯错的环境里，我建议每个家庭设立犯错基金。孩子打破东西，都从犯错基金里赔钱，让每个孩子，成为他自己。人类进化亿万年以来，要在自由的环境中成长，成为他自己。

不想做坏人，又做不了好人。只好假性装死——抑郁。请善待所有假性装死的人，他们都很聪明，他们依旧在追求生命的自由。抑郁是我们这个世界层层“阉割”“取胆”导致的，是一种自我保护。个别冲破障碍的人像马云、乔布斯等成功了；一大批既不妥协又冲不破层层障碍又不甘于做坏人的人得了抑郁症。

我们怎么对待这些抑郁呢？

我有时候也会感到无能为力，又不愿意放弃。这时候我就反观内省，检查自己的“浩然之气”，孟子说“浩然之气”以“直”养之。检查一下我们对自己够不够真诚。君子坦荡荡，小人长戚戚。有了足够的浩然之气我们就能保护好自己的心灵。再学点心理学，特别是积极心理学的方法，我们还是有办法解决抑郁的问题的。不要嫌弃我们心中的那只“黑狗”，要接纳和善待它，它是祖先留下来给我们保命的。

人们在和外部的世界互动的时候，并不是一直能够“人定胜天”，大多时候我们会有无力感。这种“无力感”像是闪电一样刹那而已，但次数多了以后可以形成一种叫作“倦怠”的状态。倦怠的感觉会让人麻痹，时间长了就会升级为一种叫作“习得性无助”的状态，或者叫作症状。这时候，我们已经学习到“我们无论如何努力都不能改变现实”的观念，并且深信不疑。听起来是不是很可怕？抑郁就是这样发展的，只不过这时候还不是抑郁症，要达到抑郁症的状态还需要持续的外部压力和内部心理互动。

假设一下，一个人面对一些无能为力的外部事件和人的时候，可以有几种选择？

可以选择顺从或对抗，也可以选择逃避或驾驭。那如果这四种我们都不愿意或者不能选择的时候，我们还有一种叫作不做选择的选择。我们不能顺从，那样会违背我们的个人意志；我们不敢对抗，因为那样不符合我们的利益最大化原则。当我们在矛盾中徘徊的时候，神经症（包括抑郁症）这种心理疾病也就是一种妥协之后的产物了。到这时候，我们可以确定一个事实，所有的心理症状都可能是人们的一种“无奈之病（举）”。

这样看来，心理疾病是一种相对“积极”的应对和策略。我在临床心理咨询中也发现，当我们还不能让那个患者找到一种新的更具有积极性的策略和方式之前，任何想要让他放弃疾病的方法都是徒劳的。可是，我们（心理咨询师）真的可以找到比他们自己选择的方法更好的应对方式吗?

这个时候，我想起了多年前曾经接待过的一个年轻的母亲。她因为自己的孩子被人害死而疯了，在精神病院住院一年未见好转，朋友将她转介到我这里同时接受心理辅导。经过初次交谈，我知道这个母亲的良知不可能让自己好过，因为，她没有保护好自己的孩子，让她不疯癫而是以正常的面目面对自己和这个世界，她做不到的。于是，“疯”就成了她可以让自己获得作为母亲的尊严的一种方式。如果我们试图让她好起来，就是要与她内心的良知对抗，这是徒劳无功的。我们所要做的是通过正常的方式（文化或者其他）来帮助这位母亲找到爱的平衡，只有这样，才能够使她真正地康复。

第三节　管理情绪

情绪管理，是情绪来了，不良的情绪来了，我们去管理它，去处理它，还是我们在日常生活中，在为人处世中，我们自身去做一些行为，规避掉会产生消极情绪的一些事情？就好像我们说养生，不是说我吃了一肚子垃圾，完了我再去买保健品，而是让那些垃圾不进入我们干净的身体。我们现在从这个来延伸到干净的心灵，拥有一颗干净的心灵你就不会受到污染，不会有不良的情绪产生。即使产生了恐惧、产生了焦虑，也是由于外部环境的刺激，是一种正常的反应。比如说我们被惊吓了，我们有恐惧；我们被别人羞辱了，可能会产生愤怒。这都是非常正常的。所谓管理不良的情绪，就是说我们可以做一些行为去规避它，不给自己留后遗症，这样子的话就可以避免因为选择带来的消极情绪了。防患于未然，是最好的情绪管理之道。

一、科学地表达

我端杯子喝水，是我的生理需要。我现在受了委屈，今年过年别人都发了很大的红包，我没有拿那么多，老板看不起我，我心里面委屈，我没有功劳也有苦劳。这个时候我有什么需要呢？我有倾诉的心理需要。我委屈，我悲伤，我想哭，我想跟人说，我想被人理解，所以这个时候我需要表达。那么表达就变成了我们情绪的重要的科学的出口。

我们需要正视我们的情绪。我们是怎么对待我们身边的人的？当别人有委屈的时候，刚试探着说两句，看我们接不接受他的情绪的时候，我们就说："别哭了，老板有几个是好人呢？天下乌鸦一般黑，我们这些人最苦了。"

听起来是在安慰你这位朋友，其实你是在否定他的情绪和情感，你在否定他那种委屈。那应该怎么做呢？应该说："兄弟，我知道你现在很难受，你跟我说，你说的话我一定会认真听，也许我解决不了你的问题，但是我能感受到你的这种感受，我尽量去努力感受你。"这样，他表达的欲望就来了，这是我们对待别人的情绪的处理方法，我们要让别人科学地表达，合理表达。

那如何对待自己的情绪呢？也是要这样。很多时候，是我们自己不允许自己表达出来。比如家里亲人去世自己哭泣，或者有一些事件自己悲伤得受不了了，我们会一边捂住嘴巴，一边又在不停地流泪。这说明自己的情绪已经非常强烈了，自己根本没有办法不让它表达出来了，但是自己并不接受自己的情绪被表达出来，因为我们不确定别人接不接受。用手捂嘴，就是否定自己情绪的表现，而自己不停地抽泣，就是自己压抑不住，这就是一个矛盾。

当我们不接受我们的情绪时，当我们不允许情绪被表达时，我们的情绪将会被压抑在身体里。当压抑在身体里的情绪没有被化解的时候，我们就出现了"疾病的一半是心理疾病"这种情况。高血压、冠心病、心绞痛、急性胃炎、偏头痛等一系列的身心疾病，多是因为身体里压抑着没被表达出来的情绪，所以出现了身心障碍。

所以，我做心理学志愿者培训，是希望他们有倾听别人的能力，有接受别人情绪的能力，有可以激活别人情绪表达的能力。

二、积极地撤销

我们不得已划分了积极情绪和消极情绪。消极情绪多的时候就是“阴盛”，积极情绪少的时候就是“阳衰”。就像我们的身体一样，没有正性的力量，所以现在的很多人都需要补，因此古中医学派在当下很流行。我们的心理也是同样的道理。情绪也是这样的。

现在很多人的消极情绪比较多，积极情绪比较少。本来情绪没有好坏，平衡就好，但如果消极情绪多了，我们就要做一项工作：去提升和增强积极情绪。比如说让我们把对自己的满意感、自豪感提高，当我们对自己有了满意感和自豪感，我们就会对外部的事物有好奇心、有热情。就像我现在给大家讲课，我非常有热情地给大家分享心理学。这种热情就是积极情绪，它会和爱、真诚、温暖、喜悦、欢乐、兴奋等结合起来，打成一片。

所以，我们在管理情绪的时候不要总是盯着负面情绪，我们要去做一些提升积极情绪的事情。因此，今天我们转向积极心理学就是为了提升大家的积极情绪。那么怎么去做呢?

去做积极的行为。如果你经常帮别人，就会“赠人玫瑰，手有余香”，你就会产生自豪感；如果你经常把自己该完成的事情完成，你就会产生对自己的满意感；如果你在挑战自我，做一些事情的时候不后退，你就会有自豪感……所以，所有的积极情绪都是通过积极行为来实现的。

三、合理的认知

一个人对事物的看法决定了接下来的心理状态。如果在一件事情上，你并没有吃亏，但你认为自己被别人骗了，你吃亏了，这时候不可能有好情绪。你没有吃亏，但是你认为你吃亏了，这是认知偏差的问题。有些人你看他的长相、走路姿态，他就是一个偏执型人格。往往带有偏执型人格特质和钻牛角尖的思维方式的人，会出现认知上的不合理。那么怎么样提升合理的认知呢？就是多问几个人。

如果你对一些事物的判断和事实有出入，你觉得有人不喜欢你，对你不好，这个时候，你不要自以为是，你要多问几个人是不是这样的。当你多问几个人的时候，人家从不同的角度来看这个问题，就客观了。你所看到的事物客观了，你对这件事情就有合理的认识。有合理的认识，就不会再产生不合理的负面情绪了，这是非常非常重要的。今天好多人的不良情绪都是源于不合理的认识。

四、我们要去锻炼身体

你要知道身心是一体的，我们的身体不运动的话，我们的心理也是会压抑的。所以，我们要经常通过体育锻炼，去释放自己身体里那些不良的或者是多余的能量，不良的情绪就会被释放出来了。一个人要经常活动。我们可以打篮球、打乒乓球，也可以到外边走一走，换一种环境，也可以做一些其他的尝试。这都是一种积极的变换。

如果一个人做到了以上这四点的话，他的情绪管理一定是非常棒的。

我们来简单回顾情绪调节的要点：

第一点，就是要认识我们的情绪，情绪不分好坏都要合理对待它。

第二点，不要和情绪讲道理，要接纳情绪，允许它进行表达。

第三点，我们要科学地表达，比如利用唱歌、跳舞、音乐、绘画、诗歌，而不是用喝酒、吵架、骂人、性成瘾这些不健康的做法，要多用一些健康的、科学的表达。

第四点，就是用积极的情绪撤销不良情绪的方法，要多培养自己的积极情绪，使自己的消极情绪能够被撤销。要知道当你对自己越来越满意的时候，你内心里那些悲伤的、委屈的、愤怒的、焦虑的、恐惧的不良情绪，就会被撤销掉。这两者的关系是什么呢？就好像田地里面的草和庄稼一样。庄稼就是积极情绪，杂草就是消极情绪。庄稼越旺盛，杂草就越没有空间，那么就会被撤销掉。积极心理学里面有一项撤销理论，就是说我们不要只盯着问题，而是要盯着我们能做一些什么。今天好多人跟我说："韦老师，心理学太难推动了。"这种人的认知就是消极的模式。他光盯着问题，而不盯着我能做些什么。

我比你更清楚，心理学是很难推动的。但是我要问自己的是：我能做些什么？我能做的就是提升我的积极情绪，而我不能做的我先不管它。老盯着那个问题的人，他不可能会快乐幸福的。

第五点，就是合理的认知。

第六点，就是进行体育锻炼，积极转换，让我们能够做情绪的主人。

祝愿大家都可以做自己情绪的主人，成为一个通透的人。该发脾气的时候还是要发脾气的，但是脾气要发得合理。要允许自己的情绪被表达出来，不要不允许。那种虚伪的人最容易犯病，而真诚的人往往是通透的。

第四部分

团体心理服务

第十五章　社区心理健康服务

社区是社会的细胞，它的健康状态是衡量一个地方精神文明建设的基本标准。所谓社区心理健康服务，是指在社区服务工作中，运用心理科学的理论和原则来保持与促进人们的心理健康。具体来说，社区心理服务的宗旨在于促进儿童青少年的正常发展，培养其健全的人格；保持成年人的正常发展；预防各种心理障碍，消除引起心理压力和各种不良心理的因素。

第一节　我国的社区心理学研究

在中国，20 世纪 90 年代以来，社会心理学领域才出现了一些有关社区心理的理论和实证研究。按照研究对象来进行梳理，我国学者的兴趣点主要集中在以下几个方面。

一、社区与青少年发展

社区是青少年活动的主要场所，对青少年在认知、情感、行为等方面的发展具有不可忽视的意义。国外这方面的研究已是蓬勃发展，并且取得了相当大的成就。而我国则起步较晚，现仍处在逐步探索阶段。但我国学者结合中国青少年特点积极展开研究，取得了一定的成就，特别是在社区青少年的心理健康与青少年犯罪的社区预防与矫正方面取得了一些很有意义的研究成果。

（一）社区青少年心理健康及相关因素的研究

社区青少年是年龄在 14 ～ 25 岁之间、在学校读书、尚未就业或没有固定工作、缺乏或没有家长监管的青少年。随着对青少年心理健康问题的研究，人们逐渐认识到在青少年中，社区青少年作为一个游离于学校或家庭之外、处于社会控制边缘的特殊群体，其心理健康问题不容忽视，其危险性也很高。学校教育的缺失、家庭教育的失当及社区教育的不到位，使得社区青少年面临的心理健康问题较为突出。徐静平等人调查了127名16～25岁的社区青少年和176名18～25岁的大学生（作为比较组），结果发现，社区青少年心理健康水平显著低于全国常模，在敌意因子上程度显著高于大学生，这说明社区青少年的心理健康状况不容乐观。

另外，研究还发现社区青少年对社会的态度比大学生更为消极，他们的社会支持程度也显著低于大学生，而社会态度与心理健康水平之间存在着很高的相关度，社会支持与社会态度相关度高，三者关系紧密。这项研究为社区工作提供了一个很好的切入点——社会支持，也为消除社区青少年敌对情绪、加强心理教育和干预等工作的开展提供了很好的理论依据。

在家庭因素方面，郭云霞通过调查指出，家庭软环境（家庭关系和家教方式）是影响社区青少年心理健康状况的主要因素，而与家庭的经济状况、家庭结构、父母的文化程度及父母的职业等家庭硬环境并没有必然的联系。同时她认为，家庭硬环境反映的是客观的家庭情况，具有相对的稳定性，而家庭软环境主要体现了家庭成员间的沟通与互动，它更多地体现了一种人格的力量。所以，就社区青少年心理健康状况而言，人格的力量显然要比客观存在的家庭情况的影响更为直接。她的研究同时为以后的相关研究工作指明了一个方向，在社区教育的计划与实施中具有重要的参考价值。

（二）青少年犯罪的社区预防与矫正

青少年犯罪往往与家庭、学校、社区环境密不可分。近年来，随着经济和社会生活的发展，我国城市化水平和程度不断提高，社区日益成为城市基层管理和社会生活的平台。在保护青少年和预防青少年违法犯罪方面，社区的作用和地位越来越突出。从犯罪心理学的角度来看，青少年犯罪嫌疑人绝大多数有明显的心理问题，心理学上称之为人格异常，也就是具有变态性人格特征。所以吉朝珑等人（2005）指出，在社区开展心理健康教育已经刻不容缓，并在传授专业知识的同时，针对青少年的心理特点，展开诸如挫折教育、人际关系处理、自我疏导、倾诉和排遣等指导，使青少年学会调节自己的情绪，有意识地培养其健全的人格。

在青少年犯罪的社区矫正方面，越来越多的相关部门，如法院、劳教所等都在积极尝试社区心理矫正。如，徐素娣等人（2006）对上海某社区的服刑青少年进行调查发现：具有抑郁感和焦虑感的人所占比例较大，其中，自认是个失败的人占22%，认为前途一片凄惨的占11%，为所做过的事情感到后悔的占44%。这说明，社区服刑的青少年面对生活方式的改变，不但要承受种种外部的压力，更要面对自己内心的困惑，极需要社会方方面面的关怀和帮助。之后，通过组织管理干部开展心理讲座、组织社区服刑青少年开展心理健康教育、建立心理咨询中心等活动，使很多矫正人员走出人生阴影，促进社区矫正工作的发展。

二、社区老年人的研究

我国心理工作者主要围绕社区老年人心理健康这一主题开展了诸多研究：包括生活质量、社会支持、集体效能等相关因素的研究。同时，在社区老年人的心理干预方面也取得了显著的成效。

（一）社区老年人心理健康与生活质量的相关研究

许多研究者都认为心理健康与生活质量的作用是相互的，如张卫东（2002）在竞争理论框架以及先前研究的基础上，进一步对上海社区老年人生活质量与心理健康进行研究。发现社区老年人的健康生活质量与客观生活环境质量对其心理健康都会产生影响，老人对生活环境是否满意可影响其健康生活质量。可见社区养老环境对老人心理健康的重要意义。

老年人生活质量的好坏直接影响老年人的抑郁状况。戴静等人（2002）对三组老年人（干休所、老年公寓、社会福利院及养老院）进行评定，结果发现抑郁、丧偶、离异、未婚、认知功能较低的老人，其总体生活质量低。焦虑抑郁情绪和认知功能水平是对老年人生活质量各方面有广泛影响的两个重要因素。王芳（2005）等人在研究精神抑郁状况对生活质量的影响中发现，伴随着抑郁状况的加重，老年人的生活质量受到明显影响。王庆华等人（2007）通过对23个社区和老年内科住院的300名老人的研究发现，空巢老人的抑郁测评结果与生活质量综合评定结果呈一致性，空巢老人生活质量的好坏直接影响空巢老人的抑郁水平。

（二）社区老年人心理健康与社会支持的相关研究

近年来的研究表明，社会支持一方面对精神紧张引起的应激起缓冲作用，另一方面对维持一般的良好情绪体验具有重要意义。

王永丽等（2004）对城市社区老年人抑郁症状的影响因素的调查发现，来自社会、家庭、亲朋好友等的良好社会支持对老年人的心理健康有着积极的影响，会显著降低老年人的抑郁水平。张明园等经调查认为社会支持不足在精神疾病发生中具有一定影响，良好的社会支持有利于健康，而劣性的社会关系的存在则损害身心健康。要提高离退休老年人的社会支持水平，减少抑郁状况的发生，就必须重视社会支持对心理健康作用的影响，特别要鼓励退休老年人善于利用社会资源来协助自我的心理调节。

（三）社区老年人心理健康的干预研究

我国近年来开展的针对社区老年人的干预措施，主要有以下几种：家庭访视服务、康复训练（身心松弛训练）、心理健康和老年保健知识讲座、心理剧治疗、支持性心理咨询、心理护理等。

就干预效果来讲，钟深秀（2007）在实施社区护理干预后发现，老年病患者的生活质量得到了明显的提高，生活自理能力明显比干预前有所加强。于琪等人（2005）的研究也表明，在实施社区心理干预后，老年人的一般心理问题及中重度心理障碍发生率均明显下降，各种身心症状及焦虑、抑郁均比干预前明显减轻。蒋伯钧等人（2005）在评价社区综合干预中发现，知识讲座、心理咨询和心理剧都有很好的干预效果。这些都表明，社区干预对改善老年人身心健康、调整心理障碍有一定的作用，在一定程度上增强了老年人的心理调适能力。同时通过适当的干预，起到了向老年人传授心理健康知识、提供心理松弛治疗方法的作用，有利于促进老年人的自我心理调控，对提高老年人的身心健康水平具有重要意义。

（四）社区老年人幸福感的相关研究

幸福是人们对生活满意程度的一种主观感受。幸福感是指人们自身感到的持续、稳定的幸福感觉，包括对现实生活的总体满意度和对自己的生命质量的评价，即对自己生存状态的全面肯定。

19 世纪末 20 世纪初，我国才有学者开始了关于社区老年人幸福感的相关研究，虽然起步较晚，但是取得的成果十分丰富、有意义。国内研究大都认为，对幸福感的影响是多方面的，涉及社区老人的文化水平、职业、人际关系、经济收入、健康水平等。此外，多项研究表明，健康与幸福感高度相关，是首位影响因素。

（五）社区老年人生活满意度的相关研究

生活满意度是个体在社会生活中生活质量的重要心理参数之一，它和主观幸福感共同标明了个体生活质量的基线。按照埃里克森的人格发展阶段理论，老年期是完善感对绝望感的发展时期。如果发展顺利便随心所欲，安享余年；如果发展受阻，就会悔恨旧事，悲观失望。而老年人对自己现实生活的满意度之不同，对于老年人人格健康发展无疑具有重要的心理意义。

近年来，国内许多研究表明，社区老年人的生活满意度与婚姻状况、经济状况、心理状况、健康状况、行动能力等密切相关。杜瑞红等人在对吉林社区老年人生活满意度的调查研究中发现，影响老年人生活满意度的重要因素是经济收入、心理状况、健康自评、行动能力、消极感受、食欲等，并得出经济收入是首要影响因素的结论。而陈志霞（2001）在武汉社区的研究，更是将影响因素细化到了诸如是否参加体育锻炼、购物便利性、外出频次、邻里交往、心理倾诉、群体活动等方面，这些因素都显著影响社区老年人的生活满意度。

三、其他社区人群的研究

我国还有一部分社区心理学研究，关注到了社区中的一些特殊人群，比如离异女性、更年期女性、社区劳务工、亚健康人群、残疾人群等。虽然数量不多，但显示出我国心理学工作者所研究的范围已日益开阔，社区心理学在我国不但生根发芽，且呈飞速向前发展的态势。

（一）关于特殊女性的研究

近年来，我国心理工作者开始关注特殊女性人群——更年期妇女。李英坤等人（2002）的调查就发现更年期妇女存在明显的心理障碍，如对疾病的恐惧和病疑、遇事烦躁不安和冲动、敌对情绪较强等。针对此种现状，赵卫青等人（2002）对更年期妇女心理健康进行社区干预，在开展一系列宣传、培训、咨询等活动后，这部分特殊女性人群的心理健康状况得到了明显的改善。

随后，心理学者又将目光投向了另一特殊女性人群——离异女性。她们经历了夫妻感情破裂和家庭解体，往往带着旧有的心理冲突面对新的生活问题，而当前的社会现状也是离婚率居高不下，心理工作者关注到这一特殊人群可以说具有十分重要的现实意义。俞文敏（2007）曾对社区离异女性进行调查，发现离异女性的心理健康状况要明显差于普通人群，常伴有自卑感、焦虑、抑郁、孤僻、仇恨等负面心理状态。同时，研究者利用网络心理干预对其进行社区心理干预，取得了很好的效果。

（二）关于亚健康人群的研究

随着人类的发展、社会文化的进步，健康已不仅仅是没有疾病或不虚弱，而是要有完善的生理、心理状态和良好的社会适应能力。而伴随着社会竞争的加剧，亚健康人群的规模正在不断增长，社区心理学在其中又该如何作为，这已成为我国一个新兴的研究领域。如胡先明等人（2006）就曾在太原某社区做过调查，发现73.2%的居民处于亚健康状态，其中女性亚健康发生率高于男性。开心、精神集中、充分利用时间、对未来充满希望是亚健康的保护因素，而闷闷不乐、心神不安、精神压力、神经紧张是亚健康的危险因素；社会支持与积极应对方式同样是亚健康的保护因素。而目前我国还没有社区预防、干预在这方面的研究和效果评价，这也是今后努力的一个方向。

（三）关于残疾人群的研究

在我国，接近一亿人口的残疾人群一直是人们最关注的、庞大的弱势群体，在当今强调民生的和谐社会中，他们的心理健康状况理应成为心理学工作者工作中的重点。万书玉曾在南京对社区内残疾人群心理健康状况以及社会支持状况进行过调查，发现社区残疾人心理健康的总体水平较低，尤其存在对外界和他人的防御和排斥心理。另一方面，社区残疾人社交面窄，社会活动少，社会关系松散，社会支持水平较低。社区残疾人的主要生活空间是社区，他们对社区的认可程度和期望较高，社区社会支持对维护残疾人的身心健康起到不可或缺的重要作用。

（四）关于外来人群的研究

就社区外来人群的研究来看，我国南方城市所做的工作相对较多，这可能与当地的经济环境比较开放、流动人口相对较多等特点有关。比如，韩书宏等人（2007）采用心理知识讲座、电话咨询、支持性心理辅导和门诊病人的心理疏导等相结合的方式，对深圳市某社区劳务工的心理卫生实施干预，并对干预效果进行评价，结果发现劳务工的心理卫生状况得到了明显的改善，干预效果十分显著。

第二节　社区心理

一、社区心理的定义

社区心理作为社会心理的重要组成部分，是某一特定社区内与人们的日常生活相联系的社会意识，社区心理是社区成员对社区内客观存在的一种不自觉、非理论化、不系统的反映形式。具体地说，社区心理是指同一社区中绝大多数成员共同具有的心理特质和行为方式。

二、社区心理与个体心理

社区心理与个体心理有三个方面的不同：

第一，社区心理不是社区中个别成员的心理特质和行为特点。虽然社区中往往会有个别成员的心理与行为特征偏离社区心理这个轴心，但就绝大多数成员来说，个体心理活动都是围绕着这个轴心的。社区心理与个体心理大体上是共性与个性的关系。

第二，个体心理活动随着个体生活的结束而终止，而社区心理则会伴随着社区文化观念积淀下来，并通过个体社会化的方式代代相传，具有较强的延续性。

第三，社区心理作为一种共性的心理特质，对个体心理活动具有较强的影响作用。相反，个体心理对社区心理的影响，一般说来则是比较微弱的。

三、社区心理与群体心理、社会心理

社区心理与群体心理相比，更具有地域性特征。一个社区可以包含各种结构与功能不同的群体。同样，一个群体也可以分布在各个不同的社区中，其结果便是在心理特征上出现了“你中有我，我中有你”的错综交叉的格局。

社区心理与社会心理相比，两者是局部与整体、中观与宏观的关系。由于任何一个社区都是规模不等的具体的小社会，是整个大社会的不同程度的缩影，所以研究社区心理是研究整个社会心理的起点，是社会心理研究的具体化。人们通过对社区心理的研究，可以总结归纳出社会心理发展变化的普遍规律以及同类社区心理活动的共同特点。同样，社区心理活动不可能脱离整个社会心理变迁而孤立存在，倘若没有对整个社会心理发生、发展及其变化规律的总体透视和深刻领会，也就无法准确把握社区心理活动。

四、社区心理的特征

社区心理作为发生在某一特定社区内的社会心理现象，具有以下若干特征和基本属性：

第一，自发性。社区心理是社区成员在日常生活条件的直接影响下自发形成的，并伴随着社区生活环境的变化而变化。

第二，直接感受性。社区心理是一种低概括度的社会意识，是社区成员对社区内各种复杂关系的直接感受，带有经验的性质，基本上是以感性为主的。

第三，非理性和无意识性。社区心理一般是自发产生的、非系统的。它更多地与社区成员的情感、情绪、习惯以及一些直接的、基本的生活需要相联系，因而往往是在不假思索、无缘无故、情不自禁的情况下出现的，具有非理性或无意识性的特征。

五、社区心理在社区发展中的影响

社区心理既是社区成员对社区存在和发展的反映，又对社区发展产生重要的影响。许多实证研究发现，不发达地区的社区心理主要表现为：创业冲动微弱，易于满足；风险承受能力低，不能抵御较大困难和挫折，不愿冒险；生产与生活中的独立性、主动性较差，有较重的依赖思想和听天由命的观念；难以打破传统和习惯，接受新的生产、生活方式以及大多数新事物、新现象，追求新经历、新体验的精神较差，安于现状，乐于守成。并且这种社区性格还在以“马太效应”的方式扩展，它不仅造成了目前落后地区发展落后的结果，而且还可能是造成落后地区更落后的原因。

一般来说，社区心理对社区发展的影响主要是通过以下两个途径实现的：

（一）中介传导作用

社会心理是社会存在和社会意识形态之间联系的一个中介，社区心理作为一个国家整个社会心理的重要组成部分，同样是沟通社会存在和社会意识形态的一个中介，具有中介传导作用。

一方面，它是对社区内客观存在的直接、原始的反映，处于自发、非系统的状态，但是一经对它进行加工提炼，它就会转变为某种观念，并上升为自觉、抽象、概括的社会意识。

另一方面，社区心理又受着在该社区中占优势的意识形态的调节影响，并以特定的方式对社区政治、经济、文化发生作用。

也就是说，社区心理既决定于社区内的客观存在，又决定于社区内占优势主导地位的意识形态，既作用于社区内的客观存在，又影响着种种社会意识形态，在两者之间起着中介传导的作用。

（二）整合作用

社区心理的整合作用具体表现在：

第一，社区成员所共同具有的心理特质和行为方式，特别是他们对社区的认同感和归属感，是维系整个社区的重要纽带。

第二，社区心理在社区成员互动过程中，把社区规范内化为心理尺度，通过心理尺度的约束，把社区成员的行为纳入规范的轨道，从而使社区成员的心理活动和行为方式都表现出一定的倾向性和规定性。如果个别社区成员的所思所想、所作所为不符合社区目标和社区规范，则社区中的其他成员就会对其做出带有情绪色彩的否定性反应，给其造成一定的心理压力。这种压力会促使其矫正自己的行为以便能符合社区规范的要求，从而得到人们的承认和接受，缓解和消除自己内心的紧张，并从中获得一定的心理满足。社区心理就是通过这种控制方式，把社区中大多数人的行为反应引向社区所规定的方向，从而起到了整合作用。

尽管社区心理的整合作用有助于社区成员统一意识、统一行为，有助于人们维护共同的追求目标，但不可否认，社区心理的整合作用如果过强的话，则会在一定程度上限制社区成员的视野和对社区以外事物的感受，从而使成员不能对外部世界的意义做完整的理解与透视，这样既妨碍社区发展，也不利于整个国家的社会协调发展。形形色色的地方本位主义便是社区心理对社区整合作用过强的典型表现。

第三节 社区心理服务

一、社区心理健康服务的定义

所谓社区心理健康服务，是指在社区服务工作中，运用心理科学的理论和原则来保持与促进人们的心理健康。具体地说，社区心理服务的宗旨在于促进儿童青少年的正常发展，培养其健全人格；保持成年人的正常发展；预防各种心理障碍，包括精神病、神经症、心身疾病、病态人格、精神发育迟滞；消除引起心理压力和各种不良心理的因素。

二、社区心理服务的必要性

（一）社区心理服务工作的开展是社会发展的必然

在西方发达国家，社区心理健康服务普遍受到人们的关注。德国心理健康中央研究院的在册病例资料显示：在 14 岁以上的居民中，接受社区心理健康服务的人数已达到 2.2‰。

在我国，一方面是社会经济的发展，人们生活水平的不断提高；而另一方面是人们在生活中体验到的压力也不断上升，例如子女的教育、人际关系、工作的变迁等等，这些压力引发了人们的种种心理问题。上海市精神卫生中心曾对上海两个街道居民进行心理卫生状况调查，发现生活水平较高的居民的心身疾病发病率比生活水平低的居民的发病率高。

由于社区心理健康服务工作的宗旨就是帮助人们重新认识自我、他人与社会，培养与人交往的技巧，预防心理疾病，提高社会心理的适应能力，因此社区心理服务工作是社会发展到一定阶段的产物，它同样是社会进步的标志，社区心理健康服务能为市民营造一个很好的精神家园，对社区的健康发展具有重要的意义。

（二）社区心理服务工作的开展是维护社区安全稳定的基础

和谐社会的构建是当今社会的主旋律，而社区是城市居民生活与休息的主要场所，他们面对着激烈的社会竞争，承受的压力也很大。与此同时，人们对健康的需求也日益迫切，他们希望能在社区中愉快地享受生活，能把工作中的压力疏导出来，因此社区环境的安全、稳定、和谐就显得尤为重要了。

现在倡导社区精神文明建设，把社区心理服务工作纳入精神文明建设的工作范畴中，将培养良好道德品质作为人格完善的目标。居民可以在十分熟悉、融洽的过程中，通过交流、互助，摆脱烦恼和痛苦，进而保持一种健康、积极的心理状态。社区居民的心理健康才是社会安全稳定的基础。

（三）社区心理服务工作的开展能对心理疾病的预防、发现、干预发挥作用

通过开展一些社区心理辅导活动，人们可以找到一个倾诉痛苦、相互交流的场所，在辅导活动中，不仅能放心地向别人倾诉自己的痛苦，获得别人的帮助，同时也增进了居民之间的情感。

社区心理服务的各项工作还可以成为心理疾病预防、发现、干预的很有效的措施。它可以使健康的居民能及时发现心理问题，提高预防心理问题的能力；使轻度心理障碍的患者得以及时发现，及时处理；能为正在康复的精神病人提供及时的心理咨询及心理援助。

（四）社区心理服务工作的开展为老年人生活带来福音

我国人口老龄化趋势明显，已经提前进入老龄化社会。老年人的心理问题越来越引起社会的关注。

现实是老年人的子女忙于工作，空巢现象很普遍，他们无法享受到过去“四世同堂”的天伦之乐、家庭的照顾，他们心里有话一般都没有机会说，或者不愿说，导致心理问题不能及时地得到疏导。

有人认为，现在的老年人更需要精神赡养，这是提高老年人生活质量的关键。城市中的老年人大多数时间是在社区里度过，如果社区心理服务工作能够针对老年人的心理特点，开展系列心理辅导活动，这将为全方位提高老年人的生活质量发挥重要作用。

第四节　中国社区需要的心理服务

一、中国现有的心理服务方式

通过上面的论述，我们已经看到，社区心理是有别于个体心理和群体心理的。

社区心理服务也不同于普通的心理咨询，甚至中国的社区心理服务，与国外的心理服务模式也是有区别的，所以，探索适合中国本土的心理服务模式，就显得尤为必要。

目前的心理学应用方向，心理学的应用范围大致可以分为以下几个方面：

预防性心理服务：主要针对未成年人，提供心灵成长服务，避免其在成长过程中造成心理创伤，阻碍其健康成长。不难看出，这一功能的发挥主要是在学校中实现的。

支持性心理服务：主要为服务对象提供情感支持和积极关注，让其感受到身边人的关心，能保持对生活的积极态度，获得生命力量。服务范围广，心理技术要求相对较低，服务对象相对固定，适合在社区长期开展。

治疗性心理服务：主要针对有心理疾病的人群，运用长期的专业的心理治疗方法，帮助其摆脱心理疾病，重新过上正常的生活。这一功能主要在专门的心理医院和精神科中实施。

二、支持性心理服务适用于社区

支持性的心理服务方式更适合我国社区普及开展的心理服务，这一模式具有如下特点：

这一模式服务范围广，可以用开放式的服务方式来开展。这一特性能够很好地应对现在社工服务对象零散、难坚持、难主动的现状，将每一次服务看作相对独立的过程，让服务对象在每一次参与过程中受益，会更大程度调动对象参与的积极性。

放弃问题和病人的标签，社区居民也更易接受。心理学在当今社会已经获得了很大程度和范围的认同，但仍无法实现大范围的普及，不少社区居民依然对心理服务讳莫如深。支持性服务，能在平衡成员的担忧的同时，提供最适合成员的服务。

中国人有着以家为本的文化传统，习惯成员之间相互支持和帮助，共渡难关，支持模式无疑很好地迎合了这一需要。中国历来有“远亲不如近邻”的说法，城市化的步伐，陌生了邻里关系，让我们身边的支持系统越来越薄弱，支持性心理服务的提供，是重新找回人与人之间相处的“真、善、美”的过程，支持本身就是一种安慰和帮助。

适合社工本身的专业基础。目前，我国的社工尚处于起步阶段，社工本身的专业能力，特别是心理学知识和技术水平都有待提高，过于专业和深入的心理模式，对社工是一个巨大的挑战，操作过程中的度和评估也很难把握，稍有不慎甚至会适得其反。支持模式能很好地协调这其中的界限和不足。

第五节 “254”支持性模式
——中国视角下的社区服务探索

一、简介

“254”支持性模式，是结合问题解决模式和积极干预模式双方的优势，弥补不足，同时根据我们社区服务的现状，尝试提出的一种新的社区心理服务模式，是一种中国本土化视角下的社区服务模式的新探索。

“254”模式是将“2”“5”与“4”进行系统地整合与汇集。“2”代表自我与重要他人，是着重于现在服务对象对自我，以及自我与重要他人关系的解读和呈现，目的在于增进服务对象对自我的认识，同时改善其人际关系模式，达成与重要他人的和谐相处。

“5”即是中国传统“五伦”思想的集中体现，并且根据现实社会生活做了恰当的调整，总结出“父子有亲、夫妇有顺、长幼有序、同事有义、朋友有信”的新五伦思想。着重呈现服务对象过去在原生家庭、亲密关系、兄弟长幼关系、同事及朋友关系中的价值感受。这五种关系是人们支持系统的核心，在过程中澄清服务对象的五种关系模式，并且通过相应的技术理顺其中的情结，可以真正实现服务对象心理生态系统的和谐，大幅度提升成员的心理健康水平。

“4”即积极心理学理论中的“心理资本”思想，并且根据社区居民的特点总结出“乐观、坚韧、感恩、希望”四种心理资本的元素，运用相关技术，以心理训练的形式，在彼此的支持和鼓励中，提升心理资本，增强其面对生活的信心和勇气。

二、特点

（一）整合过去、现在、未来

“254”模式中的“2”所代表的自我和重要他人，主要侧重于呈现个体当下的状态和以及与重要他人的关系；“5”代表的是五伦关系，主要侧重于个体在过去成长过程中的父母、夫妻、朋友、同事、长幼的关系及对其的影响；“4”代表心理资本，是指向未来的，强调拥有强大的心理资本是走向未来幸福生活的基础。三部分的结合，就是对个体过去、现在、未来的立体呈现和整合。

（二）问题模式、积极干预模式及支持模式结合，互补长短

“254”模式中的“2”是以心理学传统的问题解决模式为基础的，呈现个体自身及其与重要他人相处中可能存在的问题，并进行疏通、解决，但“254”模式反对过度挖掘问题，或者过分关注个别成员问题的解决，认为成员间相互的支持和团体场的动力，是修复创伤的最好方式。“5”所代表的五伦关系正是每个个体生命中最重要的支持系统，从这一角度进行的澄清和修复，是支持模式最集中的体现，完善个体支持系统后，能优化个体的心理生态环境，达到长期预防的目的。“4”是以积极心理学的基本理论观点为基础的，操作中也以积极的心理训练为主，以提升个体心理资本为主要目标，包含积极的人性观和人性向善、生命向上的理念，是积极干预模式的集中体现。

（三）中国传统文化思想与现代心理科学结合

中国传统的“五伦”文化是由我国著名的思想家孟子提出的，他是中国的积极心理学家，这一思想观念也是古代中国民间心理学思想的集中反映和体现。中华五千年文明，给予我们的有礼物也有包袱，如何运用好这一“礼物”，我们做了一个大胆的探索，提出“254”模式，将五伦思想融入其中。同时，结合现代心理科学中经典心理学的自我与重要他人理论，以及新生的积极心理学理论，真正做到“古为今用”，完

善我们的理论体系，以期更好地为大众服务。

（四）东方与西方结合

中国心理学思想多来源于民间，富有哲理，整合程度高，但实证分析不足，操作性较差，“五伦”思想是这一特点的集中代表。相反，西方注重实证研究，强调每一理论的现实和实验依据，因此，在科学心理学诞生之后，我国传统的心理学思想，一直很难发扬和传播。我们尝试提出的“254”模式，同时也是东方和西方结合的尝试，将西方心理研究的科学方法，运用于我国传统心理思想的研究和操作中，并且得出分析数据，实现科学验证，能够实现心理学领域的“洋为中用”。

三、服务形式

（一）支持性团体

“254”支持性模式主要以支持性团体为服务载体。我们认为，团体是提供支持的最佳载体，在20人左右的团体中，由团体带领者根据不同的主题选择不同的技术形式，成员在其中通过体验、分享、相互支持、升华等步骤，在团体温暖、真诚的氛围中，实现自身成长和心理的健康发展。

（二）心理茶馆

我们倡导在每一个社区建立“心理茶馆”，每周定期对社区居民开展团体心理支持活动，并且将这一活动常规化、固定化，长期服务居民。将十一个主题的每一主题以三次团体活动的形式展开，带领成员认识当下，回顾过去，展望未来，在彼此长期的支持和陪伴中提升居民幸福感。

四、优势

（一）来源于中国文化，符合中国人的心理特点和接受模式

“254”模式是我们在长期的心理服务实践中，在逐步分析中国人的心理特点的过程中总结和提炼出来的，结合中国传统的“五伦”思想，是切切实实符合中国人以家为本，注重人际关系的心理特点的理论模式，适合于在中国人的社区中开展。

（二）系统性强，易操作

“254”模式将复杂的心理学思想整合为三大部分，十一个主题，每个主题安排三次心理技术操作，消除了繁杂的心理理论的束缚，却又不失条理。同时，将复杂深奥

的心理理论，总结为“254”进行传递和梳理，稍有心理学基础的人都能理解，而且，每一个主题都有已成型并且经过实践检验的心理技术作为载体，工作者经过正式的培训，领悟其中精髓后便可带领，适合在社区推广和尝试。

（三）以心理支持为目标，风险小，适合社区特点

社区心理支持中关于“度”的问题一直是困扰心理工作者和社区居民的大问题，社区基本都是健康人群，传统的问题解决模式并不适用，而积极干预模式只能实现初级预防，对于一些基础的问题也很难解决。社区调查普遍显示中国社区居民的心理健康水平堪忧，却一直苦于没有合适的介入模式，不敢贸然推广社区心理服务。“254”支持性模式的最大特点是以支持为出发点和最终目标，不主张过分强调个体问题的解决，因此风险小，但又能在相互支持的氛围中，达到和谐个体生态系统，同时和谐社区关系的目的。

（四）以和谐、幸福社区的建立为最终目标，符合中国社区发展的总体目标

“254”模式主张以团体的形式开展心理服务，同时建立“心理茶馆”，定期开展心理支持活动，将心理服务固定化、常规化，社区居民不断在参与过程中相互认识，相互支持，有助于打破中国现在城市社区中互不来往，陌生隔离的状态，实现“远亲不如近邻”的传统社区氛围。同时，居民的社区归属感和参与意识也可在这个过程中得到提升和增强，长此以往，必将推动幸福社区的建立，提升社区居民的幸福感。

第六节　“254”支持性模式实施

“254”支持性模式已经有成熟的系统体系、完整的实施方案，通过在社区开展系列团体心理活动，优化社区的人际关系，构建社区和谐的心理生态系统。下面我们将呈现具体的实施方案。

一、“2”——自我与重要他人

（一）自我

自我是心理学中的一个重要概念，指的是一个人对自己所有方面的认知，是一个独特的、持久的同一身份的我。

弗洛伊德人格结构理论中把人格分为本我、自我和超我三个部分。在这里“自我”是人格的执行者，协调代表原始欲望的本我与代表良心、理想的超我以及现实三者之间的关系。如果自我的力量不够强大，将会导致三者的失调而产生心理疾病。埃里克森提出了自我同一性的概念。如同弗洛伊德一样，他也把自我看成是一种动态的潜意识过程，认为自我或个人认同（同一性）是一种动态的、可塑的结构，易受环境的影响而改变。但埃里克森不同于弗洛伊德的是，强调自我的自主性，认为自我具有独立的结构和功能。

罗杰斯提出了现象学的自我理论。认为个体生活在其个人的主观世界中，自我概念是个体对周围环境的主观知觉的产物。他区分了两种自我概念：真实自我和理想自我。前者是指个体认为自己现在是一个什么样的人，后者是指个体希望自己将来成为什么样的人。两者之间的差距过大将会导致心理问题。此外，罗杰斯还提出了另一个与心理健康相关的概念，即积极关注的需要（如接纳、尊重、温暖等）。认为自我关注或自尊的需要来自对他人积极关注的内化或自我实现的冲动。当个体积极的自我关注的需要和对环境的体验之间存在不一致性或矛盾时，就会产生适应不良。个人中心疗法的目标就是建立自我与环境之间的协调性。

另一人本主义心理学的代表人物马斯洛则提出了自我实现的理论。认为自我实现是人类最高层次的需要，是推动个体潜能得到充分发挥的一种内在驱力。自我实现者就是充分发挥潜能的人格健全的人。现象学取向把自我与健康密切地联系在一起，并视其为一种核心性概念，同时强调自我与环境的相互作用，使先前处于低潮的自我研究重新得到了注重，对自我的研究起到了承上启下的作用。

（二）重要他人

重要他人是心理学和社会学都关注的概念，指在个体社会化以及心理人格形成的过程中具有重要影响的具体人物，重要他人可能是一个人的父母长辈、兄弟姐妹，也可能是老师、同学，甚至是萍水相逢的路人或不认识的人。

童年的记忆遵循着非常玄妙神秘的规律，你着意要记住的事情和人物，很可能湮没在岁月的灰烬中，但某些特定的人和事，却挥之不去，影响我们的一生。如果你不把它们寻找出来，并加以重新的认识和把握，它就可能像一道符咒，在下意识的海洋中潜伏着，影响潮流和季风的走向。你的某些性格和反应模式，由于“重要他人”的影响，而被打上了深深的烙印。孩子的成长，首先是从父母的瞳孔中确认自己的存在。他们稚弱，还没有独立认识世界的能力。如同发育时期的钙和鱼肝油会进入骨骼一样，“重要他人”的影子也会进入儿童的心理年轮。“重要他人”说过的话，做过的事，他们的喜怒哀乐和行为方式，会以一种神奇的力量，种植在我们心灵最隐秘的地方，生根发芽。

人的非理性信念会直接影响一个人的情绪，使他遭受困扰，导致很多痛苦。比如，有的人绝对需要获得周围环境的认可，特别是获得每一位“重要他人”的喜爱和赞许，其实这是不可能实现的事。有人就是笃信这个观念，把它奉作真理，千辛万苦，甚至委屈自己来取悦“重要他人”，以后还会扩展到取悦更多的人，甚至所有的人，以得其赞赏。结果呢，达不到目的不说，还令自己沮丧失望，受挫和被伤害。

心理学研究发现，童年的记忆常常可以被事后的追忆和重新解释重新赋予意义。所以，对一个成年人来说，可以循着“重要他人”这条缆绳，重新梳理我们和“重要他人”的关系，重新审视我们的规则和模式。如果它是合理的，就变成金色的风帆，成为理智的一部分。如果它是晦暗的荆棘，就用成年人有力的双手把它粉碎。这个过程不是一蹴而就，有时自己完成力不从心，或是感到吃力和痛苦，还需要借助专业人士的帮助，比如求助于心理咨询师。 对我们有正面激励作用的“重要他人”，已经成为我们精神结构的一部分。他们的期望和教诲已化成了我们的血脉，我们永远不会丢弃对他们的信任和仁爱，但我们不是活在“重要他人”的目光中，而是活在自己的努力中。无论那些经验和历史多么宝贵，对于我们来说，已是如烟往事。我们是为了自己而活着，并为自己负起全责。 就是在饱含爱意的环境中长大的孩子，也会存有心理创伤，寻找我们的“重要他人”，就是抚平这创伤的温暖之手。

（三）实施方案

活动 1：自我——生命线

核心理念

生命这条线，有人的曲折，有人的笔直，有人的波澜不惊，有人的跌宕起伏，我无意评论哪一种人生更好，更愿与大家一同去思考怎样的人生是你更想要的，怎样的人生才是挖掘出了你所有的潜能，让你没有遗憾的人生。因此，跟随我们一起来完成属于你的生命线，收获感悟与思考。

我们总会习惯把自己的生命放在各种坐标之中，比如纵坐标是地位，横坐标是财富等，然后一辈子就在这个坐标中和别人进行比较。我们从小就养成了比较的习惯。从小学开始，每次考试一结束，老师就会把分数和排名公布出来，让那些落后的同学无地自容。家人总是习惯对我们说：“你看隔壁的 ×××，又考了全班第一。”妻子总习惯对丈夫说：“你看看人家的老公，有房有车，月薪上万，再看看你，没出息。”如此种种之下，要坚守自己的生活方式和原则，似乎不是一件那么容易的事。

我们有时候容易活在别人的世界里，总是拿别人来作为自己现状的参照物，而且总是拿在某些方面比自己优越的人来参照。这本来是一件好事，可以激发自己努力和进步：看到别人学习认真，我们更认真地学习；看到别人工作敬业，我们更加敬业地工作；看到别人乐观地面对困难，我们也乐观地对待生活。可惜的是，我们的参照方式常常是错误的，参照的初衷是妒忌和虚荣：看到别人穿名牌衣服就死活也想买一件，看到别人开好车就一定也要换一辆。这样的参照带来的不是幸福，而是痛苦。在物质的世界里，参照和比较永远没有尽头，因为永远都有比你更富有的人。

我们从哪里来？将要去到怎样的未来？能做到在茫茫人海中沉浮，依然不忘初心，才不会在某一刻惊醒，发现自己完全与最初的梦想背道而驰了。

核心目标

梳理个人成长过程中的重要事件，引导成员重新看待自己的人生轨迹，监视自己生命轨迹的类型。导师引导成员注重当下的人生和生命体验，帮助成员走出过去的阴影和未来的幻想。专注当下，努力迎接幸福生活。

操作流程

具体操作如表 15.1。

表 15.1　生命线具体操作

流程	目标	导师引导	注意事项
热身	活跃现场气氛，将成员注意力带到当下，消除紧张和拘束。	普通热身游戏均可。 在游戏后导师可用感性的语言将成员带入回顾自己人生经历的状态中。	热身活动选择运动量不大的较好。
出生与死亡	以线段的方式，直观地呈现成员的出生和死亡，将成员带入整个生命旅程中。	在一张白纸上取两点，一点代表 0 岁，另一点是以现实（家族年龄、所在地区的平均寿命、自身健康状况等）估计的死亡年龄，将两点以任意的方式连起来，在两点中间取一点，代表成员现在的年龄。	出生与死亡是每个人最重要的生命点，引导时注意气氛严肃、认真。

续表

我的前半生	引导成员回顾自己整个生命历程中的重要事件和重要他人，建构自己的整个生命框架，系统地看待自己过往的人生。	在连成的线段中，取自己现在年龄之前的一段，随意地标一些点。这些点代表的是我们的生命旅程中经历的重要事件、重要的人。可以闭上眼睛冥想一会儿，然后将在你眼前出现的场景和人们，都记录下来。在每个点上做一个标注。	现场安静，导师声音沉稳、温暖，意味深长。
我的后半生	引导成员展望自己未来的人生，帮成员建立希望，明确目标，同时澄清成员心中重要的人和事。	在自己现在年龄之后的线段中，同样取一些点，代表自己未来的理想或者重要事件、重要的人，并做标注。	
分享		让成员分享自己的生命线(可轮流分享，也可自愿分享)，某个成员分享完之后，其他成员可反馈感受，不评价，不建议。	鼓励其他成员积极关注，认真倾听，给予支持和温暖。
升华总结		生命线其实就像我们的人生，我们会经历重要的事，遇上我们的重要他人。但始终生命是掌握在我们自己手中的，看清自己的人生追求，让生命过得更有价值，是我们一生的主题，也是我们需要思考的人生命题。	升华语言最好根据现场情景有感而发，引导成员思考。

活动 2：生命中的贵人——“谢谢你的爱”

核心理念

每一个人都是在爱和欣赏中成长起来的。我们的成长和成功，离不开那些在人群中让我们感到安全和温暖的人。带领成员去回想当时的内心感受，去郑重地感谢那个给予我们爱和温暖的人。这既是对成员的鼓舞，也是一个正能量传播的过程。

核心目的

通过疏通和重要他人的关系，学会感恩，和谐人际，快乐生活。贵人，是在生命的长河中对我们的人生有帮助的人。他可能是我们的父母、亲人，也可能是我们的老师、朋友、领导、同事，有时甚至是我们从未见过面的一个人，但是，正是他为我们所做的一件事，或者说过的一句话，在人生关键时刻，引领我们成长，引领我们走向了成功的方向。

贵人，是我们人生中的重要他人。没有他，我们的生命可能不会那么精彩。遗憾的是，我们的贵人对我们常常是无欲无求的，我们也常常因为各种各样的原因，从来没有当面表达过我们对他的一份感恩和感谢。

于是，“254”支持团体制造、提供了这样一个空间，让我们可以借助此时此地的重要他人，来实现和我们生命中的贵人在心灵上的连接，感受他曾经或正在带给我们的温暖和力量，并带着这份感恩去创造生活中的各种和谐和美好。

操作流程

“谢谢你的爱”团体具体操作见表 15.2。

表 15.2 “谢谢你的爱”具体操作

流程	目的	引导语	注意事项
寻找生命中的贵人	模拟现实生活中的寻找过程，将成员带入此时此地的场当中。	睁开眼睛，看看周围的人，在人群中寻找让自己比较安全和温暖的人，觉得可以靠近，跟他们在一起会很舒服、愉快。将他们排出一、二、三名。锁定第一名后，举手示意，然后放下。找到之后可以再确定一下，确定他是不是那个最能让你感觉安全和温暖的人。	整个过程保持安静。
扯衣角	扯着衣角，站在身后，这看似并不适合成年人的动作，却让我们有机会从另一角度去思考我们的人际关系。	走到他（第一名）的身后，轻轻扯住他的衣角，并跟随他在人群中寻找他那一个温暖安全的人。你找的贵人可能也会寻找让他安全温暖的人，可能也会有其他人扯住他，也会有其他人来扯你的衣角，都没有关系，跟随着他的脚步，只是要记住一直扯住对方，不要放手。	①注意整个过程中一直扯住，不说话，强调体会内心感受。 ②会心状态的建立是这一环节成功的关键。 ③导师尽量用轻柔、舒缓但又带有说服力的语气来引导，将成员带入情境中。
投入体验	体验内心感受，才能真正尝试去发现自己的人际关系模式。	在今天相会的每一个人，都在现场找到了自己生命中的贵人。现在静静地继续拉着他的衣角，认真地觉察体验内心走过的情绪情感，时间是一分钟。	轻柔、真诚的话语引导。

续表

分享此时此刻真实的内心感受	分享旨在澄清感受，同时促进成员凝聚力，获得相互支持。	导师轻轻地走到团体之中，逐一邀请成员分享（情绪触动大的可稍做引导），简短点评回应。 升华：每一个人站在贵人的身后，他代替的就是你生活中的某一个人，生活中我们一直没有机会站在我们生命中贵人的身后，抓住他的衣角，跟着他走。今天我们用心理学的方法，去抓着他的衣角，体会站在他身后的感受。	①学员分享重在感受而不是过程。 ②对于团体中没有说话的人，需要给予一些关注和鼓励，但并不宜过多干预，尊重成员自己的选择，着重强调成员自己的醒悟和主动地表达。 ③尽量让每个成员都有表达的机会。
继续觉察体验	给予成员充分的时间去觉察和体会，引发内心的情绪表达。	看着你扯住衣角的人的背影，静静地体会，可以有一到两次机会给成员充分的体会、感受：站在一个“贵人”的身后，扯着他的衣角，体会当下的感受，这时心中流淌过的东西都是非常珍贵的，值得仔细体会。	①安静的环境。 ②导师只做引导，不做过多的干预，整个过程都强调成员亲身的参与和体验。
分享此时此刻的感受	进一步分享、表达。	跟前后左右的贵人交流一下，想对对方说的话，尽情分享。	
升华结束	为成员提供看待事情的新视角，完成由澄清、表达到转化的完整过程。	陪伴我们成长的贵人，让我们觉得安全，觉得温暖，感谢贵人的培伴，珍惜我们在人生的旅途当中的这一段陪伴。 播放歌曲《我只在乎你》，成员可跟唱。 看看身边的人，走动起来，表达内心的感谢。一路给予支持和温暖，让心灵不再孤单。尽情拥抱，表达感谢。	这是再一次的升华和转化。同时强调获得支持和给予支持。

（四）成员可能的反应及应对

1. 成员不配合，认为无聊、形式化

场的营造：温暖、投入的氛围，可促进团体成员间相互影响。

导师足够坚定，给予成员信任和信心。

尊重成员的选择。

2. 成员分享过程中情绪失控

及时处理。

运用团体的力量安抚成员情绪。

3. 有的成员找不到喜欢的人，个别成员没有人将其选择为喜欢的人

助手或观察员加入其中，平衡这一状况。

尊重成员的选择。

4. 无人自愿分享

导师首先分享。

选择情绪触动较大的先分享（导师随时留意成员的情绪变化）。

（五）注意事项

1. 导师积极关注，简短点评，适当回应，借机引导。

2. 254 支持团体，不做个案治疗。在团体进行过程中，如果出现成员情绪失控，可稍做处理，不可在个别成员身上花费太多时间。

3. 整个过程三次静默一分钟，三次大组、小组分享。每一次分享感受，都是一次强化，帮助体验者往内心里走。

4. 成员情感纠结也是在做梳理整合，团体导师要有能力“抱持”成员的情绪。

5. 导师要用从容平和的心态，用温和温暖的目光，以及支持性的身体语言，给予力量。

6. 在团队中，重要的不是单个有情绪的人，而是全体。学员有情绪时，可由自己处理、助教处理或导师处理。最好的方式是用“团体处理”，引导成员互相支持。应多借助团体的力量，而不是导师本身将精力过多地放在某个成员身上，导致团体动力失衡。

（六）导师自省

导师也有“生命中的贵人”，在团体当中特别关注个别的几个人，一般就是自己还没有超越“贵人”的控制。团体中人是最重要的，导师必须要经过培训，而不是照着书，或者学了流程就能带领好团体。合格的团体导师需要提升自己的心理资本，才能投入团体，提升更多的人的心理资本。

（七）准备物资

1. 场地：整洁，安静，封闭，无障碍物。配备人数相应的座椅、地毯或地垫（可

席地而坐）。大小根据人数而定。

2. 白板、投影、音响

3.A4 纸、彩色画笔、纸巾

4. 音乐、道具

二、“5”——五伦关系

五伦关系涵盖父子、夫妻、同事、朋友、长幼五种中国社会中最主要的关系。理顺五伦关系，是提升社区居民幸福感，增强社区凝聚力的最佳途径。

（一）五伦含义及其生态意义

原始社会末期，我国出了三位仁慈爱民的圣王，尧、舜、禹，传说尧帝就非常重视人与人、人与天地自然的和谐相处。“圣人有忧之，使契为司徒，教以人伦：父子有亲，君臣有义，夫妇有别，长幼有序，朋友有信。”（《孟子·滕文公上》）此处的圣人，就是古代的圣人尧帝。尧帝在位时，为了促进人与人之间的和睦相处以及人与天地自然之间的和谐相处，提出了五伦关系，并委任有贤德的大臣契（人名，尧帝时期的官员）担任司徒，在人群与各部落中推行五伦，以便形成仁善的家庭关系与社会风俗。后来，继位的舜帝（以孝悌著名）、禹帝（因治水有功）继承了尧帝的五伦思想，并加以实践推广。周朝的周公、春秋时期的孔子、战国时期的孟子等都继承并弘扬了古代的五伦关系。

从五伦到仁义礼智信之五常，再到金木火水土之五行，以及人体的肝肺心肾脾之五脏，不仅反映了人体自身生态运行的和谐与统一，而且还反映了家庭、社会以及天地人之间的运行规律与和谐之道。《易经》曰：“昔者圣人之作易也，将以顺性命之理。是以立天之道，曰阴与阳；立地之道，曰柔与刚；立人之道，曰仁与义。”五伦关系是从人伦上反映了天道、地道，揭示了天地人合一及阴阳、刚柔、仁义的本质。因此，表面上看，五伦之道揭示的是人伦关系，实质揭示的是天地自然之道，不可不慎察之。

五伦关系的现代生态意义有三：

一是五伦关系是自然界的客观存在，其关系反映了自然规律，属于“道”的范畴。和谐的五伦关系需要一定的行为准则，而这些准则是基于人们长期对“道”的认识而形成的行为规范，称为“德”。因此，人通过修养身心不仅能达到自身阴阳平和，而且有利于构建和睦的家庭关系和和谐的社会关系，从而扬善抑恶。

二是以父子有亲、夫妇有别、长幼有序为核心价值观的家庭伦理是组织（包括企业等组织）持续、国家昌盛、社会和谐的基础。

三是由家庭伦理引申出来的君臣有义、朋友有信等社会伦理，不仅是构成社会稳定协调的基础，也是实现人与自然和谐、天地人合一的价值取向。

（二）“五伦”观念的突破与超越

在“五伦”观念的基础之上，很多学者尝试重构一种新的人伦形态，以适应现代社会的客观要求。有许多不同的构想，可以概括为三种重构的“范式”：

1.“旧瓶新酒”式

即对“五伦”做出“价值的重估”，进行现代意义的全新诠释。拓展“五伦”的内涵和外延，剔除与时代脱轨的因素，融入现代平等、独立、自由等观念，强调与突出其对于现代社会的积极意义。

父子有亲：一则将“父子有亲”的外延扩大到父母与子女之间，二则强调“父子有亲”的时代意义。

君臣有义：认为君臣关系虽然在现代社会不再存在，但是上下级、领导与被领导的关系依然存在，所以，这一“伦”依然有存在的价值，或可将之修正为“上下有义”。

夫妇有别：现代社会男女平等，男女之间拥有了同等的权利与选择的自由。鉴于现代社会离婚率攀高的局面，需要突出以感情为基础的婚姻关系，强调夫妻之间的理解、信任与宽容，因此这一“伦”或可改为“夫妇有顺”。

长幼有序：认为它不仅是家庭内部的兄弟关系，而且也是社会中按年龄大小确定的待人接物的原则。可以理解为成年人与未成年人之间的关系，侧重于成年人对未成年人的爱护，未成年人对成年人的尊重。

朋友有信：这一伦基本不需要重新诠释，需要的是高度重视。

2.“添砖加瓦”式

在对“五伦”进行现代意义的转换之后，加上新的人伦范畴，以弥补传统“五伦”调节现代社会人际关系的不足。

李国鼎提出的“第六伦”，第六伦就是个人与社会大众的关系，也就是从前所说的群己关系。李先生认为，传统的“五伦”只是局限于熟人之间，忽略了与陌生人的关系。而对于现代公共社会而言，却需要高度重视与陌生人的交往关系，故以“第六伦”补充“五伦”的不足。

姜广辉则在此基础上又添加了内容，形成“九伦”说，他把伦理关系从现实世界延伸到虚拟世界，从国内关系延伸到国际关系。

3.“重起炉灶”式

该理论认为传统的“五伦”已经完全不足以适应现代社会的要求，与其进行重新塑造，不如建构适应时代发展需要的新人伦。典型代表为民国时期的周琏。

周琏于1933年写的《人伦研究》一书，则跳出“五伦”的框架，提出了“一伦”的构想。按照人类衍生的自然程序，“一伦”依次为：夫妇、亲子、长幼、宗族、姻戚、里党（乡邻）、师生、朋友、主佣（雇佣关系）、首从（上下级）。周琏的“一伦”说注意到了不同人伦之间的关系联结与过渡，体现了很强的层次性。并且，他还规定了一伦的基本义务，如以“相爱”存心，以“互助”行事，遵守自由、平等原则，以达到“益生利实”的目标。

“五伦”的三种重构“范式”，是对传统“五伦”的超越和突破，是传统人伦关系的现代价值转换。“旧瓶新酒式”，为传统“五伦”赋予了崭新的时代意义，并相应地拓展了五伦的内涵；“添砖加瓦式”则扩张了人伦的外延，将之推延到传统的“五伦”关系之外，涉及范围更加广泛；“重起炉灶式”则仿照传统“五伦”的格式，对人伦关系进行了全新的调整，具有一定的创造性。

不过，笔者以为，在这三种重构范式中，“旧瓶新酒式”更为可取。就“添砖加瓦式”来看，“第六伦”之说，认为“五伦”忽视了“群己关系”，忽视了陌生人问题。陌生人看似不在“五伦”之内，实际上它很容易转化为五伦之内的关系，譬如子夏所说：“四海之内皆兄弟也”，俗语中“见面是朋友”“一回生，二回熟”的说法。至于“另起炉灶式”，周琏“一伦”说，实际上是“五伦”说的细化而已，只是显得更为精致，与“五伦”并无二致。

本书理论体系沿用传统“五伦”思想，并融入现代意义，倾向于“旧瓶装新酒”式，并结合具体实践，融合心理学思想，将新时代的五伦思想归纳为：父子有亲、同事有义、夫妇有顺、长幼有序、朋友有信。

（三）实施方案

活动 1：父子有亲——我的母亲

每个人都源于父母，父母是我们的根系，提供给我们赖以生存和成长的能量和养分，我们是父母精华的再现，我们与父母血脉相连。如果失掉与父母的连接，会让我们在这无尽尘世中渐渐迷失自我，我们很多人会忽视与父母的关系，认为自己已经有足够的资本脱离父母的羽翼，不重视父母根系的能量，往往只能茫然不知所以，从而使人生承受一连串的问题。通过父子有亲的互动环节，我们可以修复父子之间的连接管道，使父母子女之间爱的能量能顺畅地流淌与融合，使给予和接纳都变得更加自然和自愿。而我们有了源源不断的生命能量，人也会更自信、阳光，生活展现给我们的也会是一个全新的面貌。

在支持性团体中，以父子连接技术为第一主导，导师引领团体成员，抱团取暖，团员之间以爱唤醒爱，让每个团员在爱的暖流中，袒露内心的挂碍和死角，清除遮盖亲情管道裂痕的心灵垃圾，修复与父母连接的情感通道，洁净心灵、规整心房、阳光心态，使参与者达到提升心理资本的终极目的。

核心理念

“依恋理论”是有关心理学概念“依恋”的一种理论（或一组理论）。“依恋”是寻求与某人的亲密，并当其在场时感觉安全的心理倾向。依恋理论起源于对婴幼儿与母亲关系的实验观察（鲍尔比），并在美国心理学家哈洛的动物实验中几乎同时发现并验证。

在心理学家哈洛的这些实验中，幼猴在出生后不久即被与母猴分离，然后，向幼猴提供两个玩具母猴作为母猴替代物。第一个玩具母猴由铁丝网做成，第二个玩具母猴由毛巾布和泡沫橡胶做成。两个玩具母猴都可以在胸部附加奶瓶，供幼猴取食。实验的目标是要观察：什么因素决定着幼猴会依附哪个玩具母猴——毛巾布的柔软触感或食物的获取。实验结果表明，幼猴会依附于软布做的玩具母猴，而无论它是否提供食物。并且当软布玩具母猴在附近时，幼猴有更多的探索活动。显然，玩具母猴向幼猴提供了一种安全感。不过，毫无生机的玩具不足以替代真实的母猴。在成长过程中隔绝于其他猴子的幼猴在社会情境中会表现出反常行为。当遇到其他猴子时，它们或者非常恐惧于其他猴子，或者无缘无故地攻击其他猴子。在隔离状态中长大的母猴经常会忽视或虐待自己的幼猴。这种反常行为被认为显示出：进一步的社会性成长依赖于与母亲的纽带。

依恋理论使人们不仅越来越关注作为心理过程的依恋，它还引发了人们对儿童成长的全新理解。弗洛伊德理论认为随着力比多驱力固定在不同客体上，旧有的依恋会被打破；旧有依恋如果未能被有效打破，就会成为一种心理创伤，并会在将来导致心理疾患。而依恋理论则认为，成长中的儿童并不打破旧有的依恋，而是学会在已经建立的依恋中变得更主动（或自主），或者增加新的依恋，而这并不一定要求与旧有依恋决裂，新依恋也不一定要替代旧依恋。

核心目的

接纳、连接、疏通和母亲的关系，提升心理资本。

操作流程

1. 组员之间建立初步关系：设计和谐、温馨、理解的团体气氛，使团体成员有归属感、肯定感、安全感。（可以用暖场的心理技术，让成员彼此相识、互相认同、消除沟通障碍，激发成员参与团体活动的兴趣，增强成员参与愿望。）

2. 主题实施阶段：设计一个“自然团体”。运用支持性团体技术，创设一个充满理解、关爱、信任的情境。经过前期的关系建立，组员开始融入团体之中，并找到自己在团体中的位置。

“我的母亲”具体操作见表 15.3。

表 15.3 “我的母亲”团体具体操作

流程	目的	引导语	注意事项
九宫格画“妈妈”	用绘画的方式呈现成员与父母的关系，九宫格可以保证多侧面、全面的呈现。	开头写上“我的妈妈”。在画第一个方框的时候，闭上眼睛，冥想，大脑中出现“我的妈妈”，你的头脑中会出现一幅画面，将这个画面画在第一个格子中。画完第一格之后，再次闭上眼睛冥想，大脑中出现“我的爸爸妈妈”的画面，然后将画面画在第二个格子中。依次画完。引导大家在思绪里透射出父母的画面，不断地促使大家把画面呈现得更加清晰，将头脑中的父母画面用图画的形式表现在九宫格里。	①给组员充足的时间静想、作画，不要急，充分地享受这一过程，尽情表达。 ②当看到大部分组员已经作画完毕，处在等待状态时，导师可以用沉缓、关爱的语气引导组员更进一步清晰父子之情，目的是看看大家的思路里面还有没有模糊的经历。

续表

分享故事	分享故事是第二层表达，同时在分享中发现团体的“同质性”，获得其他成员的支持。	鼓励成员表达自己的画，但也尊重成员自己的选择。 相互分享各自的作品故事，谈论自己或别人的心理想法，分享成长体验，获得别人的理解、支持，利用团体互动增加对自我与他人的觉察力，把团体心理训练作为练习和改善自己心理行为的实验场所，以期能扩展到生活中去。	①可自愿表达或者挑情绪触动比较大的人表达。 ②成员分享时引导其他成员倾听，给予积极关注，同时给予眼神和肢体支持（如拥抱，手拉手等），鼓励成员相互支持。 ③配上合适的音乐。
感谢彼此	表达感谢可以避免成员留下“未完成事件”或者觉得欠了其他成员。	找一位团体成员向对方表达，感谢、帮助、支持都可以，甚至只是眼神或者一个拥抱，都无比重要。	每一步的表达都很重要，向给予自己支持的人表达感谢，向需要温暖和爱的人表达支持，这可以使成员获得力量。
同唱一首歌	感受彼此的力量，在相互支持中结束团体。	手拉手，将自己的心和歌连在一起，同唱一首歌《对你说》。	导师也加入其中，给予成员力量。
升华总结	导师总结团体，升华主题。	经历的苦难，会像包袱一样压在身上，当我们经历了人生，会发现包袱还在，但可能已经变成了礼物。将创伤转化为生产力的人，很多都获得了成功。关键是看我们向东走还是向西走。比如郭靖和杨康的故事。郭靖没有家人，但是有江南七怪做老师，有洪七公这个心地善良、正直的师父。在平行线上，有黄蓉这样一个心理健康的妻子，给予他安全感，支持他追求自己的梦想。	

活动解说

这个操作过程中有三层表达，第一层是通过自己作画来表达，第二次是通过其他成员来表达，第三层是通过歌曲来表达。

多重的、立体的、全方位的表达，将我们与爸爸妈妈的关系进行了充分的连接，将其中的过程和情感都给予了蒸发和澄清，经过这一过程之后我们内心更加清晰，更加拥有力量。每个人的内心就像一个房间，有的人的房间点了十只蜡烛，为何不亮？因为房间的东西太多了，如果我们将房间的东西清理一下，那点一支就够了。在我们的内心世界，也同样，我们需要做一些清理，在大家相互的爱，相互的支持之中，我们实现了对自己内心世界的清理，一起获得心理的成长。

每个家庭的文化是不一样的，可以形容为不同的“菜地”里长出的小孩，有一些是萝卜地里长出来的，拔出一棵，对其他人影响不大，他与他人的关系是比较疏远的。有一些是生姜地里长出来的，拔一棵，出来一堆，他与其他人的关系很紧密。在亲密关系当中，我们看到，有的人吵一次架就分手了，有的人天天吵架，甚至打起来，却总是能床头吵，床位和，什么事也没有。所以，不同的家庭文化培养出的人是有很大差别的，我们只有知道了这些差别，“了解了才能理解，理解了才能接纳”，接纳之后，我们才能避免这些经历对我们的消极影响。家庭对我们的影响是非常深远的，有一些影响也确实是消极的，我们无法改变已经发生的事实，我们无法跟文化对抗，但我们可以顺应，接纳。

整个过程注重互相的交流和分享，创造机会，让成员跟不同的人交流，充分地表达。在分享当中得到淋漓尽致的表达，在表达的过程中，不知不觉地就升华了，就有“感恩”的情感在内心中产生，分享和澄清就是一种治疗。在做的过程中，你会发现这是一个美的过程。每个人心中的都有真善美。

活动 2：夫妇有顺——知心爱人

活动形式

以“知心爱人”为主题做粘贴画。

核心理念

粘贴画是毕加索、布拉克等人所创的现代美术绘画法之一。日本的粘贴画疗法是森谷宽之在箱庭疗法（沙盘疗法）的启发下，于 1987 年 5 月开发的。箱庭疗法当然是非常有效的疗法，但是需要准备沙盘和玩具等设备。为了能在没有箱庭疗法的设备的情况下也能进行心理治疗，森谷提议用平面的绘画和相片来代替立体的玩具，进而开创了粘贴画疗法。方法虽然非常简单，应用的范围却十分广泛。现在，在日本从少年儿童到老年人，从健康人到精神病患，都在广泛利用。

你有没有过这样的经历：观看一场演出、听一场音乐会、欣赏一幅图画后，有股莫名的暖流在心里涌动。艺术，除了能带来美的享受，还有一股魔术般的力量。艺术也是心理咨询师的工具，引领你走入内心，欣赏灵魂映入心海的光影。

艺术治疗是心理咨询师利用艺术活动了解来访者内心意识，帮助情绪受困者表达内心感受的一样治疗方式。当言语不能表达情绪与经验，尤其是面对让人感到混乱或模棱两可的情绪时，绘画成为一个可行的抒发管道。一条线、一种颜色、一幅贴图，均有所隐喻。艺术治疗中主要有两个取向。一是艺术创作即是治疗，通过创作的过程，缓和情绪上的冲突，提高当事人对事物的洞察力，达到情绪净化的效果。二是把艺术治疗应用于分析心理状态，对作品产生的一些联想，有助于个体维持个人内在和外在的经验的和谐，使人格获得重整。粘贴画疗法是艺术治疗的一种形式，其创意来源于“便于携带的沙盘疗法”，借鉴了现代美术的重要技法“粘贴”，是已被证明的促进心理检查和治疗的廉价道具。

操作流程

预告主题：说到“知心爱人”这个题目，你脑中呈现的是怎样的一幅画面？我们有一个机会是自己动手去创作出这样一幅粘贴画，它可以是立体的也可以是平面的，它比普通绘画更直观、形象。

裁剪：按照主题，在废旧的杂志、报纸上选择喜欢的图画，或裁剪出所需的图案。

粘贴成画：将剪下的图画或图案在粘贴纸上重新排列，粘贴成画。

引导成员回答几个问题：故事发生在什么时间，故事的内容是什么？我在哪里（在图画中的位置或扮演的角色）？

准备材料

废旧的杂志、报纸等，粘贴纸（白纸一张），剪刀，彩笔，胶水。

活动 3：长幼有序——我家的老人

长幼有序，指年长者和年幼者之间的先后尊卑。这种道德规范是不同年龄的人之间的关系，这种关系起始于兄弟关系，推而广之，就是要重视社会上不同年龄层的秩序问题。

今天，有人批判说长幼有序是不合理的道德规范，认为论资排辈不可取，即使年龄大也没有必要受到除年龄以外更多的尊敬，主张应根据能力和业绩给予不同的待遇。当然，对有能力的人应当安排适当的位置并给予合理的待遇，但如果因为能力大就轻视能力小的、因为有力量就蔑视无力量的人，这实际上是仅用于动物界或自然界的逻辑。如果哥哥凌蔑弟弟、成人欺负孩童、青年藐视老人，这与弱肉强食的动物界并无二致。哥哥爱护弟弟、弟弟尊敬哥哥，以尊敬自己哥哥的心情尊敬别人的哥哥，以爱护自己弟弟的心情爱护别人的弟弟，以恭敬自己长辈的心情恭敬别人的长辈，只要长幼之间相互爱敬有序，就能融洽相处。

传统道德有其合理性，长幼无序会出现一系列心理问题，本节的主要目标就是调理家庭秩序，理顺成员的心理生态系统。

理论依据

1. 简笔画

简笔画是一种利用简单的点、线、面等绘画要素来表现物象基本特征的绘画形式。它是通过目视、心记、手写等活动，提取客观形象最典型、最突出的特点，运用简洁洗练的笔法，简略地概括状物造型，简明扼要地表情达意的绘画形式。它的制作要求不在于机械地临摹仿写，而在于概括、简洁的写意、传神。

2. 空椅子技术

空椅子技术是格式塔流派（又称完形心理学派）常用的一种技术，是使来访者的内射外显的方式之一。此技术运用两张椅子，要求来访者先坐在其中一张椅子上，扮演内心冲突情境的一方（譬如一个内心的“胜利者”），然后再换坐到另一张椅子上，扮演内心冲突情境的另一方（譬如一个内心的“失败者”），而让来访者所扮演的两方持续进行对话，以逐步达到自我的整合或者自我与环境的整合。

空椅子技术的本质就是一种角色扮演。通过这种方法，可使内射表面化，使来访者充分地体验冲突，而由于来访者在角色扮演中能接纳和整合内心的“胜利者”与“失败者”，因此冲突可以得到解决。同时，此技术会协助来访者去接触他们潜藏深处的情感，以及连他们自己都可能否定的一面。他们借此将情感外显化，并充分体验它，而非仅止于讨论。并且，它还可以帮助来访者去了解此种情感是他们真正自我的一部分。通过自我内心两个分裂部分的对话，使人们内在的对立与冲突获得较高层次的整合，即学习去接纳这种对立的存在并使之并存，而不是要去消除一个人的某些人格特质。

操作流程

“我家的老人”具体操作见表15.4。

表 15.4 “我家的老人”具体操作

流程	内容	目标	导师引导	注意事项
画简笔画	画一幅家中最重要的老人的简笔画。	通过画画将对方具象化，能形成回忆。同时，简笔画简单易学，方便勾勒出对方的重要特征。	闭上眼睛，回想家中对你最重要的老人的样子，记下他的重要特征。然后用简笔画的形式将他画出来。	社区可以寻找志愿者教简笔画。

续表

分享	分享自己的简笔画和自己与画中人的故事。	帮助成员回想与老人的故事，澄清并形成对老人的敬爱和怀念之情。	大家手中所画的老人，一定与你们有重要的联系，你与他之间也有很多的故事。与大家分享一下相处过程中的动人故事，让我们大家都认识一下这位值得尊敬的老人。	
隔空对话	与简笔画中的老人对话，把没有机会对对方说的话做一个淋漓尽致的表达。	直接表达对画中老人的情感，升华尊敬之情。	看着你所画的老人，想象他现在就站在你面前，你想对他说什么？他又是如何回应的？当你的内心有这些话语呈现的时候，站到中间来，把老人的画像贴在凳子上，跟他做一个表达。	①按照空椅子技术的引导方式进行铺垫和引导，力争让成员进入情境，真实表达。②“以点带面、点面结合”的形式进行。先找一个成员作为代表进行这一环节。再引导成员在组内表达，尽量照顾到每个成员都有表达的机会。
支持升华	相互分享、支持，可能的话将团体中的表达对现实生活中的老人说。	进一步升华主题，并将团体效果延伸到生活中。	大家自由走动，自由表达。同时，在本期团体结束之后，尽最大的努力找到对方，将你在团体中所说的话当面对他进行表述。	如果老人已经去世，可以鼓励成员去拜祭一次，表达自己的感受和怀念之情。

活动4：同事有义——志同道合之士

核心理念

“君使臣以礼，臣事君以忠”，即指在行政机关，民间团体，乃为上位之主事者，若要使用下级之人员，须以礼法指导；但为下级之人员，若对上位之主事者，则须以诚敬效忠。下级人员若有差错过失，为主事者，则须将差错过失之点指明，切不可无说明白，就乱责备部下；而为主事者，若有误错，在下级之人，当然尽务以谏诤劝解，亦不可怨恨主事者。虽然用忠言谏诤劝解，主事者总不采纳，亦不改过，此时为下级人员，则可以依照合理法而辞职，切莫对上司，搬弄是非，而暗害同事，以贪图名声，而得权利地位也。故为主事者之办事，若误错者，则全体之事务，亦决定失败也。而为下级人员之作事，若有误错者，自己所担之事务，亦决定乱杂，而不整齐。所谓主事者，如一身之头脑，下级人员者，如一身之手足，故双方定要互相照顾，互相连络，亦不可一味思领薪金，对办公不至诚虔意，须能尽所担任之义务，不受私欲之蔽害，以推行工作，则应该也。所以君臣之间，议论朝政，能正理合法，则谓之仁君义臣，亦可以说，上官若贤明，下官则正直，总要君则敬，臣则忠，自然君臣有义，国家兴隆矣。”（摘自《道钟警明》）

操作流程

“志同道合之士”团体具体操作见表 15.5。

表 15.5 “志同道合之士”具体操作

流程	内容	目标	导师引导	注意事项
找成语	让成员寻找最能代表自己心目中同事关系特点的成语。	成员寻找的成语实际是一种投射，是成员对同事关系的处理态度或愿望的体现。	在你心目中同事关系应当是怎样的？或者你现在的同事关系是怎样的？找一个合适的成语来形容它。	准备一些成语做提示，但不局限于已有的成语。
分享成语	让成员解释自己所选成语的意思以及自己选择的原因。	这一过程实际是成员进一步澄清对同事关系的看法和期望的过程。同时，也能在相互分享中彼此获益。	没有无缘无故的缘分，那么多形容人际关系的成语，为何你偏偏选中了这个？这个成语对你而言又有怎样的特殊意义？分享给大家。	
自省	促进成员反思自己对同事关系的看法是否恰当，是否为自己理想中的同事关系做过努力。	成语只是一个媒介，结合生活，反思自己与同事的相处方式哪些地方做得好、哪些地方需要改进，这才是主要目标。	每个人都有自己与同事相处的经验和教训，做得好的地方和需要改进的地方。现在我们在一张 A4 纸上对这些内容做一个整理，形成一个属于你自己的同事相处“秘籍”。	事先准备好印好条目的 A4 纸。
评选成语	评选最能代表良好同事关系的前 5 个成语，共同熟记它们的意思。	评选出的成语实际是大家向往的目标和努力的方向，会在潜移默化中对成员的同事关系造成积极的影响。	我们有这么多成语，现在就来投票选出我们团队认为最能代表良好同事关系的 5 个成语。	准备好投票的纸，公平起见可以采用不记名投票的方式进行。
总结升华	总结小组内容，升华主题。	引导成员身体力行，为理想中的同事关系努力。	在人际关系中，很多时候我们都习惯等待，等待对方主动，等待对方改变。同事关系中也是如此，我们希望同事与我们同舟共济、共同进退，却很难主动表达友好和支持。改善同事关系，还是必须从我们自身做起。	

成语参考

可选择成语参见表 15.6。

表 15.6 可选择成语

莫逆之交	肝胆相照	亲密无间	亲朋好友	深情厚谊
情投意合	情同手足	八拜之交	班荆道故	长枕大被
称兄道弟	杵臼之交	春树暮云	对床夜雨	狐朋狗友
患难之交	金兰之友	酒肉朋友	酒食征逐	良师益友
落月屋梁	契若金兰	让枣推梨	声气相投	十亲九故
视为知己	停云落月	投桃报李	万古长青	望穿秋水
刎颈之交	相知恨晚	一见如故	煮粥焚须	灼艾分痛
总角之交	志同道合	心心相印	水乳交融	相亲相爱
谊切苔岑	流水桃花	天长地久	至死靡它	淡水交情
情深潭水	恋恋不舍	两肋插刀	肝脑涂地	依依惜别
难舍难分	生死之交	情同骨肉	贫贱之交	白首同归
道义之交	倾盖如故	生死不渝	叨在知己	相视而笑
莫逆于心	相视莫逆	心照情交	心照神交	一诺千金
亲密无间	推心置腹	风雨同舟	荣辱与共	同甘共苦
关怀备至	盛情款待	促膝谈心	情深似海	拔刀相助

活动 5：朋友有信——朋友质量

理论基础

积极心理学六大美德与 24 项积极心理品质。

详情参见本书第七章积极心理咨询技能相关内容。

具体操作

1. 引导成员选择自己最看重的九大品质，如幽默、感恩、自律等。

2. 排出九大品质之后，将自己所有的朋友按最突出的品质进行分类，参考表 15.7。

表 15.7 九大品质朋友分类表

幽默（列出人名）	感恩（列出人名）	自律（列出人名）
谦虚（列出人名）	谨慎（列出人名）	宽容（列出人名）
热情（列出人名）	勇气（列出人名）	真诚（列出人名）

3. 组织成员讨论感受和心得。

三、“4”——四种心理资本

心理资本是积极心理学最新的研究成果，避免了问题解决模式的消极思维，着重于引导居民发现自身的长处和优势，并且在互动中彼此学习、成长，是积极干预模式。对心理资本的阐述不是简单的说教，而是将心理资本用简单易操作的团体流程进行呈现。

（一）心理资本的定义

“心理资本”是借用一个商业名词寓意人的心理状况。如同人的物质资本存在盈利和亏损的问题，人的心理资本同样存在盈亏，即正面情绪是收入，负面情绪是支出，如果正面情绪多于负面情绪便是盈利，反之则是亏损。人的所谓是否幸福，实际上就是其心理资本能否足够支撑他产生幸福的主观感受。心理资本包含自信、乐观、希望和韧性等。

不同派别的学者对心理资本的定义有几种不同的观点：

1. 心理资本特质论

心理资本是个体通过学习等途径进行投资后获得的一种具有耐久性和相对稳定的心理内在基础架构，心理资本即人格。

2. 心理资本状态论

心理资本是一种特定的积极心理状态，是个体对自我、工作、伦理以及人生信念、态度和认知的综合，是一个由多种因素构成的综合体，是一种重要的个人积极心理能力，对个体认知过程、工作满意感和绩效都产生显著的影响。

3. 心理资本综合论

心理资本是一种同时具有状态论和特质论的心理素质，在拥有状态性，可以通过干预措施来开发的同时，又具有特质性，相对比较稳定，而且状态和特质实际上是同一维度上的两个极端。

（二）心理资本内涵的界定

心理资本的概念最早出现在经济学、社会学以及投资学等文献中。对于心理资本的界定，目前学术界主要有三种说法：一是认为心理资本更倾向于一种积极心理发展状态，二是少数研究者认为心理资本是一种人格特质，三是认为心理资本是心理状态和人格特质的综合体。

分析研究发现，在对心理资本的研究当中，对其定义的界定有很多，学者们对心理资本内涵的理解有趋同与综合的趋势。不难看出，所谓心理资本是指个体在成长和发展过程中表现出来的一种积极心理状态，是超越人力资本和社会资本的一种核心心理要素。大部分学者认为心理资本有四个特点。一是属于积极心理学范畴，强调个人的力量和积极性，而不是纠错与试误；反映员工的优点，而不是缺点。二是一种基于积极组织行为学标准的心理状态。三是不同于人力资本与社会资本，而是位于两者之上。人力资本强调“你知道什么”，如知识、技能、观点和能力，它明确了员工应该具备的受教育程度与技能。社会资本强调“你认识谁”，它注重的是关系网络和人脉。而心理资本则强调“你是谁”以及“你想成为什么”，如自信、希望、乐观和坚韧，关注的重点是个体的心理状态。四是具有投资和收益特性，可以通过特定方式进行投资与开发，将其潜力挖掘出来，进而使自己获得竞争优势。

（三）心理资本结构和测量

约瑟夫指出，自信、希望、乐观、坚韧等积极心态最符合积极组织行为学的要素要求，理应成为心理资本的构成要素，同样路桑斯等也明确把自信、希望、乐观、坚韧四种积极心理状态合并成为更高层次的核心概念，并称之为心理资本。

表 15.8　心理资本构成及内涵

结构	内 涵	导向性	对心理资本的贡献
自信	对自己运用自身能力完成某项任务的相信程度	着眼于现在与未来	敢于面对挑战，愿意为实现目标付出更大的努力
希望	支撑个体在困境中坚持美好信念的特定情绪	着眼于未来	与积极结果和良好的个人品德相联系
乐观	将积极事件归因于内在的、持久的、普遍原因的解释风格	着眼于未来	身处逆境时能支撑个体坚持美好信念的特定情绪
坚韧	从极端变化环境（如冲突、失败、狂喜）中迅速恢复的能力	着眼于过去与现在	面对不利形势，能坚持对积极未来的渴望

表 15.9　心理资本结构研究

研究者及年份	量表名称	结构要素
Gol 1997	心理资本量表	自尊

续表

Cole 2006	核心自我评价构念量表	自尊、自我效能感、控制点和情绪稳定性
Jensen 2003	心理资本评价量表	希望状态、乐观状态、自我效能感、复原力
Letcher 2004	大五人格评价量表	情绪稳定性、外向性、开放性、宜人性、责任感
Page 等 2004	积极心理资本评价量表	希望、乐观、自我效能感、自信、复原力、诚信
Larson 等 2004	心理资本量表	自我效能感、乐观和复原力
Luthans 等 2007	心理资本问卷	希望、现实性、乐观、自我效能感、自信、复原力
Luthans 等 2006	积极心理状态量表	希望、乐观、复原力
Avey 等 2006	心理资本状态量表	希望、乐观、复原力、自我效能感
Jensen 等 2006	心理资本状态量表	希望状态、乐观状态、复原力

表 15.9 说明由于研究者的背景、视角差异较大，研究者所掌握的资料、对象存在差异。心理资本结构的研究结论还存在较大差异，但不同研究者所提出的心理资本结构具有共同要素：乐观、自信、自我效能感、希望和复原力。但是目前研究者由于对心理资本的理解或研究存在不同的视角，因此他们所确定的心理资本结构要素和所开发的测量工具也有所差异。

（四）影响心理资本的因素

目前有关心理资本影响因素的研究比较少，有学者给出了其中的原因：一是目前心理资本研究正处于起步阶段，研究者关注的焦点主要是心理资本的结构和影响效应；二是影响心理资本形成的因素非常多，这些因素不仅包括个体自身的生理与心理特征，而且包括环境方面的影响因素，这些影响因素不仅存在类型上的差异，而且在影响程度上也有所不同；同时，这些影响因素之间可能还存在着复杂的交互作用，因此研究起来难度较大。从目前的文献看，关于影响心理资本的因素有：

1. 经济因素。心理学家认为，心理资本是个人心理的潜能，经济因素对它的影响不是很大。

2. 在身心健康方面。积极心理学的研究证明，良好的身体、平稳的心态有助于培养自信，让个体充满希望和乐观地面对未来。

3. 家庭关系方面。积极心理学者认为良好的婚姻关系、家人及亲戚的和睦关系也可能影响到一个人的主观幸福感，特别是在培养个体的坚韧与希望方面。

4. 社会文化方面。路桑斯指出，在一个崇尚个人主义的环境里，大家更看重心理资本。

5. 个体人口统计变量的影响。施耐德认为，受教育程度和人生经历的相关过程会影响心理资本状态。受教育程度高的个体因为其自身的优势感而更容易产生高水平的希望和乐观状态。

（五）心理资本的研究趋势

1. 本土心理资本作用机制的探究

本土心理资本在员工职业生涯上的应用有显著效果，认为将本土心理资本的积极作用运用于职业生涯管理，亦即实现对心理资本乃至人力资本有效开发和利用，都为今后对本土心理资本作用机制的研究提供了新的思路和方向。

2. 心理资本影响因素的探索

关于心理资本的影响因素至今一直没有一个统一的标准，杰森（2006）等人认为诚信领导与企业家的心理资本正相关，随后路桑斯等人（2008）认为组织支持水平有助于积极心理资本的开发，未来关于这方面的研究依然是在对心理资本影响因素的扩展（如前因变量）以及模型的建立上。

3. 心理资本研究视角的多元化

心理资本的研究一直在扩大丰富，大部分学者主要集中在员工的视角进行剖析，但也有部分学者不仅从心理学角度，而且尝试从生物学角度来研究心理资本，未来还可以从公司治理、社会学的分析角度来探讨心理资本在企业中的应用。

随着中国经济地位的不断提高，发展和管理员工未被利用的积极性和心理资本对国家和组织成为一个整体具有重要作用。这些资源能让中国继续和更好地与西方公司竞争，并能根据 WTO 的要求调整相应策略进而更好地融入全球经济。中国员工的心理资本必定是现在和将来潜在的无限竞争资源。

（六）社区居民的心理资本

由以上介绍和理论研究我们可以看出，心理资本最初是在企业的人力资源领域提出的，目前的研究和未来的研究趋势也更多地集中在人际关系领域。但是我们的实践和研究经验表明，社区居民的心理资本，对于居民幸福感以及社区和谐有非常重要的作用。同时，针对社区居民生活特点，我们提出社区居民心理资本的四大元素和基本结构。

乐观：居民对现在与未来的生活有积极的归因，相信逆境只是暂时的，生活会朝积极的方向发展。

坚韧：当身处逆境和被问题困扰时，能够持之以恒，迅速复原并超越。

感恩：对别人所给的帮助表示感激，是对他人帮助的回报。

希望：对未来的生活充满信心，认为自己可以经营和谐的人际关系和美满的家庭，同时能够在必要时调整实现目标的途径。

（七）操作理念

我们主要采用心理训练的方式提升居民心理资本，根据每个心理资本元素的特点不同，分别采用演讲、诗歌、书信、唱歌等方式，充分发挥居民自身能动性，将团体的主动权交给居民，让居民在体验中展示自我，在互相分享和交流中得到提升和训练，同时，可以将团体中提升的能力运用到实际生活中。

特点：

1. 运用艺术性的表达方式，强调成员参与和体验。

2. 导师作为共同参与者和训练员的角色，只需适时发挥引导作用即可。

3. 成员相互的分享、交流、学习是心理训练成功的关键。

4. 活动形式新颖、活泼、贴近生活。

活动 1: 乐观——计量生活

乐观是一种抱着阳光、积极向上的心态去面对生活的态度。乐观的人身处于巨大的困难中时，总能从反面的困难中找出一点点值得他们高兴的事物。

核心理念

叙事疗法指咨询师通过倾听他人的故事，运用适当的问话，帮助当事人找出遗漏片段，使问题外化，从而引导来访者重构积极故事，以唤起当事人发生改变的内在力量的过程。叙事治疗是一种关于在世生存的对话，它以故事叙说的方式，透过“故事叙说”“问题外化”“由薄到厚”等技巧，鼓励人们探索自己的内心，重新构建自己渴望的生活，引导当事人通过自己的故事重新诠释生命的意义。

麦克・怀特认为，对于自己或他人经验故事的叙述，不足以代表他们的生活经验，个人重要的生活部分与主流叙事相矛盾，因而无法实现自己的故事是关键。以这样的角度来看，可能帮助人的叙事心理治疗也就在于如何让人“产生或辨识了不同的故事，让他实现新的意义，带给他想要的可能性”。叙事心理治疗的重点，就是要帮助当事人重新检视自身的生活，重新定义生活的意义，进而回到正常的生活。

操作流程

1. 将成员两两配对分组。

2. 其中一人谈自己的生活、工作、人生。对面一个作为观察员，认真倾听，记录。

3. 着重记录对方的积极词汇和消极词汇。

4. 交换练习。观察员表达，另一成员记录。

5. 交流感受，规划之后的言语方式。

活动 2: 坚韧——人生五味

核心理念

具身认知，也称“具体化”，是心理学中一个新兴的研究领域。具身认知理论主要指生理体验与心理状态之间有着强烈的联系。生理体验“激活”心理感觉，反之亦然。简言之，就是人在开心的时候会微笑，而如果微笑，人也会趋向于变得更开心。

有研究者曾做了这样一个实验：被试是大学的本科生，实验中，被试被告知是一个工效学的实验，研究各种身体姿态对完成某种任务的影响。每次实验有 6 个被试参加，实验情境分为两种：在一种情境下，被试被要求采纳一种所谓的“工效学姿势”，低头、耸肩、弯腰，给人一种垂头丧气的感觉；在另一种情境下，被试采纳的姿态是腰背笔直、昂头挺胸，给人一种趾高气扬的印象。为了防止被试之间情绪的相互影响，被试彼此是隔离起来的，相互看不到。接下来，被试根据实验者的要求完成一项复杂的任务。任务完成之后，被试被告知他们出色地完成了任务，可以获得实验者的酬劳。在实验的最后阶段，被试要完成一个问卷，询问他们此时此刻的心境，是否为他们出色完成任务感到骄傲，等等。结果发现，在前一种情境下，对他们自己取得的成绩，体验到骄傲情感的被试的平均数是 3.25，而后一种情境下，体验到骄傲的被试的平均数是 5.58。实验结果说明情绪是具身的，认知并不是情绪形成的唯一因素，身体及其活动方式对情绪与情感的形成有着重要作用。

通过具身认知的原理，用生理的刺激去诱发相应的情绪，然后就如导弹制导一般，让对方回忆起相应的事件，并且进行表达和分享，这是一个通过艺术的形式实现心理澄清的过程。让成员回想起那些曾经对自己有重要意义和影响的事件，在分享中有一个相对客观、理性的认识，并且引发一些思考。

操作流程

1. 准备材料，泡好酸、甜、苦、辣、咸五壶茶，成员围圈而坐，随着轻柔的音乐，导师引导大家品茶。

2. 每个人手中拿一个杯子，先上第一杯苦茶，引导成员不能闻也不要喝。

3. 引导者喊“开始”，大家一起一饮而尽。

4. 喝下去之后，顺着身体的感觉，静静体会自己内心的感受，回忆这种感受是否和自己曾经的一段经历有相同的地方。

5. 依次分享自己想到的事情。

6. 按照苦、酸、辣、咸、甜的顺序上茶，一饮而尽，静静体会，然后依次分享各自的故事。

7. 喝完五种茶之后，顺着自己的体会和感受，作一首诗，题目就叫作“人生五味茶”。

8. 分享诗歌。

9. 一起唱一首能表达所有人心声的歌，例如《驿动的心》等，结束活动。

注意事项

1. 酸、甜、苦、辣、咸五种茶的味道要尽量重一些，这样感受相对较深，能更好地引发回忆。辣的味道用芥末而不是辣椒，会有更理想的效果。

2. 一个成员分享的时候，其他成员保持安静倾听，不评价，不回应，不分析。

3. 五杯茶一定都要一饮而尽，不是慢慢细细品尝。

4. 如果过程中某个成员出现一些情绪反应，例如哭泣等，都属于正常现象，其他成员可以鼓励其表达，并且给予支持。

活动 3：感恩——感恩拜访

感恩，《现代汉语词典》的解释：对别人所给的恩惠表示感激。所以感恩是对他人帮助的回报。

对感恩的关注古已有之，东西方皆然。西方文化中的感恩集中体现在基督教徒对上帝的虔诚回报，每年一度的感恩节就是其明证。

中国文化中同样存在着深厚的感恩意识。《诗经》中有“投桃报李”之说，唐代孟郊留下“谁言寸草心，报得三春晖”的动人诗句，中国文化的三大主流———儒、释、道思想中含有丰富的感恩思想。任现品指出，儒家忠孝节义四大伦常观点的内在核心都是感恩，并认为感恩意识的最大化是儒家文化的重要特色，可以用“忠为报君恩，孝为报亲恩，节为报夫恩，义为报友恩”来一以贯之。在思想长河中，感恩有一个悠长的过去，但在心理学的研究中，感恩却只有一个短暂的历史。

核心理念

感恩是当前积极心理学的热点课题，是指个体用感激情绪了解或回应因他人的恩惠或帮助而使自己获得积极经验或结果的一种人格特质。感恩对于个体幸福感具有独特的预测作用，中介模式和调节模式两种理论对其影响机制进行了解释。感恩干预可有效增加个体感恩水平，进而提升幸福感，其策略主要包括感恩记录、感恩沉思和表达感恩行为等。明晰感恩的概念与结构、完善测量工具、拓展并深化中介与调节机制、发展有效的干预策略、开展儿童青少年研究，以及跨文化或本土化研究，是该领域未来重要的研究方向。感恩与幸福感作为积极心理学的重要主题，日益受到研究者的关注。

操作流程

感恩拜访的具体操作流程如表 15.10。

表 15.10　感恩拜访具体操作流程

流程	目的	导师引导	注意事项
暖场。	成员彼此相识、互相认同、消除沟通障碍，激发成员参与团体活动的兴趣，增强成员参与愿望。	可选用任意热身游戏，打破彼此隔膜。	注意控制时间。
全体成员围坐在地上，导师带入情境。	让成员进入当下，处于此时此地的状态。	导师：“在我们的生命历程中，会遇到很多对我们很重要的人，他们爱我们、保护我们、帮助我们，可是，随着时间的流逝我们却慢慢地在淡忘，让他们沉在了心底。今天，我想请大家找出 1 ～ 2 个需要急切感恩拜访的人，并说出你感恩的原因和拜访的目的。”	注意声音轻柔温暖。
话题引出，全体成员思考五分钟。	思考的过程是重温，重新感受当时的正能量。	导师可在此过程中分享自己或者自己身边的人的“感恩故事”。	在一段时间后让成员举手示意，直到所有人都找到为止。
分享。	分享是再一次表达，能够加深感恩情感。	每个人说出自己要感恩拜访的人的名字。 分组分享自己的感恩故事。	控制分享时间，但尽量保证每个人都充分表达。

续表

每个人写一封信给感恩拜访的人。	表达内心的感激，有助于升华情感，获得积极的能力。	用第二人称，给你想要感谢的人写一封信，将你想说的话真诚地对他说。	要求活动结束后成员能够真正地去做一次感恩拜访，并且坚持每月能做一次，可以拜访不同的人。
结束阶段，互相拥抱，互相鼓励。	相互支持，充分表达。	大家今天能在此相聚也是缘分，也是值得感恩的幸运。向你身边的成员表达你内心最真挚的感情。	

注意事项

全场成员能遵守条约和保密原则，会后不再讨论、评论，尊重人格。

准备材料

1. 安全的场地，舒适，可坐可躺。

2. 积极的音乐、歌曲等。

3. 纸和笔。

活动 4：希望——人生规划

20 世纪 80 年代以来，随着积极心理学研究思潮的兴起，希望开始进入科学心理学的研究视野，尤其以斯奈德等人为首的希望研究取得了丰硕成果，对教育、医学，尤其是心理健康教育和心理咨询领域产生了重要影响。

核心理念

斯奈德等人将希望定义为“一种积极的动机性状态，这种状态是以追求成功的路径（指向目标的计划）和动力（指向目标的活力）的交互作用为基础的”。希望包括三个最主要的成分：目标、路径思维和动力思维。

目标是其希望理论的核心概念。人类的行为，包括日常生活中的普通活动，都是有一定目标的。这是人们精神活动的支点。目标有时间长短之分，也有具体与抽象之别。一般可以将其分为两类，即积极的“趋近”目标和消极的“回避”目标。目标会促进行为系列的产生，其中有两个主要成分，即路径思维和动力思维。

所谓路径思维，即达到目标的具体方法和计划，这是希望的认知成分。一般地，高希望水平的人形成的路线比低希望的人更加具体可行，而且还善于形成备选路线。

动力思维是指执行路线的动力，即个体认识到自己有根据已有的路径达到所期望的目标的能力，属于希望的动机成分。类似于意志力，其重要作用尤其体现在人们追求目标的过程中遇到障碍和困难，感受到压力时，希望水平高的人通常有足够的毅力去战胜挫折，而且将这种挫折看成是成长的契机，而低希望的人则可能在面对困难时唯唯诺诺，止步不前。

根据希望理论，心理学家发展出了一套提高希望水平的干预模式。这些干预模式既用于个别咨询，也用于团体辅导。无论形式如何，这些干预模式都紧紧围绕着希望的不同成分展开。干预的过程可以分为灌输希望、确立目标、加强路径思维、加强动力思维四个方面。

具体操作

引导成员画三种类型的生命线，来进行人生规划。

生命事件线：

1. 在一张白纸上画一个纵坐标，一个横坐标，将纸分为四个区域，在左下角的区域中取一个点标上 0 岁，代表出生。以此点为起点，在四个区域的范围内按照个人意愿随意画一条线，在与左边的横坐标交接的点上终结，最后一个点代表的是以现实（家族年龄、所在地区的平均寿命、自身健康状况等）估计的死亡年龄。在死亡年龄所代表的地方，画一个墓碑，写上一段墓志铭。

2. 由此形成的四个区域中，横坐标以下的区域代表过去，横坐标以上的区域代表未来。

3. 在连成的线段中随意地标一些点。这些点代表的是我们在生命旅程中遇到的重要事件、重要的人。可以闭上眼睛冥想一会儿，将你眼前出现的场景和人都记录下来。在每个点上做一个标注。与横坐标相交的点是生命中特别重要的事件，可做重点标注。

4. 完成生命事件线。

人生追求线：

按照与生命事件线相同的步骤，在生命事件线内，画一条人生追求线，即线上的点所代表的是你对人生的过去和未来的目标和追求。同样，在线上取一些点标明具体的目标，与纵坐标和横坐标交界的点代表生命中非常重要的目标或追求。

横坐标上面的线条部分代表的是未来的目标，横坐标下面的点代表的是过去的追求。

人际关系线：

按照与生命事件线相同的步骤，在生命事件线内，画一条人际关系线，即线上的点所代表的是在过去和未来对你有重要意义的人或关系。同样，在线上取一些点标明具体的人以及关系类型，与纵坐标和横坐标交界的点代表生命中非常重要的人或关系。

横坐标上面的线条部分代表的是未来的关系，横坐标下面的点代表的是过去的重要他人或关系。

参考资料

[1] 欧文·亚隆，李敏，李鸣．团体心理治疗：理论与实践．中国轻工业出版社，2010.

[2] 塞利格曼．持续的幸福．浙江人民出版社，2012.

[3] 秦晓利．生态心理学．上海教育出版社，2006.

[4] 汪凤炎．中国文化心理学．暨南大学出版社，2004.

[5] 黄希庭．人格心理学．浙江教育出版社，2002.

[6] 韦志中．团体心理学：本会团体心理咨询模式理论与实践．清华大学出版社，2014.

[7] 任俊．积极心理学．开明出版社，2011.

[8] 韦志中．社区心理学：254 模式理论与实践．武汉大学出版社，2016.

[9] 张卫东．社区老年人的生活质量与心理健康:SEM 研究．心理科学，2002, 25（3）.

[10] 王庆华，杨玉霞，丁志荣等．空巢老人生活质量与心理健康的相关研究．中国老年保健医学，2007, 5（4）.

[11] 苗泽华，杨晓铮．五伦大道及其生态思想探析．河北经贸大学学报（综合版），2012.

[12] 薛惠芳．我国社区工作者队伍建设现状、问题与对策．地方治理研究，2006, 8（1）.

第十六章　企业心理健康服务

企业心理健康服务属于心理学的应用范畴，它将心理学的理论、理念、方法和技术应用到企业管理和企业训练活动之中，以更好地解决员工的动机、心态、心智模式、情商、意志、潜能及心理素质等一系列心理问题，使员工心态得到调适、心智模式得到改善、意志品质得到提升、潜能得到开发等，进而提升企业文化凝聚力，推动企业的良性发展。

第一节　企业心理健康服务的背景与意义

一、企业心理健康服务的起源

（一）西方心理学的引入

1879 年德国学者冯特受自然科学的影响，在莱比锡大学建立第一个心理学实验室，标志着科学心理学的诞生。在我国，自 1917 年陈大齐教授在北京大学建立第一个心理学实验室以来，虽几经起落，但从 20 世纪 70 年代后期开始心理学研究也进入空前的繁荣时期。教育部于 1995 年第一次成立我国高等学校（理科）心理学教学指导委员会，1999 年，科技部将心理学确定为 18 个优先发展的基础学科之一。2000 年，心理学被国务院学位委员会确定为国家一级学科。这表明心理学被正式列入我国主要学科建设体系，从而在点和面上都有力地提高了心理学在我国的教育和研究水平，并促进了心理学在社会各界的迅速普及。

（二）EAP（员工帮助计划）的引入

EAP（Employee Assistance Program）即员工帮助计划，起源于 20 世纪二三十年代

的美国。EAP 服务是企业组织为员工提供的系统的、长期的援助与福利项目，通过专业人员对组织以及员工进行诊断和建议，提供专业指导、培训和咨询，帮助员工及其家庭成员解决心理和行为问题，进而使企业在节省招聘费用、节省培训开支、改善组织气氛、提高员工士气、改进生产管理及提升组织绩效等方面获得很大收益。到 20 世纪末为止，在世界五百强中，有 90% 以上建立了 EAP。美国有将近四分之一企业的员工享受 EAP 服务。同时，EAP 计划也开始大踏步地进入中国企业，许多中国企业开始接触及尝试借鉴或者应用 EAP 服务中的部分心理健康服务模块。

（三）心理资本的提出

美国著名学者路桑斯于 2004 年提出心理资本概念并延伸到人力资源管理领域。所谓心理资本，是指个体在成长和发展过程中表现出来的一种积极心理状态，是超越人力资本和社会资本的一种核心心理要素，是促进个人成长和绩效提升的心理资源。人的发展、成功和幸福不仅需要环境和社会文化等，更需要充分认识和发掘个人内在的积极心理品质，心理资本是将心理学和管理学的理论与实践相结合，从心理学的角度拓宽管理视野，掌握提升心理素质的方法和心理辅导的技术，引导以积极的情绪投入工作，从而激发团队活力和激情，促进工作绩效提升。

二、企业心理健康服务产生的背景

（一）宏观背景

1. 企业管理的转型

现代管理阶段中科学管理提出了提高企业的规范性、制度性以及监控性，但是其刚性大为削弱，因为规章制度只能对共性问题进行约束，不能适应瞬息万变的经济发展。人本管理在这个基础上的提出旨在适应经济多元化与全球化的趋势，使人们拥有更多的发展空间，人们所受的刚性约束越小，自由度就相对越大。它承认人的价值和尊严，相信人的本性、潜能、经验、价值、生命意义、创造力和自我实现。人本管理是一种宽容性的人性化管理，管理的目的不仅仅只是追求企业利润，而是在企业发展的过程中个人与企业共同成长，提高绩效的同时也能促进员工身心健康与发展，促进人与组织共同成长。

2. 由物质需求到精神需求转变

随着社会主义现代化建设事业的顺利发展，目前人们的经济利益关系发生了新变化，人们的物质需求基本上得到满足，“需求层次论”指出，人在满足了低层次的物质需要的基础上会在精神上有更多的需求。这就要求企业给予员工的不仅仅是薪资，同时也要尊重员工的主体意识，充分肯定人在生产经营活动中的主体作用，要注意员工的喜怒哀乐，关心员工的生老病死，企业心理是维系企业人际关系，增强企业凝聚力的重要因素，只有当员工的精神需求成为公认的共同需要时，企业管理者才能有效地激发成员的行动，取得一致的心态。

3. 人心资本管理时代的来临

管理的核心是人的管理，竞争的核心是人才的竞争，企业最大的财富是健康、幸福、高效的员工。企业员工面对激烈的竞争和工作的压力，容易出现心理紧张、挫折感、痛苦、自责、丧失信心等不良心理状态，心理教育疏导十分必要。在世界五百强中至少80%的企业为员工提供心理帮助计划。实验和事实证明，良好的心理教育、疏导和训练，能够增强员工的意志力、自信心、抗挫折能力和自控能力，还能提高员工的创新意识、贡献意识、集体意识和团队精神。

（二）微观背景

1. 生活压力

在工作中，当环境条件提出的要求超出一个人的能力和其所拥有的资源范围时，人们会感到紧张，这是一种由于对潜在危险（身体上或精神上）的意识及对如何消除危险的思虑而产生的精神和生理状况。企业员工所承受的职场压力、社会压力和个体压力更大，从而长期处于疲劳、烦躁、压抑的精神状态中。

2. 人际关系

和谐的人际关系可带来愉快的情绪，让人产生安全感、舒适感和满足感，可以减少孤独感、恐惧感和心理上的痛苦，并能宣泄不快情绪，从而减少心理压力。相反，人际关系紧张常造成抑郁、烦躁、焦虑、孤独、憎恨及愤怒等不愉快的情绪，强烈而持久的不良情绪反应会导致自主神经功能失调、内分泌功能紊乱、免疫功能降低，不利于身心健康。调查发现，一些做客户服务的员工由于白天接触客户太多，晚上回到家里就不愿和家人交流。时间久了就会影响家庭关系，甚至其人格特征都会发生变化。

3. 工作狂

工作狂指沉迷于工作，长时间不休息的人。工作狂的心理类似于心理学上的“沉溺行为”与“强迫行为”。他们工作成瘾，不工作就觉得不自在、痛苦、无所事事。

长期超负荷工作，会对人体产生压力，而且来自工作、事业的压力对人的身心健康有极大危害。长期处在激烈竞争的气氛中，会使人的心理总是处于紧张、苦闷、恐惧和不安等状态中，一旦遇到不如意的事情，自己又不具备足够的解决能力，就会产生悲观、失望、抑郁、消极甚至愤世嫉俗的心态。当不堪忍受这种精神压力时，会因不能把握自己而失去自控力，患上抑郁症或高血压、缺血性心脏病等。

4. 完美主义

在人际关系中，很多完美主义者感到孤独，因为他们害怕自己的意见不被采纳，使自己的完美形象受到影响。另外，由于完美主义者把注意力完全放在做事方法的“绝对正确”上，往往忽视他人的情感，对做事不到位者容忍度非常低，把对待事情的态度和方法完全照搬到对待人上，把人当作可以随便指责、发泄的机器，这样常常伤害别人，影响同事、朋友之间的关系，导致自己陷入孤独的境地。

5. 职业枯竭

职业枯竭一般表现为：不知道自己在做什么，怎样做；无端担心自己的人际关系，进而影响到对自己工作的满意度；困惑自己究竟会走向何方，对前途缺乏信心，开始抱怨所在单位的人事、组织结构，将责任归咎于同事；家庭不再是缓解压力之源，反而加重了心理的负担等。这是一种在身体、情绪和心理上消耗殆尽的状态。在这种状态下，人们将体验到一种持续的身心疲惫不堪、厌倦沮丧、悲观失望、失去创造力和生命活力的感觉。

三、企业心理健康服务的意义

企业员工心理健康服务工作对于企业有着极其重要、丰富而又深远的意义，其中最基本、最显著的作用是能够促进员工心理健康、降低管理成本、提升组织文化、提高企业绩效等。有效的企业员工心理健康管理可以为企业带来无穷的效益。

（一）增强员工心理和情感归属感

企业心理健康服务工作能够为企业的每一位员工创建一种“家”一样的情感归属空间。“家”对于中国人有着特殊的意义，从家庭、到国家，中国人都是以“家”为纽带。企业是一个放大了的家庭，企业中有了“家”的温馨，企业心理健康服务如果既能延续传统有形的服务形式，比如员工生活区、娱乐区，也能延伸至无形的心理帮扶、精神家园、心灵家园，比如心理疏导、音乐放松、催眠安抚等措施，就可以把企业和员工紧密连接起来，让员工在企业中找到家的幸福感和归属感。而员工的心理压力需要释放，员工的健康心理不仅是企业发展的需要，更是企业稳定的客观需要。

（二）提高员工素质和幸福感

除了提高员工的收入水平，提高员工的工作满意度，创建和谐企业可以提升企业员工的幸福指数；企业心理健康服务工作也能够从心理层面提升职工的幸福指数，通过心理健康知识普及、心理培训教育课程、心理个体咨询、心理团体辅导等各种形式的活动，让员工更新思想观念，加强内心修炼，树立阳光心态，学会感恩包容，调适心理压力，提高员工综合素质，提升企业整体幸福空间。

（三）完善企业绩效和合理激励

马斯洛需求层次理论是人本主义科学的理论之一，由美国心理学家亚伯拉罕·马斯洛 1943 年在《人类激励理论》论文中提出。书中将人类需求像阶梯一样从低到高按层次分为五种，分别是：生理需求、安全需求、社交需求、尊重需求和自我实现需求。了解员工的需要是应用需求层次理论对员工进行激励的一个重要前提。在不同组织中、不同时期以及组织中不同的员工的需要充满差异性，而且经常变化。因此，管理者应该经常性地用各种方式进行调研，弄清员工未得到满足的需要是什么，然后有针对性地进行激励。合理激励能有效激发员工的精神与物质欲望，推动企业和员工共同和谐发展，不仅为企业的发展和壮大提供保障，更为加强员工心理健康管理提供了支撑，两者互助共赢。

（四）推动企业发展和文化落地

员工在和谐健康的心理状况下的生产能力比在心理不健康状况下的生产能力高出数倍，员工有了健康和谐的心理，才能有成就感、归属感，才能激发积极性、主动性和创造性。在企业的爱心关怀下，员工们用“心”沟通与交流，每一项心得、每一个心愿直至每一个行动，都是企业文化建设的价值体现与实际功效。

（五）促进企业思想和政治工作的新常态化

2010 年，全国总工会在《全国职工素质建设工程五年规划》中指出，要“引导职工提高身心健康意识，实施身心健康教育，加强人文关怀和心理疏导”。可见，员工心理健康已经成为一个重要的社会问题。企业思想政治工作要从以往的单纯注重思想政治教育逐步转向既注重思想政治教育又注重人文关怀和心理疏导，要将员工心理健康管理纳入党、政、工、团的工作日程，关注员工心理变化和情绪状况，不断向员工的情感账户投资，才能让员工看到自己的工作价值，促进企业思想和政治工作的新常态化。

第二节　企业团体心理健康服务的范畴

一、组织管理上的心理健康

企业心理学更加明确地提出了，对于人力资本的开发不仅仅是对员工工作行为的规范与控制，更为重要的是对员工工作心理的引导与激励，更大限度地发挥员工的主观能动性，使之可以发现自我、发展能力，进而自我驱动，把自身潜在的能量最大限度地发挥出来。只有“以人为本”的组织才可能成为健康、富有生气和持续创新发展的组织。要解决组织管理上的心理问题，需要从三个方面下手：员工与组织的问题、员工与员工的问题以及员工自身的问题。

（一）要解决人和组织之间的问题

1. 企业文化的认同

员工真正接受了一种企业文化，把组织的愿景纳入自己的愿望时，才会有行动力的正面表现。企业心理的培训针对的不是员工的技术或者技能方面，而是价值观方面，成功的企业在自身特有的文化与员工之间建立纽带。在价值观相容的基础上才能提高员工对企业的忠诚度，这种对企业文化的认同感是激励企业不断进步，激励员工不断进取的巨大精神动力。

2. 岗位的认同

在合适的位置上，员工才会有最大化的价值感的体现，会表现得更为积极。对于岗位的认同感会让员工相信他们所做的事是值得的，他们才会对企业的目标有一种发自内心的精神追随。

3. 心理契约的遵守

企业对于员工的管理追求的是“心理契约”，心理契约带来的是和谐的、平等的、良好的企业氛围，往往也能产生事半功倍的效果，实现人尽其能，人尽其用，因为企业与员工共守的这种“契约”激发了员工努力工作的热情与信念。

（二）要解决人和人之间的问题

1. 管理的层级关系

“85后”“90后”的新生代逐渐成为企业的中坚力量，新生代的员工更愿意自我表达，也更加关注自己，他们有创新性、有独立性，有尝试的勇气和行动力，这时企业的管理无一例外地集中在“成效沟通、行为动机、管理心理、团队打造、组织凝聚力、员工个性与岗位匹配”等等专题上的重新学习和管理优化。

2. 管理的平级关系

企业心理在实际工作中发挥作用时不仅仅针对的是员工个人的特性与潜质，而且会在一个团体中起到联络、组织的作用。“管人管心”要求的是在追求企业目标时群体性的向心力表现。员工之间高效的沟通，以及情感的互相支持，都是建立企业和谐人际关系、提高团队的协作能力的必经途径，员工与员工的关系可以帮助提高员工对于工作的满意度，同时增强员工对于组织的承诺，最终达到真诚合作和健康和谐的组织氛围。

（三）要解决人和自己内心之间的问题

企业心理最为关注的是人与自己内心之间的问题。在这个层面上同样包括了两点：企业心理中领导的自我管理，企业心理中员工的自我管理。

1. 管理层的自我管理

领导者的人格影响力是一种通过吸引、感染、示范、引导的过程，是以内驱力的形式起作用的征服人、激励人的力量。领导者在态度、人格领导力、沟通力等方面具备的能力在员工的心理和行为中的作用是巨大的、长期的、深刻的。企业家和高层管理者必须学会用企业心理来指导管理，善于调节和缓解自身心理压力，善于发现和疏导员工的心理障碍，使员工的创新潜能得到充分的释放，把因为心理障碍而产生的可能的后果减少到最低程度。

2. 员工的自我管理

员工是企业生产力、执行力的真正践行者，员工素质的高低以及员工能力的发挥影响着企业的发展。压力对于员工心理的冲击直接影响着组织的绩效。在具备了一定的抗压能力的基础上，企业心理所要引导员工达到的下一个目标便是自我激励与自信心的提高。自我肯定是工作中源源不断的一种心理动力，员工在这种心理氛围下会有更高的工作动机，更愿意为企业的目标付出努力。员工的心态得到调适，心态模式得到改善，意志品质得到提升，才能更好地激发自我超越以及自我创新的意识。在对员工心理自我管理的开发中，企业最终才会迎来真正的双赢。

二、人力资源上的心理健康

在企业的可支配资源中，人力资本是最具能动性的，也是最具能量爆发力的。任何一家追求卓越的企业，如果要想在市场竞争中持续获得优势，就必须重视人力资源建设和管理。离开了对人力资源卓有成效的管理，就不会存在持续的竞争优势和卓越发展的企业。

（一）心招聘——从心识才

人员选拔要考虑两个方面：一方面是客观情况，即工作特点、工作条件、工作环境，另一方面是主观条件，即人的气质、能力、知识水平和性格特征等。不同的职业对人们的心理品质有着不同的要求，而每一个人所具有的心理品质又是各不相同的。所以在进行人员选拔时，应根据职业的要求进行以下几个方面的心理测试，这对招才选将具有重要的意义。

1. 性向测试

进行此项测试的目的，在于通过测定个人在某种专业或职业方面的特殊能力，来判断应测者适合于从事什么样的专业。当一个人所从事的专业或职业与其性向相符合时，就容易取得较大的成就。

2. 能力测试

进行能力测试的目的，主要是测定个人的观察能力、理解能力、表达能力、应用能力、记忆能力、推理能力、判断能力、想象能力等。被测试者的智力水平与其工作绩效之间存在正相关，这对领导和管理人员，都表现得尤为突出。

3. 兴趣测试

一个人对专业或工作是否有兴趣，对于团队的进展和个人的发展有着重要的意义。无数事实表明，一项工作，如果让有兴趣的人来担任，其成效肯定比没有兴趣的人担任要好得多，高度的兴趣，往往能导致创造性的成就。

招聘中常用的心理测评还有：（1）行为风格及个性测评。（2）职业适应性测评。（3）领导力测评。（4）团队凝聚力测评。（5）员工士气测评。（6）员工组织使命感测评……这里就不一一赘述了。

（二）心培训——育才优才

根据行为主义心理学的观点，员工培训之前，管理者要先掌握员工行为的实际水平或状态（基线），拟定培训将要达到的具体操作目标（预期），培训过程即通过演讲、讲解、演示等方式操作中介变量，使员工行为的变化表现为预期结果，当员工表现出目标行为，管理者可以根据强化理论及时给予强化，使员工的目标行为得到巩固。理论培训应尽可能地联系实际，具体的、可以与员工行为挂钩的知识便于在实践中得到强化；抽象的观察学习对员工个人素质要求较高，即需要较强的自我控制能力。

（三）心激励——励才和才

正面激励已成为组织管理的一项重要指标任务，对员工的工作提供及时、正确的反馈，可以提高员工的工作满意度。

1. 激励的三种途径

（1）通过对员工的需要的满足和引导来激励其积极性，即所谓的内容型激励。

（2）通过设置富有吸引力且实现可能性大的工作目标，来激励员工的生产工作积极性，即所谓的过程型激励。

（3）通过一定的管理方式，不断强化员工的行为，从而激励员工的生产工作积极性，即所谓的行为改造型激励。

2. 激励的两种类型

管理者在运用激励时，要坚持“两个结合”“两个为主”，即奖励和惩罚结合，以奖励为主；精神奖励与物质奖励相结合，以精神奖励为主。多运用奖励，少运用惩罚。这符合人们“尊重需要”，有利于调动积极因素。

（1）奖励的原则

① 奖励公平合理，奖励的程度要与对组织的贡献相当。

② 奖励的评选要坚持民主性。

③ 奖励要注重时效性。

④ 奖励应该是具体明确的。

⑤ 奖励要充分考虑受奖者的需要特点。

⑥ 正确处理物质奖励与精神奖励的关系。

（2）批评与惩罚的原则

① 批评是善意的。

② 批评是适当的。

③ 批评是一致的。

④ 批评时保持冷静。

3. 实用激励方法

（1）有效的沟通以及愉悦温暖的团队文化是团队形成良好工作氛围的重要条件。

（2）承认和适度满足员工的合理需要，引导员工去实现高级心理需要。

（3）灌注希望；与部属一起规划未来的发展前景。

（4）情绪舒泄：关心团队成员的身体健康和家庭生活。

（5）知识的传授：用培训进修的方式激励员工。

（6）利他主义：建立互相尊重和关心的管理环境。

（7）仿效主义：善用从众心理。

（四）心绩效——评才和用才

绩效考核是指收集、分析、传递有关个人在工作岗位上的工作行为、表现和工作结果方面的信息的过程，目的是调动人的积极性，使人力资源发挥最大的效能，使公司具有运行活力，让个体意识到自己的优点和不足，通过发扬优点和实施有效行为，来实现企业人力资源的优化。

美国心理学家维纳认为，人们常将行为的成败归纳为4个因素：能力、努力、任务难度、运气。其中能力和努力属于内部因素，而任务难度和运气属于外部原因。在另一个维度上，能力和任务难度属于稳定因素，而运气和努力属于不稳定因素。归因方式会影响个体在类似情境中的努力程度。企业在和员工进行绩效考核反馈沟通的过程中，要注意引导员工的归因方式，通过心绩效的训练，员工能够采用正确的归因方式来面对工作中的成功和挫折，及时对自身状态进行修正，才能真正达到绩效考核的目的。

三、个体心理资本上的心理健康

企业生产经营中效益的高低不但取决于企业的硬件资源，同时也取决于企业的心理资源，如果不注重企业心理资源的开发利用，会很大程度上耗费企业的“心理成本”，企业的心理成本指的是在组织的变革发展过程中企业成员在心理上感觉到损失的程度，如果心理成本耗费过高，会直接导致员工对工作的投入程度下降以及对组织的承诺度下降，甚至会带来混乱、低士气、离职和效率降低这些可能的结果。所以企业需要在心理资源“用人用心”方面给予更多的关注。

（一）员工的心理动机

企业要增强竞争力，归根结底就是要最大限度地提升员工的竞争实力，想方设法调动起员工的最大工作热情，激发员工强烈的工作欲望，使之形成工作的强大驱动力，进而可以进行创造性的工作，只有这样企业的生产效率才能不断提高。激励员工维持心理动机的主动性，与员工间建立心理契约，心理动机的激发与调整可以帮助员工按时、保质、保量完成任务，并努力创造良好的生产经营业绩。

（二）员工的心理情绪

员工心理情绪指的是员工个体在从事某项生产经营活动中呈现的心理状态。在企业生产经营活动中，员工积极情绪的保持是保证工作任务完成的良好条件。当员工的情绪处于积极的状态，他就能充分调动自己的主观能动性，以积极的姿态受领任务，以饱满的热情投入工作。所以，企业要善于激发员工的积极情绪。

（三）员工的心理压力

员工心理压力是指员工个体在群体工作环境中，因群体规范、群体氛围产生的约束性心理。有调查显示，职业压力与员工的缺勤率、离职率、事故率、工作满意度等息息相关，而且对企业的影响将是潜在的、长期的。因此要对员工心理压力给予重视。压力管理有利于减轻员工过重的心理压力，把压力转化为一种激励的形式，从而提高工作行为效率，提高整个组织的绩效。

（四）员工的心理需要

员工心理需要是指员工个体对工作中某个目标的渴求或欲望。企业通常更注重的是直观地给予员工物质生活保障，提高薪资待遇等，这虽然是员工个体从事生产经营活动的前提，但员工的精神需要、心理需要却是更加值得企业注意的。

员工低层次的生活需要得到满足时会去追求更高层次的心理需要，这种尊重以及自我实现需要的满足对于企业是一种无限的潜在力量，更有利于企业的团队建设以及增强企业竞争实力。

第三节　企业团体心理健康服务的引入时机

一、特别应用阶段

（一）招聘集中时期

基于心理契约的员工招聘管理，从招聘者和招聘组织两方面出发，建立组织与应聘者之间合理的心理契约，实现人—组织匹配、人—岗位匹配和能力—岗位匹配，从而促进员工在组织中的社会化，提高员工工作满意度和组织承诺，降低员工流失率。

（二）薪酬改革时期

薪酬改革要突出公平性、激励性。要注意调动员工的积极性。在企业薪酬调整时期，企业要特别注重员工心理薪酬，所谓员工心理薪酬是指员工个人对企业及其工作本身在心理上的一种感受，属于非经济性的报酬的范围，它包括职业安全、自我发展、和谐工作环境和人际关系、晋升机会，以及地位象征、表扬肯定、荣誉、成就感等。在薪酬改革时期，不但要注重物质激励因素，也要注意员工心理激励因素的作用。

（三）核心员工晋升时期

在员工职业晋升体系中，对于得到职位晋升的员工要及时进行激励，尤其是心理激励，通过充分地肯定、赞扬员工的工作表现来激发员工发挥自我的积极性、主动性和创造性，从而创造出高的绩效，实现与组织的共同发展。

在员工职业晋升体系中，也有降级的情况发生，降级意味着员工的职务权限缩小，员工就会受到负激励。此时要对降级的员工进行心理辅导，让他们反思自己的行为，促使员工改进自己的行为方式和方法，最后实现正激励。

（四）离职高发时期

离职管理有助于企业和员工共渡难关，实现裁员“双赢”目标。企业裁员是不可避免的事件，也是一个企业健康发展所必需的。裁员工作所涉及相关人员的巨大变动，是对人适应能力的严峻挑战。一套完整的心理支持系统能够帮助人们去面对职业的巨大改变，提升人的适应能力，因而能够在很大程度上推动裁员工作的顺利进行，能够赢得企业、员工在裁员工作中的双赢机会。

（五）企业发生重大事件时期

企业重大突发事件是指突然发生，影响巨大，对员工生理和心理产生巨大冲击的事件。突发事件的目击者或者直接相关人员心理上受到了巨大冲击，特别需要心理干预。此外，许多危机事件的影响一旦产生后，并不会立刻表现出来，特别在行动上看不出什么不同，但突发事件的画面会重复出现在员工脑海中，其隐性的负面影响也就开始形成。如企业发生突发性灾难，造成人员伤亡，员工因为失去了同事，处于巨大的心理悲痛之中，这时候就要进行群体性的心理健康服务了。

（六）企业发生方向性、决策性和负面压缩性的调整

通常包括组织目标与方针的确定、技术革新和技术改造、产品的更新换代等，这些决策涉及组织的方方面面，一般由企业的高层管理者做出，具有长期性、方向性或者短时的负面压缩性的调整作用。当企业发生这类调整时，对员工固有的工作模式和心理模式造成一定冲击，员工不适应新方向的工作方式，会产生心理落差感和无助感，会产生焦虑情绪，对未来工作缺乏信心，影响工作绩效。此时就要对员工进行心理建设，一方面让员工稳定情绪，让员工了解企业战略调整的原因和目的，让员工产生与企业共同进退的感受。

（七）企业老化阶段

企业的发展是阶段和周期性的，一过繁荣期就会进入老化阶段，企业老化阶段一般有三个特征：（1）企业增长乏力，整体竞争力和获利能力全面下降，资金紧张，既缺乏成长性，又缺乏灵活性，更缺乏竞争性。（2）企业内部官多人多，官僚风气浓厚；制度繁多，却缺乏有效执行，互相推脱责任的情况经常发生。（3）企业员工自保意识不断增强，做事越来越拘泥于传统、注重于形式，只想维持现状，求得稳定，与顾客的距离越来越远，体现企业活力的行为减少甚至消失。

针对该时期企业内部出现的安于现状、不思进取的氛围，人心涣散的迹象，中层管理者流失流动频繁，员工士气受到影响等问题，实施企业员工心理援助计划，帮助员工走出心理低潮，重新焕发工作激情和活力。

二、行业焦点阶段

（一）行业高速发展

行业高速发展时期，要求企业跟上行业的步伐，否则就会在优胜劣汰的竞争中被淘

汰。外部竞争的激烈，一方面让员工产生了积极进取的动力，另一方面也会使其产生一定的压力。应用企业心理援助计划，帮助员工释放激烈的竞争压力，树立积极的竞争心态。

（二）行业重大危机和企业品牌危机

每个行业发展都会有一定的生命周期循环过程。在这个循环过程中，行业常常会需要升级转型，在剧烈的社会变迁、行业的升级转型过程中，业内的所有企业及企业员工都会感到不适与焦虑。这个时期除了企业自身需要提升自身抵抗危机的能力，对于企业员工的心理建设工作也必不可少。适者生存，强大的企业能够推动企业以最大的灵活性面对挑战与变化，在一般情况下，只有倒掉的企业，没有倒掉的行业，企业拥有扎实的内功与强大的心理资本，那么行业如何发生危机，企业品牌如何面临危机，都能够转危为安，化危机为发展契机。

第四节　企业心理健康服务的常见形式

一、EAP 服务模式

EAP：Employee Assistance Program，直译为员工帮助计划。又称员工心理援助项目、全员心理管理技术。它是由企业为员工设置的一套系统的、长期的福利与支持项目。通过专业人员对组织的诊断、建议和对员工及其直系亲属提供专业指导、培训和咨询，旨在帮助解决员工及其家庭成员的各种心理和行为问题，提高员工在企业中的工作绩效。

（一）EAP 服务的内容

1. 专业的员工职业心理健康问题评估

由专业人员采用专业的心理健康评估方法评估员工心理生活质量现状，及其导致问题产生的原因。

2. 职业心理健康宣传

利用海报、电子月刊、多媒体平台等多种形式树立员工对心理健康的正确认识，鼓励员工遇到心理困扰问题时积极寻求帮助。

3. 工作环境设计与改善

一方面，改善工作硬环境，即物理环境；另一方面。通过组织结构变革、领导力培训、团队建设、工作轮换、员工生涯规划等手段改善工作的软环境。在企业内部建立支持性的工作环境，丰富员工的工作内容，指明员工的发展方向，消除问题的诱因。

4. 员工和管理者培训

通过压力管理、挫折应对、保持积极情绪、咨询式的管理者等一系列培训，帮助员工掌握提高心理素质的基本方法，增强对心理问题的抵抗力。管理者掌握员工心理管理的技术，能在员工出现心理困扰问题时，很快找到适当的解决方法，并且适应新生代员工的管理。

5. 多种形式的员工心理咨询

对于受心理问题困扰的员工，提供咨询热线、网上咨询、团体辅导、个人面询等丰富的心理咨询形式，充分解决员工心理困扰问题。

6. 企业员工心理档案的建立

针对企业的现状，为每一位员工建立心理档案，创建人文关怀，为每位员工做心理健康指数的评估，在此基础上与企业管理相结合，缓解企业内部矛盾，构建企业的新机制。

（二）EAP 服务预期目标

国内外员工辅助计划项目的相关研究表明，一个成功有效的 EAP 项目需要围绕员工个人和组织整体两个层面的需求展开，并在两个层面分别达成如下预期目标。

1. 员工个人层面

（1）促进员工身心健康，指导其提高生活品质。

（2）帮助员工解决工作生活中各种心理困扰。

（3）帮助员工缓解压力，降低压力对自身的负面作用。

（4）推进员工的良好人际关系与工作和谐环境。

（5）促进员工工作与生活的平衡。

（6）协助员工自我成长、适应组织，引导生涯发展。

……

2. 组织层面

（1）丰富福利制度，满足员工不断变化和提升的需要，特别是心理层面的需求。

（2）优化组织承诺，增强员工在组织中的幸福感受。

（3）提高员工各项满意度指标，增进员工的向心力和凝聚力。

（4）改善组织氛围，提高员工士气。

（5）降低各项关联管理成本，如离职率、缺勤率、意外事故率所导致的损失等。

（6）通过对心理变量的干预改善组织绩效。

（7）对组织经营过程中的危机风险提供咨询与援助。

二、针对企业自身需求的体系化心理类培训课程

（一）团体心理拓展类训练课程

心理拓展体验式互动课程，这类课程由团队拓展训练结合心理学衍生而来，大多在户外一些训练基地或者景点进行，在大自然中让员工打开心扉进入轻松的学习环境，同时通过一些团体心理互动体验去发现、觉察自我，并激发积极转变。比如主题为“团队精神熔炼”“员工自我突破训练”“团队心理拓展训练营”等等的团体训练课程。

（二）团体心理类培训项目

针对企业员工具体需求和现状设计的心理类内训课程，这类课程通常有具体目的和群体指向，是企业结合发展需要和人力资源管理需要为员工提供的以解决问题，提升员工素质和绩效为目标的课程。比如“新员工心灵成长训练营”“管理者的身心健康调适”“压力与情绪管理技巧”“员工心态建设”和“管人管心——管理者的员工心理辅导能力提升训练”等课程。

三、符合中国企业特点的团体心理咨询模式

相对于上面两种企业心理建设形式，符合中国企业特点的团体心理咨询模式具有更好的适应性、系统性和有效性的优势，国内在团体心理咨询模式方面做得比较好的是本会团体。本会团体又称本土会心团体，是笔者结合美国卡尔·罗杰斯会心团体和中国社会文化，从2004年起，经过十多年的研究和实践，探索出的更适合于中国本土应用的团体心理咨询模式，也是目前国内领先的团体心理咨询实践模式，是以人本主

义为背景的会心团体在中国的探索和实践的基础上逐渐完善的符合中国人的一种团体心理咨询技术体系。

（一）本会团体的特点

本会团体分为三种模式和九个方向：教育团体（预防、训练、支持）、成长团体（发展、成长、干预）、治疗团体（关系、人格、创伤）。自 2008 年出版第一本《本会团体心理咨询实践》，2012 年被人社部认可颁发“本会团体心理咨询技术”，我们先后在全国开展了上百场培训班，培养了一大批致力于本土团体心理咨询与辅导的团体心理带领者。同时也为企业 EHP（员工幸福计划）提供了非常实用高效的技术支持，使企业在员工心理健康管理方面有了科学本土化的方法。

（二）本会团体在企业中的应用

本会团体在企业中的应用极高，本会团体在企业中应用的理念源自“以人为本”。成长是一个人一生的事情，在人生的不同阶段，我们都会遇到各种不同的问题和阻碍，不论是一个普通员工还是一个管理者，我们必须不断地学习和成长，这种成长不仅是学习解决问题的各种技术，更重要的是个人的人格层面的成长。而心灵成长的概念就源自“以人为本”。很多时候员工在工作中会表现出来各种问题，归根结底我们会发现，工作中遇到什么样的问题并不是最重要的，最重要的是什么样的一个人在面对这个问题、他用什么样的心态去对待问题以及解决问题的能力和效果，这和他的心理素质是相关的。只有他的心理健康指数上升了，他所拥有的能力和技能才能最大限度地发挥出来。

（三）心灵成长

心灵成长包括自我认知、自我评估、自我完善。本会团体心灵成长的过程，主要是以“团体活动”为主。它区别于以往的专家的纯理论讲述，是通过“团体”，使每一个人都积极地参与到课程当中，在放松、安全的氛围中真实再现自我现象，使每一个参与者的现象得到澄清，让参与者对自我有更深刻的认识，明确自己的目标并针对暴露出来的问题获取自己需要的知识和技能，并且马上运用这些技能解决自己的问题。

（四）本会团体心灵成长和传统讲座培训形式的区别

第一，参与性强，避免了学员神游于课程之外，降低课程的效果。

第二，整个课程的氛围轻松愉悦，课程本身就是一种释放压力、缓解焦虑、放松身心的过程。

第三，安全、温暖的氛围和专业的环境，可以让学员认识自我、探索自我、完善自我。

第四，在了解自我的基础上，根据自己需要成长和改善的部分，有选择地吸收和学习相关知识与技能，针对性与应用性强。

（五）增进员工心理健康的途径

在企业中，员工的压力与心理健康以及对企业造成的影响正在受到越来越多的关注，帮助员工心灵成长，减轻员工的压力，增进其心理健康可以从三个部分着手：

第一是针对造成问题的外部压力源本身去处理，即减少或消除不适当的管理和环境因素。

第二是处理压力所造成的反应，即情绪、行为及生理等方面症状的缓解和疏导。

第三是改变个体自身的弱点，即改变不合理信念、行为模式和生活方式等。通过专业的课程和相关的专业项目，帮助员工梳理纷繁复杂的问题，区分个人问题与企业发展原因造成的问题，评估这些问题对自己造成的影响，以及自身的不足之处，从而得到解脱，达到心灵的成长。

（六）本会团体心灵成长对于企业经营的作用

本会团体心灵成长对于企业经营的作用主要包括：

第一，更好地维持员工的身心健康，减少企业医疗保健费用的支出，降低离职缺勤率，节省招聘费用，从而降低成本。

第二，培养员工积极健康的生活方式，提高员工满意度，提高劳动生产率。

第三，有助于建立“以人为本”的积极健康的企业文化。

第五节　企业团体心理健康服务体系建设

一、现代企业团体特点

企业心理健康服务方案应该是一项科学的系统化工程，必须结合企业自身特点、战略阶段发展以及长远目标来进行系统整体性的规划设计与实施应用。现代企业的员工与以往比较有很大的不同，他们的素质相对比较高，知识水平高。具有以下特点：

1. 创造性强。他们主要依靠自己对新知识的探索和领悟，从而产生对新事物创造的欲望，推动生产的发展、技术的更新、产品的换代，从而使知识资本增值。

2. 独立性强。由于知识型员工掌握企业生产发展所必需的知识，具有某种特殊技能，因此他们更愿意在一个独立的工作环境中工作，不愿意接受其他事物或人员的牵制。

3. 成就欲强。他们不仅想获得一定的物质报酬，更想获得社会的尊重、上级的器重、个人的声望。

4. 自我完善欲望强。知识型员工对知识不断学习、更新，对新技术不断探索、追求，以期促进自我完善。

5. 流动意愿强。

二、阶段性的企业心理健康服务体系建设

（一）第一阶段：导入阶段

通过以点带面的方式在企业各个层级广泛推广心理健康知识普及、提供心身健康服务，同时进行员工职业层面的各维度心理状况调研（如图 16.1），实时掌握员工心理状况，并开展针对性的问题解决项目。

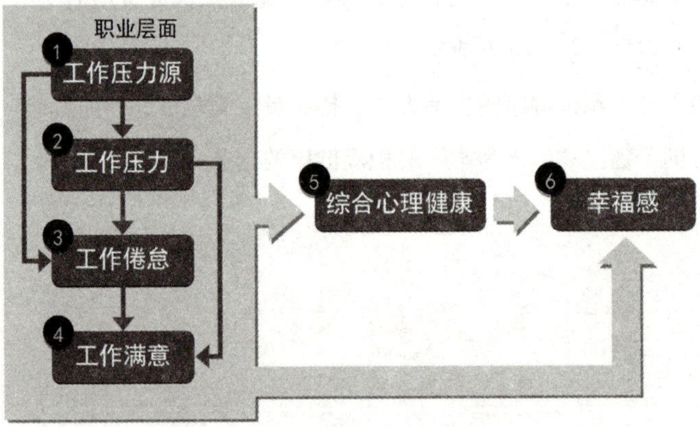

图 16.1　员工各维度心理状况调研

本阶段目标在于帮助员工解决工作与生活等方面遇到的困惑，切实地、由内而外地提升员工工作满意度、幸福感以及对组织的归属感，同时，开始探索与建立一套符合企业实际需要的员工心理援助体系，建立一种和谐与幸福的工作氛围。本阶段根据企业自身发展情况的不同、花费时间不同，预计时间一年左右。

（二）第二阶段：深化阶段

本阶段主要目的在于深化员工心理健康意识，根据导入阶段的调研及访谈结果，了解企业各团体特点，再深入调研，建立企业员工心理健康报告数据库（如图16.2），同时为企业自身培养合适的内部人才，加强企业心理健康服务队伍建设，提高企业自身解决问题和化解社会矛盾的能力。本阶段预计时间两年左右。

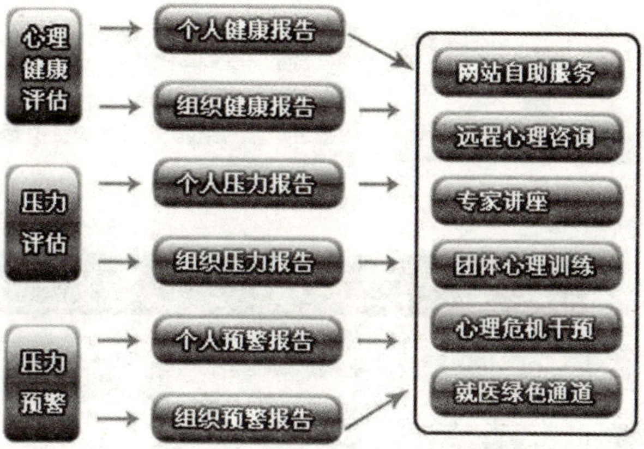

图 16.2 企业员工心理健康报告数据库

本阶段重点内容有如下五点：

1. 根据导入阶段调研结果为企业各团体设计与实施针对性、个性化的心理健康服务方案。

2. 关注重点人群和关键人群的身心健康、组织心理健康水平。

3. 关注突出问题的分析与研究。

4. 持续深化员工心理健康服务，提升心理健康认知度。

5. 内部心理健康服务人员梯队建立，选拔培养企业内部初级心理健康服务人才，为企业储备心理资本管理人才。

（三）第三阶段：内化阶段

在前两个阶段的努力下，在了解企业各项工作的基础上，为企业建立长期有效的员工心理健康服务模式，并形成自主操作的系统。预计时间一年左右。

本阶段重点内容是构建企业员工关怀体系；进行心理健康服务体系的预警系统建设（如图 16.3）；培养中高级内部心理健康服务队伍，开发属于企业自身的心理健康服务模式；逐步形成内部心理健康服务操作流程。

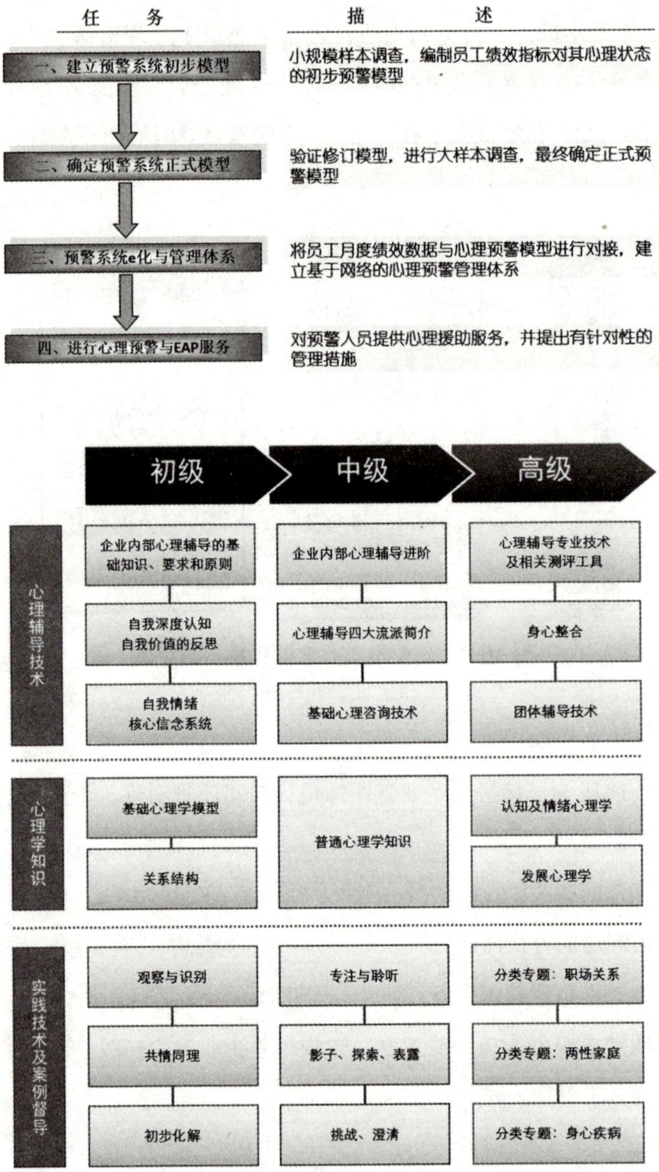

图 16.3　心理健康服务体系预警系统建设

第六节 企业心理健康服务的方案展示

一、企业员工人际交往学习团体

（一）团体方案设计

1. 主题

搭建心灵的桥梁。

2. 目标

（1）增强员工的企业归属感和自豪感，连接个人发展与企业发展前景，增强对企业的认同和信心。

（2）放松身心，进行自我探索，深入了解个性，发现真实自我，扫除自我限制和其他心理障碍。

（3）学习有效的沟通技巧，改善不良人际关系交往模式，重新建立良好的人际沟通渠道。

3. 形式

讲解、体验、分享、咨询。

4. 主讲

××× 老师。

5. 助教

心理咨询师。

6. 内容

以下分单元介绍。

（二）具体操作过程

第 1 单元：相逢是首歌

目标：让成员了解全部活动的主题、目标、责任、义务，制定活动规范，形成轻松氛围，增强团队合作意识。

表 16.1 “相逢是首歌”操作过程

主题	内容及目标	特点
相逢是首歌	在轻松的音乐中了解课程的目标、内容、注意事项以及团体责任和义务宣誓。	明确目标和规则，形成基本凝聚力。
机遇大轮回	游戏环节。先让成员做热身活动，关注到此时此刻，身心投入课程中。通过活动的形式，自然随机地分成若干小组。	关心当下，科学分组。
团体宣誓	让小组在这个环节形成小组契约，宣读并通过各小组展示自身风采。	增强团队荣誉感，明确个体责任。
我是照相机	训练员工瞬时捕捉有效信息的能力，快速把握客户心理需要，准确地表达自己的内心感受，提高与客户交流的准确性与流畅性。	捕捉、加工、反馈、交流。

第 2 单元：我的明天会更好

目标：让成员了解自身动机、目标，其他成员的动机需要，以及团体目标和自身目标的关系，初步形成团体凝聚力。

开始进入真正的自我成长环节，关注工作生活中的种种问题，发现盲点，学习知识，更好地应对将来的生活与工作。

表 16.2 “我的明天会更好”操作过程

活动名称	内容及目标	特点	备注
生涯年历	绘画治疗，通过回首过去、关注当下、展望未来，深入地探索自我，分析个性特征，发现真实自我，正确客观地进行自我评价，增强自信，明确发展目标。	结合绘画治疗、形式多样。	纸笔。
专题讲座	讲座大纲。	系统知识的学习。	
你快回来	心理游戏，让成员体会到，人与人之间亲密关系的重要性，自己应该积极主动走进团队，开启主动沟通的大门，保持人际关系紧密性、稳定性、恒久性。	关注人际关系重要性、建立积极主动的态度。	

第 3 单元：因为有你

目标：让成员在这个环节中，有机会分享整个团体活动对自身的意义，以及自身成长的心路历程。

表 16.3 “因为有你”操作过程

主题	内容及目标	特点
因为有你	促进同事之间的关系，使彼此更融洽，意识到对方在自己生命里的意义，感受到温情，同时也体验到自身的心灵成长，使企业内部的团结形成强大力量，促进个体增强自信和对企业的信心。	人际互动提升价值、增强认同感。
结束	同唱一首歌、合影留念。	

二、企业向心力提升团体

（一）团体方案设计

1. 目标

放飞心灵、个人心灵成长、促进企业团队建设。

2. 时间

两天。

3. 人员

13 名企业主管人员。

4. 导师

××× 老师。

5. 助教

两名心理咨询师。

6. 形式

讲解、体验、分享、咨询。

7. 课程内容

本次课程共两天时间，将围绕 3 个内容开展，分别是个人成长、团队关系和企业共同价值的建立。

表 16.4 企业向心力提升团体课程设置

单元	目标	主题	内容	时间
课程介绍	让参加课程的人员对课程有一个初步、整体的了解。	课程整体介绍。	课程内容、主题、相关规则、注意事项、课程进行的方式。	15 分钟

续表

个人成长	1. 进行情绪的概念诠释和体验、修复情绪空间。	1. 情绪讲座。	情绪概念诠释、体验、冥想、分享、互动。	165 分钟
	2. 帮助学员找到并修复人格中的未知障碍，整合自身的人格区域。	2. 石头的故事。	影响人格形成的 5 大因素，和自我的石头对话。	18 分钟
团队关系	1. 帮助学员找到自己在团队中的位置，总结出自己的状态以及和别人的关系模式。	1. 我与团队的关系。	社会人际测量。 社会心理测量。	180 分钟
	2. 体验个体与团队的关系，构建和谐积极的团队。	2. 团队与我的关系。	我在企业中的角色、解决现实问题、沟通分享和导师现场解答。	
	3. 学习处理突发事件的能力，提高所带领团队的凝聚力。	3. 危机干预解答。	案例分析。 现场演示与分享。	60 分钟
企业价值	提高员工的向心力。	企业共同价值。	共绘蓝图。 同唱一首歌。	12 分钟

（三）具体操作过程

第 1 单元：课程介绍

导师在开始的阶段，对课程进行一个总体的介绍，具体内容包括：课程内容、主题、相关规则和注意事项、课程进行的方式等等，让参加课程的人员对课程有一个初步、整体的了解。

操作环节：（1）讲解、介绍。（2）规则和注意事项。（3）课程开展方式说明。

第 2 单元：个人成长部分

这个部分有两个内容，将要涉及员工个人内部心理情绪和员工个人人格。这个环节主要是通过具体的步骤和操作，对员工的情绪和人格进行澄清、排查、修复、调整，使他们达到心理空间的和谐，减少员工因为情绪和人格原因对工作造成的负面影响，提高员工的工作积极性和工作效率。

1. 情绪讲座

导师开展一个有关个人内部心理情绪的知识讲座，进行情绪的概念诠释和介绍。然后是亲身体验环节，通过冥想，让学员深刻体验到自己心里的各种情绪。在分享环节，学员可以把刚才体验到的情绪，拿出来和大家分享，导师也会给予点评和说明。最后是互动环节。

操作环节：（1）情绪概念诠释。（2）体验、冥想。（3）分享。（4）互动。

需要道具：（1）投影仪。（2）两盒颜料、两个调色板。（3）每位成员一支毛笔或油画笔。（4）20 张大的画纸，约 1 米 ×1 米。

2. 人格讲座

我们都需要完善我们人格的部分，每一个人都有心理创伤，主要来源于过去的人格社会化，以及家庭文化、家族文化、社会文化、地域文化等。有些创伤我们一生都不需要解决，因为它可以变成我们在成为更优秀的人的旅途中的正性动力。但有些创伤，已经成为我们通往幸福道路上的障碍，我们需要去解决。

在导师的带领下，学员们回顾自己的成长历程，找出自己人格形成过程中的影响因素和需要修复的盲点。导师运用“石头的故事”人格篇技术，帮助学员找到并修复未知障碍，整合自身的人格区域。

操作环节：

（1）影响你的人格形成的事件有哪些。

（2）影响你的人格形成的人有哪些。

（3）你在看待一个问题的时候会不会有两个不同的声音出现。

（4）影响人格形成的五大因素。

（5）石头的故事：和自己的石头对话。

需要道具：（1）投影仪。（2）石头。

第 3 单元：团体关系部分

这个阶段共分为三个主题：我与团队的关系、团队与我的关系、危机干预解答。

1. 我与团队的关系

通过人际测量和心理测量，帮助学员找到自己在团队中的位置，总结和澄清自己的状态以及和别人的关系模式。

操作环节：

（1）社会人际测量——在人群中的自我概念。

（2）社会心理测量——在人群中的自我心理变化和影响因素。

2. 团队与我的关系

在一个团队中，每个人都会被团队影响，作为团队带领者，我们需要清楚一个团队是如何改善和调整一个人的。通过心理空间之间的积极互动，体验个体与团队的关系，构建和谐积极的团队。

操作环节：

（1）我在企业中的角色。

（2）提出在现实中遇到的实际难题来解决。

（3）问题分享和导师现场解答。

3. 危机干预解答

学习作为团队带领者，必须具备的在心理层面上处理突发事件的能力，提高所带团队的凝聚力。学员可以在课程中，提出现实的案例，导师现场演示、解答。

操作环节：

（1）案例分析。

（2）现场演示与分享。

第 4 单元：企业共同价值部分

良好的企业共同价值有助于提高员工的忠诚度和向心力，员工有一个和谐的心理空间，安心服务，将会提高工作绩效。

操作环节：

（1）分两组进行，共绘蓝图，主题：2025 年设想，公司和个人。

（2）同唱一首歌。

（3）颁发证书。

三、职业发展冲突应对和自我定位团体

（一）团体方案设计

1. 目标

（1）澄清自我。需要澄清的内容是兴趣爱好、能力范围、期望的未来事业方向等。

（2）解决冲突。所谓冲突，在本团体中就是选择困难。解决冲突主要体现在两个方面：首先杜绝消极选择，努力进行积极选择；其次是解决选择困难带来的不良情绪。

2. 时间

由于本团体是一个咨询与成长的团体，要达到一定的深度，让成员有深的体会和感悟，所以在时间安排上，建议至少进行两天的时间，16 个学时，人数如果增加可以把时间增加到 4 天，即 64 个学时。

3. 助教

一般情况下，助教人数和参与成员人数比为 1∶10。本团体的助教最好是从事职业生涯指导相关工作的人员，或者是从事心理咨询辅导工作的人员。

4. 注意事项

（1）操作过程切忌走过场。在技术操作后的分享和互动也很重要，它的重要程度大于技术操作。导师在时间和精力分配上，要侧重于成员的体验，以及之后的分享和互动。

（2）导师和助教要参与到团体中。由于本团体是一个深层次的体验和成长团体，团体开展的深度要求导师和助教要参与和投入，只有这样导师才能把握和帮助成员进行成长，助教也能更好地辅助导师开展团体。

（3）团体开展方式要是封闭的。在心理成长团体开展中，除了技术力量外，团体动力也是一个重要的有效因子。温暖、安全的场可以让成员更多地开放、体验，从而获得更多成长，所以需要是封闭式的团体开展模式，杜绝人员的变换，包括中途退出和新加人员。

（二）团体操作技术

1. 绘画技术

（1）技术目标

每个人都有一个符合自己个性、价值观的愿望和理想，但同时每一个人都是生活在社会中的，受着社会和别人影响，特别是身边人的影响，从而在个人愿望和社会期望之间就会产生冲突。我们要做的首先是澄清自己的愿望到底是什么，别人对我们的期望是什么，以及这两者间的区别和矛盾给我们带来的是什么。在这个过程中我们除了澄清自己，也会发现自己在什么情况下是妥协的，或者是固执的。

（2）技术操作

本环节将通过 3 幅画完成技术操作，全部是在导师引导下，由学员自己完成。

第一幅画是“我的职业愿望”，就是我想达到的一种职业状态或者是我的需求表达，在画中要表现出你愿景中的职业类别和职业状态。

第二幅画是“别人对我的期望”，就是我身边的人想让我做到的、选择的，希望我达到的职业状态，是别人的期望值和社会现实要求。

第三幅画是“别人的期望和我的愿景比较”，就是两者之间的不同和冲突，画中要表现两者的冲突和矛盾。

（3）导师引导语

这是一个澄清自我的操作技术，具体的操作过程对效果的影响很大，这其中导师的引导语对于技术开展也很重要，下面我们将给出一段导师引导语的建议，读者可作为参考，使用时，可根据个人情况和团体情况修改：

朋友们，也许你们在年幼的时候，曾经想过自己未来会成为一个什么样的人，从事什么样的职业，完成什么样的理想，也可能你们是在读书以后才开始设想的，或者我们今天才开始设想，这都没有关系。有的人在很早以前就开始设想他会成为一个什么样的人，从事什么样的职业，有的人从来没有思考过，一路上都是别人帮他安排好的，这两者都不重要，都没有关系，不管是按照自己的意愿去做，还是按照别人的意愿去做，最重要的是心甘情愿，你是否正在为你现在的选择而心甘情愿地努力着，这个过程当中你是不是开心的，是不是愿意为之努力的。我们现在来看一看我们真实的内心世界，看着我们想要成为一个什么样的人，也看一看在我们内心想要成为这个人的过程中，我们遇到了哪些问题，遇到了哪些冲突。现在我们就来画第一幅画，按照你此刻的设想来绘画，作一幅“我的职业愿景”的绘画作品，画出你希望从事的职业的一个场景，画出在这个场景中涉及的人和自己的心理状态，你是否开心、快乐、满意。你不用顾忌你绘画技术的高低，我们不是考察艺术水平，我们只是表达自己的真实，淋漓尽致地表达就好了……

（4）分享环节

把刚刚完成的3幅画摆在一起，每个人通过自己的3幅画，找出5个现象，可以是你过去发现的现象，也可以是你绘画的时候才发现的，或者是别人帮你发现的。有的成员如果发现不了具体现象，又或者是想发现更多的话，可以让别的成员帮助你发现，听取别人的看法，如果能接受，也可以当作你5个发现之一。通过交流和互动，产生团体动力的镜子效应，通过别人照出自己。

（5）说明

这个绘画技术在操作的时候，要注意的是让成员淋漓尽致地发挥，不要随便画几笔就结束了，要很开放、开心地去表达。绘画作品完成后，最主要的是分享环节。

在咨询和成长团体中，分享和互动的环节要比技术的操作过程更重要，需要把更多的时间和精力放在这两个方面。在这个绘画技术的操作中，绘画可能不用占用很长的时间，导师要把时间多留给分享和互动环节。互动和讨论中，要引导成员充分而深入地体验。所以，建议技术可以开展 3 ～ 4 个小时，这样成员会有更多的体验和收获。

2. 冥想 + 绘画技术

（1）技术目标

通过冥想和引导，带领成员进入自己的潜意识，看一看自己的真实职业愿景是什么，然后通过绘画表达出来，并和别人讨论和互动，在团体动力和其他成员的帮助下，解决迷茫、疑惑，制定目标并克服困难。

（2）技术操作

通过一段冥想音乐和导师引导语，带领大家进入冥想状态，探索内心潜意识的真实愿望。技术的关键是进入潜意识，所以导师的引导语很重要。首先要让所有成员都处于放松的状态，音乐响起，闭上眼睛，导师开始说引导语。下面我们将给出一段导师引导语的建议，读者可作为参考，使用时，可根据个人情况和团体情况修改：

我们闭上眼，想象我们全身都很放松，感觉非常舒服，然后张开身上每一寸肌肤的每一个毛孔，让大自然中的氧气充分地进入我们的身体、不断地进入我们的身体，我们身体里那些不好的、污浊的东西都被赶出来了，取而代之的是大自然中有能量的养分，它们进入我们身体里，我们更放松，更舒服。

舒服和放松让我们的身体慢慢地飘动，飘动起来，非常地轻盈，来到一片草场上面。在那里停着一辆时空快车，看到你来了，它会打开门，让你进去。你进去后，坐在一个很舒适的位置上，时空快车的播音员说话了，“欢迎乘坐时空快车，我们将跨越时空，去到 15 年之后，祝您旅途愉快。”时空快车慢慢启动，带着你来到 15 年之后的某一天早晨。

睡梦中醒来的你，开始了一天的事情，你可以看看你住的房子是什么样子的，是什么颜色的，厨房在哪边，窗户外面的景色是什么样的。在准备好了以后，我们要出门去开始我们一天的工作了。穿好衣服，拿着包，我们出门了，来到了工作的地方。这是一个什么样的地方呢？其他人在做什么呢……

后面的内容导师可以自由发挥，但在结束以后，要记得坐上时空快车把他们带回来。出来以后，可以让成员根据自己看到的，或者是体会到的进行绘画，画 9 幅连环画。画完之后，大家相互分享，无论你看到多少，体会多少，都是你潜意识里的愿景和自己未来真正想要做的。可以让成员之间互相交流一下，然后每个人制订一个自己实现愿景和目标的计划。

在这个计划中，要表达出来会遇到的困难，然后列出 1 ～ 5 个困难，让助教和小组其他成员帮助他一起探索、解决，探讨如何改善。澄清现实和愿景的距离有多少，能不能达到，不能达到的原因是什么，是个人的原因，还是由于身边的人的影响，还是现实条件的制约，如何去达到，以及这个愿景是不是符合实际，等等。

参考文献

[1] 韦志中 . 团体心理学：本会团体心理咨询模式理论与实践 . 清华大学出版社，2014.

[2] 张西超 . 员工帮助计划：中国 EAP 的理论与实践 . 中国社会科学出版社，2006.

[3] 赵然 . 员工帮助计划：中国经典案例集 . 科学出版社，2017.

第十七章　学校心理健康服务

本章以体验式团体教育模式为切入点，对学校心理健康服务的研究视角和方法进行了全新的探索。体验式教育是一种全新的培训和教育形式。“体验”是为受教育者创设一定的情景，让他们亲身经历、感受、验证与学习内容相关的东西，从而获得扎实的科学知识与技能，养成良好的道德品质。体验具有过程性、亲历性和不可传授性，是充满个性和创造性的过程。20 世纪 90 年代以来，体验式教育在发达国家就被广泛使用，特别是体验式培训，在提高员工素质方面显示出突出的优势，在大、中、小学中体验式教育也得到推广。

第一节　体验式团体教育模式概述

在广泛的社会需求的背景下，我们运用教育学和心理学的科学思想和原理，结合先进学校的课堂教学改革的成功经验，根据学校自身的特点，提出体验式团体教育模式。

一、体验式团体教育模式的主要观点

体验式团体教育模式主要是根据新课改的三维目标即知识与技能、过程与方法、情感态度与价值观，对教育教学过程进行科学、系统、全面的整体三维优化。

三维优化包括教师的理念与能力优化、学生理念与环境优化、教育方法与过程优化。

在这需要优化的三个维度中，把教师的优化排在第一位，因为教师的身心和谐与职业幸福感决定着教育教学能否成功。教师首先是一个人，然后才是一名老师。一个

人在其自身不断向前发展的过程中，会遇到各种因为发展所带来的心理困扰。同时，教师又是一个帮助学生“成为一个人”的教育工作者，在这个帮助他人成为一个人的过程中，职业倦怠、职业价值感降低等一系列的职业心理困扰也是需要面对的。两方面因素汇聚到一起，教师队伍就极有可能出现“各安天命”“安于现状”“消极怠工”等情况。原来心理素质相对好一些的教师，没有被来自这两个方面的心理困扰影响的老师，就有可能成为教师群体中的佼佼者。而另一部分教师就进入了“温水煮青蛙”的另一个系统， 在不知不觉中懈怠，在不知不觉中疲倦，虽然能够努力工作但自己内心并不快乐。

体验式团体教育模式与其他的高效课堂改革模式不同的是，它把教师的优化放在了系统优化的首要位置，并且把一直没有得到高度重视和广泛关注的教师的心理资本优化作为主要的内容之一。

教师心理资本包括教师自身的自我效能感（自信）、积极的心态（乐观）、成功的愿望和育人理念（希望）、抗挫折的能力（韧性）、职业幸福感（价值）、应对问题的能力（管理）。

体验式团体教育模式对教师心理资本的优化通过教师成长工作坊来完成。因为传统的认知教育试图使人们通过对心理学知识的学习来缓解自身的心理倦怠和压力，这种方式起到的作用越来越小。原因很简单，这是一个人的心理内部出现了问题，需要针对这个人心理内部开展工作，而传统的心理教育模式已经不能有效地实现这一目标。

教育要发展，就需要教师们不断提升自我的心理资本，而这种提升需通过“体验式培训”的形式来完成。现在整个教师教育体系中，这种方式采用较少，同时也缺少相关的研究人员。体验式团体教育模式通过科学、系统、全面的体验式培训，让教师首先成长，协助教师解决自身的心理困扰，提升幸福指数，掌握心理学知识，提升人本管理绩效，让教师成为教育发展的最大受益者。

在体验式团体教育模式中，教师的心理条件和能力的优化围绕三个主题开展：教师心理资本、班级管理与建设、三位一体课堂技术与过程。

体验式团体教育模式提出，教育教学优化既要优化教师，还要优化学生。因为教育本身就包括了教师、教育过程和学生三个方面，三个方面互相促进，互相影响。过去的教育改革当然高度关注了学生，但主要关注的是学生的学习方法、学习效率及学习成绩，对学生道德素养更多的是采取说服教育的方式，而对学生的心理资本建设基本上没有提及或者很少关注。体验式团体教育模式研究和提供了一套符合学生身心发展规律的团体辅导方案，能够很好地满足学生的成长需求，它的重点是学生心理资本优化，包括三个方面，即心理教育与预防、自主管理能力提升、关系（即学生之间的关系和师生关系、家庭关系）。

体验式团体教育模式在学生的优化方面不仅关注学生个体，还高度关注学生的家庭，高度关注教育的其他外在环境因素。

体验式团体教育模式对教学过程的优化就是对课堂教学模式进行优化，打造高效课堂。在这一方面已经有像山东的杜郎口中学、昌乐二中等很多先进学校的课堂教学改革模式可以学习和借鉴。要澄清的是实现课堂高效需要以教师的成长作为前提，以学生的成长作为保障，教师、学生、教学过程三位一体实现联动，使每一位受教育者和教育者都有可持续的更好的发展。

体验式团体教育模式在一些学校中进行实践，取得了很好的效果。它是一个全面、系统、科学的管理模式，可以复制。它有一套全面的培训体系和全程跟踪的指导服务，培训者可以直接深入教师所在学校进行培训和指导，从而减轻学校派出教师外出学习的负担，同时也可以让更多的教师直接参加培训，最大限度地提升培训绩效。

体验式团体教育模式在学校中的应用还可以分步进行，逐渐推广，学校可以先进行外部条件的优化，这样既能减轻学校压力，又能使改革稳步推进。

二、体验式团体教育技术

1970 年，美国政府的一个专业咨询机构教育技术委员会在给总编和议会的一份报告中指出：“教育技术是按照具体的目标，根据对人类学习和传播的研究，以及利用人力和非人力资源的结合，从而促使教学更有效的一种系统的设计、实施、评价学与教的整个过程的方法。”（出自《教育技术学》）

教育技术不是一般的某种教学方法的应用，它包含了三种概念（学习者为中心、依靠资源、运用系统方法）综合应用于教育、教学的理论与实践。教育技术重视分析、研究学习者的特点（如行为水平、能力、知识基础、年龄特征等），因为学习者的情况对于选择目标、确定步调、确定评价性质等许多教育决策都产生直接影响。在教育技术中，解决问题的表现形式是依靠开发使用学习资源与促进个别化学习来提高人的学习质量。学习资源包括信息、人员、材料（教学媒体）、设备、技巧和环境，是一个复杂的系统。要使它们在学习中产生整体功能、发挥优良作用，就必须进行系统的设计，实现优化组合。因此，教育技术涉及一系列的教育开发工作，需进行有效的教学资源开发和有效的教学过程设计。

教育技术重视所有学习资源或称为人类的学习媒体的开发、应用、设计和学习者的学习经验，强调用科学的系统方法来分析和整合“教、学”过程。例如，利用系统方法对教学活动进行设计，经过需求分析、内容分析、学习者分析，制定出可以操作的逐次递进的学习目标，并根据这些学习目标选择适当的策略（过程、方式、媒体），以形成一个完整的教与学的设计方案，并在方案的试行中进行评价总结，依据需要做必要的调整和修改。这样的系统过程为实现优化教学活动（或学习经验）提供了途径。

可以把教育技术应用于解决教学问题的基本指导思想概括为，以学习者为中心、依靠资源和运用系统方法三个概念的整合应用。其基本的实践原则是首先要鉴定问题，弄清所要解决问题的本质，然后根据问题的实质来研究、设计解决问题的方案。其操作程序是按照系统方法的程序和步骤来操作实施。操作过程可分为六个步骤，即鉴定、设计、选择、实施、评价、修改与推广。亦可概括为两个基本环节，鉴定问题和解决问题，即首先确定要解决的是什么性质的问题（或需求），然后再根据问题的性质来寻找解决问题的方案。（《教育技术学导论》）

在课堂教学中，主要使用的是教育技术。在使用与选择教育技术时要充分运用体验式团体教育的核心理念，注重体验、互动和表达，让教和学形成和谐的互动，从而实现课堂教育效果的最大化。

三、体验式团体心理技术

体验式团体心理技术从应用方面看可分为场技术（如何建设场和如何控场）、工作技术、整合技术（包括强化、转换和整合的过程 ）。一个好的教育技术既能实现场的建设，又能有效完成教学目标，同时实现强化和整合。根据学术界对团体辅导进程的一般共识，对一节具有课时限制的心理辅导活动课的微观发展进程可做如下划分，即团体暖身阶段、团体转换阶段、团体工作阶段、团体结束阶段。

四、体验式团体动力场

群体动力学亦称“团体动力学”，是试图通过对群体现象的动态分析发现其一般规律的理论。它以群体的性质、群体发展的规律、群体和个人的关系、群体和群体的关系等作为研究对象。这一理论对社会心理学、组织管理心理学的形成和发展有很大影响，特别是对研究群体行为做出了重要贡献。群体动力学是什么呢？在群体中，只要有别人在场，一个人的思想行为就同他单独一个人时有所不同，会受到其他人的影响，研究群体这种影响作用的理论，即为群体动力学。在特定的物理场中由多个心理空间相互作用的心理世界就是体验式团体教育模式团体动力场，它包括以下四个方面：

（一）物理环境条件

课堂就是进行教学的复杂环境，它有具体的物理环境和社会环境这两个方面。其中物理环境包括大到学校大楼，小到教室和装饰物等的物理世界。每一种物理要素都有助于课堂和教学过程。一个积极的、支持性的课堂环境是开展有效教学活动的关键。通过给学生提供有安全感和归属感的环境，可以建立内聚力和成员的认同感（即归属感），从而加强这种支持性的环境。

（二）动力过程

在体验式团体教育模式中，教师和全体成员组成的空间，称为场。场是一种状态，它是一种温暖、流动、安全、尊重、真诚的会心状态。场是一个过程，在不断的发展和变化中，发展的方向需要与目标适应。在体验式团体教育模式中创造场和合理地利用场都是一种技术，场不仅可以配合教学，还可以进行人格的培养。在场中的每个人都有一个心理空间，场中每个人的心理空间共同组成整个场的心理世界，老师只是心理世界中的一个心理空间，这样的心理世界又受到物理世界的影响。

心理空间、心理世界、物理世界，三者相互影响，三者之间的相互作用就会形成团体动力。物理空间作用于心理空间，会使心理空间发生变化，这样的变化会改变心理世界。老师可使用聚焦技术，把场动力聚焦在某一个学生身上，以这一点带动场的面的发展，这样的动力模型称为以点带面。在整个场中老师要尽量关注所有学生，尽量让每个学生都有机会成为带动面的点，让动力均衡发展，让每个心理空间都和其他心理空间有紧密的连接，让场均衡。

在场中，成员间的交互和相互的学习很重要，场中的每个人都能做到以班为镜、以成员为镜、以教师为镜，真正做到“三人行，必有我师”。在团体中学习，老师只是偶尔在前引领，多数情况下都是成员在团体中相互学习，个体、小组、班级动力均衡，三位一体，和谐活动，才能达到效果最大化。这里需要强调的是，教师对场的把握是需要能力和学习的。

（三）会心状态

会心是一种温暖、安全、尊重的流动的状态。在会心的状态中，成员会做到对自己真诚，这样就能够关注自己当下的感受；对别人真诚，这样就可以描述自己当下的感受，并考虑到别人的感受，接受别人的不同。会心状态是一种发展的方向，是经过优化之后最佳的学习环境，是心理空间之间形成的温暖的心理世界。心理方面的会心状态会促进学生的学习状态，从而达到最佳的学习效果。

需要说明的是，会心状态是一个班级的状态，不是短暂的，是长期有意识建设班级动力的结果，一旦形成，就很难消失，和文化一样，有时候你看不到，但在关键时候透过行为就可以一览无遗。

（四）课堂教学动力策略

课堂教学动力策略，即时而在前，时而在后，时而在左右。传统的教育模式，教师整堂课都站在讲台上，以高高在上的姿态对学生传授知识，这一单一的教学模式已不适应当今教育的需求，也不符合新课标的倡导方向。因此，体验式团体教育模式倡导教师角色需要多元化，并且根据需要做出相应的调整。教师应在可能的条件下创设体验情境，创设一种良好的学习环境和符合教学内容要求的情境及提示新旧知识之间联系的线索，让学生在其中可以通过体验、独立探究、合作等方式进行学习。在这样的过程中，教师的角色应该是时而在前面引领，时而在左右陪伴，时而在后面促动，教师要很好地把握这样的“三分之一”技术。在这样的过程中，学生的角色是时而在情境中体验，时而与同伴们分享，时而听教师讲解，教师还要对体验、讲解、分享这三分之一进行合理的分配和把握。这样的教育模式才能充分发挥学生的主观能动性，让学生的潜力发挥到最大化。

第二节 体验式团体教育模式操作技术

一、暖身阶段操作技术

暖身阶段的主要目的在于提升课堂和团体动力，将成员带到当下的课堂中，同时营造真诚、友善的氛围，适合这一阶段的技术都可进行选择性的运用。在团体暖身阶段使用的主要是场技术，目的是通过暖身促成团体成员初步互动，既营造一个轻松温暖的氛围，又能集中成员注意力，调动学生参与团体的情绪，增进彼此间的信任感和凝聚力。这是一个破冰和建设场的过程，这一过程一般用时 5 ～ 10 分钟。

下面介绍一些团体暖身阶段广泛使用的技术，包括动作类和语言类暖身技术，供大家参考。

（一）动作类暖身技术示例

活动 1：进化论

活动目的

用于随机分组，以打破原有的人际圈子，更广泛地与他人进行交流。

活动准备

如果在小学实施此活动，可准备适量的动物头饰，以活跃气氛，并给最后形成的各小组一个形象的标志。

活动流程

1. 先和学生讨论进化论中出现的进化种类，例如，鱼类、两栖类、爬虫类、鸟类、哺乳类、人类，依次分成组，决定增减种类的数目。

2. 向学生征求各类动物的代表动作。

3. 请学生们就近找人猜拳，皆以鱼的身份为始，赢者进化，输者退化。

4. 再以猜拳后的新身份，表演代表动作，继续寻找同类猜拳。

5. 约进行两分钟后，停止活动，同类为一组。

6. 若每组人数有差距，再征求自愿者进化或是退化，直到每组人数约略相同为止。

注意事项

整个活动控制在10分钟以内。

活动2：拼图大考验

活动目的

找一些学生感兴趣的图片（如《灌篮高手》、NBA明星或卡通图片等）实施拼图活动，进而达到分组的目的。

活动准备

与图片相同大小的空白纸、胶水（欲分几组就准备几份），把每张图片剪成若干小张（假如学生共有48人，分成8组，则要8张图片，每张图片剪成6小张）。

活动流程

1. 出示8张原图（投影或贴图），让学生对图片有一定的印象。

2. 把事先剪好的小张图片放在袋子里让学生抽取。

3. 播放欢快的音乐，请学生们举起手中的小块图片，不许说话，只凭眼神、表情和动作去寻找自己的“伙伴”。

4. 拼好图片的6人立即将图片用胶水粘贴在空白纸上，高高举起，以示胜利，并自然成为活动小组。

注意事项

图片既要有区分度，又不能太复杂，以免拖延活动时间。

活动3：大风吹

活动目的

突破旧有的人际圈子，促使学生改变原有的习惯性人际组合。

活动流程

1. 学生进教室后可自由组成若干个4人小组（或6人、8人小组），每组围成一个小圆圈，多余的1～2位学生担任主持人（如果分组没有余数，则由辅导教师担任），立于中央。

2. 主持人一开始说：“西伯利亚过来的大风吹呀吹！”大家问：“吹什么？”主持人说：“吹穿白色球鞋的人。”则凡是穿白球鞋者，均要移动，换到其他小组里去。主持人要尽快抢到某小组里的一个位置，于是使得另外的1～2人没有了位置，由他们担任新主持人，再接着“吹”，直至小组新的组合基本形成为止。

注意事项

1. 可“吹”之对象应随机确定：如扎辫子的人、戴眼镜的人、剃平头的人、双眼皮的人、穿某颜色衣服的人、戴团徽的人、剪短发的人、圆圆脸蛋的人……

2. 只要达到分组目的（例如，打破了分组时的男生女生界限），即可停止。

（二）语言类暖身示例

活动 1：可怜的小猫

活动目的

活跃团体气氛，降低防卫心理。

活动流程

1. 各小组（6～8 人为宜）围坐成圈，一人当“小猫”站在中间。

2. “小猫”走到任何一人面前，蹲下学猫叫。面对者要用手抚摸“小猫” 的头，并说：“哦！可怜的小猫。”但是绝不能笑，一笑就算输，要换当“小猫” 。

3. 若抚摸者不笑，则“小猫”要叫第二次；仍不笑，再叫第三次；再不笑，就得离开找别人。

注意事项

1. 扮“小猫”者可以装模作样，以逗对方笑。

2. 此活动很容易引起欢笑，使气氛立即活跃起来，此时，辅导教师应及时叫停。

活动 2：青蛙跳水

活动目的

活跃团体气氛，降低防卫心理。

活动流程

1. 8～10 人一组，各组围坐成圆圈。

2. 每小组由一名主持人开始说：“一只青蛙——”第二人：“一张嘴！”

第三人：“两只眼睛——”第四人：“四条腿！”第五人：“扑通一声——” 第六人：“跳下水！”

3. 继续。下个人紧接着说：“两只青蛙——”再下一个人：“两张嘴！”再下一个人：“四只眼睛——”再下一个人：“八条腿！”再下一个人：“扑通扑通——”再下一个人：“跳下水！”……如此层层将数字叠加上去，直至某一成员出错，再从头开始。

注意事项

1. 这本是喝酒的时候，用筷子击碗的游戏。看似简单，但玩的时候，要越说越快，结果往往会说出“二条嘴”“四张腿”的笑话。

2. 分组人数不能是6或12，否则容易重复同一句式，以致“熟能生巧”，不易出错。

活动3：开火车

活动目的

激活团体动力，打消拘谨气氛。

活动流程

1. 将全班分为几个6～8人的小组，以小组为单位进行游戏。

2. 在开始之前，小组内每个人说出一个地名，代表自己，但是地名不能重复。

3. 游戏开始后，假设甲来自北京，而另一个人乙来自上海，甲就要说：“开呀开呀开火车，北京的火车就要开。”全组同学一起问：“往哪开？”甲说：“往上海开。”那代表上海的乙就要马上反应，接着说：“上海的火车就要开。”然后大家一起问：“往哪开？”再由乙选择另外的游戏对象，说：“往××开。”如果对方稍有迟疑，没有反应过来就算输了。输者应受罚，例如可以学猫叫。

4. 上述程序结束后，可进行游戏的变式：以小组为单位，每一个小组代表一个地名，以小组为单位集体应答，输的小组集体受罚，则气氛会更加活跃。

注意事项

1. 各小组应关注本组游戏，不要相互干扰。

2. 输者受罚，应以活跃气氛为目的，不能伤害受罚者的自尊。

二、团体转换阶段操作技术

团体转换阶段肩负着重要任务，这是一个创设情境、提出问题、激发成员进行自我探索、逐步催化团体动力的过渡阶段。在这一阶段使用的主要是转换技术，同时也会使用一些建设场和控制场的技术。

此阶段的主要任务是要完成问题的呈现和表达，技术选用时一定要为团体目标服务，同时要考虑到时间、场地、成员等方面的匹配，并围绕目标进行合理设置，以确保团体效能的最大化。

下面介绍一些团体转换阶段广泛使用的技术，主要包括案例类、游戏类、表演类、音像类技术，将逐一展示，供大家参考。

（一）案例类活动素材示例

活动：天亮了

活动目的

通过典型案例营造浓情氛围，引发学生内心强烈的震撼和思考，为深入探讨“父母之爱”奠定情感基础。

活动流程

1. 介绍歌曲《天亮了》的由来。

辅导教师：同学们，不知道你们是否听过一个故事——1999 年 10 月 3 日，在贵州马岭河风景区，正在运行的缆车突然坠毁，有 24 名游客不幸遇难。就在悲剧发生的一刹那，一对年轻的夫妇用双手托起了自己两岁半的儿子，结果儿子得救了，这对父母却失去了年轻的生命。

这个被媒体称为《伟大的父母之爱》的故事传遍了大江南北，也深深地震撼了歌手韩红，她不仅认这个大难不死的小孩为“儿子”，还以此为题材创作了一首催人泪下的歌曲《天亮了》。现在，请同学们闭上眼睛，体会一下歌中所表达的感情。

2. 模拟情景，播放歌曲《天亮了》。

3. 分组讨论：假设，现在你和妈妈就坐在这个缆车上，灭顶之灾就要降临在你们的身边，你和妈妈只能有一个人活下来，你和妈妈会有怎样的表现？最后的结局将会怎样？

注意事项

这一活动重在催化情感，倾听学生内心的感受，营造一种凝重的团体气氛，教师不必忙于抒发自己的感情，也不要将自己的价值观一股脑儿灌输给学生。例如，下面这样的说教就显然不恰当：

同学们，你们能听出这首歌所要表达的意思吗？是的，它就是在赞美这世间最博大、最无私的父母之爱。只有父母不会因为你的一点过失就不再爱你，我们是否也不应该因为他们的一些误会而否认了他们的爱呢？正如太阳也有黑子，但这并不能抹杀它哺育万物的功劳。生活中每个人都会有错，可世界毕竟充满爱。

（二）表演类活动素材示例

活动：“我能行”与“我不行”

活动目的

形象地展示一些小学生缺乏自信的具体想法，引起学生的自我反思。

活动流程

1. 辅导老师引言：有一个小朋友觉得自己做什么事都能行，另一个小朋友却觉得自己做什么事都不行，有一天他们碰到了一起，请看角色扮演《“我能行”与“我不行”》。

2. 角色扮演《“我能行”与“我不行”》。

我能行：小朋友们，你们好，我的名字叫“我能行”！

我不行：小朋友们，你们好，我的名字叫“我不行”。

我能行：我是一个能干的小朋友，我朗读课文可棒了，经常得到同学的称赞。我会帮爸爸妈妈做家务，我会照顾邻居家的小弟弟。我还是一个很喜欢旅游的人，爬山、游泳，样样都难不倒我。

我不行：可我什么都干不好，做事总是不能成功。写作业时，老是会有错误。帮妈妈洗碗时还一不小心打破了一只碗，被妈妈批评了一顿，真不高兴。本来唱歌是最拿手的，可一到了台上，心里就紧张，连歌词都忘了……唉，我这人，做什么都不行！

我能行：其实我也有遇到困难的时候，但我总是想，我肯定行，我准能做好这件事！有时候，虽然事情并没有做得很成功，但我想，我已经认真去做了，已经是尽了自己最大的努力，所以我仍旧很高兴。（蹦蹦跳跳地下场）

我不行：有时候，我也会得到大家的赞扬，但那又有什么呢？比我做得好的人多的是呢！（垂头丧气地下场）

3. 小组讨论、交流：同学们，这两个小朋友，你遇到过吗？你觉得自己有些像谁呢？

注意事项

角色扮演时要注意学生的年龄特点，尽可能生动有趣。比如可以用卡通画做两个头饰，一个愁眉苦脸，上书“我不行”，另一个充满自信，上书“我能行”。

（三）音像类活动素材示例

活动：他像我的好朋友吗？

活动目的

帮助学生感知倾听的正确方式，了解倾听在人际交往中的重要作用。

活动准备

提前制作校园心理剧《他像我的好朋友吗》的录像片。

活动流程

1. 老师引言：我们先看一个校园心理剧《他像我的好朋友吗》的录像。请大家在观看短剧时，仔细观察剧中主人公的两个好朋友在倾听主人公讲述他的遭遇时所表现出的不同的倾听态度和倾听行为，特别要注意他们的眼神、表情、动作、身体姿势以及他们给予的相应的回应。

2. 播放校园心理剧《他像我的好朋友吗》。短剧内容梗概如下：

一天下午，小石在课外活动中与同学打篮球，扭伤了脚，心里很懊恼。他一瘸一拐地回到班级后，看到了他的好朋友小焦，小石对他说起关于自己受伤的事情，想让好朋友安慰一下自己。而小焦却一会儿转笔、抖脚，一会儿低头看书，一会儿与别的同学打招呼，总是心不在焉似的。小石对小焦的这种态度很失望。在放学回家的路上，小石遇到了小韩，小韩赶紧走过来扶着他。于是小石就对小韩说起关于自己受伤的话题，说起打球时对方前卫是如何把自己撞倒在地的，自己心里又如何感到窝火，等等。小韩认真地倾听小石的讲述，并不时地拍拍他的肩膀，说着安慰的话语。

3. 播放录像之后，请学生根据表格内容进行分组讨论：如果你是剧中的主人公，你更喜欢与哪个同学成为好朋友？为什么？

表 17.1 倾听表现评估

朋友的倾听表现	小焦	小韩
态度		
语气		
眼神		
动作		
身体姿势		

4. 老师小结：通过短剧，我们不难看出倾听的重要性。真诚地倾听，才是成熟的人最基本的素质，也是赢得好人缘的重要条件。

（四）游戏类活动素材示例

活动：采蘑菇

活动目的

形象地为小学生提出情绪的话题。

活动准备

事先制作彩色蘑菇的图片数十个（情绪类型可以重复），贴在教室的四周。

准备音乐磁带《采蘑菇的小姑娘》。

活动流程

1. 老师说明游戏规则：在每一个蘑菇上，都写着表示我们小朋友情绪的词语，如：高兴、愤怒、伤心、喜悦、苦闷、激动、沮丧等。请同学们采摘符合自己这一周里情绪状态的蘑菇，然后回到自己的小组里。

2. 学生在《采蘑菇的小姑娘》的乐曲声中采摘“情绪蘑菇”。

3. 分组交流：自己为什么要采这几朵蘑菇？最近这一周发生了什么事情，才使你有这些情绪？

注意事项

此活动适合小学四五年级学生。

小学生的情绪是经常变化的，因此，在回顾自己的情绪状态时，要限定在最近一周的时间内，避免泛泛而谈。

三、团体工作阶段操作技术

团体辅导课进入团体工作期时，辅导的主要任务是进一步激活团体动力，提高团体内部凝聚力，充分利用团体这面镜子，通过以点带面、以面带点和点面结合的方式对成员的问题进行呈现、表达和转换，通过辅导老师和团体成员合理的干预、分享和强化，让团体的每一个成员都有所感悟和成长。

体验式团体工作技术可分为艺术类团体技术、语言类团体技术和工具类团体技术。

（一）艺术类团体技术实例

技术 1：我的心里只有你没有他

活动理念

运用镜子技术，通过对别人的观察及别人对自己的观察，形成互动。在互动中增进了解别人的主动性，形成良性互动。积极发现自身与别人的关系，特别是在与喜欢和不喜欢的人的相处中，发现并解决自身问题。同时还可以起到增加团队成员间友谊，延续团体的后期效果的作用。

活动目的

增强个人交往的主动性，促进友谊；认识自我，改善自我。

活动流程

团体老师布置任务：每个人充当一面“镜子”，去帮助别人，发现别人的优势。在两天中，归纳每位成员的行为，给每一个人写一段评估。模拟表格：

表 17.2　成员行为评估

姓名	最值得我学习的	过去对他影响最大的	未来要注意的	我愿意和他进一步发展的
A 君				
B 君				
C 君				

注意事项

在观察过程中，团队成员要做到真实、客观、用心、不攻击。

技术 2：同台献艺

活动理念

通过让团队成员根据身边发生的事情，自编自导自演一出社会心理剧，来反映社会现实。在这过程当中，增强团队凝聚力，提高成员间的协作能力，并且提高个人对身边事物的感受能力，促进个人体验。具有代表性的心理剧会反映出问题的普遍性。

活动目的

增强团队凝聚力，提高协作能力，促进个人体验。

活动流程

1. 团体老师布置任务：每一组的成员在限定时间内，根据主题要求共同参与进行剧本创作，排演一出具有社会代表性的心理剧。

2. 主题：（三选一）

（1）家庭关系

（2）青少年成长

（3）人际关系

3. 团队成员排练及演出

4. 团队成员分享感受

（二）语言类团体技术示例

技术 1：人生五味茶

活动理念

人的感觉和感受是相通的。以水的不同味道隐喻出生活的不同滋味，以味觉的感受引出个体对内心感受的感知，使个体能自然而然地表达出对某件事情的内心感受。

活动目的

通过品尝不同味道的茶，道出不同的生活感受。

活动流程

1. 准备多杯放了不同调料的水，里面有酸、甜、苦、辣、麻五种味道。每杯的外观都一样。

2. 让每位成员自己挑选一杯，然后品味自己选中的水，慢慢回忆自己过去的哪一段经历跟它有着同样的感觉。

注意事项

这个技术需要咨询师的综合能力，包括引导能力、促动能力、连接能力和危机干预能力。同时，当团体成员暴露出创伤时，要及时处理，采取危机干预。

技术 2：我需要你

活动理念

根据团体动力学，团体成员可以通过互助的方式来取得个人及团体的成长。这个技术主要通过需要帮助的成员的呼喊，引起其他成员的注意和帮助，从而体现团体成员间的互相需要和帮助，增强团体凝聚力。

活动目的

通过成员的主动要求帮助和其他成员的帮助，达到成员间的自主互助，增强团体凝聚力，促进团体成员及团体的成长。

活动流程

1. 把成员安排成两组，A 组是需要帮助的人，B 组是帮助别人的人，A 组的人数要少于或等于 B 组的人数。

2. 在场地的中间安排一圈的座位给 A 组的人，他们都面朝圈外。帮 A 组的人蒙上眼睛。

3. 活动开始后，B 组的人就在圈外慢慢地绕圈走动，等 A 组的人提出需要帮助的要求，当认为自己可以进行帮助时，就走过去进行帮助。A 组的人就各自大声说："我需要你"，然后说出自己想要解决的问题，不断重复，直至有人走过来帮其解决问题。

4. 活动进行时，B 组的人帮助 A 组的人解决问题。B 组的人解决完问题之后，可以继续绕圈，帮助其他的人。A 组的人在规定的时间之内，还可以提出其他的帮助要求。

5. 活动结束后，导师让 A 组的人解下蒙眼布，带领众人分享活动感受。

（三）工具类团体技术示例

技术 1：情绪测量

活动理念

成员对自我情绪的体察以直观的方式表现出来。

活动目的

成员把自身的情绪直接表达出来。

活动流程

1. 找出两个成员作为坐标，一人站一端。导师表示一端为情绪最好的状态，另一端为最坏的状态（可以 0 ～ 100 作为标示）。

2. 导师引导成员感受和体察自己当时的情绪，成员按自己的情绪状况站在两端连线的某一点上。

3. 站好后，导师可以根据不同成员的不同状况引导他们对个人情况进行分享和处理。

注意事项

对站在情绪最坏一端的成员，在处理上要尤为谨慎，并需要做好危机干预的准备。

技术 2：过去与未来（生命线）

活动理念

通过画出一条个人的生命线，澄清自己现在所处的阶段以及当下个人的认知；澄清过去事件对今天的影响，让过去的负性经验得到消除，重新赋予人生意义；明确未来的方向，更坚定地朝着未来发展。

活动目的

澄清过去、现在及未来。重赋人生意义，明确未来方向。

活动流程

1. 团体老师先示范画一条自己的生命线，分享个人感悟（促动）。

2. 请团体成员画一条线，标出自己的生命长度（如80岁），标出今天所处的位置。

3. 团体老师引导想象，完成下表。

表 17.3　自我人生评价

1. 最大的困惑		1. 对未来的期望	
2. 最想做的事情		2. 想成为一个怎样的人	
3. 最害怕的事情		3. 谁是帮助你的人	
……		……	

4. 团体互动、分享。

5. 重申目标：重塑自我，消除过去的影响，规划未来。

四、团体结束阶段操作技术

结束阶段的团体经验对团体的成效有决定性影响，如果这一阶段是成功的，学生就会比较愿意将自己在团体中的所学带入现实生活中。当他们结束这节活动课时，记忆中留下的欣喜、激动、感慨等正向情绪对今后的成长将起重要作用。这一阶段的工作重点是“问题解决”。时间大约 5 分钟。

常用的团体结束活动有：我的收获、我们大家都来说、把心留住、笑迎未来、礼物大派送以及与主题相关的歌曲等。

（一）内容方面

在布置和设计之前应先考虑以下几个问题：我想让我的学生在课堂上做些什么？我要采取什么样的学习活动？在这样细致思考的前提下设计一个积极的学习环境，重点考虑教室材料成分和教室的面积。

体验式团体教育模式的物理环境包括地面是否铺泡沫（因为一般需要脱掉鞋子）、是否需要储鞋柜，是否需要白板、麦克、音响和多媒体系统等。

一般导师在上课前最好先巡视一下，即完成空间审核的工作：如教室的窗户或灯是否需要修理？有没有储物空间？柜子有锁吗？课桌需要吗？需要多高的？

教室的大小也是营造一个积极的物理环境的关键。因为一间教室中容纳的人数将影响其中的教学氛围和每位成员的行为。例如在团体行为方面的研究表明，在拥挤的条件下，人们对他人的反应比较消极。另外教室的大小将影响教师对班级的管理能力（控场能力）。

（二）教室大小的设置原则

要尽可能考虑保证每个学生的能见度、可接近性、免于分心程度和最大行动区。

能见度是指保证学生和教师之间，或者学生和正在进行的学习活动之间，有足够清晰的视线，比如注意投影仪的摆放、教师板书的大小和清晰度以及教师讲桌的摆放，从而保证教师与每位学生的目光交流。

可接近性是指学生需要很方便地接触所有学习资料。教室要布置得便于学生出入课桌，走到学习材料或黑板前，走到储物区甚至出入教室。也包括教师对教学材料的可接近性，适当地布置各种材料可以保证教师方便、流畅、迅速地从一组材料到另一组材料。

免于分心程度可以理解为在课堂上教师的存在、教学材料和教学演示足以吸引学生的注意力，但事实上学生总是很容易发现一些更加引人注意的东西，那么我们就要找出来哪些因素可以比教师更引起学生的注意。比如说学生座位排放，可以根据不同课堂设计需要进行调整。

要合理布置教室以便获得最大的行动区。行动区是教室中教师和学生互动程度最高的区域，一般集中在教室的中央靠前的部分（中央靠前以及垂直于这条线的中线上）。那么在体验式团体教育中每个教师都有必要尽可能地使行动区包含更多的学生，通过教师不断地移动位置来完成，教师要与不同远近的学生都保持目光和言语的直接交流，以达到我们一个积极的支持性的物理环境对教学活动的最有效的支持。

1. 教室应有良好的朝向，应朝南或东南，也可以南北双侧采光。

2. 建筑面积的大小，主要根据学生从事学习活动的方便度和空气的容积来决定。教室高度一般为 3.4 米，每名学生占教室空气容积一般为 3.4 ～ 3.7 米。教室大小按每室 30、45、50 人规划，最多不超过 50 人。

第三节　教师心理资本优化操作方案

一、教师自我效能感提升工作坊方案

（一）活动理念

自我效能感：指个体对自己是否有能力完成某一行为所进行的推测与判断。班杜拉等人的研究指出，自我效能感具有下述功能：①决定人们对活动的选择及对该活动的坚持性。②影响人们在困难面前的态度。③影响新行为的获得和习得行为的表现。④影响活动时的情绪。

教师自我效能感水平的高低，不仅仅体现在课堂上，还随时体现在日常生活，以及与人相处的各种行为中。课堂上是否敢放手，包含了教师对自己的信任，以及对别人的信任水平。过度的控制，面对问题时的不经意逃避等这些都会在一个自我效能感水平低的教师所主持的课堂上经常见到。研究表明，教师的自信心对学生的影响是至关重要的，一个不相信自己的人，是无法相信别人的，经常被一个带领者不信任，或者很不确定，这样的成长过程会给学生的人格造成深远的影响。因此，对于教师心理资本的优化将首先围绕教师的自我效能感展开，尽管这是一个硬骨头，但需要好好地去啃，不然只在方法和技术上下功夫，那就犯了方向性的错误。

该课程运用人格心理学的相关理论和技术，在团体动力学的推动下，所有参与成员在导师的带领下投入心理技术的体验中去，透过自我的呈现、自我的表达，实现对自我认识的改变，这是一个科学而又艺术的过程。

（二）活动目标

1. 发现自我的心理盲区，并且实行修复。

2. 学会爱自己，接纳自己，欣赏自己。

3. 提升自我心理管理能力，使自己更自信。

（三）活动内容

1. 我是谁：面具的故事。

2. 扫盲行动：遇见未知的自己。

3. 自我完善的两条途径：关系与内省。

4. 如何成为一个爱自己的人？

5. 自我成长三部曲。

6. 自信的几个亲戚：自恋、自卑、自虐、自大、自欺

（四）活动附表

表 17.4　教师自我效能感提升活动操作过程

阶段	主题	内容	目标	时间	工具
阶段一	面具的故事。	1. 每个人的四个区域。 2. 绘画技术：两个我。 3. 自我探索：“我的五样”。	1. 透过心理技术的体验，使成员能够对自我有足够的了解，了解才能理解，理解才能接纳。一个完全接纳自己的人，才是可以驾驭自己的人。 2. 每个人都有自己无法面对的自我部分，也有唯恐别人不知道的引以为豪的自我部分。如何正确处理这两个部分决定了这个人的高度。 3. 从点到线，从线到面，从面到体，立体全面地对自己进行盘点，是这个版块主要目标。	120 分钟	特制面具；特制“我的五样”。
阶段二	遇见未知的自己。	1. 生命树。 2. 冥想：十年。	透过相关心理技术，使老师们了解自己的潜意识的自我。	120 分钟	特制“生命树”。
阶段三	自我与重要他人。	通畅的“上线”。 和谐的“下线”。 幸福的“中线”。	每一个人的自我，都离不开他人的影响。社会化的过程，和家庭的文化氛围，以及后来的教育过程，决定了影响的程度，有的人被影响得太深，结果失去了自我，总是活在别人的“意见”和影响中，有时候想要反抗，但又矫枉过正。透过心理技术的体验，帮助老师们找回真实的自我，可以做到与他人的关系从“同而不和”到“和而不同”。	120 分钟	

续表

阶段四	爱自己的学问。	1. 爱自己的内在小孩。 2. “非正常性言语”知多少？	1. 一个人无论多么理智，多么有修养，都会在不同的时间、空间或者特定的人际关系中表现出不成熟的一面。这一面就是这个人的“内在小孩”。提高自我效能感的核心任务之一，就是让一个人喜欢自己，不伤害自己，这是一个很重要的工作。 2. 自我效能感水平不高的个人，言语中总有许多“非正常性”的语言，我们必须找出来进行优化，不然会继续负性强化下去。	120 分钟	
阶段五	心理成长。	1. 九分割：童年。 2. 故事：招聘父母。 3. 孝顺的力量。	作为老师，并不需要成为心理学家。真正的心理完善需要在生活和工作中实现，本版块就是教授老师如何在生活和工作中完成自我保健，为自己的幸福保驾护航。	120 分钟	
阶段六	自信的三个亲戚。	自虐的三种表现。 自恋的是是非非。 自卑的前世今生。	透过上面几个环节的认识、修复、调整之后，再安排这个技术体验环节，让自我效能感进一步得到提升。可以理解为这是一个升华和强化的环节。	120 分钟	

二、教师阳光心态塑造体验式教育团体方案

活动：生命中的礼物——班主任成长团体培训

（一）活动理念

时代在发展、社会在变迁，每个人其实都需要成长。教师的职业特点决定每个人的心理空间如果不实现自我净化和成长，必然要产生职业倦怠，降低我们的幸福指数。作为班主任，在提升我们自己生活质量的同时，更要对学生的成长负责，每天有阳光的心态和灿烂的笑脸，在课堂上构建和谐的师生关系，做一个快乐幸福的教师是我们所期待的。

（二）活动目标

本次班主任成长活动，主要是面对教师的心态的状况，针对人生中 10 件意义重大的事件对自己的影响，让大家体会到心态对我们生活质量、工作状态的影响。

（三）活动流程

1. 开始阶段

听音乐——《清晨》。（围成大圈，尽量密集，手拉手，男女生穿插开）

导师：请老师们想象清晨，我们漫步在雾气蒙蒙的林荫小路上，小鸟在鸣叫、溪水在流淌，暖暖升起的晨光照在我们的身上，在我们的脸上心上都洋溢着一丝微笑，带着这样甜甜的微笑，我们踏上生命的列车开始新学期的工作和生活之旅。带着这样的心情我们来到了当下，此时此刻我们 50 多个班主任和各位领导围成一个圆圆的大圈，肩并肩手拉手，为了共同的目标一同在努力。我们充满力量， 我们斗志昂扬。

在这样温暖的场中，我们开始了今天的成长历程。不知我们今天一上午能收到怎样的生命礼物，只要你用心体会和感悟，你一定能等到。好，请和你身边的人握手，轻轻地说一声早上好。

接下来，进行一次分组活动，以游戏的方式（刮大风或粘泡泡糖） 分成 5 ～ 6 组，每组选一个组长，并为自己的组命名，然后做一次宣讲。

导师：今天上午这个团队走得如何、成长得如何，和各位有密切的关系，请为我们和组长鼓掌鼓励。

请小组长带领完成任务，画情绪脸谱（6 分钟完成）。

导师：好，各位，下面我们每个组派一个代表，来分享他们组的感受。

2. 工作阶段

第 1 阶段

音乐：《风平浪静》。

导师：听着这样舒缓动听的音乐，我深深地感受到，生活其实就像大海一样，我们每个人就像这条小船，在看似风平浪静的生命历程中，又快乐又烦闷，偶尔也有惊涛骇浪，这些只有我们自己才能深刻地体会和感受。

第 2 阶段

音乐：《天空之城》。

准备两张纸，先画一张人体图，标出生命中对你影响深刻的 10 件事。可以是正性的，也可以是负性的，只要你认为对你有深刻影响的就可以。（要求不要说话，只要用心静静思考，用心体会，用文字和图画的方式展示出来，不清晰的地方问导师。然后将10个重要的事件以数字的方式标在你画的人体图的某些部位。15分钟完成。）

组内分享对你影响最大的一件事情，以及为什么你把它放在你身体的某个部位。（20～30分钟）

导师：好，看到我们这样热烈而投入的分享我很感动，我已经收到了我今天生命中最好的礼物：温暖、信任和支持。

3. 转换阶段

带着我们的两张纸进入成长的第二个环节，利用内外圈技术继续深入下去。围成大圈，进行1、2报数。报1的坐在内圈，报2的坐在外圈，一一相对。

内外圈：与其他人分享故事9次。每次对面的两个人用两分钟分享彼此的故事。

回到原来的小组，分享一下在内外圈和9个人交流的过程中对你内心触动最深的一件事是什么，为什么？每组的组织者作为促动员，带领我们各组继续走下去。给每个组15～20分钟。

（注意：导师在这个过程中，注意观察，可以适时地干预和引领。）

导师：我们每个人从出生到成为一个人的过程，都是需要不断学习和成长的过程，为什么我们有的老师师生关系处理不好，家庭关系有时处理不舒服，子女教育中也存在很大的问题，可能是我们人格层面有一些问题，也可能在我们成长的过程中一些事件对我们产生了影响，而事件的背后就是关系的问题。要想把这些问题处理好，更多地是要找我们自己的问题，反求诸己。而这些问题的解决，需要我们不断地学习和成长，来弥补我们的一些缺憾，进而也提高我们的生活质量和幸福指数。所以自身的成长和学习是第一位的。今天我们梳理一下自己的成长历程，其实也找到几面镜子，你和小组的成员，别人和我们这个团队。这个过程就是一个自我成长的过程。

4. 结束阶段

导师（表达感谢）：在一上午的活动中，我们的内心深处都走过许多宝贵的东西， 也就是今天生命中的礼物，这个礼物可能是别人给你的，也可能是你自己给自己的，无论怎样我们表达一下感谢。每次 4 个人走过去，表达一下，或朝着他们的方向鼓掌。

播放音乐：《我们的梦》。体会歌词的意义，感受生命的旋律，用我们今天收到的一个个生命中的小礼物，带着我们的思考，去过好明天及未来每一天。

5. 总结

到了此刻，可能还有些老师觉得没有学到什么，那有的老师可能要问，我们不是要培训班会、家长会如何开吗？这不是跑题了吗？

我们成为今天的自己，是在各种团体中人与人之间相互作用的结果，从家庭团体开始，然后是学校团体，进而就是办公室团体……我们在团体中成长，在团体中学习，也在团体中寻找快乐，也经历痛苦。可以说我们无时无刻不是生活在团体之中。风景在旅途中，成长在过程中，学习在团体中。

如果你认真地感受、体验和分享了你的所思、所悟，我想今天你的礼物已经得到，并且是最珍贵的。今天活动的整个程序，没有老师太多的话语，更多地依靠体验式技术和各位成员形成的动力场不断推动和前行。我们完全可以将这样一种模式用来召开家长会或者班会课。

情绪脸谱的对照。在我们的生活中，能有几个这样的上午去静静关心自己内心深处走过的东西，去静静思考自己成长的过程呢？那就让这个脸谱作为你成长的一次见证吧，把它作为你送给自己的礼物，珍藏好。

（四）准备材料

音乐：《清晨》《风平浪静》《我们的梦》。

A4 纸、彩色笔、透明胶。

第四节　体验式团体教育模式家长会

体验式家长会是依据家长的成长需要和家庭教育需要，通过体验式心理教育技术，在团体动力的推动下，围绕教育主题而开展的体验、成长和学习活动。

一、体验式家长会所需能力和条件

（一）学校方面

要给予高度的重视，要投入资金开展针对班主任的体验式家长会专题培训，并为班主任提供全方位的体验式家长会的操作指导。针对存在心理问题的家长，要给予专业的心理疏导。

（二）教师方面

1. 提升个人修养

教师应具备的人格魅力包括真诚、关注、尊重、开放、同理心、亲和力、人性化、自我觉察；有流畅的表达能力，做到精炼概括，表达清晰而简洁；有组织能力，能把握全局、灵活应变、敏锐觉察、温情阻断。

2. 掌握必要的个体咨询和团体辅导技术

（1）掌握团体基本技术

主动倾听：专注于沟通过程中有关语言或非语言行为，且不做判断及评价。

重复：以稍稍不同的措辞，重述团体成员的话，以澄清其意思。

澄清：确定成员所想表达的信息、感受与想法的具体含义。

摘要：将互动过程中的重要信息，简要进行综合归纳。

提问：通过提出问题，引导成员自我探索问题的解决方法。

解释：对团体中某些行为、想法、感受提供适当的解释。

面质：对成员在团体中的语言、行动中表现出的困惑或矛盾加以挑战。

情感反应：反应成员的感受。

支持：提供鼓励及增强信任。

同理心：能站在成员的立场，将心比心地体谅其感受及想法。

催化：在团体中以开放性或引导性的方法，清楚地协助成员朝向有助于团体的目标方向去探讨。

引发：在团体中引发行动，促使团体参与或介绍给团体新的方向。

设定目标：团体过程中，引发团体参与，并具体确定团体有特点且有意义的目标。

评估：评估团体进行过程和团体中成员及其相互间的动力。

给予反馈：对于成员专注观察后给予真诚且具体的反馈。

建议：提出团体目标有关行为的信息、方向、意见及报告。

保护：保护成员在团体中不必过早地进行心理冒险。

开放自我：对于团体发生的事件，个人开放此时此刻的感受或想法。

示范：通过行动，示范对团体适合的行为。

处理沉默：通过对语言与非语言沟通的观察，对于团体沉默现象进行干预，促进团体的发展。

阻断：对于团体中无建设性的行为，以适当的方式加以阻止。

结束：以适当的方法，准备团体结束。

（2）巧用团体带领技术

设置团体规范：在体验式家长会开展之前和进行之中合理有效地设置团体规范，是团体有效开展的前提和保证，设置不合理会造成要么气氛沉闷，要么秩序混乱的局面。团体规范公布后，如果成员在活动中没有遵照执行，导师要及时合理地予以干预，从而保证团体目标的顺利实施。

营造团体氛围：体验式家长会中要营造温暖、自然、流动的团体氛围，营造良好的和谐互动关系。导师要根据团体目标让场热起来，根据目标的不同创设适宜的温度，让成员在这样良好的氛围中能够互相信任，真诚地表达，得到充分的尊重，这本身就是一种很好的成长。

增强团体动力：团体动力要保持均衡，动力不均衡就会出现有些成员得到发展，有些成员没有得到发展的状况。为了达到动力均衡，导师通常会采取以点带面、以面带点和点面结合的不同动力模型。以点带面，就是用某一个体的成功经验或真诚的表达来带动其他成员。在课堂中个体的积极变化为小组和班级带来影响就是以点带面的过程。以面带点，就是整个小组和班级积极变化带动其中个别成员也朝着积极方向改变。点面结合就是“点”的突出改变和“面”的整体推进有机结合。“点”，可以突出重点，体现深度；“面”，可以顾及全局，体现广度。点面结合，是既有深度又有广度地反复交替的协作的过程。

运用体验式团体教育技术：分为团体开始阶段、工作阶段和结束阶段技术。

把握角色技术：角色技术就是角色的三分之一技术，包括导师角色的三分之一，时而在前引领（讲解），时而在后推动，时而陪伴在学生左右；教学过程的三分之一，即讲解、体验、分享各占三分之一；成员角色的三分之一，即在情境中体验，听教师讲解，进行表达和分享各占三分之一。教学动力过程的三分之一即成员个人、小组、团体。

在体验式家长会中导师根据目标的需要可以自己制作技术，技术的制作要遵循一定的考量因素。

（三）家长方面

家长参加体验式家长会需要遵循的原则包括：

参与的原则：全身心地投入活动之中，积极参与体验和分享。

尊重的原则：学会尊重成员、导师及工作人员。

倾听的原则：在活动中学会倾听别人的内心表达，这本身就是一种成长的过程。

保密的原则：在这样的家长会中有时可能涉及个人隐私，需要学会保密。

投入和收获成正比的原则：投入越多，收获越大。

（四）物理空间的要求和设置

体验式家长会对活动场地是有一定要求的，要保证场地的温馨、封闭，空间大小适宜（要保证全体成员能够围坐一圈），一般根据参与人数的情况要求空间相对较大的环境，最好地上能铺有泡沫或地毯等，让家长脱掉鞋，这样有利于学生放松心情、打开自己，更好地参与到体验活动中。时间一般 90 ～ 120 分钟。根据活动的主题有时需要准备一些东西，如白纸、剪子、透明胶等。一般还需要投影、音响、无线麦克等常用设备。

二、体验式家长会的具体实施方案

体验式家长会分为家长成长工作坊和体验式团体教育两种形式。

（一）家长成长工作坊

工作坊时间和成员人数。根据目标可以定为 1 ～ 5 天，成员 10 ～ 50 人。工作坊一般都是封闭式，成员自愿参加，由心理学方面的专业人员带领。

活动：家长心理资本建设优化工作坊

活动理念

依据团体动力学理论，通过建立良好的集体心理教育氛围和助益性的人际关系，促进个体成员认识自我、接纳自我、完善自我，同时改善与他人的关系，学习积极的态度和行为方式，有效地提高家长对心理问题的认知水准，从而疏导和预防其心理障碍，完善其个性，提高幸福指数和团队凝聚力。

活动目标

1. 提高家长自身的心理资本。

2. 改善家长的心理条件。

活动设置与匹配

1. 地点：训练室（温馨、封闭、地毯、A4 纸、彩笔、音响）

2. 成员：家长

3. 时间：3 天

活动评估

活动前问卷调查，活动中导师及时评价，活动后问卷调查反馈，并对部分成员跟踪调查。

方案设计

表 17.5 家长成长工作坊操作过程

单元	主题	阶段	过程	目标	操作技术
第一单元	内在小孩成长	准备阶段	1. 订立契约。 2. 引导成员说出自己的目标。 3.澄清成员目标。	1. 订立团体契约。 2. 明确团体目标和个人目标。	此时此地技术。 澄清技术。 头脑风暴。
		操作阶段	发现小孩。	建立温暖信任的团体氛围。 让成员理解内在小孩的存在。 发现自我内在小孩与当下自我的关系。	心灵感应大循环，成员寻找帮助自己完成目标的伙伴。 寻找内在小孩，体验内在小孩的存在，寄托于石头，为小孩起名字。
			与内在小孩对话。	体验内在小孩与自己的相处模式。 体验内在小孩的情绪情感，给他一个充分表达自己的机会。 外在自我对内在小孩的接纳的表达。 探索内在和外在自我平衡、和谐相处的方式。	小小动物园。放弃习惯性的语言，通过模仿动物的形态、动作和其他成员互动。 选出 1 ～ 3 个主角分享自己与石头的对话，通过团体的力量处理个别成员的心理创伤，小组分享。 写给今天的自己一封信，小组分享。
			内在与外在统一。	重建外在自我与内在自我的相处模式。 在体会内在小孩感受的基础上，珍惜和爱惜自己。	衣服裤子大反穿。 告别和内在自我相处的模式。同唱一首歌。

续表

第二单元	生命中的重要他人	准备阶段	导师讲解成为一个人的过程。	了解父母对孩子的影响。 了解夫妻相处模式 。 了解亲子相处模式。	讲解。
		操作阶段	家庭故事会。	绘制我的家庭树。 梳理创作自己的家庭故事。 小组分享自己的家庭故事。小组推选出一名家庭研究生班成员。	绘画治疗。 故事分享。 合理干预。
			研究生的个案处理。	研究生分享自己的家庭故事 。 各小组用表达性艺术治疗的方式帮助主角。	表达性艺术治疗的各种技术。 导师适时进行个案处理和危机干预。
第三单元	团队关系	准备阶段	导师讲解个人与集体的关系。	帮助成员认识投射和投射认同。	讲解。 体验。 分享。
		操作阶段	英雄群侠畅谈会。	从金庸小说中选出一个觉得与自己有相似的地方的角色，也可以选择历史人物或其他小说人物。 与成员分享选择该人物的原因 导师小结：引导成员体会自己与该人物的相似之处，理解投射与投射认同。	故事分享。 合理干预。
			团队关系大体验。	分组讨论师生关系、生生关系、领导与教师关系。 各小组设计典型情景进行排练。 小组表演情景剧。 成员交流分享。	情景表演。 导师合理干预和澄清。
		结束阶段	共绘蓝图。 同唱一首歌。	小组内全体成员共绘一张美好未来的蓝图。 以小组为单位共同学习一首歌，并表演。	表达性艺术治疗技术。

（二）体验式家长会团体

时间根据目标可以 1 ～ 2 小时，成员 30 ～ 100 人之间。团体一般是封闭式的，成员自愿参加，由经过培训学习的班主任、心理辅导老师或学校德育管理人员开展。

方案 1：体验式团体教育模式家长会——爱需要沟通，爱需要表达

活动理念

随着青春期的到来，学生独立意识增强，父母由于没有及时调整教养方式，对孩子缺乏足够的尊重。当强烈的独立意识和父母的过多关爱发生冲撞时，孩子往往以自己的逆反行为表示自己的独立，从而导致孩子对父母、对于他们所做的一切，不但不能体会到爱，反而当成是负担，不懂得珍惜和感恩。理解是改善亲子关系的第一步，通过本次活动让孩子理解父母的爱，并懂得珍惜和感恩。

活动目标

增强孩子对父母的理解，懂得珍惜父母的爱，改善亲子关系。

活动评估

活动前问卷调查，活动中导师及时评价，活动后问卷调查反馈，并对部分成员跟踪调查。为第二堂课设计做准备。

方案设计

导师：尊敬的各位家长，亲爱的同学们，大家好，真诚沟通，用心灵交流，欢迎大家来到心灵课堂。我来自呼伦贝尔大草原，特别荣幸今天能有机会在这里与全体同学和家长们一起体验，一起成长。今天我们体验式家长会的主题是“爱需要沟通，爱需要表达”，在接下来的两个小时的时间里，从老师做起，我们 120 名成员将共同体验、分享和成长，为了让我们的团体目标最大化地实现，下面对团体规范进行一下说明。我们要求做到：（1）相互尊重。（2）注意倾听。（3）积极参与。（4）认真思考。同学们，能做到吗？如果可以就用有节奏的击掌表达你的态度。好，下面就开始我们今天的体验成长之旅。

表 17.6 体验式家长会操作过程

活动名称	时间	活动目的	活动内容
主动出击	10分钟	热身，增进团体气氛，体验主动沟通。	1. 在三分钟时间里，孩子把自己的家长介绍给至少三位同学或家长认识，要求记住名字，家长和孩子可以自由走动。 2. 三分钟之后，导师喊停，家长和孩子站在自己所在位置，并安静下来。 3. 导师现场检验任务完成情况并分享感受。 4. 孩子和家长在体验中要积极主动完成任务。 5. 分享时要积极表达，认真倾听。 6. 三分钟体验后导师找出三对亲子检验任务完成情况。让孩子和家长站在中间，认识他的孩子或家长站在他们的后面，要求站出来的家长或学生写出他们认识的家长的名字，书写正确才是认识成功。达成目标的掌声鼓励，并分享。
情景体验	40分钟	体验沟通，掌握沟通技巧，增强沟通表达能力，改善亲子关系。	1. 快速完成分组，五分钟进行小组建设。 2. 导师：播放有关家庭教育的视频。 3. 组长带领全组成员在 10 分钟内共同讨论交流分享。 4. 沟通满意度测量：家长和孩子认真思考一下，给自己和对方的沟通满意度打一个分数。 5. 家长和孩子面对面坐好，看一下对方的分数，此时你的感受如何认真体会一下，交流分享。 6. 现场采访家长和孩子，分享感受。 7. 导师引导孩子和家长思考：在这样的过程中你发现了什么？最大的感受是什么？你打算如何更好地和孩子或父母沟通？ 8. 孩子和家长共同商讨制订出双方沟通满意度提高措施，家长和孩子大声读出自己的提高措施。 9. 家长和孩子再一次给自己的沟通满意度打分，一对一分享一下分数变化的原因。导师引导 3 ～ 5 个成员集体分享 10. 导师引导成员冥想“我的幸福家庭”，播放《相亲相爱一家人》，引导感恩，互助互爱。
彼此感恩致谢	5分钟	温暖团体气氛，进行情感升华。	导师总结：每周内孩子要主动、有效沟通，真诚的表达会让我们的家庭和班级更加温暖，会让我们每个人更加快乐。期待我们的孩子有更大的进步。期待我们每一位家长和孩子共同成长，感谢各位家长，感谢同学们，期待再相逢。

方案 2：体验式团体教育模式家长会——我想对你说

活动理念

作为青年初期的高中生，正处在从幼稚的儿童期向成熟的青年期过渡的时期。在这一时期，高中生的生理发展迅速走向成熟，而心理的发展却相对落后于生理的发展。他们在理智、情感、道德和社交等方面，都还未达到成熟的指标，还处在人格化的过程中。他们这一时期心理发展出现的不平衡性、自主性、闭锁性等特点，使他们和父母的交流、沟通不畅，关系不和谐，甚至会有冲突。所以，想通过召开这次家长会让父母和孩子实现很好的交流，使他们相互理解，相互包容，重新找回曾经拥有的那份和谐和快乐。

活动目标

学生——通过活动让他们更加明确自己的学习目标和人生目标，自觉地学习，更加懂得付出，让其对社会有一种责任感，并提升自信心，激发自身的潜能。

家长——通过活动与子女的关系更融洽，建立一种互信、互爱、互敬、互谅的关系，互相之间能真诚沟通。让家长对子女有更深入的了解，引导子女有正确的人生观和人生目标，让两代人在沟通上产生共鸣，从而建立新的亲子关系。

活动过程

1. 开场

老师：有一个人，她永远占据着你心中最柔弱的地方，甚至在你没有来到这个世界以前，她已经用所有的爱滋润着你。有一个人，他永远在你身后默默地支持着你，在你奋斗时，他期许着你；在你得意时，他提醒着你；在你失意时，他鼓励着你。同学们说，这两个人是谁？

同学们齐声回答：父母。

老师：是的，这就是我们的父母，今天，他们放下自己不管多么重要的工作，来参加这次家长会，这是对学校工作的支持，更是对每个孩子的关爱。让我们以热烈的掌声来欢迎并感谢我们的爸爸妈妈。

2. 暖身活动

家长和孩子一起做“捉手指”的游戏，让同学和家长分享游戏的寓意。

老师：刚才的游戏情景，就像我们现实生活中的亲子关系，父母想要抓住我们，我们却又想要挣脱父母的管束。由此可能会使父母与孩子之间产生对立甚至是对抗等不和谐的关系。基于此，我们设计了这样一次家长会，但愿它能给我们提供一个倾听、理解、沟通、交流的机会，去重拾我们曾经拥有的那份快乐和和谐。

3. 体验阶段

（1）听歌曲《烛光里的妈妈》

老师：在我们成长的岁月里，是父母的爱和辛勤付出，抚育我们长大。可不知从什么时候开始，在我们的眼里，父母的爱由儿时的呵护变成了今日的唠叨，已记不得有多久我们没有仔细观察妈妈双鬓增添的白发、父亲手上的老茧。下面就让我们静静地聆听这首《烛光里的妈妈》，用心去体会和感受。每个孩子都闭上眼睛轻轻抚摸爸爸妈妈的双手，然后再看看父母额头的皱纹。

体验：拥抱一分钟。一个深情的拥抱，让我们找到了儿时的感觉，感受到了父母的信任和力量。

（2）相互表达

老师：在每个父母的眼里，自己的孩子总是最棒的。但随着孩子年龄的增长，孩子心理、生理上发生了变化。我们对孩子的内心世界可能了解得越来越少了，现在就让我们走进孩子的世界，听听他们的心声。

由孩子把自己写的信读给父母听。（父母静静地听，不能插话）

老师：其实，父母也有很多话要对他的孩子说，现在，让我们听这首《对你说》，来体会彼此的感受和想要表达的心情。

父母和孩子交流，针对孩子的问题谈自己的体会。

（3）小组内交流分享

把全体人员分成五组，按照老师提出的问题进行分享。

家长：在和孩子的相处中，你认为哪件事处理得不是太得当？谈谈今后的想法。

孩子：在成长的岁月里，你能想到哪件事最让你刻骨铭心？（正、负面都可以）

班内分享：找两名家长和孩子谈此时此刻的感受。

4. 情感升华、感恩

播放视频：著名演讲家邹越《让生命充满爱》的演讲。

分享感受，用声音表达。

孩子：爸爸妈妈，我爱你们。

爸爸妈妈：我爱你，宝贝（昵称）。然后，拥抱一分钟（无需语言，只需内心体验）。

5. 结束阶段

老师：其实，每对父母都有一个美丽的期待，期待自己的孩子能健康成长，期待他们有一天能站在人生的最高点上，期待他们有最好的未来。每个孩子又何尝不是为了这份期待而努力？正所谓“恩未报岂敢懈怠，梦未圆怎能放弃”。下面让我们全体围成大圈，听歌曲《最好的未来》。

老师（结语）：相聚的时光总是短暂，希望与美好就在不远处等待。爱永恒，信任地久天长！让我们融合在一起，共同拥有爱的风帆！让我们携起手来，为我们共同的愿望扬帆起航！感谢各位家长对本次活动的大力支持，家长会“我想对你说”到此结束，再次祝愿每一个孩子天天快乐，每一个家庭和睦幸福。

第五节　体验式团体教育模式班会

体验式班会是依据学生的身心发育特点、成长规律和班级建设的需要，在团体动力推动下，通过绘画、音乐、具象、此时此地技术等体验式心理教育技术，围绕教育主题而开展的班会活动。

一、体验式班会所需的能力和条件

（一）学校方面

当一个学校决定在本校开始推行体验式团体教育模式的工作，从思想上高度重视，就必须从上至下构建良好的舆论和行动氛围，加强对专业人员的培养，并且针对全体班主任开始系列的培训活动，如体验式团体教育模式的理论与实践的培训，如何召开体验式班会、体验式家长会的培训，教师心理资本建设成长工作坊的培训等。让我们广大班主任对体验式团体教育模式相关理论有较深刻的理解，对操作技能有很好的领悟和把握。

同时学校要提供平台，要开展实验班和优秀教师体验式班会课观摩活动和研讨活动，让我们老师在学中做，在做中学，也要在各个年级开展这样的班会评比活动，这样让每位班主任都能成为体验式班会活动开展的优秀导师。

（二）教师方面

1. 提升个人修养

教师应具备的人格魅力包括真诚、关注、尊重、开放、同理心、亲和力、人性化，自我觉察；有流畅的表达能力，做到精炼概括，表达清晰而简洁；有组织能力，能把握全局、灵活应变、敏锐觉察、温情阻断。

2. 把握团体动力的能力

3. 合理使用、制作或转换技术

（1）常用反应技术

倾听技术：就是在接纳的基础上，积极地听，认真地听，关注地听，并在倾听时适度参与。倾听不仅是用耳朵听，还要用心听。

情感反应技术：指的是导师把学生所陈述的有关情绪、情感的主要内容经过概括、综合与整理，用自己的话反馈给学生，以达到加强对学生情绪、情感的理解。

内容反应技术：指的是导师把学生所陈述的主要内容经过概括、综合与整理，用自己的话反馈给学生，以达到加强对学生理解、促进沟通的目的。

具体化技术：指的是导师协助学生清楚、准确地表述他们的观点以及他们所用的概念，所体验到的情感以及所经历的事情。

重复技术：导师直接重复学生刚刚陈述的某句话，引起学生对自己这句话的重视和注意，以明确要表达的内容。

提问技术：分为开放式提问和封闭式提问。开放式提问是导师提出的问题没有固定的答案，学生不能用简单的一两个字或一句话回答，从而尽可能多了解学生。封闭式提问是指导师提出的问题带有预设答案，学生的回答不需要展开，一般用来澄清事实，获取重点，缩小讨论范围。

（2）巧用影响技术

面质技术：又称“对峙”“质疑”“正视现实”，是指导师指出学生身上存在的矛盾，促进学生进行探索，最终实现统一。

解释技术：导师运用心理学来描述学生的思想、情感和行为的原因、实质等，使学生从一个新的、更全面的角度来重新面对困扰、周围环境及自己，并借助新的观念和思想来加深了解自己的行为、思想和情感，产生领悟，提高认识，促进变化。

指导技术：导师直接指示学生做某事、说某话或者以某种方式行动。指导时不要以权威身份出现，强迫学生执行，若学生不理解、不接受效果就差，甚至无效，还会引起反感。

（3）注重互动技术

共情（同理心）：按照罗杰斯的观点，共情是指体验学生内心世界的能力。

尊重：导师在价值、尊严、人格等方面与学生平等，把学生作为有思想感情、内心体验、生活追求和独特性与自主性的个体去看待。

真诚：指导师对待学生的态度真诚，为学生营造一个安全、自由的氛围，使学生可以敞开心扉，袒露自己的内心世界。

自我开放：也称自我表露，导师提出自己的情感、思想、经验，与学生共同分享，或开放与自己有关的经历、体验、情感等。

积极关注：导师对学生言语和行为的积极、光明、正性的方面予以关注，从而使学生拥有积极的价值观，拥有改变自己的内在动力。

（4）把握角色技术

三分之一技术，包括导师角色的三分之一，时而在前引领（讲解），时而在后推动，时而陪伴在学生左右；教学过程的三分之一，即讲解、体验、分享各占三分之一；学生角色的三分之一，即在情境中体验，听教师讲解，进行表达和分享各占三分之一。教学动力过程的三分之一，即学生、小组、班级。

（5）合理使用、制作、转换场技术和工作技术

体验式团体技术从应用方面看分为场技术（如何建设场和如何控场）、工作技术、整合技术（包括强化、转换和整合的过程）。一个好的教育技术既能实现场的建设，又能有效完成教学目标，同时实现强化和整合。根据学术界对团体辅导进程的一般共识，对一节具有课时限制的心理辅导活动课的微观发展进程做如下划分，即团体暖身阶段、团体转换阶段、团体工作阶段、团体结束阶段。在体验式班会中导师首先通过团体契约和暖身技术，帮助成员形成信任关系，其次是通过转换和工作技术，促进成员探索自我，最后在恰当的氛围中结束整个班会活动。

在体验式班会中导师可以自己制作技术，技术的制作要遵循一定的考量因素。第一个考量因素是教育性，有没有教育性、能不能达到教育最大化？接下来是科学性，即符不符合人的心理发展规律，你做得很好可是不适合人的科学发展规律，那是不可以的。再接下来是针对性。西瓜刀能切菜，可不是最匹配的，那它当然不是最好的工具。技术有目标针对性，还有匹配的问题，每一个技术都可能实现三个目标，第一个目标才是首选。另外还要考虑可操作性，关公的青龙偃月刀是不是很好？可是像我这样人怎么用？我能力不具

备，那也一样无法达到效果。

（三）学生方面

体验式班会和我们平日班会课有很多的差异，在活动之前首先要让学生知道，体验式班会几个重要的参与原则：

尊重的原则：学会尊重同学、导师及工作人员。

倾听的原则：在活动中学会倾听别人的内心表达，这本身就是一种成长的过程。

保密的原则：在这样班会活动中有时可能涉及个人隐私，需要学会保密。

投入和收获成正比的原则：要经常向学生讲体验式班会活动的特别之处，投入越大，收获越大。

（四）物理空间的要求和相关设置

场地：体验式班会对活动场地是有一定要求的，要保证场地的温馨、封闭，空间大小适宜（要让全体成员能够围坐一圈），一般根据参与人数的情况要求空间相对较大的环境，最好地上能铺有泡沫或地毯等，让学生脱掉鞋，这样有利于学生放松心情、打开自己，更好地参与到体验活动中。

时间：一般 90 ～ 120 分钟。

根据活动的主题有时需要准备一些东西：如白纸、剪子、透明胶等。一般还需要投影、音响、无线麦克的等一些常用的设备。

二、班会设计和操作的原则

体验式班会要想实现效果的最大化，就必须本着科学、全面和系统的原则。

（一）科学

体验式班会设计的理念、目标的确定和具体方案设计，一定要遵循学生身心发展的特点和规律，从班级的实际出发，依据科学的教育心理技术的原理，精心设计和操作。

（二）全面

在班会设计和操作的过程中要考虑到多种因素：如物理空间的合理性，比如场地大小、房间的高矮等。

动力均衡性：在整个班会过程中个人、小组、班级的动力是如何流动的。

匹配性：这里的匹配通俗的理解其实就是一致性。比如目标与教育内容、目标与技术、教育内容与技术、时间与教育内容、导师与技术、人数与技术等。

可操作性：导师设计的技术是否具有可操作的特点，使得班会效果达到最大化。

艺术性：在班会设计和操作的过程中要尽可能在实现教育目标的同时， 让学生在真、善、美的情景中，引起更多的思考，给人以美的享受。

（三）系统

老师们每设计一次班会，要从历史观的高度去思考。确定班会的目标时要考虑当下意义，还要从学生长远发展的角度去设计，比如说，刚刚进入高一的班会往往是以团队建设、适应能力培养为主题，后期可能要设计人际交往、学习动力、学习方法等主题。在高二阶段一般从理想、职业规划、情绪压力的缓解等角度来设计。高三阶段往往设计减压增能等方面的主题。所以每一次班会的设计不能头痛医头、脚痛医脚，可做长远设计，比如一学期、一学年我们要开几次体验式班会，它们的关系是怎样的。要有系统的思想。

在班会的操作过程中，一些技术的使用要考虑学生过去的情况，当下的现状和未来的发展。导师站在过去、现在和未来的层面去运用各种技术，这样的班会的效果会更加好。

三、评估与实施

（一）体验式班会的评估

1. 评估的一般内容

（1）目标是否达到。

（2）效果反应是否良好。

（3）技术选用是否匹配。

（4）有无改善之处。

2. 评估的方法

包括行为测量法、标准化的心理测验、调查问卷、成员日记等。

体验式班会是一种把心理学的理念、知识、技术融入德育教育的一种探索和尝试，我们称之为德育心育一体化。在这样的班会准备和开展过程中，最大的受益者往往不是参与活动的学生，而是我们的班主任老师。因为随着当下社会的发展，我们每个人都需要成为自己的心理咨询师，可以说人人需要心理学知识，而班主任作为青少年的教育者、引导者和帮助者，特别需要教育心理学、发展心理学和管理心理学的知识，特别需要把心理学融入班级管理和学生教育之中，只有这样才能达到预期的管理效果，并在工作中找到乐趣，实现价值。体验式班会是班级民主管理和班主任自我成长的积极尝试，在准备和实施中班主任会有一种全新的感悟与收获，因为实践是最好的成长，当你愿意尝试的时候，你就开始了成长之路，在这样的成长路上你会发现，原来你可以生活得更有意义。

（二）体验式班会实施的程序

1. 确定目标

确定班会所要解决的主要问题。积极有效的目标应该是具体的、明确的、可行的、切合实际的、成员需要的，同时是可以评估的。目标建立后，导师应该让成员充分了解。

2. 制订体验式班会方案

方案设计要符合如下要求：（1）计划的合理性。（2）目标的明确性。（3）操作的可行性。（4）过程的发展性。（5）效果的可评估性。

方案 1：我爱我家

设计理念

根据团体动力学的有关理念，营造一个安全、温暖、开放、共享的团体环境，促使成员在其中打开心窗、放飞心灵，学会聆听与共享，有所感悟，有所成长，并由此促进团体归属感、团体凝聚力的形成。

班会活动设计

导师：同学们好，欢迎大家来到团体活动室，今天我们活动的主题是“我爱我家”，今天的活动需要同学们全身心地投入，积极地表达，认真地倾听，同学们能做到吗？如果可以就大声地说出自己的名字。好，下面就开始我们今天的爱家之旅。

表 17.7 “我爱我家”活动操作过程

活动名称	时间	活动目的	活动内容
找班长	5 ～ 10 分钟	热身。 增进团体气氛。 培养团体意识。	导师事先指定一名学生为班长，其他同学自由互相询问谁是班长，班长被问时必须如实回答，找到的同学要迅速跟在班长的后面成为一竖排。指定的班长在第六个人问到自己的时候必须大声说出“我是班长”，全体同学迅速在班长后面排成一竖排。请班长和排在最后面的同学谈谈感受，并模仿一个动物的动作。

续表

我的心情卡	30 分钟	增进认识了解，学习接纳的他人，促进情绪情感的表达和交流。	将成员分成四组，选出组长，确定组名和口号，3 分钟后进行汇报。 每人发一张 A4 纸，可在纸上画出自己喜爱的卡片形状，并在卡片上标上自己的姓名、性格特点及入学一个多月来的感受。播放音乐班得瑞的《清晨》。 每个人把自己的卡片拿在胸前相互展示及交流。 活动分享：你对自己及他人有了哪些新的认识？ 小组成员互相帮助，把心情卡张贴在自己的后背上，自由活动，互相欣赏分享。学生分享后安静下来倾听歌曲《我和你一样》，给自己信心，给自己力量。
我们的家庭树	30 分钟	进一步增强集体凝聚力，积极迁移到生活中并展望未来。	播放轻柔的音乐，让所有成员闭上眼睛去想象：假如所处的这个班集体是一棵树，那自己希望它是一棵什么树？自己愿意做这棵树上的什么？如何才能让这棵树茁壮成长？ 睁开眼睛后，所有成员在限定时间内，通过充分讨论，发挥各自的想象力，轮流接力，将图画完成。要求：每个人都要动手，图画必须是团体合作的结果。给画取名并确定寓意。每个人在所画之处签上自己的名字。 最后展示家庭树，每个成员分享自己所画的东西及寓意。
最好的未来	5 ～ 10 分钟	温暖团体气氛，进行情感升华。	播放歌曲《最好的未来》，学生用心倾听。 导师说明在团体中成员就像一家人，需要彼此支持、关怀与帮助，每个人都很精彩，每个人都有最精彩的未来，大家手挽手一起说：班级荣辱我有责，班级精彩因我在。

方案 2：凝聚产生力量，智慧成就人生

活动目的

新的班级在学期初组建，小组合作学习的动力需要建设，在同学们有了初步的了解后，小组的凝聚力的建设就是迫在眉睫的事情，为此高一（9）班在学校的大力支持下，在会议室开展了 40 分钟的主题班会“凝聚产生力量，智慧成就人生”。班会主要是通过三个技术，让学生在快乐中感受、体验小组的力量以及每个人在小组中的职责和荣誉感。

活动过程

1. 班主任老师导入主题：通过同学情、师生情引入学习，再引出小组学习。小组学习是否高效，这涉及我们班级的整体实力和每个人今后的命运。

2. 第一个活动：小组热身“三人行”。用心灵去感受我们每个组员，体验小组成员间的默契程度。首先由老师宣布比赛规则：先由老师点成员甲，在其右边的成员代其答“有”，在其左边的成员代其举手。然后再由成员甲点成员乙，以此类推。

3. 第二个活动：抬腿跳。

第一个环节：老师宣布规则：小组成员站成一横队，左边的人右腿着地，侧面抬起左腿，其右边的人抬起他的左腿，以此类推。大家站稳后，一起向前蹦，整齐地蹦一步算一分，否则不算，距离约为两米。看哪组得分最多。

第二个环节：每组都进行完之后，各小组围成圈讨论以下问题：

当有人被绊倒时，各位当时发出的第一个声音是什么？

发出声音的人是刻意指责别人吗？

想一想自己是否不经意就给别人造成压力？

接下来我们应该怎么做，刚才的感觉才不会发生？

第三个环节：每组派代表谈感受。老师可向每组赠送纪念礼物，如励志对联等。

活动反思

在整个活动中，老师感受到了学生们的活力热情、团结协作，深受启发。尤其是当学生们谈感受，谈到了责任、信任等层次很高的说法时，我更是对我们的学生的感悟能力感到惊奇，特别是当老师将励志对联送给每组之后， 出乎我意料的是，学生们能够在那么短的时间内将横批回赠给我，而且真的将本组的组名融入进去了。我为学生们的能力感到惊讶，同时更加感到自豪！这让我真正意识到活动的开展对于班级小组凝聚力建设的不可或缺的重要性，这种班会应该采取多种形式，系列化开展。

表 17.8　活动对联展示

一组“聊斋异族”： 一卷诗书满腹才华试问天下谁为王者，万丈豪情千秋伟业敢对苍穹我是英雄。回赠横批：书香满斋	五组“梦之希”： 励志笃学求古今智慧，厚德敦行做中华栋梁。回赠横批：乘梦飞翔

续表

二组“犀利村”： 燕赵多壮士十年铸剑肯盼明朝建功业，二中有雄才一心读书力争大考展宏图。回赠横批：励精图治	六组“巅峰时代”： 意志为犁耕耘知识沃土，美德似水润泽你我心田。回赠横批：巅峰时代
三组“天使禁猎区”： 携一缕春风伴一窗明月二中苦读当属我，抱万种情怀翔万里云天华夏风流要争先。回赠横批：猎天英豪	七组“果粒兵团”： 春秋冬夏勤学苦练看谁人蟾宫折桂，德智体美博学多才有我辈九天摘星。回赠横批：博学果粒
四组“天狼”： 难易苦乐人人奋勇精神健，强弱进退日日攻坚斗志高。回赠横批：唯狼独行	八组“个性守望”： 登极峰做强者挥洒青春热血，藐沧海磨利剑再创二中辉煌。回赠横批：张扬个性守望未来

方案 3：相亲相爱一家人——班级建设初期体验式团体主题班会

活动理念

在班级形成初期，通过体验式团体活动的方式，加强同学间彼此的了解，人人参与班级的建设活动，为学生各种能力的展示提供平台，增强班级的凝聚力，为班级长远发展奠定良好的基础。

活动目标

人人参与，爱我集体。

活动过程

全班围成一个大圈坐到泡沫上。

导师：你们都是好孩子吗？（一些学生回答但是声音不是很大）不管你认为是否是，我们先来静静听这样一首歌曲《我们都是好孩子》，体会动听的旋律和触碰我们内心的歌词。

导师：每个人心中好孩子的标准不是完全一样的，此次我们在文理分班的考试中发挥虽然不是太理想，但我相信在你们家长的心中，在老师的眼中，在你们自己的心中，你们一定是好孩子。

导师：那我们这么多好孩子因为缘分走到了一起，就向 PPT 画面中一样，在你们可爱的徐老师和董老师的带领下，我们肩并肩手挽手走过两年高中生活，这是多么幸福的事情。那我们的高二（8）班 45 名学生期待我们集体朝着什么方向发展？又能朝着怎样的方向发展？这有赖于我们所有同学的努力，因为我们是相亲相爱的一家人。

活动要求：善于倾听、尊重欣赏、积极投入。

开始阶段

1. 热身体验：大风大风吹呀——呼啦啦呼啦啦——吹呀吹哪里呀——吹呀吹几个呀——吹呀吹。

通过热身完成分组任务。

导师观察：通过 3 次活动，分成了 5 组。

2. 给每个组 3 分钟时间，完成组内自我介绍的任务，选出组长，确定小组名称和口号，每个组长发表感言。

3. 在小组长带领下完成：我最喜欢的花。每个人在一张纸上画上自己最喜欢的花（5 分钟），然后在小组长带领下分享你喜爱这个花的理由（8 分钟），每组选最好的一位在全班进行分享。

导师要求每个人认真思考，不要打扰同学。每组发言人表达时其他同学要学会倾听，这是对别人的尊重，更是对自己的尊重。

导师：在刚才的分享中我们每个小组表现都不错。为每个组长的有效带领和发言人的精彩发言鼓掌。是的，在大千世界茫茫人海中，我们每个小组几名同学凑到一起这是缘分。

工作阶段

1. 欣赏歌曲：《相逢是首歌》。（用心倾听和体会自己的内心感受，每个小组可以用肢体方式表达你们此刻的心情。）

导师将观察到的情况与同学分享：

1 组：肩膀紧紧拥在一起，手拉着手一直到歌曲结束。

2 组：手拉手，把刚才画的美丽图案连接成一个圆圈。

3 组：手拉着手，后来有人撒开了。

4 组：刚开始手拉着手，后来圈越来越小，手紧紧握在一起，很有力量的感觉，一起随着音乐舞动。

5 组：刚开始在老师的提示下，胳膊挎起来了，后来有人玩笔，老师再观察时，又把手拉到一起，一会又分开。

导师：无论每个小组的表现方式怎样，我内心都很感动，为你们心手相连而感动，为你们紧紧团结到一起而感动。

小组成员拉着手围成小圈，呼喊小组口号。

2. 在小组长的带领下，小组成员人人参与共同制作完成班级标志：班名、班旗、班歌、班徽、班级口号和班级未来建设的设想。（15 分钟）

每组分一张大纸，将设计内容画或写到纸上，人人参与，并要派一名代表上前面做讲解和分享。

3. 讲解分享：以小组完成的先后顺序，每组进行合影，并全班排成五排说说你们组的设计目的和寓意。

导师观察：每个组设计都很用心，参与率较高，只有一个小组投入不够， 除了组长的能力问题还有组员凝聚力不够。

讲解分享环节很是精彩，发言人很有激情，各个不甘示弱，我发现同学们很有创意，更是对班级的未来充满了信心。

结束阶段

花海荡漾：全班以刚才围坐的方式手拉手一排排连接到一起，呼喊刚才诸多口号中同学最喜欢的一句，把拉着的手举起来形成波动曲线。

回到原来的小组，分享你此刻的心情和感受，在每个人画自己喜欢的花的那张纸上，写或画出对新的集体的期待。

结束：全班围成一个大圈听唱歌曲《相亲相爱一家人》，第一段手拉手，第二段每个人向前跨一小步，手挎着手。合唱歌曲高潮部分。

全班齐诵：我们班是最棒的，我们是最棒的。

注意事项

1. 提前准备好相关的工具，纸和笔等。

2. 设置要处理好。倾听、投入。

3. 在小组分享时需要提前讲好要求。

体验式团体教育模式与班会课的结合是心育和德育很好的结合方式，要是我们的班主任都能够充分意识到它的积极作用，在班级做好前期热身，让学生们带着一种渴望和期待去开展活动，那教育意义和效果就是充分最大化了。同时我们心理老师还要处理好主动与被动的关系问题。

面对不同特质的人群，同样一个方案需要随时调整，把此时此地技术很好地使用，是一个需要不断学习的过程。

参考书目

韦志中．学校心理学：体验式团体教育模式理论与实践 [M]. 清华大学出版社，2014.

第十八章　医院心理健康服务

近几年来，随着市场经济的迅速发展，我国的医患关系日趋紧张，医疗纠纷日益增加，一方面经常有病人投诉、殴打甚至杀死医务人员的事件发生，另一方面医务人员也多有抱怨。如何改善医患关系，维护医疗服务行业秩序，已不仅仅是卫生部门的责任，而是全民的责任。

根据中华医院管理学会对全国 270 家各级医疗机构的调查，医患纠纷很多时候并非医务人员的技术问题，也并非因为医务人员缺乏职业道德和责任，更不是患者无理取闹、寻衅滋事，更多的是因为医务人员在对患者实施医疗行为的过程中，没有更好地注意同患者或其家属进行必要且有效的沟通，没有更好的处理医患关系。

第一节　医患沟通

一、医患沟通的定义

医患沟通指的是在医疗卫生和保健工作中，医患双方围绕诊疗、服务、健康等相关主题，以患者为中心，以医方为主导，通过医患双方各种有特征的全方位信息的多途径交流，使医患双方形成共识，并建立信任合作关系，指引医护人员为患者提供优质的医疗服务，达到维护健康、促进医学发展的目的。

医患沟通是构建和谐医患关系的前提，是医疗机构的医务人员，在诊疗活动中与患者及其家属在信息方面、情感方面的交流，是医患之间构筑的一座双向交流的桥梁。

二、医患沟通常见的类型

随着近年来以患者为中心的理念的提出，医疗服务过程中医患沟通也越来越重要，从评估、计划、执行措施到评价，都需要沟通。而且每一个沟通行为都会对治疗产生一定的影响，因此每个医务人员都应该在与患者的沟通中，灵活地运用一些沟通技巧，这将有助于构建良好的医患关系，减少差错事故的发生。

（一）发现问题性沟通

包括基本信息的采集、集中主要问题、评估总结。

1. 采集信息。通过观察和向对方提出问题收集所需信息。一般采用开放式问题或闭合式问题两种，倾听的同时适时运用重复、复述、澄清、小结等技巧明确患者谈话的内容及此时的情绪情感。

2. 集中主要问题。帮助对方抓住重点，不要离题。在患者叙述的基础上，适当加以引导。例如“你胃痛在时间上有哪些规律性吗？”

3. 总结评估。将谈话中的一些感觉和想法串联起来进行总结，提炼出现阶段患者要解决的主要问题，给予初步评估中，分析得出可能的解决方向。

（二）治疗性沟通

治疗性沟通是一般性沟通在诊疗服务中的应用，信息的发出者或接受者是医务人员或患者，并且沟通的内容是属于诊疗范畴以内的专业性事务。治疗性沟通是有目的的，即为患者的健康服务，满足患者的需求，较好地运用沟通技巧能让我们与患者建构真诚良好的医患关系，从而达到身心疗愈的整体效果，由于这些沟通行为可以起到治疗作用，因而称为治疗性沟通。

1. 准备计划阶段。在与患者交谈前，医务人员应知道患者的姓名、性别、年龄等基本信息以及他的既往史、诊疗史、现病史、阳性体征。

2. 开始交谈。创造一个温暖的沟通气氛，并表示出接受的态度，使患者愿意敞开自己的心扉。

3. 引导交谈。交谈进行中，医务人员要鼓励患者将话题深入下去，以便拿到更准确的信息，例如“昨天晚上你特别难受，能跟我说说怎么个难受法吗？比如哪里疼哪里胀之类的。”在患者说的过程中给予一定的回应，必要时可复述患者的话，进行信息确认。

4. 结束交谈做好记录。本次谈话任务完成，感谢患者的配合并约定下次约谈的时间，做好记录。

（三）特殊情况下的沟通

1. 面对生气发怒的患者

首先接纳他的情绪，例如可以跟他说：“您能跟我说说具体发生了什么吗？看看我能帮到您什么。”一般情况下患者此时的情绪就会降下来，再帮助他理性分析愤怒的原因，注意一定不要让患者觉得你是在应付患者的投诉。

2. 面对哭泣的患者

为他创造一个安全的宣泄场所，以免他事后有羞耻感，同时可采用一些非言语沟通方式，静静地陪伴、倾听、递杯饮料或湿毛巾，同性还可以轻轻地扶在他的肩膀上，待其情绪稍稍稳定后，鼓励其说出流泪的原因。

3. 面对抑郁的患者

这类患者一般不会主动沟通，医务人员要给予更多的关注与照顾，注意其情绪变化，及时发现悲观情绪，适时引导，同时努力开发并与之交流其感兴趣的话题，用我们的真诚、善良、仁爱之心温暖他。

4. 病情严重的患者

交流一般不超过 15 分钟，避免不必要的交谈。对无意识的患者可持续用同一句话，同样的语调反复说，这样他有可能听到，同时可用触摸的沟通方式，但触摸前要假设患者能够听到，并尽可能保持环境安静。

三、沟通原则

1. 交谈应有目的、有针对性，不是随意、漫无边际的闲谈。通常是为了收集患者的资料，以便了解患者的问题所在，从而推理出解决问题的方向。

2. 应注意运用积极心理学、社会学原则，即应根据患者不同的年龄、职业、文化程度、社会角色等来组织不同的沟通方式。

3. 关系大于方法，关系大于教育，建立良好的医患关系是贯穿在沟通的整个过程中的。

四、医患沟通中常见的问题

大部分医护人员和患者认为，医患之间一般或者基本上没有沟通。这在一定程度上说明医患之间缺乏基本的信任度。医护人员未很好地履行告知、照顾义务，这归结为双方信任度降低的主要原因。不论是患者还是医护人员都不同程度地认为医患关系不和谐。

1. 我国现行的医疗保障体系及相关的法律、法规没有及时跟上市场经济的步伐。政府对医院的投入严重不足，医院自负盈亏的体制，都促使患者承担了过多的诊疗费用。同时，社会贫富分化矛盾加剧的问题在费用高昂的诊疗过程中被激化。

2. 医患沟通不够、医疗纠纷增加，是医患关系不和谐的重要因素。基层医疗资源不足，水平欠缺，经常发生误诊的现象，使得病人为寻求可靠的诊疗向大城市的三甲医院集中。医生超负荷的工作使其无力完善与患者的沟通。同时，医疗教育的制度并未在医患沟通技能中给予学生强化训练，使得医生缺乏良好的沟通技能。

3. 在医疗过程中缺少人文关怀，加剧了医患关系不和谐的情况。治病、救人原是一体的，但有些医生却只重视“病”不重视人，同样医生的权益也没有受到足够的保护，有时医生连休息的地方和时间都没有，医患双方没有换位思考，患者常常不理解医生的诊治，甚至发生暴力伤医事件。

4. 患者申诉和维护权益渠道不畅通是影响医患关系的直接原因。我国虽已于 2002 年就施行新的《医疗事故处理条例》，但发生医疗事故之后，光是事故鉴定费用就高达几千元，患者维护权益成本太高。

5. 医患之间缺乏信任，是造成医患矛盾的一个重要原因。新闻媒体不够翔实的报道，促使医患之间缺乏信任、理解，不能换位思考。部分医务人员没有设身处地替患者着想，而是较多地考虑医疗机构和自身的利益。而有些患者对医务人员也缺乏理解，不了解医学的复杂性。

第二节　医患沟通团体辅导方案

主题

沟通从心开始。

理念

沟通是工作、学习、生活中不可缺少的一部分，是非常重要的一个方面，通过沟通我们可以表达自己的观点、思想等，让彼此更加了解对方的思想、价值观。了解才能理解，理解才能接纳，接纳才能驾驭，我们才能增进彼此的感情，消除误会，敞开心扉，让自己更加开朗，让生活更和谐多彩。

另外沟通是建立良好关系的基础，是减少矛盾冲突的重要途径，尤其是良好的医患关系，可有效降低医疗纠纷事故的发生。中国医学会曾对 270 家各级医疗机构发生的医疗事故进行调研，发现由技术缺陷造成的仅占 20%，其余 80% 与沟通不到位有关。

世界医学之父希波克拉底曾说过，医生有三大法宝：语言、药物、手术刀。语言是具有治疗作用的，并且居于首位。本方案运用社会心理学、积极心理学的理论依据，以心理技术为载体，让参与者感受沟通中的言语沟通，掌握听与说的技巧，认识非言语沟通的重要性，从而掌握沟通的艺术，沟通出好的医患关系，沟通出自己的精彩人生，降低医疗事故的发生率，提高职业幸福感。

目标

1. 认识沟通在医患关系中的重要性。
2. 体验沟通中的常见障碍，除了言语沟通的作用外，认识非言语沟通的重要性。
3. 掌握沟通的艺术，沟通出自己的精彩人生。

设置

1. 参加对象：医务人员 20 ～ 30 人。
2. 时间：90 分钟。
3. 场地：60 平方米左右，安静温馨的活动室，桌椅可移动。
4. 材料：笔、A4 纸、音乐播放器。

流程

表 18.1　医患沟通团体操作过程

阶段	目标	内容	注意事项	设置
开始阶段	1. 暖场破冰。 2. 引入主题。	撕纸实验。	分享单向沟通与双向沟通的不同感受。	10 分钟
工作阶段	1. 良好沟通的重要性。 2. 体会沟通中常见的障碍。 3. 掌握沟通的艺术。	故事：沟通决定成败。 “内外圈”：鸡对鸭说。 沟通练习。	分享感受。	10 分钟 30 分钟 30 分钟
结束阶段	总结升华。	歌曲《我想对你说》。	作业：每日一则沟通成功的案例分享。	5 ～ 10 分钟

操作步骤

1. 带领者简单自我介绍后，向大家说明本次团体带领的主题“沟通从心开始”，强调团体辅导中的设置，和大家一起澄清沟通的定义及要素。

2. 关于沟通做一个小小的体验，请助教老师给每个人发一张 A4 纸。

（1）请大家按照指令进行折纸，这个过程中不可以提问、不可以互相交流、按照自己的理解进行折纸。

（2）折完后请大家打开，前后左右比较一下有什么不同。

（3）告诉大家这是一种单向沟通模式，分享自己的感受。引领大家反思在日常的生活工作中，沟通是否存在这样的情况。沟通障碍产生的因素中这样的情况是存在一定比例的，你是否有所察觉？如何去优化沟通模式？

（4）请大家再拿出另一张纸，按着指令进行折纸，不同的是这次可以提问，不可以互相交流。

（5）折完之后展开。跟前后左右的人比较一下，是否有所不同。

（6）告诉大家这是双向沟通，分享自己的感受。引领大家认识到即使是双相沟通，可以不断地和对方确认，仍有沟通的偏差出现，例如仍然存在个别人撕出的纸的形状有所不同，沟通的过程中存在偏差也是常见的。思考自己在日常的沟通中如何避免沟通的偏差，减少误会，保证沟通的质量。

3. 带领者讲解一个小故事，让大家认识到沟通的重要性。

推销梳子的故事

有一个单位招聘业务员，由于公司待遇很好，所以很多人面试。经理为了考验大家就出了一个题目：让他们用一天的时间去推销梳子，向和尚推销。很多人都说这是不可能的，和尚是没有头发的，怎么可能向他们推销？于是很多人就放弃了这个机会。但是有三个人愿意试试。第三天，他们回来了。

第一个人卖了1把梳子，他对经理说："我看到一个小和尚，头上生了很多虱子，很痒，在那里用手抓。我就跟他说抓头应该用梳子抓，于是我就卖出了一把。"

第二个人卖了10把梳子。他对经理说："我找到庙里的住持，对他说如果上山礼佛的人的头发被山风吹乱了，就表示对佛不尊敬，是一种罪过，假如在每个佛像前摆一把梳子，游客来了梳完头再拜佛就更好！于是我卖了10把梳子。"

第三个人卖了3000把梳子！他对经理说："我到了最大的寺庙里，直接跟方丈讲，你想不想增加收入？方丈说想。我就告诉他，在寺庙最繁华的地方贴上标语，捐钱有礼物拿。什么礼物呢？一把功德梳。这个梳子有个特点，一定要在人多的地方梳头，这样就能梳去晦气梳来运气。于是很多人捐钱后就去梳头，又使很多人去捐钱。这样我一下子就卖出了3000把。"

4. 分享感受：在沟通时，我们要找到对方的需求并给予解决，只有增加了对方的价值，才能达成自己的期望。

5. 内外圈。（1、2循环报数，1坐在内圈面向外，2坐在1的对面形成内外圈。）

6. 沟通体验："鸡对鸭说"。

（1）面对面坐着的两个人为正反两方，辩题"教育中是否应该打孩子"。

（2）分享感受。

（3）内圈不动，外圈起立顺时针方向转动两个位子坐下来，与对面的伙伴辩论同一个话题，要求不仅仅是观点和论据相反，语调、动作均相反。

（4）分享感受。

（5）外圈不动，内圈起立逆时针方向转动两个位子坐下来，与对面的伙伴辩论同一个话题，要求除了观点和论据相反外，语调、动作均是一致的。

（6）分享感受。

通过体验感受言语沟通、非言语沟通的作用，不仅要理解如何运用言语信息，同时还要理解和善于运用非言语信息，进一步理解沟通的公式：信息传递/接受的全部

效果 = 词语（7%）+ 表情（55%）+ 声音（38%）。沟通的核心是打开彼此的心门。

7. 带领导师稍做总结升华，同唱一首歌《我想对你说》。

8. 作业：每日一则自己生活中沟通成功的案例分享。

注意事项

1. 成员间彼此尊重，不批评、不否定、不建议。

2. 遵守课堂设置，认真参与，积极分享。

3. 保密原则。只带走自己的感受，不带走他人的故事。

第三节　医务人员心理资本建设

心理资本由美国著名学者于 2004 年提出，指个体在成长和发展过程中，表现出来的一种积极心理状态，是超越人力资本和社会资本的一种核心心理要素，是促进个人成长和绩效提升的心理资源。现在心理资本已被看作是企业除了财力、人力、社会三大资本以外的第四大资本，在企业管理中发挥着越来越重要的作用。

一、心理资本四要素

心理资本是一个人在成长中所表现出来的积极心理状态。包括自信、乐观、希望、韧性四个组成部分。它既稳定，又可通过投资得到提升，是现代社会增强人们竞争优势的关键。心理资本具有以下四个方面的特征：1. 在面对充满挑战性的工作时有信心（自我效能）并能付出必要的努力来获得成功。2. 对现在与未来的成功有积极的归因（乐观）。3. 对目标锲而不舍。为取得成功在必要时能调整实现目标的途径（希望）。4. 当身处逆境和被问题困扰时，能够持之以恒，迅速复原超越（韧性），以取得成功。虽然目前国内有许多关于不同群体的研究，但对于医务人员心理资本的应用研究较少。

心理资本的每个维度都可能单独对员工的组织行为产生积极的影响。而随着心理资本研究的深入，研究者们对这四个维度之间的相互联系和相互作用有了更清晰的认识。任何一种资源的激活都会带动其他资源，比如一个怀有希望的人，他会对自己充满自信。有自我效能感，他克服困难的动力就更强，并且拥有更多的资源和能力去克服困难，因此也就更有弹性，更可能习得现实而灵活的、乐观的归因方式。因此，将心理资本这四个维度整合在一起，共同来预测对员工组织行为的影响，并对整体的心理资本进行投资开发和管理，这将会对绩效和态度结果产生大于单个要素之和的积极影响。

二、员工心理资本的开发和提升

对于心理资本的研究最根本的目标还是落在如何制定有效的策略和方法来开发员工的心理资本上，最终目标是使员工的潜力得以发挥，在实现个人成长和获得幸福的同时中，通过员工的积极行为产生积极的影响，提升服务能力，建构良好的医患关系。

当员工在工作和生活中遇到各种矛盾冲突时，他是选择积极面对迅速解决问题，还是消极逃避任由事态发展，其心理资本的多少，直接决定了处理问题的能力。

一个心理资本丰富的人在面对问题时，更多地从正向现实的层面来思考问题，他会把更多精力用在解决问题上。一个心理资本贫瘠的人，在面对问题时其思考角度更多的是基于自己的设想，同时他也无力通过沟通、协调、管理等各个层面解决其所面临的问题，最终给个人、团队、企业带来损失。

作为管理者，当员工出现矛盾冲突时，学会从心理资本的角度解决企业问题，提升员工的心理资本，提升企业能力，还需要心理学和管理学的知识从旁协助。平时管理者应该从心理学的角度拓宽管理视野，掌握帮助员工拓开心理素质的方法和心理辅导技术，引导员工以积极的情绪投入工作，从而激发团队活力和激情，促进工作绩效提升。

第四节　医务人员心理资本提升方案

一、自信——托起天使的翅膀

理念

自信是成功的基础，每个人都希望自己有一个成功的人生，活出属于自己的精彩，而生活中很多人往往自信心不足，不接纳、不相信自己的能力，因而阻碍了自己人生和事业的发展，生活缺少张力，由此被负面的情绪所困扰，影响我们的幸福度。本方案运用社会心理学和积极心理学的理论依据，以心理技术体验为载体，让参与成员在体验中感悟，在感悟中觉察自己的心理行为模式，对于自信心和自我价值感的影响，从而掌握如何帮助自己建立自信心，提高自我价值感，为我们的美好人生助力。

目标

1. 客观认识自己的能力，相信自己的能力。

2. 了解自信心建立的理论基础。

3. 掌握自信心建立的核心技术。

设置

1. 参加对象：医务人员 20 ～ 30 人。

2. 时间：90 分钟。

3. 场地：安静温馨，桌椅可移动，面积 60 平方米左右。

4. 材料：A4 纸、签字笔、彩笔、音乐播放器、餐巾纸。

操作流程

表 18.2　自信提升团体操作过程

阶段项目	目标	内容	注意事项	设置
开始阶段	1. 暖场破冰。 2. 引入主题。	1. 一分钟鼓掌。 2. 自信的重要性。	分享感受。	5 ～ 10 分钟
工作阶段	1. 了解自信是如何建立的。	讲解自信心建立的理论依据。	分享感受。	10 分钟
	2. 体验自信建立的重要环节。	体验有效的肯定与支持。		30 分钟
	3. 强化自身的优势和积极品质。	擦亮自己的金字招牌：五瓣桃花。	分享感受。	30 分钟
结束阶段	总结升华。	手语操：我真棒。		5–10 分钟

操作步骤

1. 带领者简单自我介绍后，向大家说明本次团体带领的主题“托起天使的翅膀”，强调团体辅导的设置，每个参与者需要遵循的要求。

2. 问大家一个问题，你一分钟能鼓多少次掌？多数人没有测试过，可先预测一下一分钟我们能鼓多少次掌。下面和大家一起做个小体验，带领者给大家看时间，计时一分钟，看看能鼓多少次掌。

3. 现在计时开始……

4. 每个人公布自己鼓掌次数。

5. 分享感受。

6. 我们真的了解自己吗？我们能准确了解自己的能力吗？引入自信对于我们的重要性。

7. 讲解自信的建立，自信来源于能力，能力来源于经验，经验来源于尝试。但自信又不等同于能力，它们之间还有一个很重要的环节，就是肯定，包括内部肯定和外部肯定。

8. 有效肯定练习。

分组：5～7 人一组。

第一轮练习：分别看着小组中每个伙伴的眼睛，对他说："我有成千上万个优点，现在我只告诉你三个……"分享感受。

第二轮练习：分别看着小组中每个伙伴的眼睛，对他说："你有成千上万个优点，现在我再告诉你三个……"分享感受。

9. 助教老师发给每个人一张纸。每人在纸上画出五瓣桃花，每个花瓣上写下自己的一个积极品质，注意每个品质背后都有一个真实的故事。在纸的背面写上我是一个怎样的人，300～500 字。

10. 分享感受。

11. 总结升华。一起做手语操"我真棒"。

注意事项

1. 成员间相互尊重，平等交流，不批评、不否定、不建议。

2. 遵守课堂设置，不迟到，不早退，不接打电话。

3. 认真倾听，积极参与，真诚分享。

4. 保密原则。只带走自己的感受，不带走他人的故事。

二、乐观——开启快乐人生

理念

心理学家把乐观定义为一种倾向于做积极结果预期和积极因素归因的认知特性，

认为乐观是一种归因风格。归因风格是指个体对成功或者失败进行解释时表现出来的一种稳定倾向，分为乐观和悲观两种归因风格。一个人可以从外控的/内控的，持久的/暂时的，普通的/特定的三个维度上，评价生活中的积极和消极世界。乐观的归因风格是指把消极事件、消极体验以及个体面临的挫折和失败，归因于外在的、暂时的、特定的因素，而这些特定的因素不具有普遍的价值意义；而把积极结果看作是内在的、稳定的和普遍的，和自我有关。如果用归因控制理论来解释，乐观的人常把挫折和失败归因于自己可以控制的因素，用功和努力的程度等，而不是不可控因素，命运、运气等，而悲观解释风格的人则常把挫折和失败归因于自己不可控的因素，并认为这些因素会长期存在。

有研究表明，面对同样可控的压力事件时，乐观者通常采取注重问题的应对方式，积极地寻求解决问题的信息和可能性，以最终解决问题。悲观者则通常压抑关于事件的想法，想从认知上避免或者从事件中逃避，放弃努力。面对同样不可控制的压力事件时，乐观者通常对事件进行积极的重新建构，努力从实践中寻求收获和成长，使用幽默感等策略来接纳现实，而悲观者可能只是一味地沉迷于消极的情绪中不能自拔，想放弃或者彻底否定自我。

有关乐观的大量研究表明，乐观能够有效地促进身体健康、心理健康，并提高成就。乐观的员工其工作绩效、工作满意度和留职率都较高，压力较小，乐观者易于被激励，从而更加努力地工作，其业绩也更好，有更高的满意度及士气，有更低的压力感及离职倾向，有更高层次的追求，并给自己设定长远的目标，在遇到困难和阻力时仍能坚持不懈。在某些工作如销售、广告、公关、产品设计等中，乐观尤为重要。如塞利格曼对保险代理人的研究发现，乐观者的工作绩效更高、成就更大。

这里需要警惕，乐观并非总是积极的，不现实的乐观可能使员工缺乏危机感，不能制定合理的目标和有效的行动计划。在一些高风险的行业里，如金融，投资等，适度的悲观谨慎也是必要的。因此，积极组织行为学提倡的乐观是现实而灵活的。本方案以社会心理学、积极心理学理论为依据，以心理技术为载体，通过体验感悟觉察自己的心态，优化自己的心态，从而推动自己美好生活的实现，充分享受心想事成的美好。

目标

1. 澄清过去、现在、未来。

2. 重赋人生意义，明确未来方向。

设置

1. 参加对象：医务人员 20 ～ 30 人。

2. 时间：90 分钟。

3. 场地：安静温馨，桌椅可移动，面积 60 平方米左右。

4. 材料：A4 纸、签字笔、彩笔、音乐播放器、餐巾纸。

操作流程

表 18.3 提升乐观品质团体操作过程

阶段项目	目标	内容	注意事项	设置
开始阶段	1. 暖场破冰。 2. 引入主题。	故事：《我在找一匹小马》。	分享感受。	5 ～ 10 分钟
工作阶段	1. 了解乐观的品质的重要性。 2. 回溯生活中乐观给自己带来的美好。 3. 强化乐观的积极品质。	列举古往今来乐观心态更有助于我们获得成功的例子。 生命线： 1. 我生命中具有乐观品质的三个重要他人。 2. 生活中我如何运用乐观的心态来面对生活中的困难。	分享感受。 分享感受。 分享感受。	10 分钟 30 分钟 30 分钟
结束阶段	总结升华。	歌曲：《明天会更好》。		5 ～ 10 分钟

操作步骤

1. 带领者简单自我介绍后，向大家说明本次团体带领的主题“开启快乐人生”，强调团体辅导的设置，澄清参与者在课程中应遵循的原则。

2. 我给大家讲一则小故事《我在找一匹小马》。

有一对兄弟，老大叫汤姆，老二叫杰克。汤姆性格积极乐观，老二杰克的性格则消极自卑。他们的爸爸曾做了一个实验，他让杰克独自待在一间装满玩具的房间里，让汤姆待在一间堆满牛粪的屋子里。过了一会儿他去查看，发现性格悲观的杰克正坐在玩具堆上哭个不停，就去问他为什么，结果他对爸爸说，你给我拿了这么多玩具，我不知道从哪一个开始玩，万一被别的小朋友拿走了怎么办？爸爸将他哄好后便去看汤姆，发现汤姆正在非常开心地用一根枝条翻着牛粪，当他看到爸爸来了就兴奋地问爸爸，你快告诉我你把那匹小马藏在了哪里？爸爸说，“小马？”“对呀，这里有马粪，一定有一匹小马存在，我正在找那匹小马。”

3. 对于一个悲观的人来说，天下没有一个适合他的凳子，对于一个乐观的人来说，即使天空下着雨，他的心中也是明媚的。悲观者总是在机遇面前发现困难，乐观者常常在困难面前发现机遇。与大家一起澄清关于乐观的定义及其重要性。

4. 列举毛泽东当年在二万五千里长征时，笃信一定会取得解放战争的胜利的事迹。讲述不要开错人生的那扇窗，让参与者充分体会听完故事后自己的感受。

5. 请助教老师给每个伙伴发一张 A4 纸，让大家从左向右画一条线，找到现在的对应点，标注为现在，这个点向左代表过去，向右代表未来。

6. 在左侧标出过去生活中具有乐观心态的三个重要他人，在线段的右侧标出自己曾经运用乐观心态处理比较满意的三件事。

7. 标出的三个重要他人处分别引出一个方框，在方框里画出发生在他们身上的乐观的典型事件的情景，同时在自己比较满意的三件事的标注处，也分别引出一个方框，在方框内画出这个事件的画面。

8. 以点带面。请 3 个伙伴分享他的生命线，给予积极的有效回应，然后以小组为单位，每个伙伴进行分享。

9. 带领者进行总结升华后，大家同唱一首歌《明天会更好》。

注意事项

1. 成员间相互尊重，平等交流，不批评、不否定、不建议。

2. 遵守课堂设置，不迟到，不早退，不接打电话。

3. 认真倾听，积极参与，真诚分享。

4. 保密原则。只带走自己的感受，不带走他人的故事。

三、韧性——逆风飞扬的天使

理念

人生之路不平直，会有许多拐点。但人生没有拐不过去的点，只有拐不过去的人，生活中因遭遇突发事件，小则抑郁大则舍弃生命的例子比比皆是。现代人抗挫折抗压能力在下降，而坚韧是一种成功必备的意志力品质。如果缺少这样一种品质，人们将很难获得成功的人生。人常说遇到问题是正常的，没有问题是幸运的。人生不如意的事十有八九，概率很高。具有抗挫折能力，有心理弹性，拥有快速复原的能力，是一个人能够获得成功快乐人生的必备条件。本方案依据社会心理学、积极心理学的理论，以心理技术为载体，让成员从过往的人生经历中找到面对困难的勇气和力量，给自己一份直面现实中所有艰难困危的勇气，让自己重新审视自己，审视人生的经历，在逆境中砥砺前行，欣赏自己逆风飞扬的神采。人生有时发生了什么不重要，重要的是你体验到了什么。通过本次心理辅导，提高成员的主观幸福感。

目标

1. 认识挫折带给我们的资源。
2. 重温过往的努力拼搏带给我们人生的意义。
3. 坚定相信自己有抗压的能力，不忘初心，砥砺前行。

设置

1. 参加对象：医务人员 20 ～ 30 人。
2. 时间：90 分钟。
3. 场地：安静温馨，桌椅可移动，面积 60 平方米左右。
4. 材料：A4 纸、签字笔、彩笔、音乐播放器、餐巾纸。

操作流程

表 18.4 提升韧性团体操作过程

阶段	目标	内容	注意事项	设置
开始阶段	1. 暖场破冰。 2. 引入主题。	心有千千结。	分享感受。	15 ～ 20 分钟
工作阶段	1. 认识韧性是一种成功的意志力品质。 2. 分享过往苦乐年华，汲取积极的力量。	展示成功人士创业历程，体会坚韧品质的重要性。	分享感受。	5 分钟
	3. 擦亮自己的这块金字招牌。 4. 强化自己敢于面对困难的勇气。	内外圈分享过往生活中工作中的三件事。	分享感受。	50 分钟
	5. 每个人都有照顾好自己人生的能力。	致自己的一封信。		
结束阶段	总结升华。	歌曲：《阳光总在风雨后》。 成员互相“点赞”。		5 分钟

操作步骤

1. 带领者简单介绍自己后，向大家说明本次团体带领的主题“逆风飞扬的天使”，强调团体辅导的设置，参与者应遵循的原则。

2. 下面请大家一起来做一个体验，先分为 8 ～ 10 人一组。

3. 小组里的成员起立手拉手围成一个圈，记住自己左右手边的伙伴，带领者放一段音乐，大家随着音乐随意走动，当音乐停止时，每个人都站在原处不动，然后找到原来左右手拉的伙伴，去拉他们的手，有可能有人是拧巴的，没关系就这样。

4. 在不松开手的情况下，把这个状态恢复到原先手拉手的样子。

5. 分享感受。

6. 第二轮所有人手拉手围成一个圈，记住自己左右手边的伙伴，带领者放一段音乐，大家随着音乐随意走动，当音乐停止时，每个人都站在原处不动，然后找到原来左右手拉的伙伴，去拉他们的手，有可能有人是拧巴的，没关系就这样。

7. 在不松开手的情况下，把这个状态恢复到原先手拉手的样子。

8. 分享感受。

9. 1、2 循环报数，数 1 的坐成一圈面向外，拿椅子坐在数 2 的对面。

10. 面对面的两个人分享过往生活中最难的一件事，数 1 的先分享。

11. 内圈不动，外圈起立顺时针方向转动两个座位坐下来，面对面的两个人分享过往的生活中最苦的一件事，数 2 的先分享。

12. 外圈不动，内圈起立逆时针方向转动两个位子坐下来，面对面的两个人分享过往的生活中经过自己的努力，结局最满意的一件事。

13. 助教老师给每个成员发一张 A4 纸，此时此刻最想对自己说点什么，给自己写一封信。

14. 以点带面。选 1 ～ 2 个人进行分享，其余的伙伴以小组为单位分享自己的信。

15. 带领导师简单总结后，同唱一首歌《阳光总在风雨后》。

16. 现场的伙伴聆听了彼此生命的故事，彼此有了一份更多的了解，也有了一份不同寻常的深厚的情谊，走到对方面前给他一个“赞”，同时送上自己最想说给他听的一句话，结束本次团体活动。

注意事项

1. 成员间相互尊重，平等交流，不批评、不否定、不建议。

2. 遵守课堂设置，不迟到，不早退，不接打电话。

3. 认真倾听，积极参与，真诚分享。

4. 保密原则，只带走自己的感受，不带走他人的故事。

四、希望——幸福并不遥远

理念

斯奈德的希望理论认为希望不仅指个体对实现目标充满信心，更对自己制订计划、找到达成目标的有效途径充满信心，希望包含意志力和路径两部分。意志力是指个体追求目标的过程中的个体资源动机和信任，是促使个体向着目标不断前进的心理能量，使个体即使是遭遇挫折时，也能充满勇气和信心。路径是指达成目标的方法、策略或能力。高希望者通常能有效地找到和产生多种完成目标的途径。

临床心理学的研究表明，满怀希望的人往往对既定目标更加坚定，并受其激励、鼓舞，重视目标以及目标实现过程中所取得的进步，善于与其他人进行互动和适应新的合作关系，在压力情境下较少体验到焦虑，对环境变迁的适应能力更强，面对困难时积极取得社会支持，寻找解决问题的替代路径，达成目标的可能性更大。

工作领域的有关实证研究也发现，在希望的测量中得分较高的个体，有更高的自尊，在工作中体验到更强的控制感和正性情绪，对于工作时间具有更好的应对力，并更可能取得成就。管理者的希望测量分数越高其群体凝聚力越高，员工的满意度也越高，留职意愿更强一些。压力较大的行业，如服务的医务人员，如果他们满怀希望，则表现更好，且满意度更高，更少地感觉精神疲劳，职业倦怠较少，并更有可能提升绩效。本方案以社会心理学、积极心理学为理论依据，以心理技术为载体，通过体验为自己建构一个美好的未来，努力培养自己希望的积极品质，具有憧憬未来，追求幸福的能力。

目标

1. 了解希望的品质的重要性。

2. 发现自己内在的希望的品质，并将其进一步升华。

3. 提高心理资本的同时，提升职业幸福感。

设置

1. 参加对象：医务人员 20 ～ 30 人。

2. 时间：90 分钟。

3. 场地：安静温馨，桌椅可移动，面积 60 平方米左右。

4、材料：A4 纸、签字笔、彩笔、音乐播放器、餐巾纸。

操作流程

表 18.5　提升希望品质团体操作过程

阶段项目	目标	内容	注意事项	设置
开始阶段	1. 暖场破冰。 2. 引入主题。	成长三部曲。	分享感受。	10～15 分钟
工作阶段	1. 希望是幸福的源泉。 2. 设计自己的人生线路图。 3. 坚定向幸福出发的信念。	幸福人生线路图。	分享感受。 分享感受。 分享感受。	10 分钟 30 分钟 30 分钟
结束阶段	总结升华。	心愿墙。		15～20 分钟

操作步骤

1. 带领导师简单介绍自己，向大家说明本次团体带领的主题“幸福并不遥远”，强调团体辅导的课堂设置，参与成员应遵循的原则。

2. 下面和大家一起来做一个体验活动“成长三部曲”。

3. 两人一组，蹲位，象征着两颗鸡蛋。石头剪子布，输的在原处继续蹲位，找另一个鸡蛋，再次石头剪子布。赢的向前迈一大步，呈半蹲位，即小鸡，找另一只小鸡进行石头剪子布。输的后退一步，退回鸡蛋状态，找另一只鸡蛋继续石头剪子布比拼晋级，赢的即成为凤凰，回到座位上休息。

4. 关注最后一只鸡蛋和最先成为凤凰的伙伴，每个成员分享感受。

5. 带领者进一步升华成员的分享，希望是幸福的源泉，是人生前进的动力，心想事成是有科学依据的，培育这样的积极心理品质对于我们的幸福生活至关重要。

6. 助教老师发给每个人一张 A4 纸，每个人在这张纸上画一条线段，根据每个人对自己人生道路的理解，可以是直线，也可以是曲线。

7. 放背景轻音乐，引导伙伴们设定自己的幸福目标，评估现有的资源有哪些，要达到自己的目标还需要努力争取哪些资源，这些资源相当于通向幸福目标必经的一个个驿站。

8. 在线段相应的位置找到现在，点上一个标记，标记的左侧为过去，右侧为未来，在相应的位置把这些驿站标注到线段上，并且标注实现的具体时间。

9. 在每个驿站的上方或下方引出一个方框，把这个驿站的特征性画面呈现在方框内。

10. 以点带面。选择 1 ～ 2 名伙伴分享幸福线路图，然后其余的伙伴两两一组分享自己的幸福线路图。

11. 助教老师给每个伙伴再发一张 A4 纸，制作自己的幸福人生计划报告书。

12. 以点带面。选出 1 ～ 2 名伙伴分享报告书，其余伙伴两两一组分享自己的幸福计划报告书。

13. 带领导师简单总结本次活动的意义，每个伙伴写一个心愿卡，粘贴到设计好的心愿墙上，结束本次团体辅导。

注意事项

1. 成员间相互尊重，平等交流，不批评、不否定、不建议。

2. 遵守课堂设置，不迟到，不早退，不接打电话。

3. 认真倾听，积极参与，真诚分享。

4. 保密原则。只带走自己的感受，不带走他人的故事。

第五节　积极人际关系建立团体辅导方案

主题

与和谐相伴。

理念

和谐的人际关系可带来愉快的情绪，使人产生安全感、舒适感和满足感，可减少孤独感、恐惧感和心理上的痛苦，并能宣泄不快情绪，从而减少心理压力。相反，人际关系紧张常造成抑郁、烦躁、孤独、憎恨及愤怒等不愉快的情绪。强烈而持久的不良情绪会导致自主神经功能失调、内分泌功能紊乱，不利于身心健康。每个人都希望自己拥有良好的人际关系，能在和谐的环境中学习和工作，使自己愉快、充实、幸福。本方案以社会心理学和积极心理学为理论依据，心理技术体验为载体，使成员体验积极人际关系带来的幸福感，同时提高建构积极人际关系的能力，减少职业压力，从而提高职业幸福感。

目标

1. 回顾职业生涯中的感动瞬间。

2. 体会积极的人际关系给我们带来的幸福感。

3. 将建构积极关系的能力延伸到现实生活中。

设置

1. 参加对象：医务人员 20 ～ 30 人。

2. 时间：90 分钟。

3. 场地：安静温馨，桌椅可移动，面积 60 平方米左右。

4. 材料：A4 纸、签字笔、彩笔、音乐播放器、餐巾纸。

操作流程

表 18.6　积极人际关系建立团体操作过程

阶段项目	目标	内容	注意事项	设置
开始阶段	暖场破冰。	原来你也在这里。	分享感受。	10 ～ 15 分钟
工作阶段	1. 回顾职业生涯中的感动瞬间。 2. 体会积极的人际关系给我们带来的幸福感。 3. 将建构积极关系的能力延伸到现实生活中。	九宫格： 给职业生涯中的贵人们的感恩拜访信。	分享感受。 分享感受。 分享感受。	10 分钟 30 分钟 30 分钟
结束阶段	总结升华。	歌曲：《感谢有你》。		15 ～ 20 分钟

操作步骤

1. 带领导师简单介绍自己后，向大家说明本次团体辅导的主题“与和谐相伴”，强调团体辅导课堂的设置，参与成员应遵循的原则。

2. 全体起立手拉手围成一个圈，肩挨着肩，胳膊挨着胳膊，把手臂放到相邻伙伴的腰上。

3. 用目光扫视全场的每一个伙伴，如果要找一个人借钱，你会找谁呢？选好后举手示意带领导师。

4. 大家都选好了那个人，当我说开始的时候，你以迅雷不及掩耳之势把手指向他，同时嘴中发出“咦”的声音，两只脚像钉了钉子一样一动不动，带领导师不说停止，你们要保持这样一种姿势。

5. 有两个人互相选择时，牵手成功，成为彼此生命中的贵人，手拉手站到圈外不许说话交流，观察圈内其他伙伴的选择，直到全部配对成功，如出现单数助教老师可参与其中。

6. 每组贵人选择漂亮的一位作为门面站在前面，另一个人扒着他的肩膀站在他的身后，所有的贵人这样一前一后，围成一个圈。

7. 互相扫视全场的每一个伙伴，每组两个贵人小声讨论，选择圈内其他的一对贵人，选好后示意导师。

8. 全部选好后，当我说开始的时候，前面的伙伴以迅雷不及掩耳之势，伸手指向那对贵人，同时两个人一起发出“咦”的惊呼，两个人的脚像钉了钉子一样，站在那一动不动，带领老师不说停止，大家就保持这样的姿势。

9. 双方互相选择对方的，手拉手站到圈外，保持沉默，继续观察圈内其他伙伴的选择。

10. 都选择完毕即完成分组，两对贵人围成一个圈坐好，简单自我介绍，分享感受。

11. 助教老师给每个伙伴发一张 A4 纸，要求可给这张纸画一个边框，分成九个格子，从左上角开始顺时针方向标注顺序 1、2、3……9，最中间的格子为 9。在上方眉栏处，写上“我的贵人们”。

12. 放背景轻音乐，引导伙伴们回顾在职业生涯中，同事或领导曾经给予自己的帮助与支持，重温一个个温暖的画面，按顺序画在格子里。

13. 以点带面。选择 1 ～ 2 位伙伴分享九宫格，然后其余的伙伴以小组为单位，分享自己的九宫格。

14. 选择一位此时自己最想感谢的贵人，给他写封感恩拜访信。

15. 以点带面。选择 1 ～ 2 人分享感恩拜访信，然后其余伙伴以小组为单位分享自己的感恩拜访信。

16. 带领者简单总结后，同唱一首歌《感谢有你》，全体起立手拉手围成一个圈，循环拥抱，感谢彼此陪伴度过的美好时光。结束本次活动。

注意事项

1. 成员间相互尊重，平等交流，不批评、不否定、不建议。

2. 遵守课堂设置，不迟到，不早退，不接打电话。

3. 认真倾听，积极参与，真诚分享。

4. 保密原则。只带走自己的感受，不带走他人的故事。

参考文献

[1] 张殷华 . 医院政风行风建设的治本策略 . 中国医院管理 , 2007, 27（6）.

[2] 林坤 . 医患关系：拿什么来拯救你？ . 中国卫生产业 , 2007（2）.

[3] 张淳瑜 , 闵钟炎 , 薛迪等 . 医疗服务供需双方对医疗纠纷成因的认知调查 . 中华医院管理杂志 , 2007, 23（7）.

[4] 田国强 . 职业倦怠对医患关系的影响 . 医学与社会 , 2009（6）.

[5] 董雷 . 浅议侵害患者知情同意权的性质及赔偿 . 医学与哲学 , 2008, 29（23）.

[6] 邵志民 . 医师行为与和谐医患关系的探讨 . 中华医院管理杂志 , 2006, 22（5）.

[7] 李静 . 浅析医患沟通中的语言表达技能 . 医学与社会 , 2009, 22（10）.

[8] 唐健 . 美国医学会以病人为中心的沟通模式研究 . 中华医院管理杂志 , 2010, 26（1）.

第十九章　机关事业单位心理服务

2018 年 5 月 20 日中共中央办公厅印发了《关于进一步激励广大干部新时代新担当新作为的意见》，提出了广大干部、机关事业单位的相关激励措施，其中提到要“关注心理健康，丰富文体生活，保证正常福利，保障合法权益。”这里明确指出机关事业单位广大干部的心理健康需要关注。

第一节　概述

一、机关单位人员需提升心理健康水平

近年来，机关单位人员中由于心理健康导致的问题频频发生，社会各界对这一群体的心理健康问题衍生出来的负面影响也越来越关注。基层机关事业单位工作人员职务的特殊性决定了他们面临与其他行业不同的压力，而在这些工作人员的培训中又缺乏有效的帮助和疏导。做好基层机关事业单位工作人员的心理服务，对提高基层工作人员的素质、培养其良好的心态具有重要的社会意义。

笔者在知网检索发现，针对事业单位工作人员心理健康的文献只有 17 篇，针对公务员心理健康的文献有 150 篇，这些文献大多集中在研究、调查、分析方面，足见心理健康问题已开始引起行业重视。但文献较少涉及对策、措施、调适，其中只有一篇提到心理健康教育模式，三篇提到积极心理学在公务员心理健康方面的应用。

二、积极心理学的理念

积极心理学作为心理学界兴起的新思潮、新视角，近些年被广为关注。积极心理学作为一门研究幸福的科学，已经摆脱了传统心理学疾病模式，更多地研究人类的力量和美德，充分挖掘人固有的、潜在的、具有建设性的力量，促进个人和社会的发展，使人类走向幸福。

心理学有三个公认的重要目标：第一，帮助人类解除痛苦。第二，帮助人类追求幸福。第三，识别与培养天赋。但是心理学针对第二个、第三个目标所做的却远远不够。心理学家更擅长去分析与治疗心理疾病，却不擅长教会人们如何在没有病痛的时候，更好地追求美好生活。鉴于此，时任美国心理学会主席的马丁·塞利格曼教授提议并发起了积极心理学运动，建立了积极心理学这一分支，以实现心理学最初的目标——解答“如何追求幸福”及“如何培育天赋”。

不同于咨询心理学主要服务于存在心理障碍的人群，积极心理学服务的对象是所有人群。对于大部分心理健康的人群，如何提升心理能量、提升心理健康程度，活得更富足、有意义、有价值感，积极心理学会给予相应的基于实证研究的指导。

积极心理学相信，每个人身上都有美好、善良的种子，而积极心理学家通过科学研究去了解与探索这些美好的特质要怎样才能被培育，怎样才能被发展，开发后又要怎样保持，最终找到我们要怎样才能够获得幸福而有意义的人生的答案。幸福、有意义的人生是一个结果，积极心理学家的任务就是要用科学的方法去发现得到这个结果的原因是什么，以及如何用科学的方法去“栽培”这些“原因”。

塞利格曼在2011年出版的《持续的幸福》一书中，提出了幸福五要素理论，他认为蓬勃的人生取决于五个元素：积极情绪、投入、人际关系、人生意义及成就。简称PERMA。

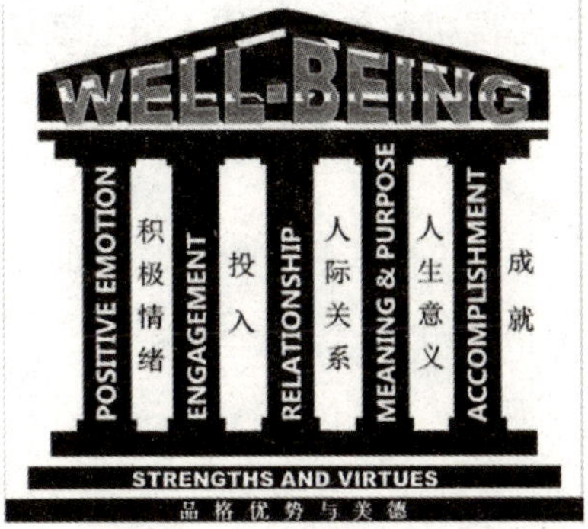

图 19.1 品格优势与美德

清华大学心理学系总结了中国的积极教育实践经验，参考上述理论，研发出了“六大模块、两大系统”的积极教育模型。该模型借鉴吸收了世界上具有成功经验的积极教育实践体系，并结合了中国的国情、文化与特色。积极教育的六大模块包括积极自我、积极情绪、积极投入、积极关系、积极意义、积极成就。两大系统包含身心健康调节系统以及品格优势培育系统。

三、运用积极心理学提升机关单位人员的心理健康

教育培训是提升个体能力素质的主要途径，因此当前提升基层工作人员群体的心理健康水平也主要采用教育培训的手段来实施。以积极心理学积极预防理念为依托的心理健康教育培训一方面普及一般的心理健康知识，加深工作人员对于心理健康以及常见心理健康问题的认识，另一方面挖掘与培育公务员自身的心理资源，强化其心理免疫系统，从而发挥积极预防的作用。

将积极心理学纳入基层工作人员心理健康服务体系，以教育培训为主要内容的积极预防教育，既符合时代发展的需要，也契合了基层工作人员追求幸福生活的需求。

本章参考塞利格曼 PERMA 理论、清华大学积极教育模式，结合基层工作人员的服务需求，选择了积极自我、积极情绪、积极关系、职业价值感四个方面，组成基层机关事业单位心理服务模型。该模型立足于积极心理干预积极增进、积极预防和积极治疗三大功能，运用本会团体技术，设计了四个阶段 12 个团体辅导活动。这 12 个活动每次活动时间大致在 2 ～ 2.5 个小时，每次活动人数可控制在 20 ～ 50 人。

表 19.1　基层机关单位工作人员心理健康服务模型

阶段	目标	主题
阶段一	品格优势和美德	1. 遇见自己
		2. 遇见更美的自己
		3. 优势对话
阶段二	积极情绪	4. 感恩有你
		5. 与压力共舞
		6. 减压冥想
阶段三	积极关系	7. 人际星空
		8. 三人行必有我师
		9. 赞美的力量
阶段四	职业价值感	10. 遗愿清单
		11. 我的未来不是梦
		12. 我骄傲我是 ×× 人

下面简要论述为何选择这四个方面作为基层工作人员心理服务的组成部分。

（一）第 1 阶段：品格优势和美德

1999 年底，塞利格曼在迈耶森基金支持下请来以彼得森博士为首的一批杰出心理学家编制了 VIA 体系，对人类的美德和优势进行权威的分类与测量，归纳形成了一个通用的标准。优势是可以测量，也是可以学会的，培养优势就是获得美德的途径。从此，几千年来抽象的“修身养性”“培养人格”“立德立言”，终于有了清晰的目标和可遵循的方法。

塞利格曼认为，每个个体如果能在每天的生活中运用与生俱来的一系列优势，将会最大限度地促进自身的参与感与意义感。所以，知道了有哪些美德与优势之后，我们接着需要知道如何来发现自己的优势。重视品格优势，促进整体的协调发展，可达到预防心理疾病，提高心理健康水平，增进幸福的目的。从美德和性格优势的角度探讨幸福和心理健康，就能达到传统哲学所说的“德福一致”。健康幸福是人类的追求，通过修炼品格，幸福是可以实现的。

（二）第 2 阶段：积极情绪

当前社会处于经济转型期，文化越来越多元，人民群众对社会稳定、人身安全、公共秩序、个人权利的诉求日益增强，这也导致了机关事业单位公职人员社会期待高，责任风险大，压力大，职业倦怠感严重。又由于基层机关事业单位工作相对严肃严谨，久而久之，工作人员消极情绪增多，又得不到释放和疏导，会带来很多的心理问题。公务员不良情绪的存在，不仅影响个人身体健康和政治进步，也会因此影响到政府管理的效率和社会公共管理的公正性，影响到整个政府系统的工作效能和政府在公众心目中的形象。因此，提出合理科学的情绪管理方法，帮助公务员增强对心理疾病的免疫与调试能力，就具有重要的现实意义。

（三）第 3 阶段：积极关系

基层机关事业单位工作人员工作生活在一线，往往要面临较为复杂的社会人际关系，不仅受到纵向（主要是上级单位、领导和群众）约束，而且受到横向（主要是家人、亲戚、朋友、同事）的影响。他们把大量时间和精力投入工作和应酬，往往导致对家庭情感无暇顾及、与周遭疏于沟通，家庭关系不和谐。与同事之间碍于竞争等因素，沟通不畅，也无法进行有效联谊交流。这种情况，会使人分心，无法专注，不能更好地集中精力投入工作，从而带来压力问题。同时，公务员群体在外人看起来表面风光，但是遇到压力或心理困扰时，因为爱面子或其他原因，常常为了避免示弱而极力隐藏自己存在的问题，加上受单位行政化文化风格的影响，沟通渠道不畅，使其常常放弃沟通。多重压力汇集，时间久了，就会严重影响公务员的工作积极性和活力。研究发现，社会支持水平越高，心理健康水平也就越高。综上所述，很有必要帮助基层机关单位工作人员进行积极关系构建，从而提升其心理健康水平。

（四）第 4 阶段：职业价值感

公务员承担着管理国家事务和社会公共事务的重要职能，是一个特殊的职业群体。公务员基础的价值取向是谋求公共利益最大化，核心价值取向是建立健全责任监督机制，根本的价值取向是维护社会公正。可是对基层的公务员来说，求实惠、重收入是比较靠前的职业选择动机，除了经济因素占优势外，人际环境、职业稳定性、学习条件、社会地位等也是他们常常考虑的因素。近年来，经济报酬和社会地位一直是公务员热的主要原因，公务员特权思想根深蒂固。可见公职人员的职业价值观取向并不合理，工作本身的价值观取向和个人之间存在较大差异，因此需要培养公职人员本身职业价值观的积极心态。

第二节　品格优势和美德

一、核心理念

塞利格曼认为，如果你可以找到一个方式，常常在你的工作中施展你的突出优势，你会发现工作慢慢变成事业。心灵的充实会将工作的重任转化为心流体验。清华大学积极教育的基石就是本着科学性、时效性、系统性的原则培养学生的优势品格与美德。

积极心理学家所倡导的“持续幸福感”理论，将幸福感分为三个部分，基因占幸福感的 50%，适应占 10%，剩下 40% 是我们可以积极改变的因素——自主意向性的活动，即品格优势的识别和运用。正如儒家“德福一致”和西方实现论所倡导的“幸福源自美德的表达”，实现美德是通往真正幸福的路径。每个人用更加欣赏、积极的眼光去看待自己和他人的潜能、动机和能力，这是积极心理学所倡导的幸福实现方式。幸福感是可以改变并持续提升的，品格优势的识别和运用是实现幸福的最有效方式。一项对大学生的研究发现：品格优势的运用对情感幸福感的提升效果显著。

二、活动目标

通过科学的心理活动的设计，让成员在体验中更全面、更深刻地认识自己，学习发挥优势，真正地接纳真实的自己。

三、具体方案

（一）方案 1：遇见自己

活动理念

自我也称为自我意识或自我概念，是指人格中通过知觉与外部世界相联系的那个方面，是人们对自己社会地位的评价以及对个体意识、情感、兴趣等特征的认识。从职业角度来说，自我是指在从事工作过程中自主构建起来的对自己职业身份的认同。伯恩斯提出自我概念具有三个功能：保持内在一致性，影响个人对经验的解释和影响人们的期望。其中，保持内在一致性即保持个人想法与情绪或行为一致。通过维持内在一致性，自我概念实际起着引导个人行为的作用。自我概念的第二个功能，是影响个人对经验的解释。就像詹姆斯自尊的经典公式：自尊 = 成功 / 抱负。说明一个人的自我满足水平不仅取决于获得成功的大小，还取决于个人对所获得成功对于个人意义的解释。自我概念的第三个功能是影响人们的期望。在不同情境中，自我概念影响着人们对事情结果的期待、对他人行为的解释以及情境中的行为。一个人自我的积极倾向或者消极倾向决定个体如何对待职业发展过程中的矛盾、冲突和希望，积极的人会守护和肯定自我的内在价值，并努力创造条件，寻求自我实现。

核心目标

引领团体成员去尝试从不同侧面看见自己，对比自己眼中和别人眼中的自己、自己眼中和别人眼中自己的优点，让团体成员自己找到一个和社会、自我、环境相适应的方法，从而促进成员内在和谐幸福。

活动设置

1. 团体成员全程投入，不走动，不早退，真诚交流，不做任何干扰团体的事。
2. 团体成员互相尊重，对他人不评价、不建议、不指导。遵守保密原则。
3. 整个活动过程中不录音不录像，不经允许不传播。
4. 人数：20 ～ 50 人。
5. 时间：2 ～ 2.5 小时。

活动准备

场地：安静的室内（宽敞），桌椅可移动。

设备：投影、音乐播放器。

材料：彩笔若干，A4 纸、彩色心形卡纸、打印的表格每人一份，大头钉每人一个。

操作流程

1. 暖场热身，让成员互相认识。

推荐暖场活动：循环介绍。

推荐理由：本活动第二个自我介绍的人要先说出第一个人的名字，然后再介绍自己，以此类推。这个活动适合陌生的团体，也为认识自己的活动预热。

如果团体成员彼此熟悉，也可以使用分组的暖场活动。

2. 你是谁？请用一句话说说你是谁？从不同的社会角色、社会评价、品格特长、外貌特点等方面说说“我是谁”，并写下来。

3. 填写认识自我的表格，以点带面分享，并说说填写后的感受。推荐音乐：韩雪《寻找》。

表 19.2 认识自我

我是谁?	
服务对象眼中的我	
同事眼中的我	
领导眼中的我	
我眼中的我	
我的优点	

4. 优点轰炸。每个人后背贴一个心形卡片，请团体其他成员随机填写此人的优点。以点带面分享自己的优点、发现及感受。

5. 写给自己的一封信，并以点带面分享。

6. 律动：我真的很不错。团体排队绕圈走，边走边拍手哼唱。

7. 导师总结，结束。

（二）方案 2：遇见更美的自己

活动理念

积极心理学之父马丁·塞利格曼在《持续的幸福》一书中指出，积极心理学研究的不是幸福，而是全面蓬勃的人生，它有五个支柱——积极情绪、投入、人际关系、意义和成就，而这些支柱的基石，则是品格优势和美德。该理论旨在帮助我们运用自身最强大的优势获得更多地积极情绪、意义、成就，以及发展更好的社会关系。实验证据表明，学生有效地识别、发展自身的优势品格以及欣赏他人的优势品格的能力，有助于其获得更高的人生幸福感、更好的学业成绩，以及形成更完善的社会功能，并且降低其出现行为问题的概率。

塞利格曼在《真实的幸福》一书中写道，职业并不会召唤你，你将它作为事业是因为它要运用你突出的优势。

核心目标

通过优势测量和优势故事，从最强优势里选出标志性优势，引导团体成员去发现自己的标志性优势，运用标签的力量，对成员在工作生活中的状态产生积极的影响，从而让大家更清晰地认识自己，提升幸福感和自信心。

活动设置

（同方案 1）

活动准备

清华大学美德与品格优势中文量表二维码、A4 纸每人一张。

操作流程

1. 热身放松

推荐热身游戏：向别人做一个积极自我介绍，讲述一个“最佳的我”的故事，并说说它体现了你什么优势？

推荐理由：让团体成员在介绍中熟悉，并且在讲述“最佳的我”的故事之后发现这件事体现了自己哪方面的优势，作为下一步发现优势的开始。

2. 导师介绍积极心理学幸福的大厦模型和六大美德 24 项积极品格优势。

图 19.2　六大美德 24 项积极心理品质

3. 出示清华大学美德与品格优势中文量表二维码，扫码测试。

图 19.3　美德与品格优势中文量表

4. 把你的品德优势按照强度排列出来，排名最靠前的就是你的最强优势，去掉你不喜欢的，剩下的就是你的标志性优势。当你运用这些优势时：

（1）你会有兴奋、投入、富有激情的感觉。

（2）你会迅速成长。

（3）你会想方设法地找到运用这些优势的新途径、新项目。

（4）你会感到越来越兴致盎然，而不是越来越累。

5. 四人一组，分享自己的标志性优势。

6. 绘制我的优势故事：在自己的标志性优势中寻找一个最能表现此优势的故事，画一幅画，以点带面分享。

7. 总结结束。

（三）方案 3：优势对话

活动理念

积极心理学认为，一个人在发挥优势时更容易投入当前的活动中，优势让人更有掌控感，也更有认同感。调查研究发现，注重发挥下级员工优势的领导，成功的可能性高达 86%，企业在赢得顾客方面表现优异的可能性会提高 44%，在生产力方面会提高 38%，员工业绩提高 36.4%，反之下降 26.8%。

积极心理学的研究得出了一个乐观的结论，即大部分人都能从自己的工作中得到更多的满足。要做到这一点，第一步就是掌握自己的优势。找出自己的优势，选择一份让自己每天都能发挥优势的工作，这样就能不时在工作中享受到福流体验。

如果你常常在工作中施展你的突出优势，你会发现工作慢慢变成事业，心灵的充实会将工作的重任转化为福流体验。在工作中施展突出的优势会得到双赢的局面。（马丁·塞利格曼）

核心目标

引导团体成员在工作生活中有意识地发展和应用自己的优势，以获得持续工作的动力和生活兴趣，提升工作能力和幸福感，做好优质服务。

活动设置

同方案1。（略）

活动准备

每个人经过测量获得的标志性优势清单一份（可先测试自己的优势）、优势对话记录表每组一份。

操作流程

1. 热身活动

推荐活动：“我猜他是谁？”

推荐理由：由特点猜名人，这个活动适合机关团体严谨认真有文化内涵的特点，能让团体成员快速放松、投入当下，而又契合发现优势的主题，从名人的优势到自己的优势，有代入感。

2. 百变知识圈。活动期间每个问题都请几个人集体分享。

（1）你的标志性优势在工作中发挥了什么样的作用？

（2）你知道哪个名人也具有这样的优势？说说他的故事。

（3）工作中你最不喜欢却不得不干的事是什么？两个人尝试用优势把不喜欢的事变成喜欢的事。提示：想想不喜欢的事的属性有哪些？然后进行联想性思考，把它与标志性优势联系起来。

（4）说说你的工作困扰，你最紧要解决的棘手的问题是什么？

3. 根据团队提出的情况成立几个研究小组，比如：上访户接待、扶贫工作、绩效工资考核等，挑选几个普遍的问题成立一个研究院，团体成员自愿报名参加，组成小组。

4. 研究小组各自汇报自己的标志性优势，针对小组问题，利用每个人的标志性优势设计一次活动。

表 19.3　优势对话记录

组员	核心优势
小组成员交叉核心优势：	
小组成员独特核心优势：	
活动设计	

5. 各小组展示介绍各自的优势对话。

6. 如果团体成员同属一个单位（系统），可以布置优势约会的作业，把这个活动设计落实到工作中。

7. 总结汇报：今天的活动给你的工作和生活带来哪些启发？你有什么新的想法？

第三节　积极情绪

一、核心理念

研究表明，积极情绪不仅会使人感觉良好，还能使个体更健康长寿，提升人们的主观幸福感，促进心理健康。积极情绪是积极心理学的三大研究领域之一。这一节着眼于提升员工认识与管理情绪的能力，引领他们主动创造获得如感恩、平静、希望等积极情绪的方法以及应对消极情绪的技能。心理学家总结大量研究后发现，频繁地体验到积极情绪有助于促进个体在心理健康、身体健康、社会关系、学业成就、工作效率、创造力、自我效能、自尊等方面的发展。积极情绪的核心理论是拓展与建构理论，创造出螺旋上升的积极情绪循环，增进社会关系联结。

二、活动目标

通过体验和练习，引导团体成员关注正面的好事，排除消极情绪的干扰，提升积极情绪，从而快乐工作、幸福生活。

三、具体方案

（一）方案 1：感恩有你

活动理念

感恩是人类重要的个性品质和积极的内在力量，感恩不仅对个体的心理健康有积极作用，对构建人与人、人与社会之间的良好的关系同样有着积极的促进作用。感恩能促进个体的身心健康，是个体高尚品质的体现，感恩可以促进社会美德的发展，是一种积极的人生态度和生活哲学，感恩是中国文化中倡导的重要美德。和谐社会建设更需要倡导感恩的美德，优化人与人之间的关系。

核心目标

让来参加的成员写下生命历程中自己感恩的三件事，记录美好的故事，滋养所有成员的心灵，使其获得更多的幸福感。写一封感恩拜访信，去感谢生命中的重要他人，还可以获得更多的正能量和希望。

活动设置

（略）

活动准备

感恩日记本每人一本、信纸每人一张，熟悉《感恩》歌手语。

操作流程

1. 热身活动：说明目的，按照生日排队，就近分 4 ～ 8 人为 1 组，选组长，熟悉小组成员。

2. 闭上眼睛静静聆听刀郎《谢谢你》。

3. 感恩拜访信：刚才的歌曲让你想到了谁？有什么感受？（请几位成员分享）

指导语：请你静下来，回忆一下自己的人生经历。这么多年来，在你的生活上、工作中和成长的历程里，一定有人给予了你很大的帮助。那个人可能是你的父母，默默给予你无条件的支持和爱。可能是你的孩子，他虽然没有做什么但是他的存在却给予了你强大的动力和生活的希望。可能是你的伴侣，他不发一言，十年如一日地默默守护，他给予的家庭温暖兴许难以觉察却润物无声。可能是一位贵人，在你最需要帮助的黑暗里，强而有力地扶了你一把， 帮你渡过难关。在你生命中总有一些人，如果没有他们，你不会成为今天的你。这些人，也许你对他们表示过感谢，也许还没有来得及表达，也许你觉得表达得还不够。现在，你有一个机会，把你心中的真实想法，想要对他说的话写下来。

4. 写感恩信。这封信的内容，你想怎么表达给他？在现场可以当面读给他听，也可以作为一项功课，找机会去拜访这个人，当面表达感恩。推荐灵活选用集体分享时录视频发给对方、现场打电话、发微信等方式去表达感恩。

5. 以点带面分享。（先集体后小组）

今天有没有要感谢的人和事？介绍感恩日记以及感恩三件事带来的益处。现场体验，写下自己感恩的三件事。这些好事不用是升职、加薪、结婚、生子那样的大事，可以是日常生活中常见的小事，比如读到一本好书、吃到一道好菜、听到一个亲友的好消息、在公交车上有人为你让座、孩子今天会走路了等等。

6. 推荐成员将感恩三件事作为日常功课。每天晚上写下今天发生的三件好事，以及好事发生的原因。

7. 总结。

结束：《感恩》手语歌。

（二）方案 2：与压力共舞

活动理念

在当前公务人员队伍中，心理疲劳是一种较为普遍的状态。尤其是基层公务人员，他们与各种琐碎、矛盾、纠纷打交道，工作节奏快，加班加点是常态，而且工作中还常存在害怕犯错的焦虑心态。调查显示，63.3% 的机关干部职工有中度及以上压力感，13.5% 的职工承受着重度或极重压力，27.2% 的干部职工处于心理亚健康水平。基层工作人员日益增长的心理压力，与自身心理压力疏导方式的匮乏形成鲜明的对比。

斯坦福大学心理学教授凯利·麦格尼格尔在研究中发现，人们对压力管理的错误认知，导致了压力管理的无效，限制了人们潜力的发挥。人们对压力的印象往往是负面的，完全忽视了压力的积极意义，而通常所谓的压力管理就是避开压力，却不解决根本问题。实现有效的压力管理，就要合理地评估压力，正视压力的积极作用，培养正向的压力思维模式。

核心目标

在团体中运用“百变知识圈”探讨压力，运用讲故事和绘画疗法正确认识压力的积极意义，在头脑风暴中探索压力管理的方式，团体成员在活动中寻找适合自己的压力管理模式。

活动设置

（略）

活动准备

彩笔、A4 纸。

操作流程

1. 热身活动：一分钟拍打练习，反复练习 3 ～ 5 次

拍拍你的手，朋友一起走。（双手对拍掌根处）

拍拍你的头，从此没忧愁。（五指轻拍头顶）

拍拍你的手臂，放下你的恐惧。

拍拍你的大腿，赶走你的疲惫。

2. 压力手臂测量法

用双臂不同的张开程度表示压力，压力小双手腿前并拢，压力变大依次双手张开平举最后至头顶。

3. 百变知识圈

（1）你如何看待自己的压力分数？

（2）你的压力来源有哪些？

（3）压力对你的生活带来哪些影响？

（4）压力大时身体的感觉如何？哪一部分不舒服？

4. 集体分享

压力带给我们的都是负面影响吗？有没有什么好处呢？分享后出示下图，一起思考从压力与工作表现关系倒 U 形曲线中受到哪些启发？讲述一个积极压力的故事，以点带面分享。

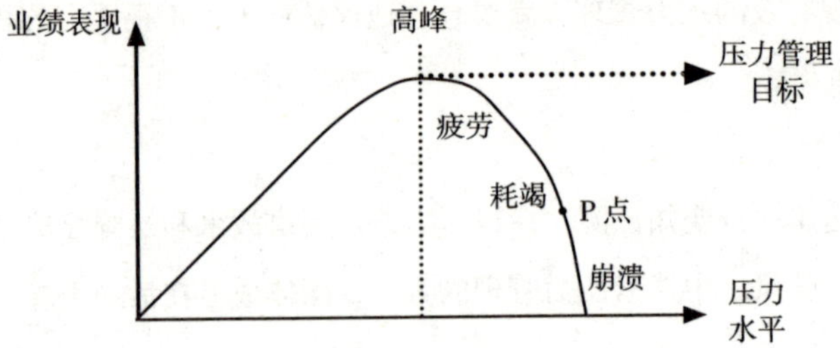

图 19.4　压力与工作者表现关系倒 U 形曲线

5. 绘制我的积极压力图：用不同的图案和颜色自由地画出近期的压力图。以点带面分享。

推荐减压音乐《雨滴前奏曲》。

6. 减压锦囊：快速组成 4 ～ 6 人的小组，用头脑风暴的方法，依靠小组的智慧寻找压力管理的方法，小组汇报。

7. 总结，结束。

（三）方案 3：冥想减压

活动理念

冥想是一种改变意识的形式，它通过尝试获得宁静状态而增强自我认知和良好状态。冥想、参禅、凝神等以往被认为神秘莫测的做法已逐渐被医学界认可。大量的医学调查和研究表明，冥想能缓解疼痛、集中注意力、增强免疫力、降低血压、抑制焦虑、改善睡眠，甚至可以防止抑郁。

哈佛大学幸福课老师泰勒认为，冥想可以降低焦虑，使人快乐，提高免疫力，提高专注力，等等。研究表明正念冥想训练可以帮助人们缓解压力、焦虑等情绪困扰，改善睡眠，提高参与者的抗压能力及幸福感。冥想练习的方法还能让人集中注意力，提高工作和学习的效率。

在美国，有超过两千万人将冥想奉为最有效的缓解压力和精神疲劳的治疗方法，谷歌、英特尔、苹果等公司也专门为员工提供免费的冥想课程，将它视为成功和创新的关键。甚至，200 位世界级领军人物中，超过 80% 都有每天做冥想练习的习惯。

核心目标

初步了解与体验正念冥想；开始培育正念并开始尝试运用于自己的生活；培养

更好的自我觉察能力和情绪管理能力；获得一份平静，学习身心放松和健康照护的方法。

活动设置

（略）

活动准备

活动室需要瑜伽垫或地垫，温暖舒适、光线柔和；成员穿宽松的服饰、软底鞋。

每人一朵鲜花、冥想音乐。

操作流程

1. 热身活动：肌肉放松练习

头部的放松：

第一步：紧皱眉头，就像生气时的动作一样。保持 10 秒钟（可匀速默念到 10），然后逐渐放松。放松时注意体验与肌肉紧张时不同的感觉，即稍微发热、麻木松软的感觉，好像“无生命似的”。

第二步：闭上双眼，做眼球转动动作。先使两只眼球向左边转，尽量向左，保持 10 秒钟后还原放松。再使两只眼球尽量向右转，保持 10 秒钟后还原放松。随后，使两只眼球按顺时针方向转动一周，然后放松。接着，再使眼球按逆时针方向转动一周后放松。

第三步：皱起鼻子和脸颊部肌肉（可咬紧牙关，使嘴角尽量向右边咧，鼓起两腮，似在极度痛苦状态下使劲一样），保持 10 秒钟，然后放松。

第四步：紧闭双唇，使唇部肌肉紧张，保持该姿势 10 秒钟，然后放松。

第五步：收紧下颚部肌肉，保持该姿势 10 秒钟，然后放松。

第六步：用舌头顶住上腭，使舌头前部紧张，10 秒钟后放松。

第七步：做咽食动作以使舌头和喉部紧张，但注意不要完全完成咽食这个动作，持续 10 秒钟，然后放松。

颈部的放松：将头用力下弯，使下巴抵住胸部，保持 10 秒钟，然后放松。体验放松时的感觉。

臂部的放松：双手平放于沙发扶手上，掌心向上，握紧拳头，使双手和双前臂肌肉紧张，保持 10 秒钟，然后放松。接下来，将双前臂用力向后臂处弯曲，使双臂的二头肌紧张，10 秒钟后放松。接着，双臂向外伸直，用力收紧，以紧张上臂三头肌，持续10秒钟，然后放松。每次放松时，均应注意体验肌肉松弛后的感觉。

肩部的放松：将双臂外伸悬浮于沙发两侧扶手上方，尽力使双肩向耳朵方向上提，保持该动作10秒钟后放松。注意体验发热和放松的感觉。20秒钟后做下一个动作。

背部的放松：向后用力弯曲背部，努力使胸部和腹部突出，使成桥状，坚持10秒钟，然后放松。20秒钟后，往背后扩双肩，使双肩尽量合拢以紧张背上肌肉群，保持10秒钟后放松。

2. 以点带面，分享放松练习的感受。讲解正念冥想的概念、好处及注意事项。

3. 正念呼吸。

呼吸训练是所有冥想技能里最普遍的一种。首先，用力呼气，将肺底里的二氧化碳给吐出来，再深深地吸气，想象一下你的腹部有一朵正在开放的莲花。当吸气使腹部充满空气时，花朵的花瓣舒展开来；当你呼气时，花瓣则合拢起来。大家缓缓地吸气，然后慢慢吐气。尝试着让你的头脑安静下来，放下对过去的焦虑和对未来的担忧，体验此刻的宁静……如果杂念来了，没关系，只要觉察到它，告诉自己这个是感觉，那个是想法，然后把关注带回到呼吸就可以。这个练习在任何时候都可以做，每次三五分钟或十分二十分钟，都能有效地帮助你放松身心，缓解压力。

4. 以点带面，分享呼吸练习的感受，充分交流。导师解答大家练习中的困惑。

5. 正念立姿伸展练习。

轻松地站着，双脚与肩同宽，感受自己正站着，眼睛看着身体的前方，感觉双脚稳固地踩在地板上，感觉脚底板接触地面，小腿大腿支撑身体，上半身自然地挺直，去感觉双肩双手，看看哪里在用力。用最小的力气站着，感觉自己正站着在呼吸。

吸气的时候双手缓缓地向上伸展，一点一点移动，掌心与耳侧相对，自然地呼吸。

呼气的时候双手慢慢放下，感受慢慢地放下并自然地呼吸。

再次吸气的时候双手缓缓地向上伸展，扩张胸腔，一点点地移动，掌心与耳侧相对，停留在这里，自然地呼吸。手臂和头向上伸展，感受到有风吹过，你就像一棵树随风向左侧弯曲伸展，感受脚底的树根深深地扎在大地上，慢慢地身体随风向右侧弯曲、伸展，觉察身体的酸、麻等任何感觉。就这样，慢慢地身体随风摆动，摆动，感受身体紧绷的部位的感受。在下一个吐气的时候慢慢地放下双手，自然地呼吸。

在下一次吸气的时候双肩往上、往后、往下、往前，慢慢地绕肩，自然地呼吸。

两次后换方向自然地呼吸，往前、往下、往后、往上。慢慢地放松双肩，自然地呼吸。

在下一次吸气的时候让头部往下、往左、往后，往前，慢慢地转动两次，再反方向转动。

动动你的双手，动动你的脚趾，慢慢地活动一下身体，结束这个练习。

6. 正念赏花。

每人一枝花，静静地观察这支花的样子，花茎的颜色、纹理、长度，去感受它和皮肤接触的部位的感受。

看看花朵，它的大小、颜色、形状，静静地感受这朵花，用手轻触花瓣，感受花瓣带给手指的感受，凉凉的、滑滑的，软软的，像什么呢？

轻轻地把这朵花举到鼻子前，深深地缓缓地吸一口气，你闻到了什么味道？感受那个味道从你的鼻孔穿过，来到肺部，丹田，慢慢地随着呼吸流遍全身，直到脚尖，再缓缓地吐出去，从脚尖流过到腹部、胸腔、喉咙，从鼻孔流出。这样做三次。

看着这朵花，和它做一个对话。静静地感受它，感受它在你的手中，它在表达什么？拉近、拉远，就这样静静地和这朵花在一起。

和这朵花说再见，把花轻轻地送回花瓶里。深呼吸，结束这个练习。

7. 以点带面交流，这个练习中你有哪些感受？你对正念冥想有了什么不一样的感觉？你觉得这样的练习在什么时候可以做？做家务的时候、看书的时候、工作间歇的时候……

8. 今天的练习你有哪些收获呢？写一首诗表达你的感受。分享诗歌。结束。

第四节　积极关系

一、核心理念

关系是一个人生活的核心。我们生活在人群之中，每天都在和他人互动，并且我们需要与他人维系关系来获得关照、爱、欢乐、支持和信心等。人类是社会性动物，我们需要彼此，需要归属感，我们之中的大部分人都在寻找能滋养身心的关系。

积极心理学创始人塞利格曼的PERMA幸福理论中，R代表的就是积极关系，它会给幸福带来深刻正面的影响。许多幸福的人之所以觉得幸福，不是他们未曾经历过沮丧、愤怒、压抑等负面情绪，而是与其他人相比，他们可以更快地从困境中走出来，处理负面情绪的免疫系统更强大。他们之所以有强大的免疫系统，重要原因之一是他们有非常好的人际关系。

哈佛大学一项长达77年的研究得出结论：爱、温暖和亲密关系会直接影响一个人的“应对机制”。一个人处在相互关心爱护、关系密切融洽的人际关系中时，更容易心情舒畅，也更有益于其身体健康。积极的人际关系能使人保持心情平稳、态度乐观。也就是说拥有积极关系，身体更健康。积极关系还能帮助大脑重塑。目前已有较为成熟的研究结果表明，积极关系在心理层面对人们有三方面的显著影响：幸福感、心理韧性和预防暴力，所以说拥有积极关系，更具幸福感和心理韧性。

提升人际和谐与相互尊重的人际互动，最有效的方式不是事后干预，而是在问题发生之前就教给目标人群相关的知识、技巧，激发他们建立和保持积极关系的动机。

二、活动目标

通过体验练习，梳理自己的社会支持系统，学习正面交流，深化亲密关系，建立更良好、更积极的人际关系。

三、具体方案

（一）方案1：人际关系星空图

活动理念

良好的人际关系是社会支持系统的重要组成部分，有意识地打造一个良好的社会支持系统会让我们的人生更加顺利，更加成功。研究发现，强关系是幸福的基础。建立并维持一份甚至几份强关系决定了一个人能否拥有健康强大的心理，从而在挫折面前勇往直前。

本方案是基层机关事业单位心理服务模型第三次使用绘画心理治疗技术，并首次作为主体技术出现。绘画心理治疗有两个方向：一是心理分析背景下的绘画心理治疗，二是艺术表达背景下的绘画心理治疗。艺术表达背景下的绘画艺术治疗侧重于分享与表达，艺术治疗的过程是满足人们表达需要的过程，而不是给予道理的过程。绘画心理治疗动之以情在前，晓之以理在后，使治疗技术水到渠成，还能突破防御，减少阻抗。绘画心理治疗是在一个平面中把一个人的心理空间立体地呈现出来，实现心理表达、心理教育和心理治疗的一种技术。

核心目标

通过梳理“人际关系星空图”，去感受其中对自己最大的支持和帮助，从而强化社会支持系统对每个人幸福生活的重要性，懂得自觉维护社会支持系统的意义。

活动设置

（略）

活动准备

（略）

操作流程

1. 热身活动：

推荐热身活动：扯衣角

观察团体里的人，你和谁在一起会让你温暖安全。看好了以后就默默地走过去，在身后扯住他的衣角。每个人都无须说话和回应，就默默地去扯那个人的衣角。

推荐理由：扯衣角这个活动会在现场把人连起来，形成一个人际关系网络，大家安静地跟着自己的心去寻找，就像我们在生活中的人际关系，对本次“人际关系星空图”活动的进行是一个很好的铺垫。

2. 冥想：人际关系很像一张网，又像一个庞大的星空，静静地跟着音乐去看看，你的人际关系网络中的那些人，他们是谁，他们和你的关系是怎么样的。

3. 绘制自己的人际星空图：你和你的朋友的关系会在一个星空图上表现出来，关系越近、交往越多，星星会越大，离你也越近。

4. 请几位成员自愿分享自己的人际星空图。

5. 随机组成 4 ～ 6 人的小组，在小组内分享每个人的人际星空图。

6. 静静地看着自己的人际星空图，他们就是你生命的支撑和意义所在，回顾和这些人交往的过程，去感受那一个个温暖的星光。评估你的支持系统。

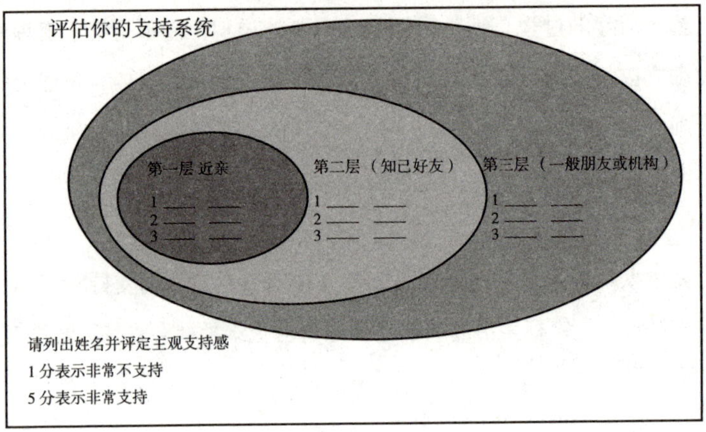

图 19.5　人际星空图

7. 以点带面分享。

8. 总结后在《至少还有你》一类的歌声中去感谢今天给你陪伴和温暖的团队成员，握手，拥抱，结束。

（二）方案 2：三人行必有我师

活动理念

一项调查显示，在单位里有一位最好的亲密朋友的员工只有 30%，而这 30% 的员工对工作的投入程度，以及工作时间、成就感和满足感是余下 70% 员工的 7 倍多。在职场中没有一位最好的朋友的人，全心全意投入工作的可能性会比有朋友的人小很多。至少拥有三到四位亲密朋友的人，比普通人更健康，更感到幸福，同时工作积极性也更高。能否建立并维持一份甚至几份强关系决定了一个人是否能拥有健康强大的心理，从而在挫折面前勇往直前。所以在同事中建设强关系具有重要的意义和价值。

本方案带领团体成员运用表达性艺术治疗之舞蹈、心理剧来进行体验。舞蹈通过肢体动作表达自我与探索内在，对于情绪低落、紧张及人际沟通不良等问题有显著的帮助。戏剧治疗利用演戏及剧场上的技巧，协助个人处理内在心理及外在环境的冲突，主要是利用角色扮演的戏剧元素和设计活动的参与，让团体成员在可以安全宣泄情绪的环境下，提升自我情绪管理能力、社交技巧和创造力。

核心目标

通过梳理同事之间的情谊，去感受积极人际关系给自己带来的温暖和帮助，在活动中引导团体成员有意识地建设同事中的强关系。

活动设置

（略）

活动准备

（略）

操作流程

1. 热身活动：桃花朵朵开。

推荐理由：这个活动能让团体成员快速进入团体，打破同事之间平时维护的礼貌而客气的氛围，并做好分组。

2. 走进工作岗位，总有那么一些人和事给你温暖，回头望去就像夜幕中的点点星光，记忆犹新。用九宫格画出你职业生涯中接触的人和事，把这些故事在纸上呈现出来。

3. 以点带面，每个人分享最难忘的那个故事。

4. 小组中选出最感人的故事，用舞蹈或者心理剧的形式表演出来。不要求艺术性和专业性，只要用心去表现就好。

5. 以点带面，分享表演带给你的感受。

6. 团体成员围成圈，手轻抚伙伴的后背，在音乐《相亲相爱一家人》中结束本次活动。

7. 总结并写下活动的感受和收获。

（三）方案 3：赞美的力量

活动理念

皮格马利翁效应给我们这样一个启示：赞美、信任和期待具有一种能量，它能改变人的行为，当一个人获得另一个人的信任、赞美时，他便感觉获得了社会支持，从而增强了自我价值感，变得自信、自尊，获得了一种积极向上的动力，并尽力达到对方的期待，以避免让对方失望，从而维持这种社会支持的连续性。

赞美能给他人带来愉悦，让人受到鼓舞。赞美是人际关系的润滑剂，是我们自信、自我肯定的力量源泉。

核心目标

通过四种层次的赞美练习，感受深层次赞美的力量，培养团体成员维护良好亲密的人际关系的能力。

活动设置

（略）

活动准备

（略）

操作流程

1. 热身活动。

推荐热身活动：“点赞”。小赞指大拇指点大拇指，中赞指大拇指点脑门，大赞指脑门碰脑门。从小赞开始，逐个练习，最后用自己的方式给团体成员点赞，不说话，就静静地去做去感受。

推荐理由：在点赞过程中通过团体成员的身体接触，拉近心理距离，引导成员通过行动去表达。点赞也契合本次赞美的主题。

2. 导师讲罗森塔尔实验，并请大家思考：为什么八个月后发生了奇迹，出现了显著的差异？

3. 观看视频《盖章》，以点带面分享感受。

4. 分享赞美的四个层次：第一层次，夸大笼统的赞美。第二层次，于事实的具体化赞美。第三层次，间接赞美，通过传递第三方的话来赞美对方。第四层次，自我赞美。

5. 两人一组依次练习第一层次（句式：你真棒）、第二层次赞美（句式：我看到……，我觉得……），体会分享两种层次赞美的感受。

6. 寻找团体中最熟悉的人，去传播一个“小道消息”，即第三方赞美练习。句式：听某人说 + 客观事实 + 积极品质。以点带面分享感受。

7. 第四层次赞美：我的年度颁奖词。为自己写一个深情的年度颁奖词。

8. 模仿《星光大道》颁奖典礼：所有人站成两排，中间空地即为星光大道，分享的人在动感的音乐中通过走秀展示自己的风采，到舞台上分享自己的年度颁奖词。

第五节　职业价值感

一、核心理论

公务员承担着管理国家事务和社会公共事务的重要职能，是一个特殊的职业群体。公务员基础的价值取向是谋求公共利益最大化，核心价值取向是建立健全责任监督机制，根本的价值取向是维护社会公正。

可是对基层的公务员来说，求实惠、重收入是比较靠前的职业选择动机．除了经济因素外，人际环境、职业稳定性、学习条件、社会地位等也是公务员职业选择时常常考虑的因素。近年来，经济报酬和社会地位一直是公务员热的主要原因，职业特权思想根深蒂固。可见公职人员的职业价值观取向并不合理，工作本身的价值观取向和个人之间存在较大差异，因此需要积极培养公职人员本身职业价值观的积极心态。

二、活动目标

团体导师引领团体成员对自身做出正确的职业价值定位，重新找到职业价值感和幸福感，培养职业价值观的积极心态。

三、具体方案

（一）方案1：遗愿清单

活动理念

积极心理学之父塞利格曼说：人类不可避免地会追求幸福的第三种形式，即对人生意义的追求。心理学家在一项调查中发现，在幸福的生活中，人们得到的更多，而在充满意义的生活中，人们更愿意去给予。塞利格曼认为，追求生活的意义就是“用你全部的力量和才能去效忠和服务于一个超越自身的东西”。

罗伊·鲍迈斯特认为，意义的本质是联系，当两个看似毫不相干的事物之间建立起了联系时，意义就产生了。从过去到未来的联系也可以产生意义。感受及追求意义可以使人们更好地发挥自由意志，体现人区别于动物的独特性。

心理学的最终目的是让人们积极看待世界的各个方面，实现重要事物对自身意义的转化或者升华。生命始终掌握在我们手中，看清自己的人生追求，让生命过得更有价值，是我们一生的主题，也是我们需要思考的人生命题。

核心目标

尝试着带领团体成员去整理自己的一生，并寻求自我精神满足。引导团体成员思考人生和死亡的意义，把握当下，为自己的梦想主动出击，在活动中去规划自己的职业和生活，从而寻找生命的价值，提高主观幸福感，用心看待自己的职业，培养职业价值感。

活动设置

（略）

活动准备

推荐团体成员提前去观看电影《遗愿清单》，如果团体成员中观看过的较多，活动时可以增加一个交流讨论环节。

操作流程

1. 热身活动：推荐热身活动“松鼠找家”。

推荐理由：这个活动通过每个家的分散和重组，让成员去体会寻找家、找到家和找不到家的感受，从而激发对家的归属感，认清自己生命的需求。

2. 预估自己的寿命：根据家族遗传史、个人健康养生习惯、个人身体情况给自己做一个大概的评估。以点带面分享。

3. 按照自己的预估自动分组。

4. 电影《遗愿清单》简介：如果突然被告知，你的人生只剩下三个月的时光，你会做什么？一个是性格强势，结婚多次，如今却孤身一人的富翁科尔，一个是博闻强识，牺牲自己成就子女的汽车修理技师卡特，两人在被查出身患癌症后在病房中结下了友谊。科尔偶然发现了卡特的“遗愿清单”，他决定运用自己的力量，让那些纸面上的疯狂构想一一实现，去发现人生的真正意义……

5. 如果你也面临这样的情况，突然被告知，你的人生只剩下三个月的时光，你会做什么？写下自己的遗愿清单，以“此生要做的 20 件事”为主题（见下表）。推荐音乐《往后余生》或《遗愿清单》主题曲。

表 19.4　我的遗愿清单

此生要做的 20 件事

序号	愿望与目标	实现的时间
1		
2		
3		
4		
5		
……		

6. 集体分享，小组内分享。

7. 设计“我的墓志铭”，以点带面分享。

8. 分享本次活动的收获，导师总结，拥抱小组成员，结束。

（二）方案 2：我的未来不是梦

活动理念

人类存在的意义不是固定不变的，我们一直在通过自己的计划不停地重新创造着自己。每个人都有自己独特的使命，这个使命是他人无法替你完成的。人类总是处在一种持续的转换、凝聚、进化以及成形的过程中，身为人类就意味着我们要发掘并理解自己的存在。给出一个机会写出自己的事业规划，这样能够给团体成员提供一个制定自己人生目标的机会，这些目标可以指引个体的未来选择。写人生规划可以提高个体的自我价值感。写下自己的故事这个方法可以促使个体把自己的想法和感受加以梳理和整合，这些想法和感受是个体从未有效梳理过的。这种表达方式给个体提供了一个很好的机会来形成新的视角和应对策略。

研究发现，幸福的人会更追求梦想和成功。积极心理学理论中成就是幸福大厦的支柱之一，成就和幸福相关。行动是成就的先决条件，而行动的关键是自我效能感，在活动中回顾过去的成就与表现，制订新的工作目标，展望未来，可以有效提升自我效能感和自我价值感。

核心目标

回顾过去的成就与表现，展望未来的成功计划，从而提升团体成员的自我效能感和自我价值感。

活动设置

（略）

活动准备

（略）

操作流程

1. 热身活动

推荐暖身活动：“小鸡变凤凰”。

推荐理由：每个生命都有自己独特的故事，会在自己的成长过程中遇到各种各样的欣喜或挫折，就是这点点滴滴组成了我们的生命。“小鸡变凤凰”这个活动，不仅仅能起到暖场的作用，还契合了本次活动的主题，呈现每个生命的成长过程。

2. 绘制事业线：在A4纸上以参加工作的时间为起点绘制一条线，找到今天的位置，回顾过去我们的收获和成就，在合适的位置写上成就和时间。推荐音乐：《光阴的故事》。

3. 以点带面分享。

4. 继续绘制事业线的后半部分：退休前的日子。在职业上有哪些规划和目标？推荐音乐：《我的未来不是梦》。

5. 以点带面分享。

6. 以《未来》为题画一幅画，自由地去表达自己想象中的未来。画完后讲一讲自己的画。

7. 在《我的未来不是梦》的歌声中结束。

（三）方案3：我骄傲，我是××人

活动理念

社会学家梅尔文·科恩及卡米·斯库勒曾调查过3100名美国人对自己工作的看法，他们发现，影响他们的满足感的关键就是他们所说的“工作自我引导”。人们对待工作有三种态度：把工作当作一份“差事”、视工作为一份职业或把工作当作事业。把工作当成差事的人，得过得且过。把自己的工作当作职业的人，则会为自己定下目标，希望自己得到升迁及名望，这类人会努力把工作做好，不过当升迁和声望不能如期而至的时候，他们会感觉十分受挫，还会不时地感慨工作辛苦。把工作当作事业的人，觉得自己的工作就是在实现自己的抱负，而不是出于其他目的才做这份工作。他们常常会全身心投入，获得物我两忘的福流体验。

事业是对工作本身充满了热情，事业导向的人认为他们的工作有价值，能带来满足感。把工作当作事业的人使工作变得更有意义。

研究发现，工作满意度高、职业认同感高的个体不容易出现职业倦怠。

核心目标

在我们的事业、我们的文化墙和演讲稿三个层层递进的活动中引导团体成员重新认识自己的事业，提升职业幸福感，提高职业价值感。

活动设置

（略）

活动准备

（略）

操作流程

1. 热身活动：推荐热身活动，动作传话。报数分组，10 人左右一组。给每组第一名一句话，请他用动作的方式将话传递给后一个人，依次传递，最后看看哪个组传的话最接近原话。

推荐理由：职场总有小道消息传来传去，很多是不真实的，尤其和服务对象之间的矛盾冲突。这个游戏会启发成员思考如何正确处理人际关系，也能为本次职业价值感的培养做好铺垫。

2. 头脑风暴：我们的事业。小组内每个人用一句话形容我们的事业，依次轮流下去，直到记录满一张纸。

3. 小组代表汇报每个组梳理出来的对我们的事业的描述，然后请大家说说这个梳理带来什么感受。

4. 小组设计：我们的文化墙。

5. 各小组展示汇报。

6. 撰写演讲稿：《我骄傲，我是 ×× 人》。

7. 小组内分享，然后每个组推荐一名成员集体分享。

8. 选一首适合团队文化的歌合唱，结束活动。

参考书目

[1] 马丁·塞利格曼 . 真实的幸福 . 北方联合出版传媒（集团）股份有限公司万卷出版公司 , 2010.

[2] 韦志中 . 教师心理资本建设 . 四川大学出版社 ,2018.

[3] 曾光 , 赵昱鲲等 . 幸福的科学 . 人民邮电出版社 ,2018.

[4] 陈妍婷 . 基层公务员心理资本、社会支持与工作压力关系研究——基于永春县数据分析 . 硕士专业学位论文 , 2018.

[5] 卢若飞 , 曾天德 . 近十年我国公务员心理研究述评 . 闽南师范大学学报（哲学社会科学版）,2016（4）.

[6] 李尚官．以文化背景为视角比较中美公务员职业价值观．长安大学《比较政府学》课程论文．

[7] 费涛．积极心理学视域下公务员心理健康服务体系的构建．农业部管理干部学院学报 ,2017.9.

[8] 崔涌．以积极心理学拓展公务员心理健康教育平台．上海区宝山区委党校（课题阶段性成果）．

[9] 梁笑迎 , 郑林科．美德及性格优势：获得幸福的积极心理力量． 西安石油大学心理研究所．

[10] 李婷婷．品格优势对情感幸福感的影响．东北师范大学．

[11] 韦志中 , 余晓洁．画心．台海出版社 ,2019.

第二十章　军人心理健康服务

军队是国家和领土完整的捍卫者，守卫着我们的和平和安宁。战争时需要军人以身体和热血保卫祖国的利益，即便在平时执行多样化的非战争军事任务时，军人也常需要在各种陌生、恶劣的环境下完成各种突击任务，面对灾害场面、高强度任务、人身安全威胁等强烈刺激，执行任务者经常处于急性或慢性心理应激状态，心理健康程度受到不同程度的损害。因此，军人个体平时的心理资本积累对完成任务起着至关重要的作用。

同时，军人是很特殊的社会群体，其纪律的约束性远远超出一般的社会规范。条令条例严明详尽，规范到日常作息的方方面面，一些在社会团体中司空见惯的行为在军队中会被严格禁止，群体的规范性与个体对自由的需求之间的矛盾冲突会更明显。尤其现在战士群体以“90后”的独生子女个体为主，他们对自由和自我空间的需求超出上一代人的理解范围，但部队的管理方式和条令条例不会因此而放宽约束。恰恰这个群体中的“独生子女”“留守儿童”所占的比例正逐年增加，在远离家乡亲人，不能及时甚至无法得到社会支持系统有力扶持的情况下，加之单性别化倾向等原因，军人群体更需要心理资本建设。

因此，结合部队平战时任务特点，有的放矢地做好军人心理资本的提升和积累，是增强部队凝聚力和战斗力的前提，是完成平战时任务的有力保障。

第一节　军人团体心理健康服务概述

一、军人团体心理健康服务的含义与基本形式

（一）军人团体心理健康服务的含义

军人团体心理健康服务，是在军队特定团体情景下进行的一种非军事活动的团体心理训练与咨询的形式。它是通过共同商讨、训练、引导，促使部队官兵成员认识自我，探讨自我，接纳自我，彼此认同，从而解决成员的共同发展和共有的心理问题，最终实现军人自信心的激发、集体观念的增强、团队凝聚力的提高。

（二）军人团体心理健康服务的形式

一般而言，军人团体心理健康服务是由一至两名受过专业训练的心理健康服务人员（或称为团体心理健康服务导师、带领者、指导者、组织者）主持，根据部队官兵中问题的相似性或共同心理需要组成咨询小组，通过咨询人员与成员，成员与成员之间共同商讨训练，引导解决成员共同的发展问题或相似的心理问题，团体的规模因参加成员的问题性质和目标不同而不等，少则 3 ～ 5 人，多则十几人到几十人，通过几次或十几次团体活动，参加成员就共同关心的问题进行讨论，相互交流，共同探讨，彼此启发，支持鼓励成员通过观察分析了解自己的心理行为反应和他人的心理行为反应，从而改善其人际关系，增强其环境适应能力，促进其人格成长和心理健康发展。

二、军人团体心理健康服务的特点

团体心理健康服务与个体心理健康服务的最大区别在于，来访者对自己问题的认识和解决，是在团体中通过成员间交流的相互作用来实现的，这就使得团体心理健康服务具有其独特的长处。

（一）相互作用和影响大

个体心理健康服务的过程是咨询人员与来访者之间单向或双向沟通的过程，而团

体心理健康服务是多向沟通的过程。对每一位团队成员来说都存在多个影响源，每位成员不仅自己接受他人的帮助，也可以帮助其他成员，可以同时学习模仿众多团体成员的适应行为，从多个角度洞察自己，在团体情境下，集思广益，共同探讨解决问题的办法。例如新战士刚到军营，对部队缺乏了解，战友相互之间陌生，怕与人交往的现象较为普遍，许多新战士为此苦恼。笔者曾经做过以新战士和老战士作为对象的团体心理健康服务。在团体交流中，每位参加者都诉说了自己在与人交往中的苦恼与焦虑。通过交流，参加者观察到其他成员也有和自己同样的苦恼而引起共鸣。正因为参加者的问题相近相似，解决问题的迫切性强烈，在团体中不仅交流了各自已经采取的措施及效果，起到了相互启发的作用，而且齐心协力，共同探讨解决问题的有效办法。

（二）咨询效率高

个体心理健康服务一次只能帮助一个人，而团体心理健康服务是一个咨询人员对多个团体成员，一个咨询人员可以同时指导多个来访者，增加了咨询人数，这有助于节省咨询时间和解决咨询人员人手不足的困难，以及提高咨询的效率，尤其是在部队训练工作都非常紧张的情况下，采取团体心理健康服务是一种省时省力和高效的好方式。

（三）咨询效果易巩固

团体心理健康服务创造了一个类似真实的社会生活情境，为参加的成员提供了更多的相互交往的机会，让成员之间彼此交换意见，扶持新生成员在团体中的言行，这往往是他们日常生活行为的复制品。在充满信任的良好的团体气氛中，通过示范、模仿、训练等方法，成员可以尝试与他人建立良好的人际关系，如果在团体中能够有所改变，这种改变会延伸到团体之外的日常生活中去。

（四）尤为适用于人际关系适应不良的官兵

研究证明人类的生活方式离不开群体，在日常工作和生活中，每个人随时都要与各种人打交道，建立各种形态的人际关系，而人的心理适应主要是人际关系的适应，许多心理问题往往源于不良的人际关系。现实生活中有些官兵因为缺乏客观的自我评价，缺乏对他人的信任，过分依赖自我，难以与他人建立和保持良好的、协调的人际关系，而团体心理健康服务可以提供尝试与他人交往的机会，使人际关系适应不良的官兵在团体的情境中获得他人对于行为交互作用的反应和启示，并因此产生一系列诸如暗示、模仿、气氛感染和社会直觉等社会心理现象，使成员能通过一系列的心理互动的过程，促进他们互相教育，互相表明感情，从而改善人际关系。比如在一般的人际交往中，如果某种意见来自与自己同病相怜的人，那么这种意见对自己影响会非常深刻，因为这种意见包含了同情、理解、劝慰、沟通的含义，更重要的是对方有亲身体验，因此这种意见最具有说服力。可以说团体心理健康服务对于人际关系适应不良是一种很好的矫正方法。

三、军人团体心理健康服务的作用与局限

（一）军人团体心理健康服务的作用

军人团体心理健康服务发挥作用的机制主要在于：

1. 以人为镜，模仿学习

团体为每个人提供了一面镜子，团体心理健康服务中成员可以以他人为镜反省自己，深化认识，加深自我了解，增强自信心，开发潜能。

2. 感受氛围，获得接纳

团体心理健康服务可使参加者在良好的氛围中获得归属感，为参加者创造了一种信任的、温暖的、真实的团体氛围，会使成员产生一种安全、信赖的感觉，觉得自己有所归属，觉得自己被人需要和接纳，并可从中获得友情支持，减少孤独和寂寞，增加与人的交往，从而增强团体的凝聚力。

3. 观点多样，颇有价值

在团体性咨询中，无论成员是在交流信息、解决问题、探索个人价值，还是发现他们的共同情感，同一团体的成员都可以提供多种多样的观点，团体心理健康服务最有价值的一个方面是提出并讨论了各种各样的观点。当仅有两个人聚在一起时，他们可能有着相似的价值观或看待世界的方式，而在团体聚会时情况就会改变，成员们会有很多观点和想法，从而使聚会的经历不仅有趣而且有价值。

4. 学会助人，增强自信

团体心理健康服务中成员可帮助他人，从而也帮助自己。在团体情境下，各成员之间相互帮助、支持，提供意见，分担彼此的困难，这是一种宝贵的经验。每一个成员在帮助他人的过程中会发觉自己对别人很重要，可使其感到自身存在的价值，获得欣喜感、满足感和自信心。成员在给予他人帮助时，会从中深刻地理解帮助他人就是帮助自己的道理。助人是快乐之本，受助是成长之源。

5. 增进沟通，丰富技能

团体心理健康服务能培养成员与他人相处及合作的能力。通过团体心理健康服务，成员之间可相互交流学习，促进社交技能的提高，在团体心理健康服务中，各成员还可相互观察各自的表现，学习表达情感、与他人相处和合作等方面的技巧，同时团体咨询人员也可以用直接教导的方式传授有关的知识，如沟通原则、与人相处的技巧等。

6. 接受反馈，提高自己

团体心理健康服务为成员提供了可以接受反馈的机会，团体心理健康服务提供的反馈比个人的反馈更有力量，因为如果只有一个人给予反馈意见时，接受者可以舍弃那个人的观点，而当很多人同时说一件事时，就很难否定这件事的真实性，在那些以行为演练为主要内容的团体心理健康服务中，他人的建议反应和感知都很有价值，对提高自己很有帮助。

7. 借助指导，健康心身

团体心理健康服务具有预防和治疗的功能，从某种意义上讲，团体心理健康服务是预防问题发生的最佳策略，通过团体心理健康服务，成员对自己有了更多的了解，懂得了什么是适应行为，什么是不适应行为。团体心理健康服务提供了更多的机会，让成员之间彼此传递有关资料，交换意见，互诉心声，提供直接的忠告与劝喻，提高对问题的处理能力，可以预防问题的发生或减少心理问题发生的概率。同时在团体方式下，由于心理健康服务与治疗的情境比较接近日常生活与现实状况，所以处理情绪困扰与心理偏差行为容易收到良好的效果。

（二）军人团体心理健康服务的局限性

团体心理健康服务，有其优越于个体心理健康服务的地方，但同时也有它的不足：

1. 个人深层次的问题不易暴露

团体心理健康服务，因为有多人在场，参加者容易产生顾虑，不愿暴露自己的想法；另外由于时间限制和照顾大多数人的需求，短期行进中个人深层次的问题不易暴露，个体差异难以照顾周全。所以团体心理健康服务一般只能解决一些共同存在的表层心理问题，深层的心理问题则需要通过个体心理健康服务单独加以解决。

2. 个体差异难以照顾周全

在团体情境下，由于人数多，咨询人员无法周到地顾及每一个成员的特殊性，因此若在团体心理健康服务时，同时配合个体心理健康服务，就可以起到扬长避短的作用。

3. 有的成员可能会受到伤害

成员在团体心理健康服务中获得关于某人的隐私后，尽管有保密的义务，但事后可能仍会无意中泄露，给当事人带来不便，也就是说有的成员会受到其他成员的伤害。因此，团体咨询主持者应有预防措施，将伤害降到最小。比如团体咨询结束后要建立后续沟通渠道或回访机制，发现问题及时个别辅导。

四、军人团体心理健康服务的原则

（一）共同的原则

团体心理健康服务是针对成员共有的心理问题而组织的，团体心理健康服务的过程中，必须自始至终都要注意成员的共同问题和共同秩序，使个人与团体相互关注，保持共同的信念、共同的利益和共同的目的。

（二）民主的原则

民主的原则是要求团体心理健康服务的咨询人员，应以普通一员的身份尊重每一位团体成员的个性，并积极参与团体活动，与团体成员平等沟通，并鼓励成员充分发表自己的意见看法，重视团体内的相互交流与各种反应，促进团体保持轻松且有秩序的和谐融洽气氛。

（三）综合的原则

心理健康服务的理论方法与技巧繁多，如果只限于某种理论方法与技巧，往往难以使团体心理健康服务取得满意的效果，因此咨询人员应该了解和掌握各种理论方法和技巧，根据团体心理健康服务的不同类型和任务要求，综合选用有效的理论方法和技巧，以确保团体心理健康服务富有成效。

（四）发展的原则

人的心理现象缤纷五色，复杂异常，恩格斯称之为地球上最美的花朵。同样人的心理问题也是各式各样，复杂多变的，因此在团体心理健康服务中，咨询人员应以辩证唯物主义为指导，树立科学的世界观，学会用发展的、变化的观点来观察和处理团体成员的问题，坚持做到不仅要在问题的分析和本质的把握上用发展的眼光做动态考察，而且对问题的解决和咨询结果的预测上也应具有发展的观点。

（五）保密的原则

要求咨询人员在团体活动开始时向全体成员说明保密的重要性，并制定保密规定，要求大家严格遵守，不准在任何场合透露成员的个人隐私，防止对成员造成伤害。

五、军人团体心理健康服务与个体心理健康服务的异同

（一）军人团体心理健康服务与个体心理健康服务的相似处

两者的相似处可大致概括为以下五点：

目标相似：两者的工作目标，均为助人自助，以帮助来访官兵和团体成员自我认识，自我接纳，增强自信，达到自我完善、自我实现的目的。

对象相似：两者的工作对象以发展中的个体为主，而以有适应困难的来访者为先。

原则相似：两者都强调为来访者和团体成员提供尊重、温暖、真诚、自由、宽容的气氛，以使个体坦诚而自如地表达自我情感，增强自我选择的责任感，并能对自己的决定负责。

伦理相似：两者都强调在咨询过程中要严守秘密，尊重当事人的隐私。

技术相似：两者都需要咨询人员熟练掌握和运用心理健康服务的参与技术和影响技术，如常用的倾听、解释、询问、面质，鼓励自我开放等。

（二）军人团体心理健康服务与个体心理健康服务的不同处

两者的不同处可大致归纳以下四点：

问题类型不同：团体心理健康服务在处理人际关系时，通常优于个体心理健康服务。个体心理健康服务比较适合处理个人深度情感困扰问题。

互动程度不同：团体心理健康服务可为成员提供各种与他人交往的机会，满足成员社会性的需求，得到多方面的反馈，使成员获得他人对于行为交互作用的反应与启示，而个体心理健康服务，其人际互动为一对一，形式单纯，深度不够，广度也不足。

助人氛围不同：众多成员参与合作，有利于增进亲近感，增强凝聚力，又可以促进相互教育，相互启发，从而影响成员行为改变。个体咨询情境中欠缺这种合作互助分享的气氛。

工作场合不同：团体心理健康服务需要较大的活动空间，并且根据活动内容需要进行特别布置和安排，个体心理健康服务仅需较小空间，设置较为简单，通常无须特别布置。

第二节　军人团体心理健康服务的类型

军队组织开展团体心理健康服务，大致可划分为以下几种类型。

一、教育性团体心理健康服务

教育性团体咨询是由团体心理健康服务人员为成员提供不同主题的信息，然后从成员那里得到反映和评论。咨询人员担当教育和引导讨论的角色，团体组织次数，每次活动的时间长短和参加人数均没有固定的模式。如咨询人员可为成员提供在军旅生涯中“如何成长进步”“如何维护心理健康”“怎样更有效地学习和发挥潜能”、“怎样应对生活工作和训练中的压力”“怎样认识军人职业的高危性”等主题的活动，帮助成员塑造人格，提高身心素质，促进个人发展，从而提高部队战斗力。

二、成长性团体心理健康服务

成长性团体咨询是应用较为广泛的团体咨询形式，它的主要目的是通过团体成员主动参与，充分表达自己，从而找到大家共同的兴趣与目标，重点放在自我成长与自我完善上。这种类型的团体咨询中，一切活动都将有助于个人成长，特别是通过成员互动，可以互相学习和互相借鉴，取长补短，迈向新的成长。

成长性团体咨询一般由那些希望体验置身于集体中的感觉，或者希望对自己了解更多的成员所组成。在这个团体中，成员们有机会探索和发展个人目标，并更好地理解团体的目标，包括改变生活风格，更好地认识自身，认识他人，认识军营和环境，改善人际沟通，完成对人生目标的探讨以及对价值观的评估，所有这些都是在一种分享倾听和参与的氛围中完成的。

在成长性团体咨询中，随着不同问题的浮出，会出现大量咨询工作。成长性团体咨询的模式之一是体验团体，在这种团体中咨询人员为成员们设计体验式活动，这些活动通常在室外举行，包括一些体力上的挑战冒险以及成员之间的合作，如拓展训练的项目等。在这些训练中，咨询人员不间断地启发成员们思考，使他们的注意力集中到相关的自我探索和成长上来。

三、治疗性团体心理健康服务

治疗性团体咨询与成长性团体咨询不同，成员们是因生活中的某些问题而来到这个团体中。这种类型的团体对组织者的要求，比成长性团体咨询更严格。主持人也将团体的注意力集中于不同的个体和问题上，然后成员们在主持者的指导下彼此帮助。对于那些因参加抗洪抢险、海上救助、森林灭火、抗震救灾、反恐作战而导致的各种心理应激反应，治疗性团体咨询通过团体特有的治疗因素，如团体中所提供的支持、关心、感情宣泄等，分享成员的感受，减轻成员的压力，转变成员的认知，从而使他们达到康复的目的。治疗性团体咨询的主持者应严格遵循心理健康服务和治疗的理论模式，认真为有严重心理问题的成员提供帮助。因为要对成员的人格和行为做深度的探索和分析，团体为期往往较长，有的甚至要数月时间。

第三节　军人团体心理健康服务的运行程序

不同类型的团体心理健康服务有自己特定的活动程序，不过他们的基本程序是相似的。一般把团体心理健康服务分为三个阶段，即开始阶段、实施阶段、结束阶段。在整个团体心理健康服务的过程中，每一个阶段都是连续的、相互影响的。

一、开始阶段

开始阶段即咨询团体的建立阶段，也即“团体成员之间相互信任与彼此接纳的心理健康服务”，是最重要的阶段。

这个阶段的内容包括咨询人员选择适宜的团体成员，确定会面目标，设置活动环境与活动内容，成员之间相互认识与交往，制定团体规则等。开始阶段的持续时间可以是第一次会面的全部时间，或者是开始阶段的 1 ～ 2 次会面。当然，有的类型的团体也许只需要十几分钟或几十分钟，如教育性团体咨询，它的目的非常明确，无须太长时间。

开始阶段的主要任务是形成团体内的凝聚力。凝聚力是指各成员之间的相互吸引力和活动内容对成员的吸引力，以及团体成员的归属感，团结包容等。具体地说，即团体成员的合作程度，参与者表现的自发性程度，出勤率、守时、信任的程度，在互动中所表现的支持、鼓励、关怀的程度。这种凝聚力的形成，是团体心理健康服务成功与否的前提和关键。

因为在团体咨询开始阶段，成员之间的交往常常具有试探性。互不相识、互不了解的人为了参加团体心理健康服务而走到一起来了，他们一方面很想知道团体其他成员的背景、问题，同时对咨询人员产生兴趣，想知道他怎样主持或指导以及对每个成员的态度；另一方面团员又会有点担心和疑虑，甚至恐惧或焦虑，怕自己的言行不被人接纳，又怕在他人面前出丑，因而小心翼翼。

面对这种情况，咨询人员要制定团体的基本规则，告诉他们如何才能积极参与团体，要让成员了解团体的基本过程，帮助成员建立具体的个人目标。同时要以加强成员之间的认识和沟通为主，努力创造一种宽松、自如的气氛，积极关注团体内每一个成员，认真观察他们的心态变化，激发成员大胆表达自己内心的感受，如害怕、恐惧、焦虑、期待等，发表自己的意见、看法，鼓励成员相互交流，使成员尽快相识并投入团体，相互认同，相互信任，逐渐形成团体合作互助的氛围。

在本阶段，要建立和强化团体法规和纪律，包括要求所有成员按时到达，不迟到、不早退，不得随便泄露或谈论团体内的秘密，相互尊重，不得歧视、嘲笑和讽刺成员等。

二、实施阶段

实施阶段是团体心理健康服务的中间阶段，也即“团体成员凝聚力升华和促进自我探索的心理健康服务”，是团体心理健康服务的核心阶段。一般来说，团体心理健康服务几乎所有的内容都在这一阶段展开或进行。

实施阶段团体的主要任务是在充满信任、理解、真诚的团体气氛下，鼓励成员探索个人的态度，感受价值与行为，深化对自我的认识以及成员之间的相互支持，坦诚相待，尝试新的行为。正是在这个阶段，成员们从置身于一个团体这一体验中获益。

这一阶段采取的团体活动形式和方法因咨询目标问题、类型对象不同而有很大差别。具体地说有以下几点：

1. 有的团体主要采取团体讲座、讨论、谈体会、写日记等形式。

2. 有的团体采用自由讨论的方式，让成员在自我暴露的过程中逐渐解除自我封闭，学会自然地表达自己的思想感情，并在成员相互学习的过程中学会相互提供支持。

3. 有的团体主要采用角色扮演行为训练的方式，强调通过学习训练来掌握新的行为，同时改变旧的行为。

4. 有的团体开展一些有趣的活动，比如成长性团体咨询通过进行自我探索（常开展的活动有“我是谁”“生命线”“自画像”“生命计划”等）、价值观的探索（常开展的活动有“火光熊熊”“生存选择”“临终遗命”等）、相互支持（常开展的活动有“热座”“金鱼钵”“戴高帽”等）、脑力激荡等活动以及活动后的交流分享来帮助团体成员成长。

5. 有的团体则采取一系列的活动形式，如治疗性团体咨询，通常先由咨询人员系统讲授有关心理障碍的知识，然后就某一种神经症展开深入讨论，认识病情，分析原因，寻找解决对策，等等。

在本阶段尽管各类团体咨询依据的理论不同，活动方式不同，实施方法各异，但成员之间相互影响的过程是相同的，成员彼此谈论自己或别人的心理问题和成长经验，争取别人的理解支持和指导，利用团体内人际关系反应，发现自己的缺点和弱点，努力加以纠正，将团体作为实验场所，练习改善自己的心理与行为，以期能扩展到现实生活中去。

本阶段的咨询人员（团体导师）也应开放自我，分享其他成员的感受，并设法使成员在团体进行过程中集中注意力，朝向团体目标和个人目标做有益的改变。

三、结束阶段

结束阶段，也叫“促进团体成员自我成长” 阶段，其内容十分重要。团体心理健康服务的结束，所需要的时间取决于团体的类型、目的、会面的次数和成员的要求。次数越多，结束所用的时间就越长，一般从倒数第二次会面开始收尾，提醒成员团体咨询已接近结束，最后一次会面主要用于总结。

本阶段的任务主要包括：

1. 回顾与总结团体经验。

2. 评价成员的成长与变化并提出希望。

3. 协助成员对团体咨询经历做出个人评估，回首自己在整个团体咨询中得到了什么帮助，收获是什么？对自己今后的人生有什么指导意义。

4. 鼓励成员表达对团体结束的个人感受，体会团体咨询给自己的启迪。

5. 对团体心理健康服务的效果做出评估。

6. 帮助成员把团体咨询中的转变应用于日常生活中，使改变与成长保持继续和发展。

在这一阶段，作为咨询人员还要重点把握好三个问题：

1. 善于运用恰当的活动形式结束团体咨询

团体心理健康服务结束阶段往往容易被忽视，但有经验的团体带领者却恰恰相反，他们都会充分而有效地利用各种形式把握结束的时机，并精心选择符合团体成员特点的，有吸引力、有新鲜感的活动形式，为团体咨询画上一个圆满的句号。在最后一次团体聚会时，活动的方式有多种，常用的有总结会、联谊会、反省会、告别会，这些既有意义又有趣的活动，会使团体在轻松温馨的气氛中结束。

2. 注意有效地处理成员分别时的情绪

经过一段时间的团体心理健康服务，原来互不相识的人已成为朋友，团体气氛和谐亲密，情绪高涨，心身放松，心情畅快，互相信任。在这种情况下，分离在即，几乎每个成员心中都会有些离愁和伤感，他们对团体咨询会产生十分强烈的依恋情绪。咨询人员要提前进行安排，充分讨论他们的分离情绪，给他们时间表达这些情绪，并且让他们互相做最后的道别，鼓励他们将团体结束视为新的开始，必要时，可将成员的电话号码和地址印发，以便今后相互联系。

3. 鼓励成员把在团体心理健康服务中学到的新东西应用到自己的现实生活中去

在团体心理健康服务结束时，咨询人员应该指导成员制订改变行为的计划，即把学习掌握的新知识、新经验应用到现实生活中的具体步骤，同时还应做好随访工作，以评估成员在团体心理健康服务后的表现，巩固咨询效果，并为他们提供必要的支持和帮助。

第四节　军人团体心理健康服务的组织和指导

一、军人团体心理健康服务的组织

（一）确定团体心理健康服务的目标

一个团体心理健康服务必须有清晰而明确的目标。团体心理健康服务的目标可以看成是团体成员参加团体的期望，也隐含着团体咨询人员的期望和目的，一个团体心理健康服务目标应是非常具体明确可操作的。团体心理健康服务的目标一般包括三个内容：为什么要组织团体心理健康服务？要达到什么目的？要解决什么问题？

1. 团体目标的作用

导向作用：团体心理健康服务的目标为团体活动指明了方向，咨询人员可以以此作为引导成员不懈努力的根据。

聚焦作用：团体心理健康服务的目标，可以帮助成员把注意力集中到团体活动中，心往一处想，劲往一处使。

坚持作用：团体心理健康服务的目标，可以使成员有更多的坚持，不为过程中的暂时困难而泄气，而是不断努力进取直至达到目标。

评估作用：团体心理健康服务的目标为执行人员提供了一把尺子，用来评估团体咨询的效果。

2. 团体目标的分类

团体心理健康服务的目标分为一般目标与特定目标两种。

一般目标是所有团体心理健康服务都具有的。例如，让成员认识自己，了解自己，接纳自己，对自我有更适当的看法，培养成员与他人相处、学习交往技巧和发展人际关系的能力，增强成员独立自主、自己解决问题和抉择的能力，探索和发现一些可行而有效的途径，来处理现实生活中的一般发展性问题，加强团体的归属感和凝聚力，等等。

特定目标是每个团体心理健康服务将要达到的具体目标。例如，针对军事训练考核和演习中官兵紧张焦虑情绪的“军事训练中各种消极情绪的调控”、针对报考军校落榜士兵的“走出情绪低谷的指导” 等。

3. 军队团体的目标确定

军队心理健康服务工作，需要解决的是官兵在军事生活、军事活动和军事训练中出现的成长问题及各种心理问题，因此确立团体目标对于问题的解决极为重要。

在确定团体心理健康服务的目标前必须收集参加团体咨询的官兵的需求信息，以便使团体目标与成员所希望的目标一致。通过个别交谈、查访、信函等方式征询预备成员的意见与看法，例如他们参加团体的意愿、参与团体的动机以及他们帮助团体达到目标的能力。目标建立后，应该让团体成员充分了解、准确把握，使团体心理健康服务沿着一个共同的方向发展。

例如，新兵入伍后缺乏军人观念、组织观念，那么就要求建立一个教育团体，着重对上述问题予以解决，也可以建立一个成长团体，帮助新兵，从老百姓成长为合格军人。

实际上建立一个怎么样的团体，完全是从团体的目标出发的，即：普遍存在的问题是什么？需要着重解决的问题是什么？成员的需求是什么？倘若把这些问题搞清楚了，就可以知道要建立的是教育团体、成长团体还是咨询与治疗团体。

（二）制定团体心理健康服务方案

1. 确定团体心理健康服务的导师

本次团体心理健康服务的带领者或组织咨询中的咨询人员常被称为团体导师、带领者、小组长、工作人员、主持者、负责人、指导者等。尽管不同形式、不同目标的团体咨询，对咨询人员的要求有所不同，但从总体看，咨询人员在团体咨询中始终起着组织与指导的作用。

称职的咨询人员的基本条件是：

（1）具有一定的资格条件和良好的心理素养与专业素质，对团体每一个成员尊重、同情、亲切、热情、诚恳、耐心。

（2）善于建立良好的人际关系，以朋友而不是权威的身份参与团体活动，信任理解所有团体成员，创设一种团结和谐的气氛，使成员坦然地开放自我、相互接纳。

（3）具备基本的组织才能和领导方法，善于运用支持、指导、鼓励等技巧，参与影响团体活动，能够控制自己的防卫心理反应和无意识冲突，真实坦率地表达自己的感受，在团体成员的相互作用中促进自身的心理发展。

（4）能够保守秘密，不失信于人。

2. 选定参加团体心理健康服务的成员

并非每个人都适合参加团体心理健康服务，应考虑成员的年龄特征、教育背景、问题要求等。

一般而言，参加团体心理健康服务的成员应具备三个条件：

（1）自愿报名参加，并怀有改变自我和发展自我的强烈愿望。

（2）愿意与他人交流，并具备与他人交流的能力。

（3）能坚持参加团体活动的全过程，并愿意遵守团体的各项规则和纪律。

如有必要的话，咨询人员可以对参加团体心理健康服务的成员进行面试。一方面咨询人员可以评估该成员对团体适宜与否，并有机会告知那些很希望参加团体咨询的人，关于该团体的一些情况，如内容、过程、成员构成、规则等；另一方面面试还为成员提供了询问有关团体的问题的机会，下面是一些可以在成员面试中提出的问题：

（1）你为什么想要参加这个团体？

（2）你对这个团体的期望是什么？

（3）你以前参加过这样的团体吗？如果参加过，那个团体怎么样？

（4）你需要解决的是什么问题？

（5）是否有你不愿与之在同一团体中的某些人？

（6）你认为你会怎样对此团体做出贡献？

（7）关于该团体和主持者你有什么问题要问吗？

3. 明确团体心理健康服务的类型和程序

团体心理健康服务是教育性团体咨询、成长性团体咨询，还是治疗性团体咨询，这点需要明确。但不论哪种类型，所有团体心理健康服务程序一般分为三个阶段：开始阶段、实施阶段、结束阶段，团体导师应详细制定三个阶段的工作任务。

4. 团体心理健康服务开始时间及活动次数的确立

一个团体培训多久、多长时间聚会一次、每次多长时间取决于团体的类型及成员，不同的团体类型及成员有不同的时间要求，从 1 ～ 15 次不等。

一般来说，活动每周一次或两次为宜，每次时间 1.5 ～ 2 小时，一般认为教育性团体咨询和成长性团体咨询次数可以少一些，而治疗性团体咨询的次数可多一些。

在团体心理健康服务实际工作中，活动的时间虽有规定，但不必墨守成规，咨询人员可以根据具体情况灵活掌握。如果预定的时间到了，发现有些问题还需要深入研究，可征求成员同意后适当延长。也有一些咨询人员在团体开始时，并不规定活动时间，由团体成员自行决定。

5. 团体心理健康服务进行的地点

团体心理健康服务的场所一般应有足够的活动空间，成员可以随意在其中走动活动，身体围圈而坐，可面对面交流，环境舒适，使人有安全感，情绪稳定放松。一般而言，一间宽敞清洁，空气流通，气温适当，没有桌椅的大房间最为理想。

6. 团体心理健康服务效果评估

团体心理健康服务效果评估是指通过不同的方法搜集有关团体目标实现的程度、

成员在团体内的表现、团体特征、成员对团体活动的满意程度等信息，帮助咨询人员及团体成员了解团体心理健康服务的成效。

具体的评估内容主要有：（1）心理健康服务是否达到预期目的。（2）团体心理健康服务是否有效。（3）三团体成员是否满意。（4）团体心理健康服务工作方法是否正确。（5）团体合作是否充分。

组织进行团体心理健康服务效果评估，一般有三种方法可供选择：

（1）行为计量法

行为计量法要求团体成员观察自己某些行为出现的次数并做好记录，请其他成员或与成员有关的人，包括战友、朋友、亲人等观察及记录成员的行为，以评估成员的行为是否有所改善。计量法除了可以用来记录成员的外显行为，也可以记录成员的情绪和思维，可以用表格或图示。行为计量法的长处是具体可操作，记录过程也是成员自我监督的过程，有助于行为改变，不足之处在于费时，准确度难以把握。

（2）心理测验

心理测验是一种对人的心理和行为进行标准化测定的技术。在团体心理健康服务评估中，用信度和效度较高的心理量表，可以反映出团体成员个人的行为情绪的变化，因此团体心理健康服务开始前和结束后，可分别做一次测验，比较一下，了解团体成员行为情绪等相关指标的变化，以评估团体心理健康服务的效果。

（3）调查问卷

调查问卷是指以团体主持者设计一系列有针对性的问题，让团体成员填写的方式，来收集成员对团体心理健康服务过程的态度及评价等。问卷的问题可以是开放式的，也可以是封闭式的。自行设计的问卷虽不一定科学化，但它的好处在于可以让成员自由表达他们的想法和感受，因此能搜集到其他方法难以获得的宝贵的第一手资料。

除了上述三种主要方法外，还可以通过团体成员日记、自我报告、咨询人员工作日志、观察记录等方法来评估团体心理健康服务的效果。

二、军人团体心理健康服务的指导技巧

在军人团体心理健康服务工作中，常用的指导技巧有以下几种：

（一）善于倾听

团体心理健康服务的组织者，虽然承担组织和指导任务，但同时他也是团体的一

个成员，应该与他人一样积极地参与互动，专心地投入感情，倾听他人的表达。这种倾听不仅仅是用耳朵听，更重要的是用心去听、设身处地去感受，这种倾听包括倾听每一个成员所说的内容，说话的声音以及他们的身体语言。要让说话者知道你在认真倾听，同时也让所有成员感到你对他们的注意，从而达到无言的信息交流，这种倾听不仅是为了明了情况，也是为了建立良好的信任关系。

（二）积极反馈

反馈就是团体心理健康服务的主持者复述团体成员所说的话，让说话者知道主持者理解他所说的内容和其背后隐藏的情感。反馈不是简单地重复对方说过的话，而是在理解他的谈话后，以更清晰、更明确、更恰当的方式重新描述对方所传递的信息，包括把信息加以浓缩精简、突出重点，以准确的字眼传递给对方，这非常考验主持者的分析、理解、判断、概括的能力，反馈的目的主要有两个方面，一是帮助正在发言的团体成员更清楚他正在说的是什么，二是让他知道主持者了解了他的感受。

（三）提供解释

在团体心理健康服务中，当成员对某种现象难以把握，对自我行为有所曲解或对某个问题分歧过大而影响活动顺利进行时，主持者要提供解释。主持者解释的时机和方式，因团体活动形式不同而有所不同。比如在以讨论、演讲、总结形式的活动团体中，主持者可以在开始时就对成员进行系统讲授。主持者在提供解释时，要注意表达简洁、准确、通俗易懂、联系实际、深入浅出，避免长篇大论和过分专业化。主持者应当明白解释不是说服，而是在提供参考，同时整个团体心理健康服务活动中的解释应适度，以免影响成员的独立思考。

（四）给予澄清

在团体情境下，有些成员在陈述自己的问题时，信息往往杂乱模糊，缺乏逻辑，前言后语缺少连贯性，对于这样的陈述，主持者需要给予澄清，把问题理顺，使之条理化、具体化，并就此提出问题，使成员更清晰地知道自己问题的核心。

（五）适时反应

反应是指组织者用心去关注和理解团体成员的感受。主要包括面部表情、姿态、语调、动作等非语言的表达，并通过自己的语言、动作、表情全面地反应团体成员的感受，让其体会到组织者始终与他们在一起处理心理的困扰。

（六）微型演讲

团体心理健康服务中，主持者常常担当教育工作者的角色，在必要的时候要像老师一样为团体成员讲授新概念、新理论与新方法，提供新信息，介绍新价值。技术娴熟的主持者，不仅有一些对成员们有益的内容可以讲，而且知道什么时候讲和怎样讲。在许多情况下，由于团体成员的心理问题都不同程度地受其认知水平的影响，或者由于认识的片面或者由于认识的错误，主持者应有意识地摆事实讲道理，帮助他们纠正认识上的偏差。譬如主持者可以教会成员们如何做出决定、如何更有信心地行动、怎样用不同的方式看待自己与世界；主持者还可以教成员掌握一些应对挫折的技巧、改善人际关系的方法等；同时主持者还应以身作则为团体成员做示范，以适当的行为为团体成员提供模仿的榜样。

（七）及时鼓励

团体成员往往都带着各种问题而来，但由于在大庭广众之下，许多军人常常不敢或羞于表达自己的情感和思想，生怕自己说错话让其他成员笑话，因此主持者的及时鼓励和支持非常重要。主持者的鼓励将会使团体成员即刻得到放松，使其拘谨和胆怯的心理得到安慰。

（八）创造气氛

团体心理健康服务中气氛的好坏，直接影响着团体心理健康服务的效果。好的气氛能使成员对团体心理健康服务产生浓厚的兴趣，积极开动脑筋；过于平淡的气氛容易使人疲劳，不能激起成员活跃的心灵火花。所以团体心理健康服务中，主持者重要的职责之一就是创造团体气氛，使成员之间真诚相待，相互尊重关心，必要时主持者要进行坦诚的自我解剖，让成员了解信任主持者。在这种气氛中，团体成员会减轻自我防卫心理，可以真实而毫无顾忌地表现，成员之间彼此接纳，从而获得成长。

（九）自我流露

在团体心理健康服务中，主持者可以告诉成员们，主持者是一个普通人，在生活中主持者也必须应对许多成员们目前正在探索的问题。自我流露还可以作为主持者希望从成员们那里得到什么情况的样本，当然主持者没必要在团体所讨论的每个话题上都进行自我流露，实际上频繁的自我流露会转移成员们的注意力，并使他们感到困惑，此外主持者的自我流露不应当太强烈，以至于使组织者成了团体的焦点。

（十）进行总结

团体咨询时，经常会形成来自各种不同观点的材料汇集，因为成员们在会面过程中忙于倾听和谈话，他们经常未能注意和记住许多细节，因而主持者精辟而简洁的、富有技巧性的总结对成员们是很有帮助的。

在团体咨询过程中，如果主持者允许某个成员连续讲了好几分钟而未曾打断过，那么做一总结会很有助益。如果没有总结，成员们可能只听到了一些不太重要的或不相关的几点想法。总结强化了成员们关注的焦点，并使得主持者可以依据这位成员的需求，决定是继续留在这个话题上还是向前推进内容。当讨论很弥散或包含有相互重叠的想法时，总结就显得特别重要了，一个好的总结可以将主要几点想法集中在一起，并可以深化主题或使之更加分明。

第五节　军人团体心理健康服务方案展示

在团体心理健康服务的技术当中，制作团体技术是一个关键的部分。有些人认为团体技术是领导者或培训师带领成员，通过一些简单的游戏而使其体会或领悟到一定的道理。其实这只是教育培训团体当中较为浅层的一种技术和形式。在咨询与成长团体以及治疗与干预团体中，团体技术的实施就不是那么简单了。

（一）方案 1：压力管理团体方案

活动理念

俗话说“养兵千日，用兵一时”，军人群体所处的情境除了执行任务就是训练任务，军人经常在执行训练和行动任务时面临性命攸关的境地，由此引发的压力远非一般的社会团体所能体会。比如飞行团体、特战群体、执行抢险救灾或维稳任务的群体等，过大的压力会影响人的情绪，长期的高压会导致疾病及躯体和心理的耗竭状态，对军人个体、军人群体及他们的家庭和社会造成负面的影响。

根据压力的来源，压力可分为内源性和外源性。外源性以现实事件引发，比如军人群体中的任务和训练压力是现实存在的，但个体对现实压力的认知和个性引发的对压力的感应程度不同，是内源性的。ABC 理论明晰了在压力构成中，内源性因素是更重要的因素，同时也恰恰是可以调节的因素。适度的压力可以激发生命能量并增加行动的动力，对压力的认识和态度也可以缓解压力的强度并完成从问题到资源的转化。

在压力管理中，对压力的认识是最重要的环节，个体如果认为压力是自己独有的，这个认识就决定了压力的分量格外重，而当看到其他成员都在承担着压力甚至有人比自己承受的压力要重得多时，个体就会有一种归属感。所以在技术中，首先应用的就是压力呈现和澄清环节，一轮问题下来后，每个个体都会发现，原来所有人都承担着不同的压力。理论讲解让成员认识到压力原来还有功能，是自己上进的动力基础和成功的基石，这样认知导致的压力分量就进一步减轻了，然后伴随着导师对压力理论知识的讲解，成员会进一步认识到自己压力中的内源性因素是可以调节和控制的。

压力的认知调节是成员减压的一个重要环节，但压力导致的情绪需要有宣泄的过程。与自己的压力对话、替身技术及头脑风暴等技术能有效把点和面结合起来，形成多层次的互动，基本可以达到认识压力、减轻压力的目的。

活动目标

认识压力，感知自己压力的来源，学会缓解压力的办法。

方案设计思路

对目标群体进行压力测评，了解群体压力情况及压力来源。

签署保密协议：保密，不把别人的故事带出去。只说自己的感受，不攻击别人。不拍照，不录音，不迟到，不早退，不接听电话。

由于部队团体一般属于同单位同质团体，打开防御并初步形成团体动力需要进行更多的带动和引导，在开始阶段用两个技术暖场。分享引导时要紧紧围绕此时此刻。

随机分组形成内外两圈，根据导师的问题面对面交流，分享别人的观点也说出自己的看法，进一步将成员带到当下，初步展现个体压力的模式，在诉说和倾听中，有个初步的澄清过程。

利用站、蹲姿势的不同，或者加强手势和姿态，感受自己面对高度和别人态度的压力，为下一个压力测验技术做情绪准备。

由两人各站在场地两边，中间作为压力的测量标尺，请成员根据自己的感知给自己的压力打分。这个时候导师要及时引导分享，分数最高和最低的人作为重点对象，尽量启发大家说出重要的压力事件，启发成员间的互动。

导师根据压力原理及其与动力的关系，在讲解 ABC 法则时，尽量启发成员说出决定压力的是对事件 A 的看法 B，而非事件 A 本身，然后可以进一步启迪成员分享感受。

列出自己的压力清单并在小组分享，这是个互动的过程，在互动过程中要做好引导，多分享自己的感受，不要指责和教导，当成员间互相交流各自的压力清单时，导师要引导成员多进行自我反思，多谈自己的体会和感受而不是把话题指向别人，提供解决办法时大家要集思广益，给当事者良好的启迪。

既然压力是每人都要面对的，并且会带给我们利益，那么和压力和谐相处就是我们要面对的话题。利用艺术形式去理解压力、与压力和解，在压力的伴行下，我们走向明天。

结束阶段用放松技术并引入意象对话中的生命树，使成员感受生命中的动力，唤起自我的力量和支撑感。

最后，在《我们都一样》的音乐中，大家一起道别和抚慰，互相表达支持和鼓励。

活动成员

导师 1 人，助教 1 人，官兵 40 人。

活动时间

一个整天时间（5 小时）。

活动场地

足够的场地、音响及多媒体。

活动流程

表 20.1　压力管理团体方案操作过程

阶段划分	工作内容	工作目标	注意事项	工作时间
开始阶段	刮大风。	破冰。	注意安全。	5 分钟
	成长三部曲。	暖场。	关注第一和最后。	15 分钟
工作阶段	内外圈技术：位置与压力。	呈现压力、澄清压力。	问题设置围绕压力。	45 分钟
	压力测验：启发说出压力事件。	感知压力、认识压力。	关注面具性。	30 分钟
	讲解压力与动力关系及 ABC 理论。	认知教育。	互动。	30 分钟
	上午结束活动。	互相拍背按摩放松。		10 分钟
	下午热身活动。	重新暖场。		10 分钟
工作阶段	压力清单，解决办法。	压力再认识和评估。	小组分享，避免过多说教。	35 分钟

续表

工作阶段	与压力对话：分为四组，诗歌、舞蹈、绘画、心理剧。	宣泄及升华情绪。	备好相应物品。	60 分钟
结束阶段	意象：生命树。			20 分钟
	音乐：《我们都一样》。	告别鼓励。		15 分钟

（二）方案 2：某驻岛部队官兵人际关系体验式团体心理培训

活动理念

目前在部队服役的战士多是“80 后”和“90 后”，以独生子女为主，家庭条件比较优越。但在成长过程中，由于父母一代忙于自己的社会工作，此类人员被隔代抚养的情况居多，容易自我中心，人际模式没有合适的学习对象，不会与他人相处，缺乏爱的能力，需要在部队补上这一课。

可以使用以下问卷，为团体咨询提供数据依据：

（1）人际关系调查问卷。

（2）人际关系综合诊断量表。

（3）社交焦虑量表。

活动总目标

通过团体成员的互动以及审视与重要他人的关系模式，发现人际关系中存在的问题，学会在团体中如何与别人相处，改善现有人际关系，从而成为一名具有爱的能力的好士兵。

活动阶段目标

（1）澄清——发现问题。

（2）改善现有人际关系——知识教育。

（3）如何成为一个好士兵——关系成长。

伦理设置

保密，带走自己的感受，不带走别人的故事。只说自己的感受，不攻击别人。不拍照，不录音，不迟到不早退，电话静音不接听电话。

活动时间

每周一次，每次 150 分钟。

活动成员

导师 1 人、助教 2 人、招募团体成员 30 人。

活动方案

第一次活动主题：场动力的建设

1. 开场引导语。（5 分钟）

2. 自我介绍：我是谁，来自哪里，显著优点，显著特点。（25 分钟）

3. 动感游戏：微笑邂逅。（10 分钟）

4. 分享：当别人对你微笑时……

5. 内外圈：设计 15 个问题，一分钟轮换交流。（20 分钟）

（中场休息 10 分钟）

6. 成员分享感受。

7. 结束活动：互相按摩、拍打或其他身体接触类游戏。

8. 家庭作业：三百字命题作文，《人际关系——复杂带来乐趣》。

第二次活动主题：澄清问题，镜子与自我的关系

1. 上次未参加者自我介绍。

2. 暖场活动（5 分钟）。

3. 展示作业（10 分钟）。

4. 镜子技术；

（1）正常镜子：像我的人。（可以具体指出某人，描述此人）（10 分钟）

（2）分享：看看自己的模特身上是否有自己的特质。（10 分钟）

（3）纸上谈兵：一张纸，对折中分成两部分。（喜欢 / 不喜欢什么，以及为什么）

（4）美化镜子：喜欢的人。（5 分钟）

（5）变形镜子：你不喜欢什么样的人。（仅限于描述，不具体指人）（5 分钟）

（6）分享：说一说自己为什么喜欢这个人，为什么不喜欢那样的人。

（7）理论引导：自我接纳与接纳他人。（10 分钟）

5. 分享。（15 分钟）

（休息 10 分钟）

6. 澄清技术：分为三个任务圈。

（1）主动型：想要更好地了解他人——与他人相处。

（2）被动型：希望他人更多了解自己——被他人接纳。

（3）内省型：希望更多了解自己——自我接纳。

7. 轮流讲自己的困扰和对团体的希望。（30 分钟）

8. 每组挑选三个“特别需要得到帮助的人”，围成求助圈。说出自己的期待，其他人提供五分钟帮助。（15 分钟）

9. 成员分享：求助与助人。（15 分钟）

10. 结束活动。（5 分钟）

11. 家庭作业：绘制一幅有关自我的画像。

第三次活动主题：你来自哪里，考察原生家庭与重要客体的关系，爱的流动

1. 暖场游戏：关于信任。

2. 检查作业：画展，作业是自我整理与自我表达。

3. 理论引导：信任与安全感。

4. 导师讲解：早年母婴之间存在三种依恋模式，人际关系模式即与人相处的方式，受早年与父母之间互动的影响。感受与母亲之间的心理联系，修复与母亲的关系。

5. 活动：“看”母亲。每次出来十个人，找到自己的“母亲”，对视五分钟。

6. 分享感受。

（休息 10 分钟）

7. 理论引导：信任、亲密与安全感，与母亲的情感模式；自我肯定，与领导的关系与事业动力；与父亲的情感模式；接纳我们的父母，对父母现实人生的接纳以及对我们态度的接纳。

8. 成员分享。

（1）意象对话：与父母的依恋关系。

（2）助教分组解释，注意启发意象的正面含义。

9. 结束活动。

10. 家庭作业：写一首给父母的诗。

第四次活动主题：与自己相处——欣赏与接纳自我

1. 暖场游戏：

我们对自己了解多少：呼吸、脉搏与一分钟击掌次数。

2. 检查作业：配乐诗朗诵——《写给父母的诗》。（30 分钟）

3. 标签椅：椅子摆成两个大圆形状，现场成员走 8 字，每人都要坐上一把椅子。

4. 分享：

（1）你主动或被动坐上去的感受：你心目中想要什么？这个标签是你主动想要的，还是被动获得的？你对它是满意，还是不满意，或者是无所谓？

（2）如果是主动选择，你为什么要这样选？是自己想要的，还是受别人的价值观影响？如果是被动的，被“无形的手”贴上标签，你是否心中有喜悦或委屈？

（3）小声念出“我是 ×× 样的人”，你能否努力在自己身上找到这种“标签”？体会“认定”过程中内心的感受。

5. 导师讲解：关于自我发现与自我认识——“我”的四张面孔（窒息的我、变形的我、教条的我、自在的我）。

6. 分享：你是哪种面孔？

（休息 10 分钟）

7. 每人写出 10 条以“我……”开头的句子。分小组读出来，给自己重新写标签。

8. 分享：自我接纳与接纳他人，挑战自我，勇敢面对别人的评价。

第五次活动主题：关系的花园——与自我、他人深度联结

1. 暖场：情绪病毒传染。

2. 蒙眼寻找心心相印的人。

3. 讨论：人际关系黄金法则与反黄金法则。

4. 情绪表达与沟通体验：七八个小纸条上分别写着一些情绪，如焦虑、愤怒、爱、指责、卑微、无助等，分组轮流抽取并表演，成员间互相体会感受并分享。

（休息 10 分钟）

5. 梳理与重要他人的关系：生命之旅内外圈。（朋友、错过的人、父亲、母亲、伴侣、孩子、自己）

6. 分享感受。

7. 作业：画自己的关系树。

8. 结束活动。

第六次活动主题：总结阶段：生命的动力——“我的关系树”

1. 暖场：拇指激励法。

2. 脑力激荡：从 A 点到 B 点。

3. 导师讲解：和谐人际关系快乐四箴言。

把自己当成别人：我们遇到的事情，别人也在经历着，或也有过类似的经历和感受。把“我”换成“我们”。这样，遇到困难与痛苦时，告诉自己别人也会这样或那样的痛苦；当自己取得成绩时，告诉自己，或许别人比你更好更强。做到心态平和。

把别人当成自己：共情，同理心。理解别人的需要，同情别人的遭遇。学会关心别人，学会爱别人，在付出爱的过程中体验快乐，在被爱的过程中收获快乐。

把别人当成别人：把别人当成独立个体来尊重，尊重其已经形成的价值观和行为准则。要构建和谐的人际关系首先要理解并尊重对方的价值观念和准则。所以，多一分理解，才能达到人际关系的和谐与快乐。

把自己当成自己：意味着自我的尊重，自己喜欢自己。一个人只有自尊，才能赢得别人的尊重，只有自己喜欢自己，才能有机会让别人喜欢自己。在心理学上这叫“悦纳”。所以要把自己当成自己，你在这个世界上是独一无二的。尊重自己，接纳自己，你才会拥有健康快乐的心情。

4. 心理剧。

之一：寝室中，大家睡得正香，张三起床去上厕所。门被打开，“咣”的一声关上了……一会儿，张三回来了，门被打开，“咣”的一声关上了，张三若无其事地爬上床继续睡觉，可是大家都从梦中被吵醒了……

之二：领导A让下属C做一项工作，要求今天×点前完成，可是不知什么原因，时间已经过了，工作还没有做完，C也没有主动向领导A解释什么。领导A气呼呼地把C喊过来……

之三：今天晚上的饭菜真差劲，没味道，量也小，米饭还是夹生的，简直难以下咽，几个人勉强凑合着吃完，回去坐在一起吹牛时很自然地说起这事……

之四：李四的卫生习惯不是很好，还天生臭脚，同寝室的弟兄们都很有意见，这天大家实在受不了“熏陶”了，王五带头声讨起来……

5. 活动：收获糖弹与送出礼物。

（中间休息）

6. 我的关系树。

引导语：“和谐关系号”桅杆高耸。把我们的关系树，一点一点挂上去，树上各种果子代表不同的人，即重要的关系客体：父母、伴侣、孩子、同事、朋友……

注意：不仅让人退行，更要带出来往未来走，再次回顾、再次澄清。

冥想：果子的滋养，以及我们能为果子做些什么，用仪式表达与见证。

7. 背后留言。

8. 表达感谢并道别。

（1）每次出来三个人，分别去拥抱你想感谢的人。

（2）每次出来五个人。

（3）乱“缠”。

9. 结束。

引导语：每一次相聚都终将要离别，就让我们在祝福中微笑，在微笑中互相祝福。也许五年，十年，或二十年后，我们离开了这里，但我们永远会记住这条“和谐关系号”心灵之船。记住此时此刻我们在这个岛上，记住这里的每一张真诚的笑脸。也许我们今天埋下的种子，一时间还看不到它抽穗开花，或许很久以后，在你人生的某个时刻，它会默默地开枝散叶，结出甜美的果实。我们今天种下和谐，明天将收获幸福与快乐！

如果说每一次结束都将是下一次的开始，就让我们从现在开始新的航行。每一个人，都是自己的船长、领航员，都是自己人生的水手。我们新的航程将叫作“幸福人生号”。最后，让我们全体心理老师携手共同为大家升起一面新的旗帜，它叫“幸福人生号”！祝大家在今后的人生之路上快乐幸福！

10. 音乐《我不想说再见》。

（三）方案 3：离队官兵团体之一

主题：分离。

活动理念

俗话说“铁打的营盘，流水的兵”，军人注定要离开部队这个大家庭，重新回到百姓群体，分离就是军人必须面对的课题。分离创伤的疗愈本来就伴随着我们整个人生历程，剪断脐带意味着我们同母体的分离，从温暖安全不需要任何担忧的环境中出生到这个我们需要独自面对的世界那一刻起，分离的恐惧就在我们潜意识中根植了，然后各种分离在人生的各阶段接踵而来，尽管每一次分离也意味着成长，但经历中的痛苦是更深的体验。

部队是追求步调一致的高度凝聚的群体，在高凝聚力的群体中会弱化个性，思维和行为更趋于求同，个体通过习惯性的寻求也能找到行为模式和样板，同时，离开这样的群体也就意味着许多行为都需要自己去探索和寻求新模式，个体会滋生茫然和无助的情绪。这样的情绪会加重分离的痛，这种痛如果不合理转化升华，或许会形成破坏力量指向既有的群体和人际关系，类似的事件在部队时有发生，因此，复员群体的分离情绪处理是部队必须要面对的课题。

如果是一个安全感足够的个体，分离的痛苦是短暂并伴随着对未来的憧憬的，因此启发成员体会在部队的收获和温暖是激发其内在的正向能量的前提。

活动目标

明确军旅生活的成长和收获，激发正能量；体会分离情绪，合理表达依恋、离别；在分离中寻找成长，走向自我的飞跃。

签署保密协议

保密，不把别人的故事带出去；只说自己的感受，不攻击别人；不拍照，不录音，不迟到，不早退，不接听电话。

活动成员

导师 1 人，助教 1 人，官兵 40 人。

活动时间

3.5 个小时。

方案流程

1. 暖场游戏（10 分钟）。

2. 生命中的贵人：看到你的贵人，蒙上眼睛，然后去寻找，找到后坐下来，打开眼罩，体会感受。分组分享来到部队遇到的第一位战友、当时的场景及以后又发生了什么样的故事，并表达感受。（45 分钟）

3. 走近与离开：分组体验，面对面站立，一队走向另一队，体会走近的感受，再逐渐远离，体会离开的感受，分享感受。（30 分钟）

4. 导师讲解：分离是更好的成长。（10 分钟）

5. 请复员战友列队，大家表达对他们的感谢，形式可为语言及身体语言。（45 分钟）

6. 分组绘画：二十年后我们再相会，分组展示并分享感受。（45 分钟）

7. 结束活动：在《战友之歌》中，大家互相拥抱表达惜别之情。

（四）方案 4：离队官兵团体之二

主题：职业规划。

活动理念

军人面临转业和复员时，也就意味着第二次就业。找到适合自己的定位和岗位，对复员官兵来说，关乎他们个体的未来，对部队来说，也关系到安全和稳定大计。

团体方案需要围绕了解自己，准确定位，学会关注和信任，改善人际关系，学会坚韧，避免遇到挫折就逃避等方面展开，运用发展心理学的自我意识发展和统一理论增强成员了解自我的能力，运用社会心理学中人际关系相关理论使成员掌握维持和谐人际关系的能力，及认知心理学中的 ABC 法则，正确认识行为归因。

方案设计中充分发挥年轻人活泼好动、思维敏捷、喜欢表达和分享的特点，积极引导、寓理于乐，同时鼓励他们把思维和想法付诸行动。

活动测试

16PF 测验。个性中有先天的成分，同时这个年龄的个性也具备很强的可塑性，因此运用这个经典的心理学测验，是为了让成员了解自我，觉察自己的潜力及弱项，而不是为了固化他们的特点，而恰恰让他们感知测验结果给自己提供了努力的空间和方向。

活动目标

了解自我，合理定位，找准自己的人生起点关注他人，学会与人和谐相处；磨砺意志品质，学会适应和坚持。

活动成员

导师 1 人，助教 1 人，即将离开部队的官兵 40 人。

活动时间

3 次活动，每次 2.5 个小时。

活动场地

40 人围坐，中间场地活动。

伦理设置

签署保密协议并承诺：带走自己的感受，不带走别人的故事；只说自己的感受，不评价及不攻击别人；不拍照，不录音，不迟到不早退，电话静音不接电话。

方案流程

1. 热身活动。

（1）刮大风，调整座位，打破熟悉的人在一起的模式。（10 分钟）

（2）滚雪球式自我介绍，用一个新的符号代表自己，介绍爱好、特点，依次加上前面所有人的相关信息：学会关注别人是人际关系的重要环节，记住别人的姓名及特点，是人际交往的第一步。（20 分钟）

（3）棒打薄情郎：随机分组，抛物唤名，接住尽快抛给下一位，同时唤出名字，错误棒打，进一步强化上个环节的记忆。（20 分钟）

2. 导师讲解测量结果的意义，注重每项指标的资源，提供可努力的方向和角度，分组分享，每人分析自己的测试结果，大家帮助寻找资源和可改进的空间，各组派代表到大组分享。（50 分钟）

3. 你说我猜：分组进行，奖励高分组。学会表达和解读行为，感受默契及默契中的喜悦。（30 分钟）

4. 结束活动：感谢你。（10 分钟）

5. 暖场活动。

（1）大话王。（15 分钟）

（2）内外圈：20 个问题，围绕职业规划及人际交往问题。（30 分钟）

（3）非语言交流：内外圈交互体验位置、手势、姿态、表情等非语言因素的作用，分享感受。（20 分钟）

（4）情景剧：现场征集主题，投票决定，分组排练，演出分享。（60 分钟）

6. 结束活动：评选最佳。（10 分钟）

（五）方案 5：新兵新训期适应性团体方案

主题：环境适应。

活动理念

“物竞天择，适者生存”。适应是人生存的基础，也是人最基本的心理能力。进入军营的新兵，要经历角色转变、新的人际关系建立、岗位任务熟悉等一系列适应过程。在适应军营环境和军人职业的过程中，常常会遇到各种各样的困难，需要付出巨大的意志努力。组织开展针对新兵心理适应能力的团体心理辅导活动，是为了有目的地帮助新兵学习掌握在各种情况下的应对方法和技巧，体验心理变化过程，练习心理调节的方法，提高其适应各种情况的心理能力，以便快速融入军营生活，成为一名合格的军人。活动设计以培养和提高新兵心理适应能力为目标，重点围绕新兵的角色适应、人际适应、团队适应和生存环境适应等几个方面进行活动方案设计。

活动目标

1. 帮助刚入伍的新兵熟悉战友，打破隔阂，拉近人际间的心理距离，增进战友之间的相互理解、信任和友谊，建立对军营环境的认同感和归属感。

2. 引导新兵融入集体，建立集体荣誉感，增强团队凝聚力，提高团队工作效率。

3. 锻炼新兵野外生存技能，磨炼其意志品质，增强其克服困难的信心以及承受逆境和挫折的能力，锻炼并提高新兵团队作战的能力。

实施过程与步骤

项目 1：记忆雪球

实施目标

帮助新兵迅速熟悉战友，拉近情感距离，培养新兵人际适应能力以及适应军营环境的能力，学习人际沟通的语言技巧。

项目准备

场所：任意场地。

人数：10 ～ 30 人。

时间：60 分钟。

活动过程与步骤

1. 人员分组

以班为单位进行活动。

2. 场地设置

与人数相同的小凳围成一圈。

3. 布置任务

我们大家是从各个部队选拔出的优秀战士，现在要求我们共同完成一项军事任务。执行任务前，要求团队成员以最快的速度相互了解和熟悉，增进感情，形成团队凝聚力。

4. 活动规则

（1）以班为单位，全班新兵围坐成一个圆圈。从任意一名新兵开始，逐一做自我介绍，介绍内容包括我是谁、我的性格如何、爱好什么等。所有新兵介绍完自己后，请大家记忆10分钟。

（2）新兵逐一介绍自己，由其他新兵战友点评，点评时以称赞对方为主。活动时间为20分钟。

（3）从任意一名新兵开始，先用一句话介绍自己，然后依照顺时针方向说明自己坐在哪位战友的左边，即“我是×××（本人姓名），我的性格……，我爱好……；我坐在性格……，爱好……的×××（身边战友姓名）的左边”。然后该新兵左边的战友继续介绍活动。直到全班所有的人都依顺序介绍完毕。活动时间为30分钟。

注意事项

（1）介绍和点评要围绕主题进行，避免脱离主题。

（2）每一名新兵都要积极参加并发言。

（3）态度认真，避免嬉笑打闹。

（4）用心记忆战友的姓名、性格特点和爱好等信息。

观察事项

（1）观察每一名新兵的特点。

（2）观察其他新兵对该新兵的评价和看法。

（3）观察在活动中每个人的参与程度。

（4）观察活动前后新兵的情绪变化和行为表现。

（5）观察新兵在活动前后的言行和态度变化。

讨论分享

（1）个人在活动之前的行为表现和内心感受是什么？

（2）个人在活动之后的行为表现和内心感受是什么？

（3）你对身边战友的感受是什么？

（4）你对表达自己有信心吗？为什么？

项目总结

迅速消除新兵之间的隔阂与生疏感，拉近新兵之间的心理距离，尽快形成比较亲近密切的人际关系和集体氛围。该项活动适宜在入伍初期进行，通过组织该项团体心理辅导活动，能够让新兵在最短的时间内相互熟悉，通过新兵之间的积极互动增加了解，加深印象，巩固记忆，对于形成良好的集体氛围和密切的人际关系具有积极的促进作用。

项目 2：拥抱战友

实施目标

破冰游戏，活跃气氛。增强新兵之间相互了解和认识。打破人际间的隔阂，帮助新兵迅速成为亲密的战友，为下一步团体心理辅导活动奠定心理基础。

项目准备

场所：室外或室内任意场地。

人数：10 ～ 30 人。

时间：30 分钟。

活动过程和步骤

1. 人员分组

以班为单位开展活动。

2. 材料分配

随机发给每名新兵一张数字标签。

3. 布置任务

战友们来自五湖四海，俗话说“有缘千里来相会”，我们都是有缘人。那么现在，就请大家进行一次特别的拥抱活动，看看大家会感受到什么。

4. 活动规则

（1）每个班围成一个圈，先将自己的数字标签贴到左胸衣服上。

（2）每个人介绍自己的姓名、年龄、来自哪里、有什么爱好。

（3）大家散开，自由活动。

（4）辅导老师突然下令：任意说 3 个号，比如“请拥抱我们的 1 号、4 号、9 号战友！”

（5）除了 1、4、9 号新兵，其余新兵要迅速跑向他们，抱起被拥抱者做下蹲运动 5 ～ 10 个。

（6）未拥抱到的新兵接受惩罚，做 10 个俯卧撑。

（7）可以轮流做多次。

注意事项

（1）在活动过程中遵守规则。

（2）惩罚措施可以由团体辅导老师根据新兵的特点和活动情况灵活掌握。

（3）新兵在活动过程中应该认真投入，注意力集中。

观察事项

（1）新兵在活动中的情绪状态是怎样的?

（2）新兵参与活动的积极性和投入程度如何?

（3）成功拥抱到战友的行为反应有何特点?

（4）被拥抱者的反应如何?

（5）没有拥抱到战友的新兵行为反应有何特点? 情绪表现如何?

讨论分享

（1）成功拥抱到战友的新兵感受如何? 通过什么方法能快速找到战友?

（2）被拥抱者感受如何? 如何让战友快速找到自己?

（3）没有拥抱到战友的新兵感受如何? 原因何在?

（4）你认为怎样才能快速融入团队?

项目总结

该项辅导活动对新兵较为适用。活动旨在引导新兵快速融入团队，并体会被人接受的内心感受，增加相互之间的信任感，打破人与人初识时的距离感和生疏感。

参考文献

[1] 韦志中 . 团体心理学：本会团体心理咨询模式理论与实践 . 清华大学出版社，2014.

[2] 刘志宏 . 军人心理咨询 . 黄河出版社，2006.

[3] 于爱英 . 新兵团体心理辅导 . 电子工业出版社，2018.

第二十一章　警务人员团体心理咨询

本章立足于警务人员独特的群体文化，采用团体心理咨询模式，通过理论讲解和多种方案操作才以及技术体验，更好地帮助警务人员管理情绪、减轻压力、改善关系、提升心理资本，提高凝聚力、向心力和战斗力，从而整体改善和提升警务人员的生存状态、生活品质和工作效能，使其更好地投入社会服务与治理工作中，达到快乐工作、幸福生活的人生境界。

第一节　运用积极心理学提升警务人员的心理健康

警务人员在和平年代，干着最危险的工作，“天天有牺牲，时时有流血”是其工作危险性的真实写照。如缉捕犯罪嫌疑人、处置各类突发事件等，危险系数大，使得精神高度紧张，造成心理压力过大。在执法活动中，他们不仅要面对不法分子的暴力抗拒、阻碍、袭击等危险，还要面对来自方方面面的干扰、阻力以及个别新闻媒体不实的负面炒作，甚至遭到不明真相群众的辱骂、殴打、诬陷等。另外，他们在住房、子女升学、就业和赡养老人等方面面临很多难题，以致心理负担极大。大多数警务人员渴望自己的工作成绩和能力被认可，但由于基层警务人员较多、职数较少，容易形成心理受挫感，进而产生心理压力。所有这些压力交织渗透在一起，就对警务人员身心健康造成了损害。

警务人员的工作状态和水平直接影响着社会的健康稳定和千家万户的平安幸福。因此，关注和关心警务人员的身心健康就是关注和关心我们每个家庭的幸福。我们虽然不完全认同说警察是一个弱势群体，但我们越来越了解到警务人员在这个社会当中所面临的心理上的不公平。在这个社会上所有的人都可以柔弱，可以放松警惕，但是警察这个职业被赋予的责任是不允许放松警惕的，这是心理学上的不公平，因为人如果长期不放松警惕，就会给自己的心理造成不和谐。警务人员迫切需要心理服务。

国家已提出加强社会心理服务体系建设，培育自尊自信、理性平和、积极向上的社会心态。自尊自信是品质要求，理性平和是情绪要求。这对警务人员这个群体同样有着非常重要的意义。警察的核心价值观是忠诚、为民、公正、奉献、廉洁，与我们培育积极向上的社会心态是一脉相承的，警察更多地担负了社会治理的任务。提升警察积极心态，建立良好的警察心理生态系统，从警察个体与自我、个体与团队、个体与社会等方面的关系入手，通过警察文化、管理文化、家庭文化等层次，全面导入积极心理学。警务人员心理服务的目标要符合警察群体的文化心理，围绕积极品质的训练、积极情绪的培育、积极人际关系的建设、积极意义的转换等来实现提升警务人员的心理资本和积极心态的目的。

从警务人员的心理现状看，真的需要专门研究一门维护警察的心理健康的应用学科，这一定是区别于原来的传统心理咨询和治疗的，因为传统的心理咨询和治疗，它把人看成是有病的，而我们服务的是健康的人群，或者说是处于亚健康状态的健康人群。这里有两个切入点：第一，不再用过去传统的心理学解决人的问题，而是用积极心理学的理念，从正性的层面去帮助他们更快乐、更幸福地生活。第二，从个体转向团体。个体咨询，对警察来说，在单位里面做咨询，存在双重身份、双重标准的问题，很少有人到公安机关的心理咨询室来咨询。团体的方式更适合警务人员群体。积极心理学方向的团体心理咨询一定是我们的主要走向，一个是从问题模式转向积极心理学模式，一个是从个体走向团体。

目前，警务人员的团体心理服务工作共四种形式，知识普及型、训练型、心理咨询、危机干预。知识普及型是通过科普讲座让所有警务人员了解、知道、掌握心理健康知识；训练型即针对新警培训、警务人员专项培训等进行的心理行为训练团体，主要通过训练技术，挖掘警务人员的心理潜能，培养意志品质、团结协作的能力等；心理咨询主要针对心理亚健康的警务人员，以心理素质提升、实现个人的自我心理探索等为目标，达到个人成长的目的；危机干预就是针对警务人员在处理各类突发事件或突发自然灾害事件时造成的心理层面的应激状态，进行心理学的危机干预。

第二节　警务人员团体心理咨询理念

我们讲的警务人员的团体心理咨询，主要是指本会团体心理咨询在警务人员中的应用，本会团体心理咨询是以人本主义思想为主要指导，以当下社会需要为主要导向，以本土文化为主要背景，以现代心理技术为核心手段，以团体动力为主要推动力的本土会心团体心理服务模式。主要通过团体内人际交互作用，促进个体在交往中通过观察、学习、参与、体验、分享，认识自我、探索自我、接纳自我，调整改善与他人的关系，学习新的态度与行为方式，以发展良好的适应能力，提升心理资本。警察的压力来自三个方面，一个是与工作利益相关的，一个是与组织管理、内部的管理机制相关的，第三是与自身相关，和对自己的身份认同，自我的那一部分相关。这是世界警察研究公认的警察压力问题的三大来源，所以在对待警察的心理资本建设、幸福感的提升、职业效能感的提高方面，应该从这三大压力来源和问题入手。

警务人员团体心理咨询，就是运用积极心理学的思想和理念，以本会团体心理咨询作为载体，创设符合警察系统的团体心理咨询技术，解决目前警务人员心理资本的提升和建设的问题。

具体有教育性、支持性、预防性、治疗性团体四类，可以从三个层面入手：生活层面、工作层面、自我效能。简言之，我们要做的是如何在现行的体制运转下，让警务人员更开心、更幸福！

对于这样的队伍，我们要怎么做呢？我们更多的时候是维护他们的幸福感，针对心理的发展当中遇到的一些问题进行交流，这是广义的心理教育，包括心理咨询，心理治疗，心理成长，心理预防，危机干预五大方向。

在知网上搜索警察心理健康的研究论文，非常少，不足200篇，发文单位几乎都是公安院校，研究方向很多是针对公安院校大学生的，研究社会上警务人员应用的很少。我深深地感到，警务人员这个群体被关注和自身关注都不够。警察团体心理咨询的论文在知网上没有找到，不能说没有，但从这种现象来看，我们急需警务人员团体心理咨询。举个例子，我们在学校里开家长会吗？我们公安警务人员的家属需要不需要家长会？我们应该去专门研究、专门去帮助他们更好地沟通、理解，让他们更幸福，应该有一个警察家属的特别家长会，还有警察子女的特别班会，都需要有专业人士来做。这样的福利，至少一年一次，这样的研究非常必要。爸爸妈妈当警察的，孩子都不愿意考警察院校。为什么？因为他们看到爸爸妈妈太辛苦了，已经影响到他们的职业取向和价值判断了，也一定影响了他们对父母的认同和态度，也影响了他们对自己怎么样看待。还有警务人员人际关系团体、减压团体，以及团队凝聚力、自我认同等团体，都需要有专业人士来做。警察团体心理咨询的操作理论，遵循本会团体心理咨询的理论与实践。

做好团体心理咨询，要把握好以下几个“三位一体”，这一部分内容，在笔者的《团体心理学：本会团体心理咨询模式理论与实践》一书中，有详细的介绍，这里不做赘述。

团体心理咨询的三个核心内容是人、场、技术。团体心理咨询过程的三位一体是讲解、体验、分享。三位一体的课堂，就是讲解三分之一，然后体验又三分之一，大家要参与其中，还有大家分享要占三分之一，三个方面是你中有我，我中有你，这个三位一体是教育性团体的一个规律。还有团体心理咨询导师角色的三位一体，时而在前引领，时而在后推动，时而在左右陪伴。团体心理咨询技术的三位一体，此时此地技术、描述技术、会心技术。

第三节　团体心理咨询方案设计

先解决理念问题：一是为什么做这样一个团体；二是该团体的意义和价值；三是适用的相关心理学理论；四是基本的设计思路。

首先要澄清，澄清是团体里面必须要做的一项任务，它贯穿于团体的整个过程。团体形成前，招募可以按预设的人员条件来操作，公安机关更多的是随机的安排。首先要了解参加团体的是哪些人，基本情况是什么样的，先进行评估。比如我们要做一个压力情绪管理的团体，在人员确定后，就要进行一个调查评估，调查的目的一是让参加者知道他要参加一个什么样的团体，什么样的课；二是让参加者澄清他自己的目标，要在这个活动中解决哪些问题。拿到信息的同时，通过测评量表或调查问卷等形式，评估参加人员目前的心理状况，确定具体活动目标，有针对性地设计团体方案。团体开始阶段，通过澄清明确目标。工作阶段，通过澄清强化动机。团体结束阶段，通过澄清促进行动。所以，澄清伴随整个团体过程，团体开始之前要澄清，工作开始之前要澄清，团体发展过程中也要澄清。团体结束要澄清。理论上讲，我们活动过后还要跟踪评估。

团体设置，分为两个方面。一是团体文化的设置，如团体理念，鼓励成员自我开放、积极互动、投身其中、平等原则等。二是团体的伦理设置，如遵守保密原则，不迟到、不早退，表达情绪不能人身攻击等成员必须遵守的契约。契约有三种形式，一种是口头契约，一种是书面契约，一种是群体契约。内容可根据团体具体情况确定。

附：警务人员团体心理咨询方案

（一）方案1：心中的山楂树——警务人员婚姻幸福团体心理咨询方案

团体理念

近几年随着国内经济迅速增长，人口流动数量也随之增大，警察的工作难度也越来越大，其压力越来越重，因工作职位、感情危机、赡养老人、子女教育等问题导致的矛盾时有发生，警察婚姻家庭不和谐、长期分居或婚姻破裂等问题呈上升趋势。总之，警察工作与婚姻家庭的冲突是一个不容忽视的问题，

鉴于目前公安机关个别警务人员出现婚姻问题，为增进警务人员婚姻家庭和谐，提升警务人员的幸福感，开展本次活动。对于参加团体的家属和警察，需要了解他们的婚姻出现了什么问题，甚至要拿出数据来说话，警察的离婚率是多少？幸福感是多少？有哪些人对他们进行了研究？又分析到什么程度？我们在观察当中看到的是什么状况，掌握了哪些规律性、科学性的内容。

婚姻就是一种生活方式，经营得当就幸福美满，错误的经营造就的大部分是离婚的悲剧结局，可我们总爱犯一个错误，就是身在福中不知福，不懂得珍惜，直到失去后才追悔莫及。爱情跟婚姻，看起来好像是自己的事情，但是如果落实在家庭里面，那就是社会的问题。提升婚姻质量，消除警务人员的后顾之忧，提高警务人员的身心健康水平和工作积极性，只有这样，他们的家庭生活才会快乐，自己的情绪才会比较稳定，当然，对事业发展也会有很大的帮助，再推及出去，让整个社会都比较安稳，那国家的富强当然是指日可待。

设计思路

利用本会团体心理咨询技术，组织单位已婚警务人员（鼓励警务人员夫妻共同参加）进行团体心理辅导。通过参与、体验、领悟、分享、升华实现夫妻之间的互相认同、理解、体谅、接纳，学会和谐夫妻关系的经营之道，从而让警务人员拥有温暖的家庭，幸福的婚姻。

团体目标

总目标：1. 学习两性关系经营知识。2. 增进夫妻关系和谐度。3. 学会夫妻沟通技巧。

阶段目标：通过本次辅导，提高警务人员对婚姻家庭和谐的认识，使其掌握基本的经营方法。

技术目标：掌握夫妻沟通技术，学会倾听和有效表达。

团体成员

导师 1 人，根据情况设置助教。

对两性关系经营感兴趣的警务人员，最好是夫妻或恋人，30 ～ 40 人。

活动时间

2 小时。（工作坊可以做 6 小时，可根据实际工作调整时间）

活动流程

表 21.1　“心中的山楂树”方案实施流程

主题 阶段	技术	操作与目标	工具	时间
开始阶段	暖场	提升场的温度。		5 分钟
	澄清	明确目标。		15 分钟
工作阶段	绘画与叙事：心中的山楂树	回忆自己婚姻爱情中发生的让你难忘的故事，体验一路走来的酸甜苦辣。（音乐《山楂花》） 通过绘画和讲故事进行表达。	A4 纸、彩笔、音响、话筒	40 分钟
	我的爱情线	把过去、现在、未来，创设一条爱情线，对自己的爱情婚姻做一个规划，把自己的感受做一个意义上的升华。（音乐《幸福情歌》）		30 分钟
工作阶段	爱情诗	赞美我的另一半，用诗歌的形式，赞美爱人具备的三个优点。把自己的感受做一个意义上的升华。	A 4 纸、彩笔、音响、话筒	20 分钟

续表

结束阶段	爱情保鲜方	掌握夫妻幸福和谐秘诀。		5 分钟
	相互送祝福	相互表达祝福或唱歌。（音乐《幸福情歌》）		
	家庭作业	把今天在现场写的爱情诗分享给你的爱人，做一个爱的表达。	音响	5 分钟

（二）方案 2：我的情绪我做主——警务人员情绪管理团体心理咨询方案

团体理念

情绪管理是警务人员必备的能力之一。喜悦与快乐会使人们有欢愉的感受，人们愿意积极努力地追求；焦虑和悲伤会带给人们不安与痛苦，是人们极力逃避的，严重的甚至使人形成自杀意图。因此情绪管理与表达，强烈地影响着人们的生活适应与发展。了解人们的情绪发展特征与主要情绪状态，进而学会应对各种情绪状态，促进其积极发展，可以大大提高生活质量。目前基层一线警务人员的压力增加，造成消极情绪的积累，影响其工作和生活，为提高警务人员的生活质量，我们通过团体成员之间的体验互动分享，实现积极情绪培育的目标，帮助他们在工作和生活中更加有效地管理情绪，提升工作生活效能，规避防范风险。

相关理论

合理情绪 ABC 理论，积极情绪理论，情绪状态对人的影响理论。

团体目标

总目标：1. 学习情绪管理、积极情绪培育的理论与方法。2. 促进自我觉察、接纳情绪、表达情绪的能力。3. 学会管理自己的情绪，提升生活质量。

阶段目标：通过本次辅导，提高警务人员管理、调整情绪的能力，掌握积极情绪培育的途径和方法。

技术目标：掌握情绪管理技术，学会用积极情绪撤销消极情绪。

团体成员

导师 1 人，根据情况设置助教。

对情绪管理感兴趣的警务人员，可自愿报名或筛选。选 30 ～ 40 人左右。

活动时间

2 小时。

活动流程

表 21.2 “我的情绪我做主”方案实施流程

主题 阶段	技术	操作与目标	工具	时间
开始阶段	团体按摩操	热身、放松。		5 分钟
	提问	澄清目标，了解自己。		10 分钟
工作阶段	冥想放松情绪画	运用音乐放松冥想，通过绘画表达此时此地的心情。表达情绪。	A4 纸、彩笔、音响、话筒	40 分钟
	我的故事	讲述我最骄傲或自豪的一件事。强化积极情绪。		30 分钟
	自我认可	为我过去的 ×× 年点赞。提升满意感。（我为自己点赞）		25 分钟
	热板凳	别人眼里的我。（他人为我点赞） 通过品质练习，激发积极情绪。		
结束阶段	我相信	乐观对待未来。提升心理资本。	音响	5 分钟

（三）方案 3：与压力同行——警务人员压力管理团体心理咨询方案

团体理念

我们正处于一个日新月异的时代，今天适应的人、事、物明天可能就被淘汰了。警务人员面对来自工作、生活的各种新的要求和挑战，只有努力学习才能适应形势和任务对他们的要求，于是他们每天疲于奔命，没有喘息的机会，关键时候，即使是微小的一点挫折都会像压垮骆驼的最后一根稻草一样让他们不堪重负。提高压力调适能力是警务人员的职业需要，也是一项重要的生存能力。

团体目标

总目标：为警务人员提供一个放松身心的平台，使他们通过参与活动学会认识压力、缓解压力，学会与压力同行，提升幸福体验，以积极向上的心态，快乐工作、幸福生活。

阶段目标：利用团体的力量，认识压力，学会与压力同行。

技术目标：掌握缓解压力的技术，学会有效表达。

团体成员

导师 1 人，根据情况设置助教。

对情绪管理感兴趣的警务人员，可自愿报名或筛选。选 30 ～ 40 人左右。

活动时间

2小时。

活动流程

表 21.3　“与压力同行”方案实施流程

主题 阶段	技术	操作与目标	工具	时间
开始阶段	热身	我们是一家人，寻找归属感。		5分钟
	持水杯训练	体验压力，澄清压力对人的影响。		5分钟
工作阶段	百变知识圈	1. 你遇到过哪些你认为让你压力很大的事情？ 2. 遇到压力很大的事情时，你有什么感受或情绪反应？到了什么程度？ 3. 遇到这些压力大的事情时，你是怎样处理的呢？ 通过讨论明确压力源，了解自己的压力状态，相互探讨与压力同行的方法。	A4纸、彩笔、音响、话筒	50分钟
	冥想放松技术	体验放松技术，让心情平静下来，尝试与压力和平相处。		50分钟
	表达与分享	1. 把此时此刻你最想表达的感觉或体会写下来，可以是一首诗，可以是一段话，也可以是一幅画，只要能表达你此刻的心情就好。 2. 小组分享，探讨活动感受。		
结束阶段	身体按摩	捏、拍、捶。		10分钟

（四）方案4：幸福来敲门——警务人员职业幸福团体心理咨询方案

团体理念

社会对警务人员的素养要求是最高的，既要有侠骨也要有柔肠。这又是一个暴露程度非常高的职业，一言一行牢记警察形象，一举一动常思百姓冷暖。他们的工作都是在老百姓的视线范围之内，你干得好是应该的，有一点闪失，就会有人来指责你。他们要去服务的空间无限大甚至没有边界，可是每个人发展的空间又不大，可能一辈子就在一线当一名普通的民警。他们工作的标准是如此高，可是各种待遇并不高。

这个职业给他们带来的压力和情绪问题、人际关系问题等等也是显而易见的，造成了他们或多或少的职业倦怠，使他们没有办法享受警察的职业荣誉感，没法体验到警察在职业活动中追求自身价值的实现和潜能发挥所带来的满足与愉悦，也就是警察的职业幸福。这将直接影响到他们的成长。

相关理论

认知心理学理论：通过澄清警察对于职业幸福感的认知来提升警察行动的动机。

职业幸福感的相关理论：指主体在从事某一职业时基于需要得到满足，潜力得到发挥，力量得以增长所获得的持续快乐的体验。

职业幸福感公式：美国加利福尼亚大学心理学教授索尼娅·柳博米尔斯基在《幸福多了40%》一书中提出了幸福感公式：幸福感=50%的遗传+10%的环境+40%的个体行为。

团体目标

1. 通过团体活动，让更多的警务人员学习到职业幸福的有关知识，认识到“努力工作，积极进取”在实现自我人生价值方面的意义，并从中体验到职业的幸福感。

2. 掌握获得职业幸福感的途径和方法。

3. 通过本次辅导，澄清警务人员的职业认同，提高大家的职业价值观。

团体成员

导师1人，根据情况设置助教。

对压力管理感兴趣的警务人员，可自愿报名或筛选。选30～40人左右。

活动时间

2小时。

活动流程

表21.4 “幸福来敲门”方案实施流程

主题 阶段	技术	操作目标	工具	时间
开始阶段	简单介绍本次活动的目标	警察职业特点及从警生涯中可能遇到的压力和风险。讲清理念、目的。	音响、话筒	25分钟
	设置（团体契约）	保证活动顺利进行。		
开始阶段	我们是一家人（桃花朵朵开）	破冰。	音响、话筒	25分钟

续表

工作阶段	内外圈（每一次转动都举手分享）	共设计四个递进互动话题。澄清，分享。	音响、话筒	80 ～ 100 分钟
	绘画：我的职业生涯	通过描绘自己的职业生涯，体验和整理自己的心情，感悟从业中的点点滴滴。通过分享，寻找自己提升职业荣誉感与幸福感的方法。	A4纸、彩笔、音响、话筒、	
	小组讨论：如何实现警察职业幸福感?	就近 6 人一组进行小组分享。小组成员代表在团体中分享本小组整理的提升警察职业幸福感的方法。	音响、话筒	
结束阶段	导师总结	如何成为一名幸福的警察?	音响、话筒	15 分钟
	团体仪式	每人伸出右手点赞，同时掌心向下相邻握住下一位的大拇指，形成一个太阳。同时喊出“快乐工作，幸福生活”。		

第二十二章　积极婚姻家庭治疗

家庭治疗是心理治疗的一种形式，它对问题或症状的关注从个体转向了关系。积极家庭治疗是以积极心理学思想为导向，运用积极心理学技术方法，围绕家庭文化、积极品质、亲密关系、家庭未来开展积极心理建设工作，以实现对家庭不良状况的改善和建设。在塑造家庭文化中，需要终止不良“遗传”、完结心理仪式、树立核心价值及维护良好动力；在提升积极品质中，宽容、尊重、进取及创新是不能忽视的；在平衡亲密关系中，需要充分发挥积极语言、积极行动、积极倾听及积极表达的作用；在展望家庭未来中，需要围绕积累财富、 树立理想、传承美德、走向“大我”这四个方面。

第一节　家庭文化塑造

在塑造家庭文化中，需要终止不良“遗传”、完结心理仪式、树立核心价值及维护良好动力。以下内容主要介绍“终止不良遗传”和“完结心理仪式”两个活动方案。

一、终止不良文化遗传

活动理念

中国人结婚，不是两个人的事，而是两家人的事。在中国这片土壤下进行婚姻家庭辅导，其实是在帮两个家庭甚至两个家族做辅导，所以特别需要家庭文化建设。博斯佐门伊·纳吉和斯巴克用“家庭账本”的隐喻，形容家庭中代代相传的关系模式，上一代做过的点点滴滴，都会记在家庭账本中，上一代没有还完的人情账，下一代也会继承，成为一种代代传递的关系模式。终止不良文化遗传，一方面是指时代的不良文化，比如过去的封建思想；另一方面是原生家庭的不良文化，比如原生家庭有家庭暴力或者父母好赌等一些恶习。

活动目标

帮助小组成员看见自己的原生家庭文化，夫妻共同商定继承优良文化，撤除不良文化。

参与对象

已婚人士，30～60人左右。

活动时间

1.5小时。

活动场地

可以做团体的封闭场地。（此技术不太适合在室外）

活动流程

1. 暖场技术：讲与家庭文化有关的故事，可以是自己的故事，也可以是他人的故事。（5分钟）

2. 对家庭文化做介绍。（10分钟）

表层文化。（物质文化，有形文化，衣食住行）

中层文化。（家训，家庭礼仪，风俗，道德规范，行为准则，理财原则，规范家庭行为的法规与制度）

深层文化是精神文化，包括道德、科技、教育、文艺、文学、宗教、家风、世界观、价值观。

3. 把家庭文化整理成八大件，有的是大件，有的是小件。（10分钟）

生活习惯：衣，食，住，行。（物质）

精神价值（父母的）：家训，沟通方式和风格，兴趣爱好，主要品质，社会层次，育儿理念与方法。

人际关系：父母之间的关系，父母和爷爷奶奶外公外婆的关系。父母和他人的人际关系。

4. 在这些文化中找到有代表性的八件。用绘画技术把我们的原生家庭文化的八大件画下来，把另一半的原生家庭文化也画下来。（需要示范图例，15分钟）

5. 澄清，分组讨论有哪些文化是不良的，6 人一组。

6. 优化，当一个人表达完，其他人可以帮助优化。

7. 接纳 ，如果是可以改变的就去改变，不能改变的就去接纳。（5、6、7 三个步骤 30 分钟）

8. 每组派代表分享，分享优化的部分和接纳的部分。（10 分）

9. 团体导师总结。（5 分钟）

10. 一起听音乐《牵手》，并且一起哼唱。（5 分钟）

11. 作业：回去之后和爱人分享你的家庭文化，如果爱人愿意，邀请爱人也画这个家庭文化图。

音乐：《我爱我的家》《回家的路》《牵手》。

以上课程不是夫妻共同参加的课程，若夫妻共同参加，流程 5 开始可以重新设计。可以让夫妻双方表达给对方听。方案更改如下：

1.……

2.……

3.……

4.……

5. 当双方都画完原生家庭的八大件，夫妻两两表达。

6. 表达结束之后，分成 6 人一组。

7. 6 个人分别扮演不同的角色，小夫妻一对，小夫妻的双方家长两对。在扮演之前，要有仪式，我是某某某，我现在扮演你的父亲某某某，6 个人分别介绍。

8. 小夫妻展开刚刚讨论的家庭文化中不一致的地方，让其双方父母参与，一起探讨。

9. 探讨结束之后，需要有一个仪式，我是某某某，我不是你的父亲某某某。

10. 最后导师做总结。

11. 一起听歌曲《牵手》。

二、完结心理仪式

活动理念

“未完成事件”这个词语来源于 20 世纪初诞生于德国的完形心理学（也称格式塔心理学），由于一些情感在知觉领域里并没有被充分体验，因此就在潜意识中徘徊，而在不知不觉中被带入现实生活里，从而妨碍了自己与他人间的有效接触。因为这样的妨碍对现实生活会有一些负面影响，也因为仪式感能够让人觉得更严肃、更认真，更能让每个人体验深刻，所以做一次这样的有仪式感的活动，对个人、对家庭都会有帮助。

完结心理仪式本可以作为个人成长的团体技术，把这个技术放在这里，是让夫妻双方都能做一个这样的仪式，对原生家庭中的未完成事件进行仪式性告别，让双方都能从原生家庭中走出来。

活动目标

完结心理仪式就是为了让每个成员能够把未完成事件做个完结，让自己在未来的生活中不受这些未完成事件牵连，对婚姻、对家庭都有帮助。

参与对象

成年人，60 人左右。

活动时间

2.5 小时。

活动场地

封闭场地。（不适合在室外）

活动流程

1. 讲解仪式的重要性，举例说明不同的仪式，可以出示一些图片。讲解什么是心理仪式，为何要有心理仪式。这个仪式可以是家庭的，也可以是个人的。在个人成长中或整个家庭家族中有未完成的事件，就需要有一个仪式来帮助完成，做一个了结，使每个人在婚姻家庭中不再因为这些事件受到影响。

例如，一个人从来没有真正感受到母爱，这就是一个未完成事件。这种感受一直困扰着他，同时出现在他的一些行为当中。他会怨恨他的妈妈，因为不管他如何努力，妈妈还是一样指责他。因此，他把对母亲赞美的需求，转化为对女性的追求，以证明他是一个有用的男人。尽管他运用了各种策略来让女人赞美他，但总还是觉得不满足，这便是未完成事件妨碍他与妻子良性互动的原因。他必须先去完成未完成事件的体验，换言之，他需要回到原来的未完成事件中，把原来不为人知的失望与愤怒的情感表达出来，再来解决婚姻问题。

2. 我们在生活中会做哪些仪式？如果自己做了有些仪式感的事，可以讲一讲自己在做之前和做之后发生的改变。

3. 让学员说一说曾经完成的仪式，说一说心理的变化。

4. 以报数的方式分小组，分成 10 组。

5. 小组 6 人一组，每个人都分享自己的未完成事件。

6. 选择一个小组中的一个成员来完成未完成事件，可以以情景剧的方式表演，也可以直接表达。（参照本会团体导师班课程）

7. 重新分组，举手示意。小组分为诗歌组、画画组、舞蹈组、故事组。

8. 诗歌组用诗来表达观看情景剧的感受，画画组用画来表达观看情景剧的感受，舞蹈组用舞蹈来表现观看情景剧的感受，故事组用故事来表达。如果参与课程的学员文化层次不高，写诗、画画、舞蹈，都觉得很为难，就可以让他们讲故事，把刚刚看到的故事重新讲一遍。讲故事更生活化，更容易。

9. 艺术作品做完，如果时间来得及，每个成员在大场中对主演一一展现；如果时间来不及，在每个小组中选择一个节目对主演进行表达，小组成员再在小组里面进行表达。每个人的艺术作品都是自己的，看上去我们好像是看别人的故事，其实作品中全都是自己的认知和感受。艺术作品展现出来的也都是表达者自己的需要。这里用这种艺术形式以点带面，从一个情景剧故事深入，每个人在别人完结心理仪式的过程中触碰到自己的生命，让自己的生命得到成长。

10. 如果是工作坊的形式，时间来得及，可以多演几部情景剧。

11. 全体站立围成圈，手牵手，绕场走，导师播放《勇敢的心》。

在流程 5 之后，可以用另一种形式替代。让每个人都对着一张空椅子，代表一个未完成事件中的人或物，让其进行表达。导师要观察场中的每个人，如果发现有特别需要照顾的人，可以站在他旁边。完结心理仪式，能够走得很深，团体导师注意把握尺度，最好能多有几位助教，帮助团体带领者观察场中的人。如果有成员从那个场里出门，一定要有人陪伴。

第二节　积极品质提升

积极品质提升包含四种品质，宽容、尊重、进取、创新。前两种品质能够让家庭和睦，后两种品质能让家庭兴旺。这四种积极品质的提升可以做成四次课程，也可以做成一次课程。以下按四次课程的流程呈现。

一、宽容

活动理念

宽容是我们中华民族的传统美德，有了宽容，我们就可以多为他人考虑，少计较个人得失。我们每个人都是有局限的，我们自己的局限性很可能导致对他人的否定。提升宽容的品质有助于个体从局限中走出来。在婚姻家庭亲密关系中，宽容显得尤其重要，因为我们深度地和另一个人交往时，更容易发生冲突。有了宽容，既可以让冲突少发生，也可以在冲突发生后很快地解决。谦卑地看到自己的局限性，是尊重他人的基础。宽容的前提是要从容，一个焦虑的人，对自己都没有办法，自然很难照顾到别人的情绪。

活动目标

认识宽容的组成部分，提升宽容的能力。

参与对象

已婚男女，30 人。

活动时间

1.5 小时。

活动场地

封闭场地。

活动流程

1. 要想具备宽容的能力就需要以下四种“心”。（15 分钟）

（1）忍让心。退一步，海阔天空。对“退一步”的认识，有的人觉得退一步是自己输了，为了赢而不能忍、不能让。

以德报怨，家不是讲理的地方，冲动之语慎勿出口。

（2）理解心。个体在安全的基础上才能理解对方。安全感不强的人容易敏感，一种是压抑，一种是爆发。感受不到否定、攻击，是一种能力。感受不到就不需要宽容，但能体现出宽容。

要看到自己的局限性，理解对方的局限性。

（3）感恩心。习惯付出的人，别人做了一点点，就很感恩。

（4）从容心。保持从容的状态才能做到尊重别人，如果自己都焦虑得很，都无法照顾自己，不能从容，是无法做到尊重别人的。

每种心可以用故事来举例。

2. 在现场提问：“你是一个宽容的人吗？说一说为什么。”（5分钟）

3. 打电话给家人，让家人给自己的宽容打分，最低0分，最高10分。（打电话给一个人）

4. 让家人说一说为什么打这个分。如果家人打了8分，就问为何会得8分。如果家人打了3分，就问3分是怎么来的，而不是问7分是怎么失去的。积极地问，只看好的地方是怎么来的。让家人讲一个具体的事件。（5分钟）

5. 对方说完之后，学员也给家人打分，按同样的流程回应。（5分钟）

6. 打完电话，分6人组讨论，如果想让宽容分数提升一分，该如何提升？从忍让心、理解心、感恩心、从容心四个角度来分析。讨论时不允许评价。（18分钟）

7. 让组员把提升宽容能力的行动或方法写下来。

8. 每组组长代表发言，总结提升宽容能力的行动和方法。（10分钟）

9. 带领者适当总结。（2分钟）

10. 家庭作业：问一问家人，包含爱人、孩子、父母、爱人的父母、兄弟姐妹、爱人的兄弟姐妹，让他们为自己打分，并且按照上面的流程，积极询问为什么，并且学员也按流程给家人回应。

团体方案解读

一个人的宽容能力不是自己说了算的，别人对自己的打分非常重要，可以让自己更清楚地认识自己。从四个角度来分析提升，即忍让心、理解心、感恩心、从容心，更具体，更有方向。家庭作业扩及家庭中每个成员，不但能够知道自己在他人心中的宽容能力，而且积极询问也能化解矛盾，有利于促进良好关系。当问及正向的事件时，有利于强化正向行为。积极询问的过程也是一种思维模式，这样会看到一个人的积极面，也是一种提升宽容能力的方法。

二、尊重

活动理念

在婚姻关系里，古有相敬如宾之说，尊重与相敬如宾有相似之理。我们如果能够做到尊重，就能给对方自由。有了自由，对方就能很舒畅，在婚姻家庭中继续保持那个独特的自我。尊重是婚姻幸福的保鲜剂。

调查数据显示，对自己婚姻满意的女性占 83.6%，其中很满意的比例近 47.5%，说明被调查女性的婚姻满意度较高。调查发现，82.4% 的女性认为，自尊、自信、自立、自强对当好慈母、孝女、贤妻有很大的帮助，能彼此促进。因此，她们认为夫妻关系核心的最重要因素是互相尊重和彼此忠诚。

活动目标

提升组员尊重的能力，让其在家庭中更幸福。

参与对象

已婚男女，60 人。

活动时间

时间 2 小时。

活动场地

封闭场合。

活动流程

1. 介绍尊重与什么有关。（30 分钟）

（1）控制

要求同存异。

两个控制型的人经常争执，语言控制不了就用武力来控制，形成家庭暴力。

（2）平等

男权或女权。（社会文化）

原生家庭中爸爸听妈妈的，或妈妈听爸爸的。（家庭文化）

女人觉得对方听自己的是爱自己的表现。（爱的表达）

（3）期待

对爱人或家人没有更多的期待，没有期待就没有失望。没有失望就不会被伤害。

不期待对方为自己付出，本身也是尊重的表现。

2. 分成 6 人小组，说一说原生家庭，父母是怎么表达尊重的。（30 分钟）

再说一说父母中某一方觉得已经尊重对方了，但对方感受不到，引起的吵架事件。可以现场做一场吵架表演。看一看吵架是什么原因造成的，与控制、与社会文化、与期待有没有关联。组员一起讨论优化，重新演绎这个事件，直到双方满意为止。

3. 介绍非暴力沟通，一种表达尊重的具体沟通方法。（30 分钟）

4. 说一说自己现在的家庭中夫妻双方互相表达尊重的事件和没有感受到尊重的事件。演绎吵架事件，用非暴力沟通的方式重新优化吵架事件中的语言，直到大家满意为止。（30 分钟）

5. 家庭作业：在尊重方面，你给爱人对你的尊重打几分？满分 10 分。你给爱人的分数越高，你对爱人就会更满意，当你满意了，也会有更多的表达尊重的动机。

团体方案解读

尊重，是一个非常抽象的词，我们经常说要尊重别人，但又不知道什么时候对别人说了不尊重的话语，做了不尊重他人的行为。所以，尊重需要具体化，具体到尊重与什么有关，具体到表达尊重的方式。尊重与控制、平等和期待有关。

被他人尊重的感觉可以激发尊重他人的动机。我们表达尊重的方式很多时候是传承了原生家庭表达尊重的方式。我们常常体会到的不尊重也与我们小时候的生长环境有关。走出原生家庭应对模式，对促进新家庭的和睦有非常积极的作用。

这里的尊重，更多的是指夫妻关系的角度，我们对父母的尊重，和我们对孩子的尊重，重点应该不一样。对父母的尊重更多的是从“孝”的角度；对孩子表达的尊重，还是要时而在前，时而在后，时而在左右。由于年龄段不同、时间不同，父母在前后左右的方式也不同。

三、进取

活动理念

一个家庭要想成长，尽量不要重复以前的模式，要有一颗进取心。进取心一方面指心理的，另一方面指经济的。在精神方面要有一颗不断成长的心，让自己的心灵逐渐走向成熟。另一方面也要追求物质进步，在物质方面有进取心，获得社会的尊重，也是幸福感的重要来源。在进取方面，物质与精神的进取相辅相成，人的心理成长了，也能有助于提高经济收入，经济收入的提高也有助于提升人的自我认可。

活动目标

通过提升宽容、尊重的能力，提高积极进取的动力，让家庭在成长中变得更美好。

参与对象

已婚人群，60人。

活动时间

90分钟。

活动流程

1. 介绍进取，包含工作中的进取和生活中的进取，精神的进取和物质的进取。（5分钟）

2. 生命线技术。在A4纸上画下一条横线，在线的中间找到一个点代表现在的自己及现在的家庭状态，这条线左边的端点就是出生的时间，右边的端点是自己死亡的时间。（2分钟）

3. 回忆一下从0岁到现在，你有哪些进取的事件，或者原生家庭或现在家庭有什么进取的事件，进取包含内在的和外在的，比如你在某个时候一下子长大了，你在某一次考试中考到了好成绩，你的家庭条件突然好了，你在某天升职了，你突然有了更多经济收入。你都用符号在这条线上记录下来。（10分钟）

4. 再从中点往右为自己树立新的目标，新目标有三个月的，一年的，三年的，十年的。这些新目标既有个人目标，也有家庭目标。（10分钟）

5. 分成6人小组进行表达，讨论。分享之前的进取事件以及当时是怎么做到的。（18分钟）

6. 再分享新目标，以及如何用以前的方法或者他人的方法去实现。出一张具体的规划书。（18分钟）

7. 规划书写好之后，进行演讲。选择三个人在大场里面分享，再让学员在小组内演讲，仪式感增强动力。（22分钟）

8. 播放音乐《在路上》，励志书目《赢在中国》主题曲。（5分钟）

团体方案解读

提高进取心主要运用的是生命线技术。让学员找到曾经的进取之处，发现自己是优秀的，以提升学员的自信心，让学员发现自己是有进取的能力的。找出曾经进取的方法，者听到他人进取的故事和方法，都可以借鉴，用于自己的未来规划，并且在规划之后，进行演讲，给学员仪式感，坚定学员回去操作的自信心，更愿意用行动去实现计划。

四、创新

活动理念

在这个科技飞速发展的时代，创新是家庭或个人必然要学习的能力。有了创新，就可以更快、更简捷地完成目标，以达到自己的理想状态。创新不仅仅需要方法，也要有心境，创新的心境就是有趣味地去做每件事。当觉得做的事有趣时，我们就会更用心，更容易找到创新的方法。

活动目标

提升个人及家庭的创新能力，有趣味地挑战困难。

参与对象

已婚人士，60 人。

活动时间

45 分钟。

活动场地

室内室外都可以。

活动流程

1. 暖场。全体站起来，让每个成员做一个以前没有做过的动作，或者说一句以前没有说过的话（动作和语言都不能违法），并且交流做完这些动作的感受，突出“新”带给人的趣味。（5+5 分钟）

2. 讲解 。（10 分钟）

创新包含创新的能力和创新的心境。有了心境，就可以有激情。有了激情，方法就会更创新。

创新的心境：自信心，好奇心，趣味心。

创新的能力：挑战力，意志力，洞察力，行动力。

3. 带领者讲一讲他人的或自己的创新故事。（10 分钟）

4. 你在工作中或对家人都做过哪些有创新的调整？用一种创新的方式表达出来，可以用各种形式，比如哑剧，比如说悄悄话，比如唱出来等。（10 分钟）

5. 总结：一个创新的人，首先是一个对生活很用心的人，他们不断地变换着方式生活，变换着方式工作。他们首先对自己很自信，相信自己的“新行为”是好的。他们怀有一颗好奇心，对世界万物都充满着好奇，他们会寻找有趣的事情去做，或者把乏味的事情变得有趣。他们还有一种不断挑战自己的雄心，在挑战中收获快乐。他们有很强的意志力，当一件事情做不成功时，就换一种形式想办法完成。他们有非常强的洞察力，能找到完成一件事的关键点。他们不但用心，而且也具备行动力。想到一些事就去做。（5 分钟）

6. 作业：做一件以前没有做过的事，或者是做一件以前一直想做，但又没去做的事。

第三节 亲密关系平衡

亲密关系平衡最主要是指婚姻家庭中的一些互动方式。它是指积极语言、积极行动、积极倾听、积极表达。

一、建立积极语言模式

活动理念

积极语言是指积极的语言模式，这个语言模式包含口头语言和肢体语言，是一种习惯化的反应，这种习惯化的反应通常是个体不自知的。语言模式可以说是表达或者倾听的基础，只有改变了语言模式，才有可能积极表达和积极倾听。

活动目标

让学员看见自己的语言模式，并进行优化。

参与对象

已婚人士，60 人。

活动时间

45 分钟。

活动流程

1. 听故事《老头说的话总没有错》，学习积极的语言模式。（10分钟）

2. 内外圈的形式坐下。（3分钟）

3. 改改我的口头禅。把自己和家人互动的口头禅写下来，写5条。（3分钟）

4. 和对面的人分享第一条口头禅，两个人分别分享，并帮助对方进行优化。不要有评价性语言。（3分钟）

5. 外圈的人移步3个位置，再分享第二条口头禅，分别分享，分别优化。（3分钟）

6. 重复第4步，直到分享完5条口头禅。（9分钟）

7. 找比较有感悟的人在大场里分享，说一说优化之前和优化之后的口头禅，并表达在优化过程中的感受。3个人分享。（9分钟）

8. 带领者适当总结。（5分钟）

9. 家庭作业：回家后让家人一说自己有哪些口头禅让家人不舒服，并且不断修改，让家人满意。

团体方案解读

用《老头说的话总没有错》故事开场，让学员理解什么是语言模式。让每个学员写下自己的口头禅，发现自己的语言模式，再进行优化。语言模式是一种本能反应，我们自己无法发现问题，但在和他人的交流中可以发现自己的问题，并进行优化。语言模式虽然已经优化，但是离开这样的情境，很可能会忘记，回去之后要不断地练习。

备选方案

建立积极语言模式也可以用另一个方案替代。

1. 暖场：以《什么是爱》散文演讲开场，说明我们经常以爱的名义伤害孩子。

2. 选一个家长做孩子，坐在所有家长的中间，准备好“爱的束缚带”。

3. 每个人说出一句经常和孩子说的话，且是孩子不能接受的。

4. 每说一句，就给扮演孩子的家长多绑一道束缚带。

5. 绑到一定程度让这位家长向前走，从开始到结束可以有三次这样的命令。

6. 每个人开始修改语言模式，直到被绑家长听到觉得舒服时，可以解开一道束缚带，直到束缚带完全解开。

7. 宣誓或写信。

二、积极倾听与积极表达

活动理念

积极倾听与积极表达者通常能拥有幸福的婚姻。古德曼的第一个著名研究是和罗伯特·莱文森在美国华盛顿大学做的。他们在 1986 年成立了一个“爱情实验室”，邀请了一些新婚夫妇到他们的实验室参加心理学的实验，希望通过观察这些新婚夫妇之间的互动、交流和沟通，来了解婚姻幸福的原因及影响夫妻关系的要素。通过分析夫妻双方的沟通方式和他们身心反应之间的对应关系，古德曼和莱文森发现夫妻之间的沟通方式有很大的差异。有些人被称为关系高手，这些人在讨论他们的经历和他们生活中所面对的问题的时候，往往是温馨、关怀、体贴、平静的沟通风格，没有特别强烈的生理应激反应，尤其是他们能够通过对话来刻意营造一种彼此信任、相互支持、双方满意的亲密感。这些人在实验研究之后的六年之内始终保持着非常愉快、积极的婚姻关系。

活动目标

提升学员的积极倾听、积极表达的能力，以使婚姻更幸福。

参与对象

已婚人士，60 人。

活动时间

90 分钟。

活动场地

封闭场合。

活动流程

1. 解读积极倾听、积极表达、积极行动的重要性。（10 分钟）

2. 介绍倾听的 5 个层次。（5 分钟）

（1）没有听到对方的心情和感受，就试图改变他人的认知。

（2）听到了事件，没照顾其感受，试图介入，并改变事件后续发展。

（3）听见了事件，重复其事件，描述这件事。

（4）听到了事件，并听出了态度，描述这件事，理解他，拥抱他。

（5）听到了并理解，体验到并感受到，安慰拥抱，提出建设性的建议。

3. 带领者找一位学员上来演示，由学员说自己的困惑，带领者按照5个层次表达。（20分钟）

4. 学员三人一组，一位讲自己的困扰，一位去回应，另一位做观察并且记录。（10分钟）

5. 表达和回应之后，双方交流感受，被倾听者如果有觉得不舒服的地方可以提出来，观察者记录下来。（5分钟）

6. 表达者与倾听者互换，倾听者开始表达，表达者开始倾听，继续交流感受，观察者记录。（15分钟）

7. 6人一组，讨论刚刚感受不舒服的地方，看看问题发生在哪里，进行优化。（10分钟）

8. 请每一组的观察员在大场里分享记录的问题和最后的优化结果。（10分钟）

9. 带领者进行总结。（5分钟）

10. 作业：在生活中互动时使用的积极倾听的方式。

第四节　家庭未来展望

家庭未来展望包含积累财富、树立理想、传承美德、走向大我，因为团体咨询技术与上面案例有重复，这里只介绍“走向大我”活动方案。

活动理念

当一个人从“小我”走向“大我”时，就不会为家庭中鸡毛蒜皮的小事而纠结。“大我”是拯救“小我”的一个方法。成为一个有情怀的人，这不仅是个人理想，也应该是家庭理想。当一个家庭的家庭成员“小我”的部分都已经被满足之后，就要有新的方向，这个新方向就是从满足个人需要到满足社会需要。走向“大我”可以防止停滞，有了这样的大方向，就有持续努力的动力，让这个家庭能够更长久地幸福。

活动目标

让学员能够认识到自己的“小我”“大我”。

参与对象

已婚女性，60 人。

活动时间

1 小时。

活动场地

封闭场地。

活动流程

1. 在 A4 纸上画一条线，这条线可以是弯曲的。在这条线上画上不同的点，这些点表示作为女儿时、作为妻子时、作为母亲时、作为一个有社会担当的人时等不同阶段。（3 分钟）

2. 在不同的点上写下不同的角色的需要各是什么，有没有被满足。（5 分钟）

3. 满足和没有满足的都记录下来。（5 分钟）

4. 对于不同的角色，你能为自己打多少分？ 10 分为满分，0 分为最低分。（5 分钟）

5. 6 人小组讨论，如果让每一个角色提高一分，如何提高？（12 分钟）

6. 思考每一个小角色，自己完全满意的状态是什么样的。假设已经是满意的状态，写一份演讲稿，演讲稿的名字是“我对自己很满意”，然后分别从“作为女儿我可以做到什么”“作为妻子我可以做到什么”“作为母亲我可以做到什么”三个角度进行演讲。5 个人在大场内演讲，其他都在小组内演讲。（28 分钟）

7. 带领者拿出章，在演讲稿上盖“同意”的章，并总结。（2 分钟）

8. 家庭作业：每天复习自己的演讲稿，按照演讲稿上的内容去做。

团体方案解读

一个人要想走向大我，需要在小我已经被满足的基础之上。一个女性如果在女儿、妻子、母亲的角色中没有被满足，那么就很难真正走向大我。即使这样的女性看上去有走向大我的行为，也是一种替代性的满足，是在寻找一种归属感，并不是真正地走向大我。只有在各种“小角色”中真的被满足了，才不是替代性行为，才能拥有真正的大我。所以在走向大我之前，需要对各种小我角色进行梳理，进行优化。

第五节 父母成长小组具体方案

父母成长课程是系统的个人成长课程，以积极心理学、发展心理学、团体动力学等为理论基础，借助孩子成长中的问题来帮助家长自我成长，自我完善，掌握科学育儿知识，建立良好亲子关系。我们借助于孩子的问题来帮助自己成长。这个课程不仅仅有助于育儿，对婚姻家庭各种人际关系都会有极大的帮助。孩子的问题要么是亲子关系的问题，要么是夫妻关系的问题。我们从关系入手，帮助各位家长发现自己，认识自己，从而找到与自己匹配的育儿方法，在掌握育儿方法的同时成长自己。

（一）方案 1：我的父亲母亲——与父母的关系

活动理念

上不通，下则痛。与父母的关系决定了与孩子的关系，小时候与父母的记忆已经植入我们的潜意识，有些快乐与悲伤我们虽然已经渐渐忘记，但还是会不自觉地影响着我们。先从根上入手，让爱从根上流淌出来，再传递给孩子。

活动目标

增强家长与自己父母的连接，让参与的家长感受到父母的爱，从而增强爱的能力。

参与对象

家长人群，12 人。

活动时间

90 分钟。

活动场地

25 平方米的封闭场地。

活动流程

1. 带领者讲自己与父母的故事，或者做一段与父母相关的散文演讲。（10 分钟）

2. 每人发一张绘有九宫格的 A4 纸。

3. 观看视频《光之塔》。（10 分钟）

4. 闭上眼睛，回忆自己与父母的故事。

5. 带领者引导语：从你刚刚出生时起，你和父母发生了什么样的故事；从一岁到两岁再到三岁，又发生了什么故事（语速要慢，让家长们慢慢回忆）；四岁、五岁、六岁……一直到现在，发生了哪些故事，都记录在脑海中。（播放跟父亲母亲有关的音乐）

6. 慢慢睁开眼睛，将刚刚的故事画下来，按照九宫格的次序画。

7. 画完之后，将凳子围成一个圈，坐在上面分享。每个人都分享，在分享的过程中，如果有人需要支持，就让成员给予支持，这个给予支持也可以建立关系。因为是第一次课程，关系的建立也很重要。

8. 带领者总结。总结内容包括课程上有一些学员有疑惑的地方和团体课程的伦理设置。

团体方案解读

本次课程运用时可以分为两次课程，一次为“我的父亲——我心中的太阳”，一次为“我的母亲——我心中的月亮”，也可以合并起来作为一次课程，看情况而定。伦理设置放在最后的课程总结上，原因之一是第一次课程前，本身连接并不多，关系还没有建立好，如果对大家提出要求，有可能会降低场温度；原因之二是在结束时做一个设置仪式，更有利于大家记住。

（二）方案 2：山楂树之恋（积极品质）——与爱人的关系

活动理念

婚姻关系是家庭幸福的关键，是亲子关系的基础。很多亲子关系出现问题是因为夫妻关系先出现问题。因为婚姻关系导致“问题孩子”。要想解决孩子的问题，先从改善夫妻关系入手。当夫妻关系和谐了，孩子的问题就容易解决了。

活动目标

优化夫妻关系。

参与对象

家长人群，12 人。

活动时间

90 分钟。

活动场地

30 平方米的封闭场地。

活动流程

1. 讲解“六个人，一张床”的观点。（20 分钟）

2. 带领者讲自己的故事，婚姻是一次鲤鱼跳龙门的经历。（10 分钟）

3. 每人发一张 A4 纸，在纸上画一棵树，可以是任何树，在树上画一些果子，每个果子代表一个事件，是爱人曾经对自己做过的积极行为，让自己感动、让自己开心的事件。同时播放音乐《最浪漫的事》《牵手》。（15 分钟）

4. 画好之后，在小组里面进行分享表达。（30 分钟）

5. 每人打电话给爱人，感谢爱人对自己曾经的付出，并把让自己感动的事情讲给爱人听。如果实在不方便通电话，就用语音留言。（5 分钟）

6. 带领者总结。婚姻也是一个自我完善的过程，美好的婚姻就要相互滋养。（10 分钟）

（三）方案 3：遇见自己——与自己的关系

活动理念

一个人与自己的关系直接决定了他与外界的关系。一个接纳自己的人也会更多地接纳别人。调整与自己的关系，也就能调整与他人的关系，尤其调整了和孩子的关系。

活动目标

认识自己，接纳自己。

参与对象

家长群体，12 人。

活动时间

2 小时。

活动场地

30 平方米的封闭场地即可。

活动流程

1. 你对自己了解吗？介绍自我的定义，自我的五个层面，即物质自我、社会自我、现实自我、理想自我、反思自我。再介绍大五人格理论，即外向性、随和性、尽责性、情绪稳定性、开放性。（20 分钟）

2. 每个人的我里面都有很多小我，这些小我，我们可以称为子人格。每个人的内心深处都有各种各样的声音，对此做话语分析。

每人发一张 A4 纸做“我觉得我是什么样的人”练习，比如说，“我觉得我很笨”“我觉得我很自卑”“我认为我的表达能力很差”。找到一些对自己不满意的部分，把这些不满意的部分写下来。（5 分钟）

3. 再在这张纸上画出那个不满意的自己。（5 分钟）

4. 看一看这个不满意的自己与哪些人有关。分析一下，“我觉得我很笨”这句话中的“笨”与第一个“我”有关，还是第二个“我”有关？第一个“我”是谁？第二个“我”是谁？有哪些声音？有哪些困扰？是谁的声音？对不满意的部分做一些思考，这些不满意的地方来源于谁？来源于什么事件？并且把这些人的称谓或名字写在那幅“不满意的自己”的画上。（20 分钟）

5. 找一个人相互分享在纸上写下的内容，再分享这些声音在过去有哪些表现，是怎么内化成自己的观点的，这些人带给自己的影响是什么，是好的还是不好的，是不是自己想要的。（20 分钟）

6. 进一步思考“我是谁”，我是不是体现了自己的意愿，真正的我到底是什么样子的。（5 分钟）

7. 在纸的反面再画一个满意的自己。（5 分钟）

8. 对这个满意的自己进行演讲，每个人都要演讲。（30 分钟）

9. 带领者进行总结。（10 分钟）

团体方案解读

从认识自我开始，再介绍大五人格，了解人有多少种特质，自己有没有这些特质，有哪些自己不满意的特质。再开始做话语分析，我觉得我是什么样的人，写下自己不满意的地方，找出这些不满意的地方来源于谁，来源于什么事件。在这样澄清之后，发现这些可能不是自己觉得的，而是他人认为的。进一步对自己不满意的地方有了新的看法，最后再确定我到底是谁。再把那个确定的自己画下来，进行演讲，以达到接纳自己的目标。

（四）方案 4：看见孩子——与孩子的关系

活动理念

只有深度地看见孩子，才能与孩子建立好的关系，如果我们不懂得每个年龄段的孩子的心理特点，就很难了解孩子。如果我们不了解孩子，就很难理解孩子。如果我们不理解孩子，就很难建立好的亲子关系。介绍发展心理学知识，让母亲了解孩子的心理特点，在了解的基础上再去教育，才能让孩子接受，教育才有可能开始。沟通方法是促进亲子关系非常重要的因素。很多时候，都是由于沟通不当阻碍了亲子关系。学习沟通方法，让爱流动起来。

活动目标

家长了解孩子，学习沟通方法，促进亲子关系。

参与对象

家长人群，12人。

活动场地

30平方米封闭场地。

活动流程

1. 介绍发展心理学知识，与孩子年龄段相关的知识。（10分钟）

2. 每个人说一个自己的亲子关系的困扰。（10分钟）

3. 找一个最需要解决问题的家长，把问题呈现出来，进行表演。（5分钟）

4. 带领者讲解沟通方法，可以是非暴力沟通，也可以是共情训练。（20分钟）

5. 让学员再次表演，看看有没有需要优化的地方，如果有，该如何优化。带领者可以做适当的提醒，并且可以演示。（10分钟）

6. 再假设一个场景，孩子考试考得不好回到家，进行表演。（15分钟）

7. 如果学员不能用共情或非暴力沟通方式进行沟通，带领者进行再次示范。（10分钟）

8. 每个学员用一句话来总结参与课程的收获。（5分钟）

9. 带领者总结。（5分钟）

团体方案解读

建立与孩子的关系，一方面要科学地了解孩子，另一方面也要学习沟通的方法。用情景剧的形式把学员在家里与孩子沟通的状态呈现出来，再进行沟通方法的学习，更有利于学员看到自己的问题。然后再进行重新演练，让学员真正地体悟到自己在沟通上需要优化的地方。最后，让每个学员总结收获，相当于带领家长再次总结复习。

（五）方案5：发现孩子的需要——与孩子关系再次巩固

活动理念

每个父母都很爱自己的孩子，但很多孩子却感受不到父母的爱。给孩子需要的爱，才能让孩子感受到爱。“招聘父母”课程就是让父母看到孩子的需要，发现自己在表达爱的过程中，孩子没有接收到爱的原因。对自己的行为做进一步的优化。

活动目标

招聘父母，让家长知道孩子需要什么样的父母。

参与对象

家长和孩子，24 人。（12 位家长和 12 位孩子）

活动场地

50 平方米以上的封闭场地。

活动流程

1. 假设一个场景，你即将离开孩子 10 年，去一个很远的地方。在这 10 年时间，你不能和孩子有任何联系，你需要招聘一位妈妈（爸爸）来替代自己照顾孩子，你想招聘一位怎样的妈妈？

2. 再问孩子，如果妈妈出去 10 年，他需要招聘一位妈妈（爸爸），他需要什么样的妈妈（爸爸）来照顾自己。

3. 父母和孩子一起来写招聘书，设计招聘书，招聘内容孩子和父母一起商量，对代理妈妈（爸爸）的要求经双方同意写下来。包括育儿方式、聘用工资、生活习惯、性格、年龄等。

4. 父母和孩子需要的条件不一致的地方，小组进行讨论。直到双方同意为止。

5. 进行招聘。招聘的孩子和父母一起出示招聘书，读出招聘条件，如果有人应聘，招聘者可以提问题。

6. 招聘结束，孩子和父母分别写信给对方。假设背景是即将离别 10 年。

7. 以分内外圈的方式，孩子和父母面对面而坐，先由父母读信给孩子，孩子再读信给父母。

8. 带领者总结。用一些描述性的语言说自己在课上看到的部分，看到父母与孩子的变化。

团体方案解读

父母和孩子一起参加的课程，最好不要有心理学理论，因为用理论来教育父母，孩子就会找到理由来攻击父母。整个课程没有教育，只有体验，让孩子和父母置身于体验当中，用招聘父母的形式，让父母看见孩子的需要，走进孩子的内心，体验到自己的不足。写信的方式是对前面相互了解需要的进一步升华。最后总结时用一些描述性的语言，让孩子和家长都感觉到被看见，尤其是看见变化，更是一种强化。

（六）方案6：父母和孩子共聚一堂

活动理念

积极心理学认为，关注人的积极面，消极面就自然会减少。人的注意力是有限的，当我们去关注优势时，关注弱势的注意力就减少了。发现孩子的优点，强化这些优点，既能建立良好的亲子关系，也能让孩子更优秀。

参与对象

家长及孩子，约36人。（12个家庭）

活动场地

户内户外都可以。

活动流程

1. 每个家庭做介绍。

2. 爸爸和妈妈分别写演讲稿《我有一个好孩子》，对孩子的三个优点做介绍，并且要有体现优点的具体事件。

3. 孩子写演讲稿《我有一个好爸爸》和《我有一个好妈妈》。写父母的三个优点，也要有具体事件。

4. 都写好之后，进行演讲，以家庭的形式，一家三口同时站到前面，面对其他家庭，轮流演讲，父母先演讲，孩子再演讲。每个家庭的每个成员都演讲。

5. 播放音乐《相亲相爱一家人》。

团体方案解读

在平常的生活中，我们经常会盯着孩子的缺点。孩子由于经常被这样盯着，也会对父母产生敌对情绪，忘记了父母的付出。发现孩子的优点，既能让孩子认同自己，相信自己，也能让他们接收到父母的爱。如果仅仅是家长说孩子的优点，家长的力量是不足的。每个人都需要被看见，每个人都需要被认可。当孩子开始描述家长的优点时，家长会感觉到自己的付出是值得的，感觉到自己是有力量的。在这样互述优点的环境下，大家充分感受到了温暖，感受到了力量。

第六节 女性成长小组具体方案

一个好女人幸福三代人，女人的心理成长对社会、对家庭都起着举足轻重的作用。女性心理成长小组是专门针对已婚女性设计的心理成长课程。第一次课程是让女性在外在形象上对自己有更多的接纳，让女性对自己的外形有更多的自信。第二次、第三次，从人际关系入手，这里的人际关系更多的是过去的关系，有些是已经被忽略的，有些是可能还带有创伤的，疏通这两层关系。第四次是寻找自己的五大优势，进一步提升自信。第五次描述每一种角色带给自己的力量，并且写自传，对自己有进一步的肯定。第六次写"我的榜样"，给自己定下下一步计划，朝向更好的方向迈进。

（一）方案1：从灰姑娘到白雪公主

活动理念

我们说女人的衣橱里总是缺少一件衣服，也就是说女人对自己总是不能完全满意。皮肤白的女生会说，如果我个子高一点就好了。个子高的女生说，如果我再苗条一些就好了。再漂亮的女人也有对自己不满意的地方。这些不满意的地方会造成女性的自卑，会影响到女性的生命状态。这次课程是让学员对这些自己不满意的部位有一个重新认识，更多地接纳自己，由此提高自信心。

活动目标

让每位学员更多地接纳自己，提升自信心。

参与对象

女性，12人。

活动场地

30平方米以上的场地。

活动流程

1. 带领者讲一个自己对身体的某个部位从不接纳到接纳的经历，对自己的整个生命状态发生的变化进行描述。让每位学员想一下，在自己的身体上有没有自己很不接纳的地方。想到之后每个学员分享一下，有哪些自己不接纳的地方，选出一个觉得最

不接纳的地方。（如胎记、伤疤、身高、体型、肤色等）

2. 说一说这些自己不接纳的地方有过怎样的故事，带给自己哪些困扰，自己又做过哪些努力。

3. 把这个不接纳的地方用一个符号替代，画下来。并且起一个名字。

4. 写一封信给它。

5. 播音乐《致自己》。

团体方案解读

先呈现，当我们把不接纳甚至觉得羞耻的地方说出来之后，我们已经开始对这些部分接纳。之后再描述与这些部位有关的故事，其实是在找出为什么不接纳。把这些事件呈现出来，其实是把导致不接纳的原因呈现出来。表达做过哪些努力，体现出每位学员的不容易。再把不接纳的地方用一个符号替代，并且画下来起名字，把这个部位再择出来，写信给它，表达对它的接纳。

（二）方案 2：我的闺密

活动理念

除了家庭关系以外，朋友关系也是非常重要的关系。大多数人都有朋友，这些朋友都是自己的一个部分的展现。每个阶段因为自己不同的需要，会有不同的朋友，朋友的变化也是自己成长的变化。和闺密的关系也会影响自己的幸福指数。梳理和闺密的情感，梳理自己的成长历程，都可以提升女性的幸福感。

活动目标

优化与闺密的关系，提升幸福感。

参与对象

女性，12 人。

活动场地

30 平方米以上的封闭场地

活动流程

1. 画一条线，代表从儿童期到现在。

2. 在这条线上找到与各个阶段与闺密在一起的时间点。

3. 讲自己与每个闺密发生的故事。

4. 打电话给每个闺密，说一说曾经的故事。

5. 如果有学员和闺密发生过一些负性事件，带领者要做一个处理。可以全场以情景剧的形式呈现，修正。

6. 对自己做一个梳理，从闺密的变化，看自己的成长。看一看每个闺密是满足了自己怎样的需要，再写下来。看看自己有哪些成长，并用短信的形式向闺密致谢。

7. 播《致闺密》音乐。

团体方案解读

打电话给闺密重新建立连接，也是和过去的自己连接，与过去的自己连接有利于整合，也有利于重建关系，让学员在这样的关系中体会到更多的满意感。修正负性事件，能够帮助学员接纳那个阶段的自己，也有利于建立关系。学员再对自己做一个梳理，发现闺密更换与自己的需要有关，发现一切都是自己的需要。

（三）方案 3：我的爱人

活动理念

对于一个已婚女性来说，一般没有机会向别人述说与“前男友”的情感，这里的前男友不一定是真正意义上的男友，包含暗恋过的，只要对自己的内心产生过影响的男性朋友或同学，都可以。把这些压抑的部分，做一个表达，再做一个告别，从此不因为这些人消耗自己，真正地走出这些情感，让这些情感给自己带来正向的力量。

活动目标

告别过去，提升幸福感。

参与对象

女性，20 人。

活动场地

30 平方米的封闭场地。

活动流程

1. 带领者讲述自己的生命中经历的男性的故事，并且表达这些男性有可能会影响我们现在的生活。

2. 让学员想一想自己在生命中经历过哪些男性，并且在沙盘里选沙具，一个男性用一个沙具替代。

3. 每个人讲一讲为何选这几个沙具，以及和这几个男性经历的故事。

4. 如果有学员还卡在某个故事里，需要做一些告别处理，可以用空椅子技术，或者选一个现场的学员来代表故事中的男性，进行告别。

5. 再为每个沙具起一个名字，写一首诗送给他。

6. 每个学员诗朗诵分享。

7. 以《山楂树之恋》音乐结束。

团体方案解读

大多数女性在自己的生命中都会经历一些男性，有的男性可以带给自己自信，有些男性却带来了创伤。重新梳理这些异性，带给自己自信的，重新描述可以强化自己的自信心。而带来创伤的，和他们进行告别仪式。用沙具替代一是为了降低羞耻感，二是为了更形象化，更易表达。起一个名字，送一首诗，用这样诗意的表达来做升华，让每位学员在这样诗意的表达中给自己一分力量结束课程。

（四）方案 4：女人花——我的优势

活动理念

关注优势，就会忽略劣势。当我们在关注自己的优势时，是对自己满意的，内心是愉悦的。多关注优势，多问自己的优势是怎么来的，就可以强化这些优势，可以有更多的重复。当优势发挥的次数越来越多，劣势就自然地越来越少。

活动目标

看见优势，强化优势，让优势重复。

参与对象

女性，12 人。

活动场地

30 平方米封闭场地。

活动流程

1. 以《女人花》音乐开场。

2. 想一下自己作为女人的 5 个优势，可以是积极品质，也可以是积极行为。

3. 画一朵花，有五个花瓣，在每个花瓣上写下自己的一个优势。

4. 分享每个花瓣有关的故事。

5. 一个学员分享完，其余学员鼓掌，点赞，带领者在花朵上盖章。

6. 全体颁奖，每人送一个相框，把刚刚画好的画镶嵌在相框中。

7. 每个人拿着相框拍照留影。

团体方案解读

《女人花》音乐开场，让学员走进自己的内心，再寻找自己的5个优势，并且讲述与优势有关的故事，让每个学员都进行表达，强化这些优势，随后用鼓掌、点赞、盖章来做进一步强化。拍照留影让学员们印象更深刻。

这个方案对带领者的要求要低一些，这里面都是关注积极的部分，没有创伤处理。不过在寻找优势时，有的学员可能会说自己没有什么优势，这里需要有一些引导，如果实在找不到，可以让其他学员帮助寻找，因为这是成长小组第四次课程，小组成员已经比较熟悉。

（五）方案5：我的角色

活动理念

女性的角色有很多，从出生起就有了女儿这个角色，慢慢开始长大，变成一个学生，后来成了一位职员，再后来成了一位妻子，又成了一位母亲，除此之外，还有很多种角色。如果这些角色不能协调好，就会影响自己的生活。协调好自己的各种角色，就能让家庭更和谐，让自己更幸福。

活动目标

协调各种角色，促进家庭和谐。

参与对象

已婚女性，12人。

活动场地

30平方米以上的封闭场地。

活动流程

1. 介绍女性的各种角色，说一说每一种角色的不容易，表达不容易是为了和学员产生共情。

2. 作为女人你给自己可以打几分，分别给不同的角色打分，如作为女儿的分数，作为女职员、作为妻子的分数，作为母亲的分数，作为儿媳的分数，作为姑嫂的分数，等等。

3. 说一说你为何打这个分数。比如说作为妻子为自己打了4分，说一说这4分是怎么来的。每个角色都要分享。

4. 如果想要提高一分，需要做哪些行为？小组探讨。

5. 记录需要在接下来一周做的行为。

6. 带领者总结。

团体方案解读

从开始介绍女性的各种角色，表达女性的不容易，和学员产生共情，建立关系。打分之后表达，只说正面的，不说负面的，是为了提升学员力量。分享为什么能这么“好”，而不是为什么这么“差”，在这样的基础上，再去提高，就能让她们更相信自己有这个改变的能力。在第五步记录了一周要做的行为，每天在微信群里分享自己所做出的努力，群成员进行鼓励。这些行为需要不断地强化，有的人做着做着就没有力量了，就不想去做了，这里需要团体互动，让学员坚持下来。

（六）方案 6：我的榜样

活动理念

榜样的力量是无穷的，当一个人有了榜样之后，就会有一股内驱力让他向榜样学习，成为榜样的样子。不管是小孩还是成人，都需要有一个榜样，榜样能指引我们前进的方向。榜样也会随着我们成长而发生变化，我们在十四岁的时候和四十岁的时候，榜样是不一样的。我们的内心发生了变化，需要发生了变化，榜样就会更换。建立心中的榜样，让我们有更清晰的人生方向。每当遇到事情的时候，想一想，如果我们的榜样遇到这件事会如何处理，就可以不迷茫。

活动目标

重建心中的榜样，提升内心的力量。

参与对象

女性

活动流程

1. 讲有名的女人的故事，一两个故事。或者看视频片段介绍。

2. 把这些女性的名字列举出来。（不同时代的不同类型的名女人）

3. 想一想，你觉得哪个名女人可以成为你的榜样？或者生活中的也可以。她们有哪些品质？你希望向她们学习什么？

4. 想想目前在生活中，你遇到的一个困难。假设你的榜样遇到这件事，她会怎么做？

5. 写一篇 300 字左右的作文《我的榜样》，并且朗诵。

团体方案解读

讲名女人的故事，开启榜样能够带给人力量的感觉。列举不同时代不同类型的名女人，让更多的名女人展现在学员眼前，让学员有更多的选择。找出这些名女人具体的积极品质，向她们学习。这种学习不仅仅是知道，还要做到，要落实到行动上。假设生活中的困境，让榜样来解决会如何解决，学习这个具体的方法，引入接下来具体的生活中。以后遇到困难，就可以用这样的假设，如果榜样遇到这样的事情，会如何处理，就找到了解决的办法，让自己觉得生活是可以掌控的。最后以《我的榜样》为题写演讲稿来演讲，深化与榜样的连接，对榜样产生更多的情感。在接下来的生活中，让榜样深埋在自己的内心中，为自己提供力量。

第二十三章　心理同学会

心理同学会这个词源于韦志中心理学网络学校。心理同学会是韦志中心理学网校课程的一部分，是网络学习线下的延伸和补充。

第一节　心理同学会简介

心理同学会是“学习型心理成长团体”。学习型心理成长团体就是和大家一起学习，是一套以学习为手段的团体心理咨询的模式。

为什么要这样定位呢？我们看到当下很多人需要心理学服务，但他们并不都绝对需要心理治疗，我们号称有 2 ～ 5 亿人需要心理学的服务，其中需要心理治疗的只有少部分人。那些不需要心理治疗的人，他们需要的是心理学服务。

当下的心理学服务大众应该是让大家通过学习心理学知识，通过学习心理学的技术、方法和原理，促使自己在经验上、认知上、情绪情感上发生改变，从而提升自己的心理素质。只要心理素质（心理资本）提升了，那么你原来的问题和困扰就能够被解决了，这也就是“智者无忧”的道理。在韦志中网校教学体系中，心理同学会是由网校的各个教学点的负责人来带领，这样就形成了一个共同服务社会的利益共同体。

一、心理同学会的特点

心理同学会是体验的升级。心理同学会围绕网校学习的主线，配合网校体验式互联网教育“六位一体”模式进行地面总结。以“我讲你听——我做你看——一起体验——亲自实践——地面交流——网上分享”六位一体教学模式，实现学习效果的最大化。心理同学会就是让学员完全在同学会中浸泡着，就是要和生活、跟人心结合起来，我们随时都是体验，都是生活，完全参与进去了，这是未来心理学的样子。

心理同学会是为服务思维的升级。用心处理信息，一定要升级我们的体验模式。这里面还有一个技巧，社会中的人都喜欢“要”，从这个角度来讲，你就“给”，道理很简单。但同时还要把握一个技巧和规律，人们只想“进”，不想“出”，我们教育的时候就让他“出”，让他说。他老想听，你就不要让他听太多，一定是把他给转过来，这样才能保持一种根本的平衡，这实际上就是一种服务的新思维。

心理同学会是中国文化传播的升级。中国人的思想和心理学的研究将会走向世界，我们以文化为大背景，以为人民服务为经营策略，“心理同学会”和“心理茶馆”这两种服务模式将成为我们心理学人服务社会的两套体系，要不断系统化、规律化地去探索和完善。

二、心理同学会的有效性

学习型心理成长团体就是和大家一起学习，是一套以学习为手段的团体心理咨询模式。那么它如何保证学习的有效性呢？

一是“家一样的归属感”。归属感可以使人获得成长，心理同学会是一家人的感觉，我们都是心理学的同学。

二是“关系的黏度和温度”。关系亲近，彼此觉得对方是自己的依靠，是归属，而且和对方在一起，温度立即上升。这样一群人在一起，这个团体黏度够了，温度就会慢慢上升，这才会使人改变。

三是“分享、交流、解惑”。成长是一个认知的过程，韦志中心理学网校就是大家在一起讨论、分享和交流，从而得以解惑，这也是一个疗效因子。

以上是成长型团体的三个核心的成长因子，做到了这三点，团体就具有了长期保持的机制，而且团体成员还会越来越多。

心理同学会最初的想法是“网校的同学”，以及网校的同学带来的同学，即“同学的同学”，类似于朋友圈的设计，这是符合社会心理学的科学规律的，要相信人际的力量。学习型心理成长团体是一种回归。“回归”是现代社会人们的一种渴望，天然去雕饰的一种真诚呈现。我们的心理同学会就是学习，就是成长，突破了“问题解决”模式，其他如预防、干预、成长、咨询就都可以被我们收纳进来。在互联网的背景下，人们太需要与这个社会连接了。人性体现得越充分，社会才能发展越快，这是相互之间协作的。

第二节 心理同学会的六大部分

心理同学会是学习型成长团体，根据韦志中心理学网校课程设置，综合学员们想要通过学习心理学使自己成长的现实需求，心理同学会地面活动共设置六大方向二十四个主题，六个方向是学术研讨、生命故事、技术练习、实践报告、书香四季和问题解决。

一、学术研讨

心理学的学术研讨是我们学习心理学很重要的一部分，我们将学习到的心理学知识和技术上升到学术的高度，让更多的心理学知识和实践的成果呈现在人们的面前。学术研讨帮助学员深入地体会课程的内容，同时让学员对课程有更好的领悟，不仅能把学习到的知识和技能更好地运用到实际的工作和生活中，而且能够将我们在实践中获得的经验上升到一定的理论高度，进行学术的探讨，同时培养学员的科学思维和科学精神，将所学的知识系统化。

通过学术研讨，学习型团体活动可以培养更多具有专业素养的心理学人才，让这些心理学人才具备学、做、研、教、写的能力。在让心理学工作者获得成长、将心理学的实践上升到学术高度的同时，也让心理学工作者将其他心理学工作者学术研讨的成果转化成自己手中的心理学工作的工具或者大众可以接受的心理学知识。

学术研讨这一部分包含了四个方面，分别是：积极心理学的技术制作与转换，在中国本土文化中吸取现代心理学的技术应用，团体心理咨询的方案设计，“学、做、研、教、写”心理人才的职业规划。

二、生命故事

每个人在成长的过程中，都有着属于自己的成长故事，成长中的每个故事如脚印般记录着每一个点滴，是人们心灵旅程中实实在在的体验。人们的人生观、价值观、世界观在这些成长的故事经历中形成，每个人对这些故事的解读会在无形中影响着自己的认知体系，进而影响着我们对生活的态度及对事情的应对方式。

当人们在相对合适的环境中重新讲述自己或者他人的故事时，心情、环境是相对平静的，讲述者将故事娓娓道来，如观赏电影般，让情节在眼前播放，在这个过程中，讲述者把自己抽离出来，把问题外化，以第三者的角度去重新审视思考，以新的视角去理解解读，从而产生新的重建力量。通过说故事，可以帮助自己建立新的认知体系。通过讲故事，可以在消极的自我认同中，寻找隐藏在其中的积极的自我认同，重新找到面对烦恼的现实状况的方法，正视已经发生了的过去，并且找到一个继续努力、正向发展的深层动机和强大动力。

生命故事以叙事疗法、积极心理学和表达性艺术治疗三个理论为基础，相信人具有自我成长、自我实现的能力，让人明白自己的发展取决于自己。借助叙事疗法里面的“故事叙说”来开展这个项目，采用表达性艺术方法，激发大家进行自我的思考，通过讲故事、听故事让参加者产生一个新的视角，多角度看待问题，进而升级、重建自我思维体系。“生命故事”通过四个递进的主题进行设计，让参加的成员从探索内心到往外关注，实现个人心灵的成长及滋养。

三、技术练习

实现心理技术在生活中的应用，并且使产生的心理教育的效果最大化。第一体现在数量上，来参与学习型心理同学会的人数可以是十个人、二十个人、三十个人或者一百个人等等，能够接受心理教育的人数是很多的。第二体现在质量上，学习型的心理同学会是一个体验、学习、应用、分享的团体，成员在参与同学会的过程中，首先是通过体验获得自己的心灵成长，然后是学习心理学的知识和技能，再者是将学习到的知识和技能运用到自己的工作、生活中，最后再将能够服务于大众的心理学知识和技术分享给身边的人，让身边的人都可以因心理学而受益。

为了更好地推进心理技术应用工作的发展，为了让更多的心理学从业者、爱好者和大众学习掌握一定的团体心理学技术，本章我们以四个具体技术为依托，通过详尽阐述来帮助大家了解心理技术发展的现状，提供具体可操作的心理技术方案，展现日渐成熟完善的心理技术体系，展望心理技术后续发展的前景。

技术练习将从心理技术角度阐述多个心理技术理念、目标、环节、设置和注意事项。主要目的是学习、实践、优化、创新心理技术，同时结合本土的文化进行心理技术的探讨，以期最终实现心理教育的效果最大化。

四、实践报告

实践是检验真理的唯一标准，实践还是让学习者体验、强化、升华学习的很重要的一个过程。

实践报告就是一个小型的研讨会，我们把学到的东西去应用了，实践之后来给大家汇报、分享，大家围绕着成员的实践分享内容进行反馈、督导，提升和强化的是我们的表达和总结能力。

实践报告从对已做过的实践活动的汇报、体验，到对策划中的实践活动的添砖加瓦，最后全员总结如何做好实践活动这四个模块的安排，提出既要学好理论知识，又要学会把理论和实践相结合，用理论指导实践活动的理念。实践活动需要不断地检验和督导，应从多个角度检验活动方案，并亲身去体验一场实践活动。这些都能从不同的角度来让我们的活动带领者不断地反思，指导以后实践活动的进一步优化和调整。

五、书香四季

读书改变人生的宽度和厚度，可以让人滤除浮躁、丰富知识、坚定信念、明辨是非、提升才华、修身养性。所以梁实秋先生说：“以一般人而言，最简便的修养方法是读书。”

“腹有诗书气自华”，一本好书往往能改变人的一生。人的精神发育史，应该是他本人的阅读史。大家知道，心理学在横向和纵向上都与多个学科交叉，是一门对综合知识要求很高的学科。所以我们提倡多读书，读好书，这对心理学爱好者和心理学工作者尤其重要。在学习型心理成长团体带领的6个方向中，书香四季通过“阅读·幸福”“读书·识人”“诵读·身心”“求知·修养”四个主题的学习和体验来提高团体成员的文化素养和心理学专业知识。

六、问题解决

根据普通心理学的理论，问题解决是由一定的情景引起，按照一定的目标，应用各种认知活动、技能等，经过一系列的思维操作，使问题得以解决的过程。信息加工理论认为，问题解决就是对问题空间的搜索。它具有三个特征：目标指向性、操作序列和认知操作。问题解决教学是适合当代课程教学改革发展要求的一种基本的教学形式，它基于问题解决的方式来建构知识、培养能力、提高素质，进而促进学生的主动发展。

在心理学的学习之路上我们会遇到一些问题、挫折、困难，如何能够在这条路上坚持下去是我们思考的问题。对于在心理学学习的过程中遇到的问题，我们需要找到解决的办法。

发现问题、明确问题、提出解决方案、评估执行方案和执行解决方案是我们问题解决的有效途径。只要能够发现问题，我们就可以寻求问题解决的办法。我们可以通过团体的力量来解决我们在心理学学习中遇到的问题。首先确定问题的范围，指出可能解决的方向，提出问题解决的一般方法和创新方法。在心理学学习的过程中，随着学习程度的深入，遇到的问题也会发生变化，所以在问题解决部分设置了四次心理同学会的活动，以期帮助成员解决不同时期的不同问题，和成员一起成长。

第三节 学术研讨

一、活动简介

学术研讨通过强化的方式让学员参与到心理学的理论与知识思考的过程中来，让他们对课程中的内容进行深入思考，充分体味，并将其内化，用心理学的知识和技能去影响和帮助身边的人，真正地实现让心理学服务于我们的生活。学术研究还可以将学习到的心理学知识和技术上升到学术的高度，将更多的心理学知识和实践的成果呈现在人们的面前。通过学术研讨可以培养更多具有专业素养的心理学人才，培养学员的科学思维和科学精神，将所学的知识系统化，上升到一定的研究领域。学习型心理同学会的学术研讨可以夯实学员的理论基础，培养专业的心理学人才，让这些心理学人才具备学、做、研、教、写的能力。

二、活动内容

学术研讨这一部分包含了四个方面，分别是：积极心理学的技术制作与转换，在中国本土文化中吸取现代心理学的技术应用，团体心理咨询的方案设计，“学、做、研、教、写”心理人才的职业规划。

1. 积极心理学是心理学新的分支科学，是相对于传统心理学“找问题，解决问题”的思路而另辟蹊径的研究和实践方向。网校的课程以积极心理学为基本导向，所有的课程几乎都是关于积极心理学理论的应用或积极心理学技术。所以掌握积极心理学的理论与基本技术是对每个网校学员的基本要求。网校通过积极心理学的技术制作与转换的学术研讨，就可以让学员能够更好地理解、掌握和应用积极心理学的基本理念。

2. 在中国本土文化中吸取现代心理学的技术应用。心理学的本土化是以本土的社会文化历史为依托，对西方心理学中合理的成分进行吸纳，使其融入中国社会文化并成为中国本土心理学一部分的过程。网校中有大量的课程都是与中国文化相关的心理学课程，例如《向〈西游记〉取育儿经》《向孟子学积极心理学》《成语心理学》《民歌中的爱情故事》《24 节气心理建设方法》等等。所以掌握和理解本土文化心理学也是对网校学员的基本要求。通过在中国本土文化中吸取现代心理学的技术应用的学术探讨可以让学员更加理解本土文化对心理的影响。

3. 团体心理咨询是一种在团体情境下提供心理帮助与指导的咨询形式。团体心理咨询提供了适当的情境，通过团体内人际交互作用，促使个体在交往中通过观察、学习、体验，认识自我、探讨自我、接纳自我，调整、改善与他人的关系，学习新的态度和行为方式，发展良好的适应性，促进人格成长。网校中的课程主要是心理学技术和团体两个方向。培养专业的团体心理咨询师是网校的主要目标。通过团体心理咨询的方案设计的研讨能够让学员更多地去思考团体咨询的相关理论，例如场理论与场动力理论等等。

4. 培养“学、做、研、教、写”心理人才。网校中有大量的学员是来自基层的专业心理工作者，网校需要有计划、有目标地帮助这些网校学员更好地成长，所以在心理同学会的实践过程中需要职业生涯规划的内容。让网校学员有计划、有方向、有目标地学习；帮助学员选择出自己需要和想要的心理学课程，获得最优质的心理成长；帮助专业心理学工作者进行职业生涯规划，让心理学工作者成长为心理学方面的专家；帮助心理学学习者更好地自我成长，避免学习过程中的盲目，将学习的效率和效果扩大化。

三、活动目标

1. 提高心理学专业人士的学术研究能力，期待用专业的知识和技能更好地让心理学服务大众。

2. 提高心理学学习者的探究和思考的能力，每个人都需要具有研究性的思维方式，帮助学习者能够将所学的知识和技能转化成自己手中的心理学工作的工具，让这些工具更好地服务他们的生活、工作和学习。

3. 将更多的心理学的研究和实践成果展现在人们面前，并且在之前探索的基础之上，让后来人可以继续研究和探索，并且在真正意义上实现让更多的人因心理学而受益。

四、活动方案

提前通过网络的方式（微信、QQ、邮箱等）或者实际宣传的方式，发布关于学术研讨活动的作业，每一次作业的主题、内容和设置要清晰。通过创新大赛、论文报告、方案设计和理论讨论四种方式展开学术研讨的活动。提前将每次活动需要准备的物资和学习要求发送给每一位参与者。

（一）活动 1：积极心理学的技术制作与转换

活动理念

积极心理学是心理学研究的一种新型的模式，它相信人本身的真善美和原有心理能力的积极心理品质，不再是以问题模式为主导的传统的心理学模式，将心理学用在心理问题的疗愈上。积极心理学是研究普通人的心理活动，根据大部分人的心理状况指导人们如何追求幸福生活的学科。作为专业的心理学工作者，需要了解积极心理学理念、相关的积极心理学的理论，并把相关的理论知识转换成可操作的心理技术。同时我们需要来研究在中国的文化背景下，适合中国人的心理技术。另外有一些心理技术是之前的心理学家研究出来的，我们也可以在此基础之上进行调整和优化。无论是调整、优化还是制作新的心理技术，这个过程都是科学的，遵循科学的规律，有着科学严谨的制作心理技术的过程。在心理同学会一年 24 次的活动安排中，也同样需要安排一次关于积极心理学技术制作与转换的研讨。

活动目标

1. 让成员更深刻地了解心理技术的来源、操作方法和注意事项。

2. 让成员在操作心理技术的过程中，学会优化和转化心理技术，让心理技术更好地服务于我们的生活和工作。

3. 让成员在使用和优化心理技术的过程中，结合我们本土的文化，能够创新出更多的心理技术，并让心理技术“动”起来，使我们心理学的学习和操作更趋于大众化。

活动方式

通过心理技术创新大赛的方式来实现积极心理学技术的制作和转换。

活动设置

1. 氛围：开放、尊重、保密，整个活动过程中不录音、不录像，不经允许不传播。

2. 心理技术的制作和转换，支持原创和技术拓展，不允许抄袭。

3. 提交形式：论文或报告。

4. 允许个人独创和团队的共同创造。

5. 场地：安静的室内（宽敞），桌椅可移动。

6. 设备：投影、音乐播放器以及展示心理技术需要的物品和资料。

7. 时间：2～2.5 小时。

活动准备

1. 提前两周发布活动信息，说明此次活动的目的、意义，提前留好作业，作业内容是每个成员写出一个心理技术优化或创新的设计方案。设计方案的内容包括以下几个部分：设计方案的来源、目的、意义、操作环节、注意事项以及应用的条件。

2. 把写好的心理技术优化或创新的设计方案发送到心理同学会的负责团队那里，然后采取多种评选的方式进行评选。由心理学的专业人士组成的初评团初选，由心理学的专家、学者、同学会的负责人和带领导师组成的复评团选出本次活动使用的方案。选出的方案现场角逐，进行 15～40 分钟左右创新技术方案的展示，其中 PPT 展示的时间为 15 分钟，现场体验的时间为 40 分钟。

评选维度：和心理技术的创新有关，能够调动体验式心理活动的气氛，能够起到心理教育的目的，并且能够在使用技术的过程中让体验者受益。

活动内容

1. 暖场热身，成员相互认识熟悉。

推荐的暖场活动为：“创新思维对对碰”。

推荐理由：本次活动的主题是通过心理技术创新大赛的形式实现积极心理学技术的制作和转换，和创新有关，所以本次的热场活动也是和创新有关的。

2. 带领导师介绍本次心理同学会的主题和环节。

3. 参赛者展示心理技术创新设计的方案，可以使用 PPT 来展示，也可以通过现场技术的操作，让成员进行体验。

4. 其他成员提问或建议，然后由参赛者回答，由同学会组织者总结陈述。

5. 参赛者根据参加此次同学会成员的反馈，和同学会带领导师的建议，优化设计方案，将优化后的方案在一周内提交给同学会组织者。

6. 同学会成员对参与者的创新技术进行投票，为前三名的心理技术创新大赛的设计方案颁发奖状。

（二）活动 2：在中国本土文化中吸取现代心理学的技术应用

活动理念

中国传统文化，特别是中国古代儒家、道家及后来从印度传至中国的佛家的哲学思想对人性及为人之道的深刻认识和阐述，传递出诸多的积极心理思想观点。现代社会对心理学的期待，从问题取向转为生命取向，所以要让更多的人去了解和学习适合中国国情和民情的大众心理学。从成语中、饮食文化上、民歌中、诗歌中都可以提炼出很多积极心理学的思想，而且这些生活中的心理学智慧能够更好地帮助我们学习和运用心理学的知识和技能，同时将这些智慧运用到我们的生活工作当中，让我们的工作更快乐、生活更幸福。

活动目标

本次活动力图通过提交一份有关中国传统文化与心理学相关的报告或论文，让团体成员了解和学习中国心理学的思想源头和发展历史，感受中国古代哲学及心理学的思想对现代心理学的影响；让大家从更多维的角度来探索符合中国文化的心理学的知识和技术，将古代的心理学思想和现代的心理学技术结合起来，将东方的文化和西方的积极心理学理念结合起来，探索出更符合中国人内心需求的心理学，将这些心理学思想融入我们的生活。

活动内容

请参与者提交一份关于中国心理学思想的报告或论文，将报告和论文收集起来，将相同主题或相似内容的报告和论文分在一组，然后将分组的信息反馈给参与者，并且通知参与者准备 3 ～ 5 分钟报告或论文的 PPT 或者口头的展示。

小组内分别展示个人的报告或论文，由小组成员共同选出一份最值得在全员面前分享的，然后每组轮流展示，请其他组的成员提出意见和建议，最后评选优秀作品并颁奖。

暖场活动推荐：“古诗成语春联大比拼”。

（三）活动 3：团体心理咨询方案的设计与督导

团体心理咨询需要优质的心理咨询方案，能够促进学员在团体的场里得到心灵的滋养，从而达到团体心理咨询的目标。学习型心理成长团体在提高参与者设计团体心理咨询方案方面给予一定的指导和帮助。同时，我们在方案设计的过程中，也对其设计出的方案进行督导，朋辈之间的督导有利于团体方案优化，使团体心理咨询的效果更好。

活动目标

本次活动在学习本会团体理论和技术的基础上，研讨中国特色的本土化团体技术，如：本土化的婚姻家庭治疗、教育心理的本土化技术等，提高参与者团体心理咨询方案设计的能力，帮助学员优化团体心理咨询的方案，对培养“学、做、研、教、写”的心理学人才有一定的促进作用。

活动内容

提前发布此次活动的要求，每个参与者需要提交一份团体心理咨询的设计方案。团体心理咨询的设计方案包括：理念、目标、操作环节、适合人群、时间地点、物料准备和注意事项等方面的内容。

选出 1 ～ 2 个相对优秀的设计方案，并且通知设计者，让设计者做好方案的展示准备工作。

按照选出的优秀的团体心理咨询的设计方案进行操作体验。之后学员及带领老师对设计方案进行评估，提出优化建议。

根据方案设计的展示和体验，探讨团体心理咨询方案设计的方法和注意事项。

活动后每人将自己的团体心理咨询的方案进行优化之后发送给带领导师，可以分享给更多的心理学的学习者和工作者。

暖场活动推荐："快乐传递"。

（四）活动4："学、做、研、教、写"心理人才的职业规划

活动目标

1. 让心理学的学习者有计划、有方向、有目标地学习，帮助其选择出自己需要和想要的心理学课程，获得最优质的心理成长。

2. 帮助专业心理学工作者进行适合的、优质的职业生涯规划，让心理学工作者成长为心理学方面的专家。项目与人才匹配，培养"十字型心理学人才"，即四项全能型人才（思维、状态、技能、价值）。

3. 帮助心理学学习者更好地自我成长，避免学习过程中的盲目，将学习的效率和效果扩大化。

4. 组成一个心理学工作和心理学学习的团队，形成一个互帮互助的学习型的团队。

活动内容

推荐暖场活动为："我猜他是谁"。

用本次活动来帮助参加活动的成员进行心理工作的职业生涯规划，从"学、做、研、教、写"五个方面来做详细的阐述：

1. 学。成员讨论在心理学学习过程中，对"学、做、研、教、写"的理解，可用分组或者百变知识圈的形式。讨论的主题是：如何学习心理学？形成学习心理学的方案。每组推举一名成员说出讨论好的方案，带领导师总结，最后将每组的方案收集起来，形成一个严谨的文案，甚至可以写成一篇论文在期刊上发表。

2. 教。由带领导师讲述心理学工作和团体成员学习的现状，告诉大家教是最好的学，通过教的方式也会让自己在心理学的道路上更快更好地成长。

分组，每组成员商讨出关于心理学的一个知识点或者一个心理学技术，5分钟以后，每组推举一名成员来现场教给大家。记录整理，形成文案。

3. 做。每个成员现场草拟一个自己的职业生涯规划和成长规划书，20分钟后，让3～5名成员主动来分享自己的职业生涯或者心理成长的规划书，带领导师和本次参加同学会的成员根据分享者的方案给出建议。根据建议，回去写出一个完整的职业生涯规划书或者心理成长规划书，写好以后发给心理同学会。对优质的策划书给予表彰，或者将其发表，让更多的心理学工作者可以做参考。

4. 研。采用分组的形式，现场提出问题，也可以就带领导师提前准备好的问题进

行研讨。这里罗列一些主题以供参考：

（1）心理学需要“学、做、研、教、写”的人才。

（2）将心理学运用到亲密关系中的方法。

（3）成为心理学人才需要的条件。

（4）成为心理学人才需要读的书籍。

（5）积极心理学在人际关系中的应用。

讨论结束后，每组推举一名成员分享，其他组员和带领导师给予建议，最后由带领导师做总结。

5. 写。参与本次同学会的感受，现场写作，500 字，并交给同学会组织者。就研讨的问题，每小组交一篇研讨报告，由同学会老师帮助修改，写成一篇具有学术价值的文章。

第四节　生命故事

一、核心理念

每个人在成长的过程中，都有着属于自己的成长故事，成长中的每个故事如脚印般记录着每一个点滴，是人们心灵旅程中实实在在的体验。人们的人生观、价值观、世界观在这些成长的故事经历中形成，每个人对这些故事的解读在无形中影响着自己的认知体系，进而影响着我们对生活的态度及对事情的应对方式。这些故事中有欢喜、有悲伤、有甘甜、有苦涩，有些故事当我们再次回味时心生欢喜，还有些故事我们不愿想起、不愿提及，每每忆起，心中都会有难掩的伤痛。当我们开始用积极心理学的视角重新解读那些曾深留于心的每一个故事，我们会获得不一样的心理体验，使我们的心灵得到滋养。

在这个过程中，讲述者把自己从故事中抽离出来，把问题外化，以第三者的角度重新审视和思考，以新的视角去理解和解读，从而产生新的力量，帮助自己建立新的认知体系。这个过程是一个自我成长、自我实现的过程。而倾听者在讲述者的带领下，感受故事里主人公的各种体验和情感变化，这些体验和情感变化会让倾听者在内心觉察自我，进而获取有利于自己成长的信息。在这个过程中，倾听者与讲述者一样，都实现了自我的成长。

生命故事以叙事疗法、积极心理学和表达性艺术治疗三个理论为基础。积极心理学的观点认为，我们相信人具有自我成长、自我实现的能力，让人明白自己的发展决定于自己。借助叙事疗法里面的“故事叙说”采用表达性艺术的方法来开展这个模块的主题活动。“生命的故事”采用四个递进式的主题进行设计，让参加的成员从探索内心到往外关注，去实现个人心灵的成长及滋养。

二、活动目标

1. 讲述自我成长的故事，提升学员对积极情绪的感悟。
2. 演绎家庭生活的故事，化解学员隐藏在内心的冲突。
3. 品味社会关系的故事，优化学员人际互动的模式。
4. 书写感恩生命的故事，滋养学员的心灵和生命。

三、活动方案

（一）活动 1：讲——自我成长的故事

活动目标

本节活动中团体领导者利用“我的生命线”这个技术，让参与成员聚焦生命成长过程中让自己难忘的九个故事，并通过讲述来呈现这些故事对其生命的影响和重要意义。通过对每个成员生命事件的聆听，感受其生命的成长和变化，帮助其实现自我成长，而其他团体成员在倾听的过程中，用自我的感受提供寻找遗漏和提醒疏忽的窗口，促使其重新检视自身，用积极心理学的品质重新定义故事的意义，以唤起讲述者内在改变的力量。

活动内容

同学会成员绘画“我的生命线”。起始部分标注为出生（0 岁），结尾部分标注自己预期生命终点的时间，在生命线上标注目前年龄所处的位置，回想自己走过的生命历程中对自己有深刻意义的事件，标注在生命线上，将当时的情景绘画在一个方框里面，共绘画九个情景。

然后畅想自己还没有经历的生命线范围，在自己未来的生命线上写上你最想成为的人、最想做的事情。

分享后引导每个学员为自己的生命故事写一首诗、画一幅画或者写几句寄语。

暖场活动推荐："小鸡变凤凰"。

（二）活动2：演——家庭生活的故事（心理剧）

活动目标

心理剧是为完成心理治疗、个体发展等目标而设计的咨询技术，也是格式塔疗法、团体咨询等疗法的前身。通过扮演某一角色，来访者可以体会角色的情感和思想，从而改变自己以前的行为习惯。心理剧能让参与者通过音乐、绘画、游戏等活动热身，进而在演出中体验或重新体验自己的思想、情绪、梦境及人际关系，伴随剧情的发展，在安全的氛围中，探索、释放、觉察和分享真实的自我。

莫雷诺认为，心理剧乃是人类社会的缩影，它通过特殊的戏剧形式，分享、支持与接纳、创造一个能掌控的环境，让参加者扮演某一角色，以某种心理冲突情景下的自发表演为主，将心理冲突和情绪问题逐步呈现在舞台上，从而释放情绪，消除心理压力。

活动内容

开始由成员在小组内自由发言，每组选一个具有代表性的家庭故事。然后将故事详细地表述出来，同时由组长来安排家庭故事的呈现，选出此次心理剧的主角和替身，布置舞台的模样，同时安排辅角和观众的事务。接着各小组分别表演家庭故事，通过表演进一步探索目前在家庭关系中存在的困惑，将心理冲突外化、澄清、升华，从而获得心灵成长。最后每个参与成员为自己的家人写一段话，至少找三位非本小组的成员分享。

暖场活动推荐："我是谁"。

可涉及的主题提示：

1. 个人成长与探索

现在或过去的生活中没有解决的事件和冲突，以及所有那些滞留、压抑、未曾表达的情感或者想法，都有可能造成当下的身心疲惫的状态，甚至可能会导致人际关系混乱，并持续地影响人们的未来生活。导师协助团体成员将深层埋藏的、破坏性的情感释放，学会自信而尊重性地表达，打破重复性的心理问题处理模式，让生命更加自由且充满活力。

2. 关系的修复

与他人关系的好坏对自我情绪、身心健康和精神状态的平和是极其重要的。我们的人际关系包括了亲人、爱人、朋友等，也包括缺席的、无法联系到的或者已经离去的亲人或朋友。通过心理剧修复自己内心与这些“重要他人”的关系，使我们内在的心理满足感和生活幸福感得到提升。

3. 未来探索

人生会经历许多十字路口，需要选择和重新评估人生的方向，如生活及职业方向的选择、生活的意义和目的的改变、人与事件的失去等。在心理同学会现场，导师将协助团体成员，运用心理剧和其他行动方法来探索不确定的未来，让未来的梦想具体有形地呈现出来，让我们能够清晰看见，同时寻找到行动的方向，并勇敢地探索未知世界。

（三）活动 3：品——社会关系中的故事

活动目标

为什么喝不同味道的茶会使我们产生不同的情绪体验，进而联想到不同的生活事件和经历？这主要是运用了心理学的“具身认知”原理。具身认知，也称“具体化”，是心理学中一个新兴的研究领域。具身认知理论主要指生理体验与心理状态之间有着强烈的联系。生理体验“激活”心理感觉，反之亦然。简而言之，就是人在开心的时候会微笑，而如果微笑，人也会趋向于更开心。

人际关系可以因茶而生缘，因茶而更加融洽。人们饮茶之际，可以感受到一种跨越时空、跨越隔阂的交流气氛。茶的那种平和清淡的自然秉性会与人们追求和谐的要求息息相通。

本案例中我们用中国的茶文化，把具身认知的理论演绎出来，通过一一品尝“酸、甜、苦、辣、咸”五种味道的茶，体验生理反应和情绪情感的连接，把储存在我们记忆里的认知信息生动地提取出来。提取的过程中，不仅仅用理性的语言去述说，更需要我们用身体去感受，因为身体的感觉非常重要，在认知过程中发挥了重要作用。

活动内容

准备苦、酸、辣、咸、甜五种口味的茶（或饮品）。先做一个放松冥想，然后依次在带领者的口令指导下一饮而尽，闭目静静体会内心的感受，回忆过往社会人际交往过程中与这种感受相似或相同的经历和故事，让画面慢慢清晰，小组内依次分享自己想到的故事，同时说说这个故事对当下生活可能有哪些积极的影响。最后每人为自己在品茶过程中的感悟写一首诗，以《人生五味茶》为题，并在组内分享。

这个过程引导团体成员回忆在社会成长过程中与他人发生的故事，并对这些故事做积极的转化，提升我们的心理能力，帮助我们澄清过去，优化面对生活的积极品质。

推荐暖身活动："察言观色"。

（四）活动4：写——感恩的故事

活动目标

泰勒·本－沙哈尔在哈佛积极心理学的课堂上提到感恩可以增值自己的幸福感，把感恩变成一种习惯，当我们感恩时，副交感神经系统功能增强，使我们变平静，从而加强免疫系统。当感恩成为我们的性格，还有很多好处，所以感恩不只是一种心情，还是一种性格。

高感恩感的人，对待生活的情绪也是积极的，不会去抱怨。在碰到问题的时候，高感恩的人会积极地想办法解决事情。高感恩的人更能发现生活中的美，更能去欣赏生活中的美，会把他们拥有的一切看作是一种恩赐，不会对生活中频繁出现的美好事物习以为常或者是熟视无睹，这使他们能在长时间里保持一种幸福感。

感恩的这种积极品质能增强人们的幸福感，同时感恩是可以培养的，写下当天遇到的感恩事件，让感恩变成我们的一种习惯，这样会使我们获得更多的幸福感。在主题活动中，让来参加的成员写下生命历程中值得感恩的五件事，记录美好的故事，滋养所有成员的心灵。

活动内容

先观看感恩视频；接着分组，组内成员一一分享观看感恩视频后的感受；然后所有成员开始书写生命历程中值得感恩的故事；小组内成员分享自己的感恩故事，每个小组成员共同推选一个最有意义的感恩故事向所有成员进行分享；最后静静地听一段音乐，和自己安静地相处几分钟，感受自己此刻的内心变化，并记录下来。

推荐暖场活动："冥想放松"。

第五节 技术练习

一、核心理念

关于心理学技术，杨鑫辉老师作为国内首家心理技术应用研究所的创办人，曾这样说过："心理科学包括理论思辨和技术操作两大方面，心理学技术属于技术操作方面，非常有助于心理学的应用。心理学的应用是心理学发展的主要动力，心理技术将使心理学在人们生活中的应用最大化。"

如何实现心理技术在生活中的应用，并且使心理教育效果最大化？第一，体现在数量上，来参与学习型心理同学会的人数可以是十个人、二十个人、三十个人甚至上百人，能够接受心理教育的人数是很多的。第二，体现在质量上，学习型的心理同学会是一个体验、学习、应用、总结、分享的团体，成员在参与同学会的过程中，首先是通过体验获得自己的心灵成长，然后是学习心理学的知识和技能，再者是将学习到的知识和技能运用到自己的工作、生活中，最后将能够服务于大众的心理学的知识和技术进行总结和升华，分享给身边的人，让身边的人都可以因心理学而受益。体验式的心理同学会活动中，不仅能在意识层面开放个体心灵，还有可能自觉或不自觉地深入潜意识层面了解自我，因而可以保证心理教育效果的最大化。

为了更好地推进心理技术应用工作的发展，为了让更多的心理学从业者、爱好者和社会大众学习和掌握一定的团体心理学技术，我们技术练习这个板块以四个具体技术为依托，通过详尽阐述来帮助大家了解心理技术发展的现状，提供具体可操作的心理技术方案，展现日渐成熟完善的心理技术体系，展望心理技术后续发展的前景。

本节仅以百变知识圈为依托，阐述心理技术理念、目标、环节、设置和注意事项。其主要目的是学习、实践、优化、创新心理技术，同时结合本土的文化进行心理技术的探讨，最终找到更多适合本土运用的心理技术。

二、活动目标

1. 指导学习型心理成长团体学习主要的四种心理技术，通过实践掌握以及熟练运用相关心理技术，并且在运用实践的过程中优化或者创新心理技术。

2. 让学习型的心理成长团体的带领者能够针对不同性质、不同数量、不同年龄的团体选择适合本团体心理成长的心理技术，使心理教育的效果最大化。

3. 探索心理技术的文化根基，更深一层地解读属于中国本土的文化心理，让心理技术更好地为我们的生活服务，同时也为心理技术的优化和创新奠定基础。

4. 使得团体成员学会心理学原理、规律以及心理技术，用心理学的知识来服务自己的生活和工作，同时在实践的基础之上去创造更多适合我们生活和工作的心理技术，让这些心理技术更优质地服务我们的生活。

三、活动方案

1. 本节以应用范围较广且实施较方便的“百变知识圈”技术、“心理刮痧”技术、“石头的故事文化”心理技术和“生命中的贵人之感恩拜访”技术这四大心理技术作为载体，来说明心理技术的文化渊源、理念、目标、操作环节和具体设置。

2. 通过团体成员同步学习、集体操练、课后实践等形式达到开阔眼界、丰富心灵、领悟更多生命故事和改变自我认知的目的。

3. 通过心理技术的选择、心理技术的操练和应用、心理技术的文化基础探索、心理技术的创新四次学习型心理成长团体的活动，让参加心理同学会的成员在心理学技术专业水平方面和心理文化素养整体层次上都有所提高，同时也让成员们能够感受到心理生态系统的优化和心灵的滋养。

4. 不仅仅要有心理学知识的储备，还需要物资的准备，具体的物料准备和场所要求在每一次技术练习活动中说明。

（一）活动 1：“百变知识圈”技术

技术介绍

“百变知识圈”技术属于心理教育性技术，其特点是简单易操作，灵活性强，运用广泛。当成员面对面坐成内外圈的时候，或者面对面站成内外圈的时候，特别能够引发学员之间良好的沟通，也可以训练学员倾听和共情的能力，能够增加学员的熟悉程度，同时使学员学会尊重别人的不同观点和看法。

“百变知识圈”技术还可以比较好地调动团体成员的参与度、互动性、积极性，能让团体成员在宽松接纳的环境中更好地开放自己，激发自身的潜能，提升团体成员的自信，并且汇聚集体智慧。在这样的学习型团体中，每个成员都能够更好地认识自我、探索自我、成长自我。

活动特点

“百变知识圈”是内外圈技术在体验式团体应用过程中，围绕不同的团体目的所变化出来的一种形式，其特点是可以将团体成员一分为二，一半在内圈，一半在外圈，让每一位成员在活动的每一个过程中都能一一对应进行交流与分享。使得团体成员在轻松、愉悦的学习与体验过程当中丰富学习形式，并达到团体动力的均衡，每一位成员都能参与其中，实现心理教育的最大化。“百变知识圈”谈论的主题可以根据具体的活动主题来确定，比如说可以是关于“阅读·幸福”的主题，“婆媳关系”探讨的主题，“情绪大乐透”关于情绪的主题等。

人员分配

人物角色设置：带领导师、体验者、观察员、助教。

按自愿原则分配角色并明确角色要求。

带领导师——自荐或推选一名熟悉“百变知识圈”原理、操作环节、注意事项和有使用此技术带领团体经验的成员。

体验者——在团体带领者的带领下，参与体验的成员。

观察员——观察带领者的表现、体验者的情况、整个场的情况，并且做简要的记录。

助教——准备各种物料，拍照，录像，调配环境，协助带领者带领学员，示范，体验。

活动内容

先按 1、2 报数，2 坐内圈，1 与 2 面对面坐外圈。每次我们讨论一个话题。当带领导师说“转”，外圈成员起立，按照顺时针的方向挪一个或几个位置，准备进行新一轮的分享。每个话题介绍完以后，成员就挪动过后的位置，开始分享。分享的引导方向大致有：刚才的活动，成员最深的感受是什么？对“百变知识圈”这个心理技术的感受是什么？对此心理技术还有哪些不明白或者不理解的地方？你认为百变知识圈的技术还可以运用到哪些主题的活动当中？

选择体验百变知识圈的几种变式。

推荐热身活动：“桃花朵朵开”。

变式一：“缘分同心圆”

报数后内外圈的成员面对面站立。外圈的成员随着音乐开始顺时针转动，内圈的成员随着音乐开始逆时针转动。当音乐暂停时，每对面对面的成员相互做一分钟自我介绍，可包括名字、来自哪里、兴趣爱好等。进行几轮后看哪位成员记住的成员信息最多。

变式二：“赞美传递”

带领者给予一定的时间（一般为一分钟左右），内外圈对应的成员根据对方让自己感觉到舒服的特点或品质，进行相互的真诚赞美。移动几个位置，再坐下与对应到的成员继续进行相互赞美的表达。最后分享在赞美和被赞美过程中的感受和体会。

变式三：“头脑风暴”

带领者根据团体所需要实现的心理教育目标，让成员根据带领导师给出的问题进行讨论。换一个位置，带领导师提出新话题，每人再与对面新的伙伴交流。如此不断进行下去，直到圈中的每个成员与对面圈的所有成员都进行过交流。最后总结分享自己和交流过的成员对讨论话题的看法和体会。

变式四：“生命中的贵人”

内圈坐下，外圈的朋友围绕内圈顺时针或逆时针走动，认真观察内圈成员，在心里默默选择一个让自己感觉舒服或者最愿意与其进行交流分享的成员，接着成员与自己的“贵人”进行相互的分享和表达。成员分享自己选择“贵人”的标准和原因，被选择的成员分享自己被选择时的内在感受和与其交流过程中的感受。

变式五：“走过彼此生命的你我”

内圈的成员固定不动，外圈的成员顺时针或逆时针走动，每对应到一位成员时向其做感恩表达，表达结束后继续走动，向下一位对应成员再做感恩表达。让刚刚参与活动的成员进行分享和点评。观察员对活动做总体评价和个别点评。带领者说出自己在带领过程中的体验和感受，对如何操作“百变知识圈”技术的经验进行分享，并且对所提建议进行讨论、验证、总结。全体成员分享在本次技术练习过程中的感受和体会，并表达在今后的实践过程中会如何针对不同的群体、不同的团体目标应用“百变知识圈”这一项心理技术。

注意事项

“百变知识圈”中所涉及的话题应尽量与参与成员的学习背景和心理发展需要以及认知能力有关。最开始讨论的问题最好是比较有趣的，以便带动分享的热情和当时的气氛，带领导师应注意根据不同团体的性质，选取提问的方向和内容。

（二）活动2：心理刮痧技术

技术介绍

“心理刮痧”技术是从生理刮痧的技术出发，以文化心理学和艺术心理学理论为基础，运用心理技术学原理，以本土文化为背景，以绘画等艺术形式为载体，对心理空间中的心理符号进行意义转化，促进人格完善的一项心理技术。“心理刮痧”技术的核心理念是：用科学的整体观看待一个人的心理空间，将构成一个人心理空间的重要他人、事件和地点作为“心理穴位”，在一个人的成长过程中，所有的心理穴位共同构成了这个人的“心理穴位图”。心理刮痧的过程是按照这个“心理穴位图”对个体的心理空间进行整理的过程。

活动目标

“心理刮痧”技术借助“树”和“果实”的象征性投射，让个体将自己已经走过的生命过程看作一棵树，找到其中对个体影响比较大的人、事件、地方等作为“果实”，这些“果实”就是“心理穴位”，然后对每个穴位使用表达性艺术的方法进行“心理刮痧”。

“心理刮痧”的技术载体是各种艺术形式，例如诗歌、绘画、音乐、朗诵等。采用多种艺术表达的方法，以期尽快了解成员真实的心理状态，帮助成员实现心理空间的优化和自我成长。

活动内容

在纸上面画一棵“人树”，即将树画得像人的形状，只有树干和树枝。

所有成员闭上眼睛回想，从出生到现在的生命状态，生长的过程中遇到的每个人、每件事，甚至所到的每个地方，对我们来说有特殊意义的物品、有重要影响的人、有特别意义的事件或者特别重要的地方……然后在生命树上画出果子来代替这些人、事、物和地方，颜色、品种、大小、位置都由绘画者决定。在果子上或者旁边用简单的文字备注。它们在一起就组成了画者的“心理穴位图”。画下这些果子，在这个过程中来澄清我们的生命过程。

画好后成员分享各自的“心理穴位图”，然后看着自己的“心理穴位图”，感受生命之树，体会每一个果子，从其中挑出一颗自己觉得最甜或最苦或最酸的果子，对着它画一幅画、写一首诗或者写一封信，把对它的内心情感表达出来。

最后组内成员分享体验“心理刮痧”技术的感受和“心理刮痧”技术的适用条件，以及“心理刮痧”技术使用过程中的困惑或者可以优化的方面。

推荐暖身活动：“舞动你的心”。

（三）活动3：文化心理技术——石头的故事

技术介绍

“石头的故事”是在个体和团体心理咨询实践中产生的，结合了东方文化和艺术方法的一种本土表达性艺术治疗的新技术。石头既是一种物质，也是一种文化符号，从远古的石器时代开始绵延至今的石头文化对我们的文化意识形态产生了巨大的影响，同时石头也承载着东方的文化心理。

因为石头和文化心理有着千丝万缕的联系，所以选择石头为载体，通过投射、象征、表达等形式对个体心理咨询的来访者进行治疗，对团体心理咨询的成员进行辅导，从而帮助学员更好地自我成长。其中石头可以代表内在的小孩、天真的小孩、创伤的小孩、理想的自我等，让我们可以通过石头和我们内在的小孩或天真的小孩、创伤的小孩、理想的小孩进行对话。

活动内容

寻找内在小孩：闭上眼睛，你会看到有一个小孩住在你的心里面。看看他的样子，他是不是想和你说点什么，你有没有想对他说的话……

选取石头：凭当下的感觉在这些石头里面选择一块能够代表你的内在小孩的一块石头。

给石头起名字：把石头拿在手里仔细地端详、感受，遵从自己内心此刻的感受，为你手里的这块石头取一个名字。

可以询问成员为选取的石头取了什么名字、为什么要取这个名字等。

将石头和内在小孩连接：放在手心，用眼神观察它，细心呵护它，它就是你内在的那个小孩，……那个孩子可能会有很多的话想对你说，你也可能有很多的话想对它说……

写一封信给内在小孩，分享写的信。

讲解“石头的故事”使用的延伸（亲子沟通、朋友情绪疏导、同事帮扶、员工心理成长、父母情绪的释放、夫妻沟通、家庭心理游戏）。

组内分享对“石头的故事”技术的心理体验，你认为这个技术可以运用到什么样的团体中？除了我们所说的内在的小孩，还有哪些方面我们可以通过“石头”来进行连接的？

暖场活动推荐：“谎言哑剧”。

（四）活动4：“生命中的贵人”之感恩拜访技术练习

技术介绍

我们的生命历程中会遇到一些贵人，这些贵人参与了我们重要的生命故事，他们有的让我们的生命得到了滋养，有的让我们更有力量，有的让我们找到了奋斗的方向，有的在困境中拉了我们一把，有的可能改写了我们生命的篇章，还有的曾经讽刺嘲笑过我们，这些人生中给我们重要影响的人都是我们生命中的贵人。

对生命中的贵人进行表达，是我们本土文化的一种运用，是符合中国文化特质的一种心理表达形式。感恩拜访不仅仅可以优化我们自己的心理空间，也可以优化对方的心理空间，同时增强了人际关系的黏度。“感恩拜访”技术可以应用于青少年、中年人和老年人等，同时也适合感恩、培育积极情绪、自我成长、优化人际关系、提升心理资本等主题的活动中，适合同质性的心理成长团体，也适合异质性的心理教育团体。

活动内容

先在一张纸的任何一个位置，写上自己的名字，然后写上第一个贵人是谁，再写上第二个想感谢的人，还写上第三个你想感谢的人，以此类推，写出你想感谢的所有人。

写完后提问，你想到的第一个想感恩拜访的对象是谁？选出自己在当下最想感恩的人后，可以选择打电话或写一封信给这个生命中的贵人，向他表达这份感谢。

个人分享表达之后的心理感受，接着小组内分享感恩拜访后的心理感受。

最后分享此技术，并且引导成员针对此技术提出优化的方案或者在这个基础之上创造其他的心理技术，记录备用。

推荐暖场活动：“我要走了，你不要走”。

第六节　实践报告

一、概述

实践不仅是检验真理的唯一标准，实践还是让学习者体验、强化、升华学习很重要的一个过程。学习者要善于学以致用，把学习到的心理学技术和方案用于实践，用实践检验理论，用实践强化技术，达到由浅入深、熟能生巧的目的。按照理论的要求在活动中实践，再用实践中总结的经验来指导新的学习，就这样相互促进，逐步提高自己的理论知识与实践应用水平。科学工作者都要求重视实践，因为实践既是社会生活的本质，也是理论研究的出发点，在实践中检验理论，也在实践中发展理论。心理学是一门研究脑功能的科学，是一门实验性的科学，还是一门社会性的科学，心理学工作者也要重视实践。

本节内容从对已做过的实践活动的汇报、体验，到对策划中的实践活动的添砖加瓦，最后全员总结如何做好实践活动这四个模块的安排，提出既要学好理论知识，又要学会把理论和实践相结合，用理论指导实践活动的进行的理念。实践活动需要不断地检验和督导，应从多个角度检验活动方案，并亲身去体验一场实践活动。这些都能从不同的角度来让我们的活动带领者不断地反思，指导以后实践活动的优化和调整。

而其他活动的体验者也能在参与过程中学习如何策划、调整、优化、组织一场实践活动，更在体验中感受到做团体心理实践活动的意义，促使其参与行动。

二、活动内容

本节是有关实践报告的四次同学会，相比起其他章节，显得稍微有点难。有些缺乏团体带领经验的带领者比较生涩，对其他的参与学员来说，这四次的同学会也没有其他章节的内容易懂易操作。这就有可能使学员出现畏难情绪，初学者和经验缺乏者可能会用其他活动来代替，或者选择那些好理解好操作的活动先做，把难的都堆在后面来。这些是不提倡的，“心理同学会”的活动应该是一个螺旋上升的排序，由易到难逐渐提升，对带领者来说，这样做丰富了团体带领的经验，什么主题的团体都带过了，就敢于去挑战更高要求的团体带领；而对参与的学员来说，体验过不同团体的模式，在活动中有参与、有分享、有意见、有建议，不仅仅对心理学认识得更深刻，也对自身的学习和成长有益。使带领者和团体学员在这个过程中共同得到心理成长，这也是“心理同学会”组织的初衷。

三、活动目标

1. 学会做实践活动。
2. 学会对实践活动进行优化、督导。
3. 做体验者，用自我在体验中的真实感受去指导实践活动的带领。

四、活动准备

1. 详细了解参与同学会的学员们有多少人有团体活动的实践经验，包括组织过、带领过、体验过、观摩过团体心理实践活动。

2. 与各位有实践经验的学员（主要是有带领经验的）沟通，鼓励或邀请其积极参与分享。

3. 为有丰富的实践经验的成员分派任务，请其承担某一模块的任务。

（一）活动 1：实践活动的汇报展示

活动介绍

活动带领者用已经实践过的活动给团队学员做汇报展示，团队学员就实践活动的对象、理念、目的、意义等做中肯的分析和评估，用带领者、活动对象、实践活动三位一体的理念来督导此实践活动。这里也借用了学校教学评课的概念，一个实践活动到底好不好，设计理念和环节是否适合活动对象，活动里运用的技术和方法能否达到预期的目的，这个活动的意义到底如何，等等，这些是设计者必须关注的问题，都需要用不同的视角去检验。在汇报展示的过程中整合团队学员的各种意见和建议，实现对实践活动方案的优化，以期做出更好的实践活动方案来。通过对已实操过的实践活动的汇报展示来提升做实践活动的能力，是带领者一种非常重要的学习方式，懂得与人分享，在分享中充分表现实践活动的优劣，不怕露怯，给予自己成长的机会，借助团队的力量来锻炼技能、提升自我。

团队成员通过聆听他人的汇报展示，学习如何做实践活动，学会找问题、提问题并最终提出解决方案，以人为镜，提升自己做实践活动的能力。

活动内容

提前两周征集 3 ～ 5 名做过实践活动的学员分享汇报已做过的一次实践活动，并做一个展示他们已做过的实践活动的 PPT 介绍，内容包含实践活动的对象、理念、目的、意义、操作环节以及注意事项等。

活动时依次请分享成员汇报展示，然后参与成员对汇报的实践活动表达自己的看法、意见、建议。分组讨论，对汇报的活动方案提优化意见，设计更好的实践形式。分享者根据大家提供的优化建议方案做总结，分享自己的心得感受。最后导师总结。

推荐暖场活动："大风吹"。

变式一：

团体中如果有一个带领导师曾亲自操作过团队带领。可以以这个带领者为主来设计本次同学会，这里面还有两种不同的方式：

（1）此带领导师详细汇报展示一次实践活动，包括前期活动需求调研、后期的总结报告、团体活动的疗效因子、场动力、场温度的变化、带领导师对自己带领活动做的优势劣势分析等，都可以纳入其中来介绍。

（2）此带领导师汇报展示自己多次带领的不同团体类型的团体活动，依然按照实践活动的对象、理念、目的、意义、操作环节、注意事项、实施情况以及活动后的效果等内容来反馈。

变式二：

团队中没有任何人在之前有团体活动带领的经验，可由同学会带领导师就已经开展过的同学会实践活动做汇报展示。因为心理同学会每一场的活动，本身就是团体活动。在进行这一部分的时候，已经开展了其他主题的团体活动，就有带领的经验了。梳理已经实践过的心理同学会活动，分别挑出最成功和最失败以及效果一般的三场做准备。PPT 依然按照实践活动的对象、理念、目的、意义、操作环节、注意事项、实施情况以及活动后的效果反馈等内容来展示。

（二）活动 2：实践活动的现场体验

活动介绍

本次活动就是带领导师重现实践活动现场，强化实践技术。参与者体验实践活动，检验实践活动是否适合带领者的目标群体，能否达到活动目的。在这个活动中导师和参与者都尝试着从不同的角度来感受实践活动。

对团队带领者来说，用团体学员的亲身体验去检验和督导一场实践活动，评估实践活动的适合度、适应性，对提升个人在实践活动带领上的能力有非常重要的作用。而对团队学员来说，学会带领团体心理实践活动，不仅需要理论的学习，技术的练习，更需要个人体验，在体验中去感受实践活动的“起承转合”，感受场动力的流动，感受实践带来的内心体验和个人成长。这些体验能让个体对实践活动认识更加深刻，从而指导以后的实践活动。

活动内容

提前两周征集活动带领导师，1～3名，选择比较有代表性和意义的一次活动作为体验活动，另选1～2场活动备用。带领导师带领大家重新体验已经实践过的活动。

每个小组成员对参与的实践活动谈个人感受，各小组综合小组成员的感受和提出的意见建议形成组内优化意见。每个小组轮流展示该小组的优化意见，接受其他小组对优化意见的提问。活动带领导师分享在整个实践活动重现过程中的心得体会，以及对各小组的综合意见做表达总结。

推荐暖场活动：“左眼传情，右眼传意”。

变式一：设置一名或数名观察者

这里要注意的是，可以设置观察者一名或者数名，明确观察者的角色定位。

位置：场内不影响带领者发挥和团体成员体验的位置。

角色：记录带领导师和团体成员在活动中的表现。

记录的要素为：活动中团队带领导师和体验成员的语言、行为、表情、动作。

要求：客观记录，用描述性的语言反馈，不能用感性的语言。

变式二：原活动带领导师作为团体成员体验自己实践过的活动

由一位成员提供一个自己带领过的团队活动方案，交由团体中其他同学来带领，提供方案的成员称为原带领导师，代替原导师的称为现带领导师，从原带领导师的两个不同的视角，还可以发展出变式三。

变式三：原带领导师作为观察者

变式四： 从没有带领经验的成员中选出带领者

此变式可解决团队中没有带过团队的带领者人选的问题。这个变式需要提前两周在成员团队中征集以往大家参与过的印象最深、意义最大、成长最多的团体活动，写成方案供大家选择。然后集体投票选出票数最多的两个方案作为本次同学会团体活动的方案，其中一个作为备选方案。由提供方案的成员担任团体活动的带领导师。

（三）活动 3：实践活动的策划设计

活动介绍

本次活动用个案督导的方式来进行，每一个团体学员变换角色成为督导师，督导他人的方案到底如何，从团体活动的理念、目的、意义、环节、技术等方面来评估是否适合目标人群，意义能否实现等问题。学会换位思考，学习反思：如果我是这个活动的策划人，面对这个活动，我该怎么来设计？在督导他人的方案中发现问题，提出优化方案，在参与中学习设计方案，最后用整个团队的力量来设计一个优秀的活动方案。

活动内容

提前两周在成员中征集两个未完成或者完成未实践的方案。报名方案分享者分别介绍方案，包括实践方案的对象、主题、时间、对象、地点以及目标，方案的理念以及进展的情况，需要优化的方向或者在设计中遇到的困难。分组讨论，成员督导分享者方案，提出优化意见，同时添加一个分享者未用的技术来丰富该实践方案。每小组轮流展示优化意见和添加的技术，并选择体验者体验该技术。体验者表达参与的感受，其他小组成员提意见和建议，评估添加的技术的适用性。最后分享者发表意见，带领导师总结分享两个方案督导的意义。

作业布置：请每一个参与成员写活动感受。

推荐暖场活动：“群龙戏珠”。

没有未完成方案可供督导，可以选择变式。

变式一：

带领导师根据本地学员特点、近来网校学习的状况、成员们时常关心的话题等想 2～3 个主题的团体活动方案，组织同学会学员现场进行团体方案设计。

这里可以呈现已经准备好的主题给成员投票，选择得票最多的主题作为现场设计的团体方案主题，如场中有成员提供更好的主题，其他成员也统一同意的话可以临时改变主题。然后组内学员共同设计一个实践活动方案，明确小组实践方案的理念、目的、意义、操作环节、注意事项，充分讨论，形成统一意见。

变式二：

除了预先设定主题、现场设计方案来讨论督导外，心理同学会还可以借力来成长自己——借团体中成员以往参加过的任何一种主题的团体活动来做督导，其中可以选取体验最好的团体活动和体验最差的团体活动作为两种可操作的变式。

变式三：

同学会带领导师征集以往大家参与过的体验最差的团体活动，写成方案，集体投票选出票数最多的两个方案为本次同学会团体活动的方案，提供方案的成员给大家描述展示该团体实践活动，最后由团体成员督导、优化，重新将之修改调整为优质的方案。

值得注意的是：其实不只是从体验最好和最糟糕者两个角度来，还可以从最有特色、感受最深、学习最多、进步最大等等方面来设计诸多的变式以供同学会变化使用。

（四）活动4：实践活动的六帽总结

活动介绍

本活动是利用“六帽思维法”总结团体心理实践活动。活动需要准备白、黄、黑、绿、红、蓝六种颜色的帽子若干，然后同学会组织者总结和分享前三次实践活动，引入总结团体心理实践活动的重要性这一主题。白、绿、黄、黑、红、蓝六帽共六组，分别就该组的主题充分讨论，形成综合意见。

六顶思考帽：

白帽：总结现有团体心理实践活动的各种形式。

黄帽：总结现有团体心理实践活动的优势。

黑帽：总结现有团体心理实践活动的劣势。

绿帽：在现有基础上提出创造性的改良团体心理实践活动的方案。

红帽：呈现对现有团体心理实践活动的各种直觉感受、情绪情感。

蓝帽：总结帽，根据前五帽为活动做总结。

活动内容

同学会组织者先总结和分享前三次实践活动，引入总结团体心理实践活动的重要性这一主题；然后介绍六帽思维法，带领团队学员了解六顶帽子，学会用六帽思维法分析问题；分组，按白、绿、黄、黑、红、蓝六帽分为六组，学员自由选择或者规定分组方式；各组学员分别就该组的主题充分讨论，形成综合意见；最后各组选一个人上台分享，小组学员补充；导师总结。

变式一：

在原来的方案，即每个小组就一顶帽子进行交流的基础上，各小组交换一次帽子，换一个位置、换一个思路再在小组内充分讨论，最后形成综合性意见。

变式二：

对有些参与学员较少的辅导站，可能分为六组是比较困难的，提供此变式供大家参考。

这个变式是每次团体成员戴不同颜色的帽子，集体按照六帽思维将团体心理实践活动的形式、优势、劣势等各个方面总结讨论一遍，最后形成综合意见。

第七节　书香四季

一、核心理念

读书改变人生的宽度和厚度，可以让人滤除浮躁、丰富知识、坚定信念、明辨是非、提升才华、修身养性。

读书更是一种情怀，一种境界。“展一卷书，神与之交，气与之合，魄附其上，而魂游其中，至掩卷仍如梦如冥，大汗淋漓，口存余香，乐至醍醐灌顶，物我两忘。”

“腹有诗书气自华”，一本好书往往能改变人的一生。人的精神发育史，应该是他本人的阅读史。大家知道，心理学在横向和纵向上都与多个学科交叉，是一门综合知识要求很高的学科。所以我们提倡多读书，读好书，这对心理学爱好者和心理学工作者尤其重要。在学习型心理成长团体带领的六个方向中，书香四季通过“阅读·幸福”“读书·识人”“诵读·身心”“求知·修养”四个主题的学习和体验，来提高团体成员的文化素养和心理学专业知识。

二、课程目标

1. 帮助大家掌握选择心理学书籍的技巧。会选书，选合适的书，博古通今。

2. 读书识人，能从大家、学者身上学习优秀的心理品质，会读书，读有用的书。

3. 训练团体成员“诵读”的能力。会用书，能读以致用，手不释卷。

4. 提高学员的心理文化素养及心理学技术专业水平整体层次，提升心理资本，滋养心灵。

5. 通过团体成员课前自习、集体阅读、课后实践、集体分享等形式使之开阔视野、改变自我认知角度、提升文学涵养和文化修为。

三、选书参考指导

选择数本内容相对丰富，能提炼较多心理学应用技术的书籍，例如《幸福干预：一生受用的26堂幸福课》（韦志中著）、《吾心可鉴：澎湃的福流》（彭凯平著）、《生命的重建》（露易丝·海著）、《宽容的哲学》（梁栋涵主编）、《生活的艺术》（林语堂著）、《真实的自我》（马丁·塞利格曼著）、《与时间同行》（韦志中著）、《家庭心理游戏指导手册》（韦志中著）等作为载体。先通过参加团体读书活动建立起关系，再根据自身的心理需要选择心理学图书来读，让心理学生活化，让读书生活化。

（一）活动1：阅读·幸福

活动介绍

本活动是围绕《幸福干预：一生受用的26堂幸福课》的阅读展开的团体活动。

《幸福干预：一生受用的26堂幸福课》运用了积极心理学理论，把心理学知识转换成集体可以操作的方法，应用到人们的日常生活中，从中发掘生活事件对于人的积极意义，继而引导人们幸福地生活。

《幸福干预：一生受用的26堂幸福课》从可操作和通俗化的角度为积极心理学的实践开辟了一片新天地，它以其本土化、技术化、生活化的特点为我们提供了积极心理品质培养的操作蓝本。这本书让我们知道幸福是可以干预的，幸福干预是应用心理学技术提升幸福感的实践活动。

本活动选择该书中的某个技术在生活中去实践，然后在团体中分享收获和心得。这个方式让参与的成员能领悟和学会几种积极心理技术，并在生活中实践，寻找适合自己的幸福。操作时还利用“内外圈技术”分享生活中积极情绪带来幸福感的事件，彼此将幸福晒出来，让团体成员从中获取更多幸福的感悟。在这个过程中，团体成员能够从过去的生活体验中提取到其具有的心理学积极意义，并且能将它转化成指导当下和未来幸福生活的推动力。

活动内容

活动前两周通知参与成员阅读专题书籍《幸福干预：一生受用的26堂幸福课》，选出在阅读本书后最有感触的一篇文章，在生活中去实践文章中介绍的方式方法，看看对自己的成长有无帮助。如有，是什么？整理好感受思路准备在活动中分享。

活动时先选出3～5名成员说说自己在阅读本书后最有感触的一篇，并谈谈在生活中实践后得到的感受；接着分组分享，成员在组内充分分享读书的感受、对自己的影响和启发；最后利用“内外圈技术”分享生活中由积极情绪带来幸福感的事件，将幸福晒出来，团体成员从中获取更多幸福的感悟。

暖场活动推荐：“到我这里来”。

上述环节，适合于人数较多的团体，现提供一变式供人少的人群使用。

变式一：

和上一个方案相同的是每个人选出在阅读本书后最有感触的一篇文章，在生活中去实践文章中介绍的方式方法，看看对自己的成长有无帮助。如有，是什么？然后在活动中用击鼓传花的方式寻找分享者，分享内容为读书的感受、对自己的影响和启发；每个人分享后就自己的感受画一幅“心情画”，最后分享自己的心情画。

对心理同学会来说，大家的兴趣可能不局限在《幸福干预：一生受用的26堂幸福课》这一本书，还期望扩大读书的范围。针对这一群体的需求，提供变式二给大家参考。

变式二：

活动前两周通知参与成员阅读有关积极心理学的相关书籍，提炼阅读书籍后个人最大的感受或积极心理品质，写一篇读后感或者诗，或者画一幅画。推荐使用内外圈技术。

备注：此变式仍然适用于人数较多的团体，人数较少的团体，可以参照变式一做适当的调整以适应实际情况。

（二）活动2：读书·感恩

活动介绍

书香四季之“读贵人”活动希望通过读《生命中的贵人》，指导学员适时自省，从他人对己的帮助中体察感动、从“贵人”表现的心理品质中反思，让内心的情感抚慰心灵，让爱流动。活动前，先推荐阅读《生命中的贵人》或者与《生命中的贵人》主题相似的书籍，活动中利用“九宫格技术”寻找生命中的贵人，学会表达感恩，在分享中传递感恩正能量，培养一颗感恩的心和感恩的品质。

活动内容

活动前两周通知参与成员同学会活动主题，阅读《生命中的贵人》或与《生命中的贵人》主题相似的书籍。选取 3 ～ 5 名团体成员讲阅读《生命中的贵人》一书时最有共鸣的一个贵人，分享其对自己的影响和自己获得的最大感悟。利用“九宫格技术”寻找生命中的 9 位贵人，把他们的名字、品质、对自己的影响以及当下想对他说的话分别记录在九宫格内，然后给其中的一位写一封感恩信。组内学员在小组内逐一分享各自的“九宫格”里的贵人，分享从贵人身上学习到的优秀品质。选取 3 ～ 5 名同学分享感恩信。带领导师做活动总结。

推荐暖场活动为：“扑克牌排序”。

变式一：

活动前推荐阅读不变，活动中选取 3 ～ 5 名团体成员讲阅读该书时最有共鸣的一个贵人，分享其对自己的影响和自己获得的最大感悟。然后利用“九宫格技术”寻找 9 件我们印象最深刻的助人事件，把它们记录在九宫格中：什么时间，什么地点，什么对象，我们做了一件什么样的事，这些事体现的积极心理品质是什么。分享后为自己写一段话或者一首诗，点赞。

（三）活动 3：诵读 · 身心

活动介绍

书香四季之“诵读 · 身心”运用诵读的方式可以把读者的情绪最大程度地调动起来，通过名篇佳作展现出来的音律美、节奏美、气势美使读者在阅读过程中产生的能量更充分地释放，并且刺激大脑集中深入地思考，在这个过程中深入体会和理解作者表达的情感和思想，然后将自己的理解和感受表达出来。 通过读书实践指导成员有意识地启发、培养和训练自身的文学读写能力，觉察自己的能力，建立自信，感受书籍中积极心理学思想对自己的推动，享受思考的怡然和内心的安宁。

活动内容

活动中导师先示范一下是如何诵读的，推选优秀成员在全体成员面前诵读，然后由诵读者分享自己的内心体验，再由成员对朗读与提升自我发表自己的感受和意见；

最后采用“戴高帽”技术逐一对组内成员的表现予以正向强化，表达对其诵读时表现优异处的欣赏。

活动后作业：每天诵读一篇文章，在同学会的微信群或者 QQ 群里打卡（就是告诉大家今天已经诵读，并分享诵读的感受），坚持 21 天。

暖场游戏推荐：“有趣传声”。

（四）活动 4：求知·修养

书香四季之“求知·修养”，是对读书交流这个方向的心理成长团体前三次学习的一个总结，也是对团体成员在心理文化素养学习和提高方面继续教育的促进。

具体的活动安排是这样的：开始团体成员逐一介绍最近半年阅读的三本书籍，可以是心理学的，也可以是其他方面的。介绍的内容为：这是一本关于什么的书？我为什么要选择这本书读？我读后的收获是什么？如果从三本书中挑一本来推荐给同学会成员会挑哪一本书？为什么？（还可拟定其他分享的内容）接着分组，组内成员分享各自在学习心理学后自己的观念、视角和思维方式有无变化，如有，这种变化是哪种性质的，对自己的生活产生了怎样的影响，等等。然后组内成员采用生命树技术（组员一起画）或愿景图（成员各画各的）针对今后一定时间内个人心理成长以及对家庭、工作、生活的展望和憧憬，制订一个学习和努力的计划图。接着组内成员一一介绍自己的愿景。最后团体成员分别为自己写一首诗，强化愿景以及未来的计划。

推荐暖身活动：“词语接龙”或“成语接龙”。

第八节　问题解决

一、核心理念

我们在学习心理学、探索心理学的路上，不可能不遇到困难，有很多人是因为遇到了人生中的坎坷和心理的挫折，来学习心理学，还有很多人是因为喜欢心理学的知识理念，想用心理学来帮助自己身边的人，来学习心理学，当然还有很多人是专业心理学工作者，来探索和研究心理学。在心理学的学习之路上我们会遇到一些问题、挫折、困难，如何能够在这条路上坚持下去是我们思考的问题。针对在心理学学习的过程中遇到的问题，我们需要找到解决的办法。

发现问题、明确问题、提出解决方案、评估执行方案和执行解决方案是我们解决问题的有效途径。只要能够发现问题，我们就可以寻求问题解决的办法。我们可以通过团体的力量来解决我们在心理学学习中遇到的问题。首先确定问题的范围，指出可能解决的方向，提出问题解决的一般方法和创新方法。在心理学学习的过程中，根据学习程度的深入，遇到的问题也会发生变化，所以在问题解决部分设置了四次心理同学会的活动，以期帮助成员解决不同时期的不同问题，和成员一起成长。

二、活动目标

1. 梳理心理同学会成员的学习动机，明确成员学习心理学的方向，激发成员学习心理学的内部动机，形成一个心理学学习的共同体，营造心理学学习的环境，给团队成员以支持。

2. 探讨学习过程中的问题，将问题细化、归类、总结，并提出解决的办法，让成员能够有解决自己所遇到的问题的思路。

3. 根据心理学的学习进度，探究持续学习的方法，让成员能够拥有学习心理学的科学方法，避免走弯路，并且将习得的方法用在成员学习心理学的过程中。

4. 将学习到的知识和经验应用到自己的生活当中去，同时影响自己身边的学习者，构建个人心理成长的新愿景。

三、活动方案

（一）活动 1：梳理心理学学习思路，激发学习动机

活动介绍

通过带领导师和成员对心理学学习动机的梳理，让成员了解在学习的过程中，还有自我心理成长中最迫切需要解决的问题在哪里，能够有针对性地选择适合自己的心理学课程，并且有计划、有侧重地积极投入学习。这次活动重点引导成员拥有心理学学习的内部动力。

活动内容

本次活动内容主要有三。第一是认识我是谁，用九宫格画出我是谁，并且在小组

内分享；第二是在合作中探究自己对学习型团体的期待，商讨学习型心理团体带领活动的设置，梳理自我成长的需要；第三是写下并分享心理学学习的计划、目标和期待，鼓励团体成员将学习目标和计划写出来，作为自我学习的动力。

推荐暖身活动：“名字糖葫芦串”。

推荐音乐：《相逢是首歌》。

（二）活动 2：探讨心理学学习问题，解决学习困惑

活动介绍

在学习心理学的过程中，遇到问题是在所难免的，有的心理学学习者因为遇到的问题没有很好地解决，而越积累越多，这样不利于心理学的运用和传播。所以心理同学会需要就心理学学习过程中遇到的问题进行探讨。

活动内容

暖场游戏推荐：“心有千千结”（解手链）。

首先是发现问题，发现在心理学学习的过程中出现的问题，和成员本身在探索心理学，让心理学服务自己的路上遇到的困惑。成员自由发言，回顾自己学习心理学以来，最大的收获是什么，最大的困惑是什么，什么问题造成了自己学习心理学的障碍，等等，问题范围不限。

接着来选择问题，学会用团体动力流动的方法去选择问题，选出大家都比较关注的问题。确定 3 ～ 5 个共性的、团体成员都感兴趣的问题来深入探讨。

然后解决问题，几个问题分几组，成员根据个人兴趣和需求选择参加哪个问题组。然后组内成员充分讨论、积极创新，写出针对该问题的至少三个解决方案。每组分享解决问题的方案，其他组提问、优化建议，带领导师总结。

最后根据他人的提问和建议，每组重新优化方案，确定行动方案。确定方案以后，要求根据方案去实践，在实践中也可以调整方案。

注意事项

在活动过程中锻炼学员发现问题、分析问题、聚焦问题、解决问题的能力，引导学员发挥团队的作用，锻炼团队合作的能力，与组内成员共同、创造性地解决问题。

（三）活动 3：探究心理学学习方法，保持持续学习

活动介绍

“积极心理学之父”马丁 · 塞利格曼在《持续的幸福》一书中提出如何建立人们

的幸福感，并让幸福感持续下去。积极心理学提出的六大美德 24 项积极心理品质明确指出，坚持学习是追求幸福感的一种方式。引导团体成员学习时不分心、有恒心，能够让成员在完成学习任务的过程中获得愉悦和满足感。

心理同学会是学习型心理团体，持续一年时间，每两周一次活动。心理学的学习更是一条漫长的路，所以需要帮助学员找到心理学的学习方法，使其保持继续学习的热情和坚持学习的能力。

活动内容

心理学知识竞赛，全体成员分成 3 ～ 5 人的小组，以每小组为单位来回答问题。分发心理知识竞赛题目（根据往期同学会和线上学习内容设计），用 20 分钟的时间熟悉竞赛题目。竞赛后有三个机会可以分享活动感受。

使用内外圈的心理技术探讨如下一些问题：（1）心理学学习的路上，怎样持续地学习？（2）你认为心理学学习的途径有哪些？（3）心理学的学习方法有哪些？（4）如何将我们学习到的心理学知识和技术运用到生活中（以案例的形式）？……

推荐暖场活动：“泡泡胶”。

音乐推荐：《飞得更高》《与你共舞》等。

（四）活动 4：探究心理学学习方法，提升学习能力

活动介绍

只有提升成员学习心理学的能力，才能让学员轻松学习。如果学习能力不够，学习心理学的知识和技能对他来说是一件很难的事情，那么坚持学习的概率就会下降。如果提升了学习心理学的能力，学习对他来说是一件轻松的事情，那么成员就可能乐于学习，所以说帮助成员提升学习能力是至关重要的一方面。

一个人的学习能力往往决定了他学习的速度、学习的轻松程度和学习的质量，也正因为如此，无论对于个人还是对于组织，未来唯一能保持持久学习的就是拥有学习能力。

24 次心理同学会即将结束，引导成员梳理心理同学会的收获，构建个人成长新的美好愿景，是本次主题活动需要做到的。

活动内容

播放 24 次心理同学会活动的照片，展现每一个感动的瞬间。然后全体参与成员手牵手围成圈，闭上眼睛，聆听音乐《春暖花开》《同学》。

发放解决问题模块第一次活动时成员的信封。成员读之前写给自己的信，并分享自己学习心理学的收获和成长。通过这个过程，总结学习心理学以来的收获，并且将自己的收获表达出来，让更多的学习者受启发，让心灵温暖心灵，让生命影响生命。引导成员将在心理学中学到的知识、技术和从案例中获得的经验应用于解决工作、生活中的实际问题。

大家围坐在一起，拿着镜子，看着镜子中的自己，对自己说一段话。接着把镜子传给旁边的一个人，让他也看着镜中的自己说一段话。帮助成员构建个人成长或者在心理学之路上探索的新愿景。（伴音乐《懂得爱自己》）

最后引导成员走到他想感谢的那个人面前，给对方一个拥抱，表达对他真诚的感谢。

推荐音乐：《春暖花开》《同一首歌》《同学》《朋友》。

推荐暖身活动：“与你同行”。

附录一　推荐暖场活动集锦

1. 创新思维对对碰

带领导师向成员说明活动的形式和内容。

（1）砖头、笔、纸都有哪些用途？

（2）这张纸怎么能撕不烂呢？

（3）在美国城市街道的交叉口上，明文规定着，有步行者在美国横过公路时，车辆就应该停在人行道前等待。可是有个汽车司机，当交叉口上还有很多人横过马路时，他却突然开车撞进了人群中，全速向前冲。这时旁边的警察看了也无动于衷，并没有责怪他。你说这是为什么呢？

2. 古诗成语春联大联盟

（1）古诗成语春联接龙，带领导师先说一句古诗：床前明月光，疑是地上霜。所有成员要跟着诗句接，只要有一个字是前面的诗句里的就行，也不管是古诗、成语还是春联。

（2）如果接不下去了，由带领导师再出一个诗句或者成语继续进行，根据时间和当时的情况来确定具体进行几轮。

3. 快乐传递

具体操作环节：准备一张带有小猫咪、小狗、小兔子或者其他动物的简笔画，先让第一位成员看一眼，看过之后，将画拿走，第一位成员凭借自己的记忆将刚才那一幅画画出来；然后拿着第一位成员画的画给第二位成员看，第二位成员看过之后，凭着记忆将刚看到的画画出来；接着拿着第二位成员画的画给第三位成员看，看过之后，第三位成员根据记忆将刚刚看到的画画出来，就这样依次进行，直到最后一个成员。

活动结束后，将第一幅图和最后一幅图在所有成员的面前做一个比较，让大家谈谈自己在这个活动中的体验和想法。

4. 我猜他是谁?

（1）准备几张 A4 纸和一桶水彩笔，在每张 A4 纸上写上一些名字，可以是名人（如孔子、鲁迅、秦始皇、刘德华、孙俪等）、团体中的成员或者猜题者自己的名字。团体中有几个人就可以准备几张纸，可以根据时间来定参与的人数。

（2）把这些名字先给所有成员看一遍。

（3）在参与者的背上贴上名字，他自己不知道。

（4）参与者在围成的圈里走动，向其他人询问这个被写下名字的人的特征。对方可以稍做提示，但不能说出名字。

（5）游戏继续，直到参与者猜出背上的名字为止，如果猜不出，带领导师可以给予提示。

（6）下一个参与者重复上面的步骤，继续游戏。

提示：参与者在提问的时候，可以参考这些问题：是男的？是中国的？是古代的？是名人？是我们团队的成员？写过什么名句？说过什么名言？穿什么颜色的衣服？等等。

5. 小鸡变凤凰

（1）将活动场地划分为两个区域，一个是活动进行区，一个是变成凤凰的人站立的区域。

（2）所有人都蹲下，扮演鸡蛋。

（3）当带领导师说"游戏开始"，所有人相互找同伴猜拳（剪刀石头布），获胜者进化为小鸡，进化成小鸡的人可以站起来。

（4）然后小鸡和小鸡相互猜拳，获胜者进化为凤凰，进化成凤凰的人站到划分的凤凰区域，输者退化为鸡蛋，鸡蛋和鸡蛋猜拳，获胜者才能再进化为小鸡。规则是鸡蛋和鸡蛋猜拳、小鸡和小鸡猜拳。

（5）继续游戏，看看谁最先变成凤凰，谁还没有变成凤凰。

（6）如果人数超过 15 人进行一轮就可以了，如果人少可以重复进行两轮，达到暖场的效果。

6. 我是谁

（1）每人发一张 A4 纸，一支笔。

（2）让每位成员在纸上写出 20 个句子。

句式：

我是一个善良的人。

我是一位妈妈。

我特别想要去旅行。

我是一个懂得感恩的人。

……

（3）等大家写完以后，让成员自愿分享，也可以由带领导师推荐某位成员来分享。

7. 察言观色

（1）选择钥匙或者其他物品作为传递的物件。

（2）成员手拉手站成一个圈。

（3）然后所有成员把手放在背后。

（4）带领导师选择一位成员或者志愿者站在圈的中间。

（5）带领导师在圈外走动，把钥匙偷偷放在围成圈的某一位成员的手中。

（6）这位成员悄悄传递这个钥匙，每个人可以是真的传递钥匙，也可以是不传递钥匙，只做出传递的动作。

（7）当带领导师说“停”，志愿者根据其他成员的动作和表情来猜钥匙在谁的手里。

（8）猜对了，志愿者和别人换位。猜错了，志愿者继续下一轮。如果两轮都没有猜对，换下一个志愿者继续游戏。进行六轮后结束。

8. 冥想放松

引导语：

请大家选择最舒适的坐姿坐好，腰背挺直，眼睛看向正前方，翻转双手，掌心向上，将你的拇指和十指相触成智慧手印，倾听柔和的音乐，抛开所有的思绪，让你的内心慢慢平静下来。闭上双眼，用心灵去探索自我的世界。嘴角微微向上翘起，让我们在心底给自己一个淡淡的微笑。从此刻起，抛开你所有的烦恼与杂念，和我一起呼吸冥想。你的眼睛轻柔地集中在你面前的一个点上……做一个放松的深呼吸，气流直达你的丹田……做另一个放松的深呼吸……再做一个……尽管你的眼睛已经有点疲劳了，但还要坚持一会儿，再做一次深呼吸……再来一次……你的眼皮越来越沉重……让它闭上吧。

现在请你开始观察自己的呼吸，慢吸慢呼，循环不止（要用鼻子呼吸）。让你的心灵慢慢地平静下来，聆听着舒缓而优美的音乐，忘却一切的杂念、欲望、烦恼、开心的以及不开心的事情。开始把一切的注意力集中起来，集中到你的双脚上，感觉到我们的双脚在放松，脚心、脚背、脚踝都在放松着，小腿、小腿肚、膝关节、大腿内侧和外侧都在放松着。髋关节、臀部、整个骨盆区域也都在放松，下半身得到了充分的加强和滋养。慢慢地把意识力集中在我们的上身躯干上，腹部在放松，腹部内的器官也在放松着，胸部、锁骨、肩膀、双手大臂、肘关节、手腕、手心和手背、直到你的手指尖都在放松。现在把你的注意力集中到头部上面，感觉到颈部后侧在放松，头皮、头顶、头顶百会穴，以及你的每一根头发都在放松着。额头、眉毛、双眼、鼻子、面颊、双耳、嘴唇，还有你的下巴、颈部的前侧也都在放松着。

现在你的身体得到了充分的放松和滋养，从头到脚，由内而外地完全得到了休息，心情也随之平静下来。感觉到自己整个的身体变得轻盈而舒适，就像一片洁白的雪花或者羽毛一样，很轻地飘荡在空气里。集中你的思想不要游离，我们来幻想一些美丽的事物或者场景。去想象，此刻的我们正仰卧在美丽的草原上，身下是绿绿的草地，软软的，嫩嫩的；旁边有一条小溪在缓缓流过，你会听到溪水流过时所发出的美妙声音，就像一曲动人的音乐；偶尔会有几只蝴蝶飞来飞去，落到你的脸上，当清风吹过你的面颊，那蝴蝶便飞走，不再回来了。此刻温暖的阳光正照在你的身体上、面颊上，于是你的身体感到无比舒适和温暖，你感觉到自己从未有过的放松和美丽。你的心在这样美丽的画卷中，变得平和了，获得了暂时的宁静和解脱。

现在依然把意识力集中在自己的呼吸上，感觉到气息的均匀与缓慢，来吸取大自然的能量给身体补充新鲜的养分，让身体获得滋养，把体内的浊气以及所有焦虑的情绪排出体外。告诉自己，思想不要游离，要保持警醒，此刻我们正在通过瑜伽来放松自己的心、自己的灵、自己的身体，把身、心、灵合起来融为一体，超脱自我，平和自我，放松自我。请你用心灵来聆听这美妙的音乐，聆听大自然所发出的一切声音，让自然的音符来洗涤我们心灵上的一切尘埃。这一刻，你的身体是否完全放松了？心灵是否平和宁静了？身体完全放松过后，请你动动手指、脚趾，慢慢地起身。活动一下颈部，轻轻拍打身体的各个部位，让血液充分循环。我们的放松功做完了，请睁开你的眼睛。睁开眼睛以后，可以站起来活动一下，伸伸胳膊，甩甩手，动动脚。

9. 桃花朵朵开

（1）大家围成一个圈，按顺时针方向走起来。

（2）带领导师说“桃花朵朵开”，成员就问“开几朵？”带领导师会突然报出一个数字，比如“3”，那么成员必须快速地 3 个人抱在一起；或者报“6”，那么成员就快速地 6 个人抱在一起，不能多也不能少，多了的或者少了的，继续进行下一轮游戏。

（3）一共重复进行五轮。

（4）五轮结束后，大家都坐回自己原来的位置上。

10. 舞动你的心

带领导师的引导语：现在我们开始自我介绍，今天有点特殊，用能够代表一种动物的动作来表达自己。比如说代表猴子的动作，代表兔子的动作。

（1）所有成员站起来以导师为中心站一个圈，两个成员一组，如果是 10 个人，可以考虑从 1 到 5 循环报数，报“1”的两位成员是一组，报“2”的是一组，报“3”的是一组，报“4”的是一组，报“5”的两位是一组。

（2）所有的成员伸出右手，两人一组，十指相连，其中的一位成员先闭上眼睛，让另一位成员来带领他舞动。当音乐开始的时候，开始舞动，舞动的地方和姿势自由选择。

（3）当音乐结束时，刚刚闭着眼睛的成员慢慢睁开眼睛，刚刚睁着眼睛的成员现在闭上眼睛。当音乐开始的时候，每组成员都开始舞动，舞动的姿势和地点自由选择。当音乐结束的时候，舞动结束。

（4）让大家坐到自己原来的位置上，有 3～5 位学员有机会分享刚刚舞动后的感受。

在这里，推荐《初见》这首轻音乐，也可以使用其他的音乐，只要可以达到身心舞动的效果就好。

11. 谎言哑剧

（1）所有参加的成员站成一个圈。

（2）带领导师先做一个示范，表演一个动作，然后问成员：“这是干什么呢？”成员的回答必须和做的动作不一样。比如培训者做了一个洗头的动作，成员的回答必须不是洗头。

（3）由带领导师指定开始的位置，这位成员做一个动作，做完动作以后，带领导师问：“这是什么动作？”所有成员一起回答。看看大家的反应是怎么样的。

（4）依次进行游戏，直到每个人都表演一遍后结束。如果人数很多，可以让第 1、3、5、7、9 位奇数成员来表演，也可以让第 2、4、6、8、10 位偶数成员来表演。

12. 你不要走，我要走了

（1）所有成员手拉手围成一个圈，然后“1”“2”循环报数。

（2）报“1”的成员向前一步走，组成内圈，站到报“2”的成员的对面，两两一组。

（3）报“1”的成员拉着报“2”的队友的手，在每一组中，先是报“2”的成员向前走，一边走一边说：“我要走了”。报“1”的成员死死拉住，不让他走，一边拉一边说：“你不要走”。当带领导师说“开始”时，活动开始，这轮活动时间为3～5分钟。

（4）上一轮结束后，两人互换角色，刚才被拉的成员变成拉人的成员，刚才拉人的成员变成被拉的成员，当带领导师说“开始”，活动开始，持续时间为3～5分钟。

（5）两轮结束后，结束本次暖身活动。

13. 大风吹

（1）把场地分成两个部分，所有的成员站在一边。

（2）所有的成员站在一边，每个人站定一个位子，由带领导师开始说“大风吹”，所有成员回应“吹什么？”带领导师说出一部分成员身上有的物品或特征，比如可以说“吹戴眼镜的人”“身上有红色的人”“穿黑色鞋子的人”“戴围巾的人”“所有的男生”等等，依据当时实际情况而定。

（3）主持人说完后，所有被吹到的人，即拥有这些特征的组员需要跑到另一半的场地，没有被吹到的组员待在原地。

（4）共进行五轮。

14. 左眼传情，右眼传意

（1）准备场地，两个椅子两排放。

（2）将所有参与成员分为两组。

（3）请一位助教在车尾，轻声告诉每组最后一位成员公交车的数字，每组不同，切记不可让其他成员听到。

（4）一开始可传两位数字，左眼代表十位，右眼代表个位。例如28路，就是左眼眨2下，右眼眨8下。例如36路，就是左眼眨3下，右眼眨6下。

（5）当后面一位开始传的时候，前面的人都看向前方，只有被后面的传递者用手拍肩膀的时候才可以回头。

（6）数字可以由两位增加到三位，用嘴巴代表百位。例如347路，就是嘴巴张闭3次，左眼眨4下，右眼眨7下。

（7）依次进行。

15. 群龙戏珠

（1）准备气球若干，助教根据人数将气球吹好。

（2）每人发放一个气球。

（3）带领导师说一个气球，小组成员抛出一个气球，小组成员保持这个气球不能落地。

（4）带领导师说两个气球，小组成员需要再抛出一个气球，这时小组成员需要保持这两个气球不能落地。

（5）带领导师依次增加气球的数量。

16. 你说我的故事

（1）每人发一张A4纸，一支笔。

（2）想一段话或者一个故事，然后在纸上写出5～8个关键词。

（3）写好之后，看看所有的成员，找出一个你想让他帮你说故事的人。

（4）根据提供的关键词，来说出别人的故事。

（5）适合10人以下的团体。

17. 到我这里来

所有成员手拉手站成一个圈，每个人在屋子里选择一个点，然后拉大家朝自己选定的那个点走。

带领导师指导语：请大家站起来走到中心，围成一个圈，手拉着手，这个圈不要围得太紧密。现在，我想让你们每个人向四周看一看，在这间屋子里选择一个点。用两分钟的时间，我将要你们试着向你们选定的地点移动，而你们的手仍旧要彼此拉着，做的时候不要说话。你们的主要目标是到达你们的位置，但不能松开手。预备，开始，朝你的目标移动。

18. 扑克牌排序

（1）各小组围成圆圈坐好。

（2）各小组助教给每个人发一个眼罩，邀请成员戴在额头上（不要蒙住眼睛）。

（3）在每人眼罩上插上一张扑克牌（牌面朝外，不得让成员本人看到牌面的花色和数字）。

（4）所有的成员不许说话。

（5）分成不同花色，按照数字大小从小到大排列。

（6）游戏结束，所有成员坐下。

19. 有趣传声

准备一段话，比如：“今天天气很好，一只可爱的小猫和一只有趣的小狗在小区旁边的公园散步，走着走着，遇到了傲气的狐狸，狐狸不愿意搭理乌鸦。”

带领导师的引导语：今天我们一起来体验传声的乐趣，我这里有一段话，我会用悄悄话的方式告诉其中的一个成员，然后由这位成员来告诉他右手边的成员这段话的内容。以此类推，直到最后一位，然后你大声地说出来刚刚听到的话。

再由带领导师来宣读我们准备的文字内容，让大家看看其中的差别，再让成员分享自己的感受。

20. 词语接龙

导师指导语：今天我们的活动是词语接龙，我们一起来领略中国文字的魅力，等会我会说出第一个词语，所有的成员跟着词语接龙。如果接不下去了，我再选择一个词，重新开始。（可以是词语也可以是成语）

21. 名字糖葫芦串

（1）带领者根据团体成员数目用报数的方式将全体成员分成 8 ～ 10 人 / 组的若干小组。

（2）每个小组各自围成小圆圈而坐，每个小组各自选出一人担任小组长。

（3）由小组长开始做自我介绍，介绍格式为：我是……（特点）的 xxx（名字），按顺时针顺序让下一位成员介绍：我是……的 xxx 旁边的……（特点）的 yyy（名字）。例如：第一位成员说“我是乐观的王小丽”，第二位成员接着介绍自己“我是乐观的王小丽旁边的文静的张小英”。后一位介绍成员须把前面所有小组成员的自我介绍串联起来。

（4）当小组成员记不起来前面自我介绍的朋友的信息时，其他小组成员可以帮助回忆，帮助小组名字糖葫芦串的完成。

（5）请最先或最后完成名字糖葫芦串的小组展示成果。

22. 心有千千结（解手链）

具体操作环节：所有成员起立，手拉手围成一个圈，然后把手松开，现在每位成员将左手和右手在胸前交叉，用左手拉右边同伴的右手，用右手拉左边同伴的左手，大家都手拉手之后，面对这样的情景，在不松开手的情况下，让大家想办法把手打上的结解开。如果打开了，请成员分享打开的过程和心理体验；如果打不开，请成员分析打不开的原因，再讨论可以打开的办法以及打不开时的内心感受。

23. 泡泡胶

（1）所有人围成大圆圈，每个团体成员都是一份泡泡胶。报数，逢 3 的倍数的人是问题提出者。

（2）问题提出者提问“几份泡泡胶？完成啥工作？”导师发出指令如“4 份泡泡胶，围成正方形”，然后 4 个人自由组合一起围成正方形。导师也可以发出指令如“5 份泡泡胶，拼成五角星”，然后 5 个人自由组合伸出手臂拼成五角星形。指令由导师视场地和人员情况随机发出，团体成员自由完成。

（3）活动中落单的泡泡胶（任务完成失败）成员被惩罚表演节目。暖场结束。

24. 与你同行

（1）全体成员分两排一对一站好，一排角色为 A，另一排角色为 B，相对的 A 和 B 两人为一组。

（2）每个组的 A 用眼罩把 B 的眼睛彻底蒙上，两个人伸出相邻的手，以指尖接触（两人之间的接触只允许一个指尖），不可抓住或钩住对方的手，也不可以分开。

（3）活动开始，A 用指尖带领 B 在场地中间练习行走。B 用心感觉 A 的动作，借由指尖的接触，与 A 同行。

（4）同行过程中，A 要按照导师写在纸上的指令指导 B 完成相应动作，如指令是“跨过水坑”，A 就需要用接触的指尖将信息传达给 B 并引导 B 做出“跨过”的动作完成指令。

（5）A 和 B 交换任务，再来一次。

（6）活动过程中，助教观察，没有完成指令的小组结束活动。

（7）完成指令最好的小组分享活动过程中的感受。为自己和同行的伙伴鼓掌奖励，暖场结束。

附录二　24次心理同学会开展顺序

顺序	主题	活动方案
1	生命故事	讲——成长故事
2	问题解决	梳理心理学学习思路，激发学习动机
3	书香四季	阅读·幸福
4	技术练习	百变知识圈
5	实践报告	实践活动的汇报展示
6	问题解决	探讨心理学学习问题，解决学习困惑
7	技术练习	心理刮痧技术
8	生命故事	演——家庭的故事
9	学术研讨	积极心理学的技术制作与转换
10	书香四季	读书·感恩
11	实践报告	实践活动的现场体验
12	生命故事	品——社会关系中的故事
13	学术研讨	在中国本土化中吸取现代心理学的技术应用
14	技术练习	文化心理技术——石头的故事
15	实践报告	实践活动的策划设计
16	生命故事	马——感恩的故事
17	学术研讨	团体心理咨询方案的设计与督导
18	技术练习	感恩拜访技术
19	问题解决	探究心理学学习方法，保持持续学习
20	书香四季	诵读·身心
21	学术研讨	“学、做、研、教、写”心理人才的职业规划
22	问题解决	探究心理学学习方法，提升学习能力
23	实践报告	实践活动的六帽总结
24	书香四季	求知·修养